D1731467

Studien zum Internationalen Wirtschaftsrecht/
Studies on International Economic Law

Herausgegeben von

Prof. Dr. Marc Bungenberg, LL.M., Universität des Saarlandes

Prof. Dr. Christoph Herrmann, LL.M., Universität Passau

Prof. Dr. Markus Krajewski, Friedrich-Alexander-Universität
Erlangen-Nürnberg

Prof. Dr. Carsten Nowak, Europa Universität Viadrina,
Frankfurt/Oder

Prof. Dr. Jörg Philipp Terhechte,
Leuphana Universität Lüneburg

Prof. Dr. Wolfgang Weiß, Deutsche Universität
für Verwaltungswissenschaften, Speyer

Band 40

Elisabeth Kraft

Die EU-Konfliktmineralienverordnung

Sektorenspezifische Sorgfaltspflichten in der Mineralienlieferkette

Nomos

Onlineversion
Nomos eLibrary

Die Deutsche Nationalbibliothek verzeichnet diese Publikation in
der Deutschen Nationalbibliografie; detaillierte bibliografische
Daten sind im Internet über http://dnb.d-nb.de abrufbar.

Zugl.: Heidelberg, Univ., Diss., 2023

ISBN 978-3-7560-1405-7 (Print)
ISBN 978-3-7489-1945-2 (ePDF)

Meinen Eltern

Vorwort

Diese Arbeit wurde im Sommersemester 2023 von der Juristischen Fakultät der Ruprecht-Karls-Universität Heidelberg als Dissertation angenommen. Rechtsprechung, Gesetzgebung und Literatur konnten bis September 2023 berücksichtigt werden.

Herzlich danken möchte ich vor allen anderen meinem Doktorvater, Professor Dr. Marc-Philippe Weller, für seine großartige Unterstützung, die engagierte Betreuung der Dissertation und die Möglichkeit, meine Arbeit im lehrstuhleigenen Jour fixe vorzustellen.

Professor Dr. Markus Stoffels danke ich für die Erstellung des Zweitgutachtens. Den Vorsitz der Disputation hat freundlicherweise Professor Dr. Dr. h. c. mult. Peter Hommelhoff übernommen.

Herzlichen Dank an Professor Dr. Leonhard Hübner, MJur (Oxon), der jederzeit für einen guten Rat zur Verfügung stand. Vielen Dank auch an Miriam Rotter, Dr. Mai-Lan Tran und Dr. Laura Nasse für wertvolle Hinweise zum Manuskript sowie die gebührende Ablenkung in Kaffee- und Mittagspausen.

Mein besonderer Dank gilt Dr. Richard Dören, LL.M. (Michigan), der nicht nur die Mühen des Korrekturlesens auf sich genommen hat, sondern auch mein Leben unendlich bereichert hat.

Schließlich danke ich meiner Familie, Irmela, Bodo und Veit, die mich auf meinem Lebensweg stets bedingungslos und liebevoll unterstützt haben.

Heidelberg, im September 2023   *Elisabeth Kraft*

Inhaltsverzeichnis

Abkürzungsverzeichnis

3TG	Zinn, Tantal, Wolfram und Gold
a. A.	andere(r) Ansicht
a. F.	alte Fassung
ABl.	Amtsblatt
Abs.	Absatz
AcP	Archiv für civilistische Praxis
AG	Aktiengesellschaft/Die Aktiengesellschaft (Zeitschrift)
al.	alii
Alt.	Alternative
AöR	Archiv des öffentlichen Rechts
Art.	Artikel
ATS	Alien Tort Statute
Aufl.	Auflage
AVR	Archiv des Völkerrechts
B2B	Business-to-Business
B2C	Business-to-Consumer
BB	Betriebs-Berater
BBl.	Bundesblatt
BeckRS	Beck-Rechtsprechung
Begr.	Begründer
Beschl.	Beschluss
BGH	Bundesgerichtshof
BGR	Bundesanstalt für Geowissenschaften und Rohstoffe
BKR	Zeitschrift für Banken- und Kapitalmarktrecht
BMZ	Bundesministerium für wirtschaftliche Zusammenarbeit und Entwicklung
bspw.	beispielsweise
BT-Drcks.	Bundestagsdrucksache
BVerfG	Bundesverfassungsgericht

bzw.	beziehungsweise
C.F.R.	Code of Federal Regulations
CAHRA	Conflict Affected and Hight Risk Area
CCCMC	China Chamber of Commerce of Metals, Minerals and Chemical Importers and Exporters
CCZ	Corporate Compliance Zeitschrift
CISG	United Nations Convention on Contracts of the International Sale of Goods
CMR	Conflict Minerals Report
CSR	Corporate Social Responsibility
CSRD	EU-Richtlinie zur Unternehmensberichterstattung
DCGK	Deutscher Corporate Governance Kodex
d. h.	das heißt
DB	Der Betrieb
DEKSOR	Deutsche Kontrollstelle EU-Sorgfaltspflichten in Rohstofflieferketten
ders.	derselbe
dies.	dieselbe(n)
DRC/DRK	Demokratische Republik Kongo
DStR	Deutsches Steuerrecht
ECCHR	European Center for Constitutional and Human Rights
Edt.	Edition
EG	Europäische Gemeinschaft
Einl.	Einleitung
EITI	Extractive Industries Transparency Initiative
EL	Ergänzungslieferung
EMRK	Europäische Menschenrechtskonvention
endg.	endgültig
EU	Europäische Union
EuCLR	European Criminal Law Review
EuGH	Europäischer Gerichtshof
EUR	Euro
EurUP	Zeitschrift für Europäisches Umwelt- und Planungsrecht
EuZA	Europäische Zeitschrift für Arbeitsrecht

EuZW	Europäische Zeitschrift für Wirtschaftsrecht
EWCA	England and Wales Court of Appeal
FAZ	Frankfurter Allgemeine Zeitung
f./ff.	folgende
Fed. Reg.	Federal Register
FES	Friedrich-Ebert-Stiftung
Fn.	Fußnote
FS	Festschrift
GBI	Global Business Initiative on Human Rights
ggf.	gegebenenfalls
ggü.	gegenüber
GRUR	Gewerblicher Rechtsschutz und Urheberrecht
Hrsg.	Herausgeber
i. R. d.	im Rahmen des/der
i. R. v.	im Rahmen von
i. S. d.	im Sinne des
i. V. m.	in Verbindung mit
ICGLR	International Conference on the Great Lakes Region
ILO	International Labour Organization
IPbürgR	Internationaler Pakt über bürgerliche und politische Rechte
IPIS	International Peace Information Service
IPRax	Praxis des Internationalen Privat- und Verfahrensrechts
IPwirtR	Internationaler Pakt über wirtschaftliche, soziale und kulturelle Rechte
IStGH-Statut	Römisches Statut des Internationalen Strafgerichtshofs
ITSCI	Tin Supply Chain Initiative
IWRZ	Zeitschrift für Internationales Wirtschaftsrecht
JZ	Juristen Zeitung
KMU	kleine und mittlere Unternehmen
KritV	Kritische Vierteljahresschrift für Gesetzgebung und Rechtsprechung
LG	Landgericht
lit.	littera
m. w. N.	mit weiteren Nachweisen

MDR	Monatsschrift für Deutsches Recht
Mio.	Millionen
MMR	Multimedia und Recht – Zeitschrift für IT-Recht und Recht der Digitalisierung
MPEPIL	Max Planck Encyclopedia of Public International Law
MPIL	Max Planck Institute for Comparative Public Law and International Law
NAM	National Association of Manufacturers
NJOZ	Neue Juristische Online Zeitschrift
NJW	Neue Juristische Wochenschrift
NJW-RR	Neue Juristische Wochenschrift – Rechtsprechungs-Report
Nr.	Nummer
NVwZ	Neue Zeitschrift für Verwaltungsrecht
NZG	Neue Zeitschrift für Gesellschaftsrecht
OECD	Organisation for Economic Co-operation and Development
OLG	Oberlandesgericht
OR	Obligationenrecht (Schweiz)
PLoS	Public Library of Science
pts.	parts
RabelsZ	Rabels Zeitschrift für ausländisches und internationales Privatrecht
RCOI	Reasonable Country of Origin Inquiry
Res.	Resolution
RIW	Recht der Internationalen Wirtschaft
RL	Richtlinie
RMAP	Responsible Minerals Assurance Process
RMI	Responsible Minerals Initiative
Rn.	Randnummer(n)
Rspr.	Rechtsprechung
RW	Rechtswissenschaft – Zeitschrift für rechtswissenschaftliche Forschung
S.	Satz/Seite(n)
s.	siehe
SEC	Securities and Exchange Commission
Sec.	Section

sog.	sogenannte(r/s/n)
u. a.	unter anderem
U.S.	United States Reports
U.S.C.	United States Code
UAbs.	Unterabsatz
UKSC	Supreme Court of the United Kingdom
UmSoRess	Ansätze zur Reduzierung von Umweltbelastungen und negativen sozialen Auswirkungen bei der Gewinnung von Metallrohstoffen
UN	United Nations
Urt.	Urteil
v.	von/vom/versus
VersR	Versicherungsrecht
vgl.	vergleiche
VO	Verordnung
Vorbem.	Vorbemerkung(en)
VuR	Verbraucher und Recht – Zeitschrift für Wirtschafts- und Verbraucherrecht
WM	Wertpapier-Mitteilungen – Zeitschrift für Wirtschaft und Bankenrecht
ZaöRV	Zeitschrift für ausländisches öffentliches Recht und Völkerrecht
ZEuP	Zeitschrift für Europäisches Privatrecht
ZfPC	Zeitschrift für Product Compliance
ZfPW	Zeitschrift für die gesamte Privatrechtswissenschaft
ZGR	Zeitschrift für Unternehmens- und Gesellschaftsrecht
ZGS	Zeitschrift für Vertragsgestaltung, Schuld- und Haftungsrecht
ZHR	Zeitschrift für das gesamte Handels- und Wirtschaftsrecht
ZIP	Zeitschrift für Wirtschaftsrecht
ZUR	Zeitschrift für Umweltrecht
ZVertriebsR	Zeitschrift für Vertriebsrecht

Einleitung

A. Themeneinführung

I. Die EU-Konfliktmineralienverordnung (KM-VO): Regulierung eines konfliktträchtigen Wirtschaftssektors

In einem Smartphone finden sich mehr als 60 Rohstoffe aus verschiedensten Teilen der Welt.[1] Der Rohstoffabbau markiert den Anfang der weitverzweigten globalen Smartphone-Lieferkette, die über die Stationen Verarbeitung, Produktion und Vertrieb regelmäßig die ganze Welt durchzieht.[2] Doch nicht nur mit Blick auf die Arbeitsschritte ist die Smartphone-Lieferkette sehr vielfältig: Vom Minenbetreiber bis zum Endverkäufer nehmen zahlreiche Akteure unterschiedliche Funktionen in der Produktion mobiler Telefone wahr.[3]

Manche der Rohstoffe, die zur Produktion eines Mobiltelefons benötigt werden, sind sog. Konfliktmineralien.[4] Zu den Konfliktmineralien zählen Zinn, Tantal, Wolfram und Gold (sog. 3TG-Mineralien)[5], die neben der Herstellung von Mobiltelefonen u. a. für die Produktion von Laptops, Elektroautos, medizinischen Geräten, Werkzeugen und Schmuck erforderlich sind.[6] Natürliche Vorkommen der Mineralien sind selten, finden sich je-

---

1 *Hagemann*, Menschenrechtsverletzungen im internationalen Wirtschaftsrecht, 2017, S. 8.
2 *Hagemann*, Menschenrechtsverletzungen im internationalen Wirtschaftsrecht, 2017, S. 11; zur Mineralienlieferkette *Hofmann/Schleper/Blome*, Journal of Business Ethics 2018, 115, 118.
3 *Hagemann*, Menschenrechtsverletzungen im internationalen Wirtschaftsrecht, 2017, S. 11 ff.
4 *Europäisches Parlament*, Konfliktmineralien: Was steckt in ihrem Smartphone?, v. 21.3.2017, online abrufbar unter: https://www.europarl.europa.eu/news/de/headlines/world/20170314STO66681/konfliktmineralien-was-steckt-in-ihrem-smartphone (zuletzt abgerufen: 30.9.2023).
5 Die Abkürzung „3TG" stammt aus dem Englischen und steht für: *tin, tantalum, tungsten* und *gold*. Soweit der Wortlaut der EU-Konfliktmineralienverordnung zitiert wird, wird der dort verwendete Terminus „Minerale" verwendet; im Übrigen wird der sprachlich geläufigere Begriff „Mineralien" benutzt.
6 *Europäisches Parlament*, Konfliktmineralien: Was steckt in ihrem Smartphone?, v. 21.3.2017; *Elsholz*, Beiträge zum Transnationalen Wirtschaftsrecht 148 (2017), S. 5;

doch bspw. in Zentral- und Ostafrika und damit in Regionen und Ländern, die als Konfliktregionen gelten oder ein hohes Konfliktpotenzial bergen.[7]

Menschenrechtsverletzungen[8] und die Finanzierung bewaffneter Gruppen beim Abbau und Handel von Konfliktmineralien rückten in den 2000er-Jahren in den Blickpunkt der Öffentlichkeit. Kampagnen von Nichtregierungsorganisation wie „Is there blood on your mobile phone?"[9] oder der Dokumentarfilm „Blood in the Mobile"[10] schufen ein öffentliches Bewusstsein für diesen Zusammenhang und erhellten dabei auch die Rolle der Hersteller von Mobiltelefonen als Nachfrager der problematischen Mineralien.

Besonders in der Demokratischen Republik Kongo (DRK) offenbart sich der Zusammenhang zwischen bewaffneten Konflikten und den 3TG-Mineralien. Ein Expertengremium des UN-Sicherheitsrates stellte im Jahr 2003 fest: „Illegal exploitation remains one of the main sources of funding for groups involved in perpetuating conflict, especially in the eastern and northeastern regions of the Democratic Republic of the Congo."[11] Unter den

---

Heße/Klimke, EuZW 2017, 446; *Keenan*, in: Feichtner/Krajewski/Roesch, Human Rights in the Extractive Industries, 2019, 27, 30; *Nalule*, Mining and the Law in Africa, 2022, S. 6 ff.; *Rausch*, CCZ 2020, 355.

7 Vgl. zu Konflikt- und Hochrisikogebieten sowie den dort abgebauten Mineralien https://www.cahraslist.net/ (zuletzt abgerufen: 30.9.2023); hierzu *infra* Kapitel 3 B. III. 2. Zu den Fördermengen der Mineralien *Barume et al.*, Current Opinion in Green and Sustainable Chemistry 1 (2016), 8 ff.; *Heße/Klimke*, EuZW 2017, 446.

8 Der Begriff der Menschenrechtsverletzung wird hier und im Folgenden im untechnischen Sinne verwendet. Private Wirtschaftsakteure könnten die völkerrechtlichen Menschenrechtsgarantien nur verletzen, wenn sie an die Menschenrechte gebunden wären, was allerdings grundsätzlich nicht der Fall ist. S. hierzu *infra* Kapitel 5 B. I. 4. a).

9 *DanChurchAid et al.*, Pressemitteilung v. 22.9.2006, online abrufbar unter: https://reliefweb.int/report/democratic-republic-congo/drc-there-blood-your-mobile-phone (zuletzt abgerufen: 30.9.2023).

10 *Poulsen*, Blood in the Mobile, 2010.

11 *UN-Sicherheitsrat*, Final Report of the Panel of Experts on the Illegal Exploitation of Natural Resources and Other Forms of Wealth of the DRC, S/2003/1027, Abs. 44. Das Expertengremium wurde im Jahr 2000 einberufen und legte im Jahr 2003 seinen Abschlussbericht ab, vgl. https://www.un.org/securitycouncil/content/repertoire/groups-and-panels (zuletzt abgerufen: 30.9.2023). Vgl. dazu *Heße/Klimke*, EuZW 2017, 446; *Klimke/Elsholz*, in: Kaltenborn et al., Lieferkettenrecht, 2023, EU-Konfliktmineralien-VO, Rn. 5. Bestätigt wird dies durch Angaben der Nichtregierungsorganisation *Enough Project*, wonach im Jahr 2009 kongolesische bewaffnete Gruppen ca. 85 Mio. US-Dollar durch den Abbau von und Handel mit Zinn, 8 Mio. US-Dollar durch Abbau von und Handel mit Tantal, 2 Mio. US-Dollar durch Abbau von und Handel mit Wolfram und zwischen 44 und 88 Mio. US-Dollar durch den Abbau von und

anhaltenden bewaffneten Konflikten leidet auch die Zivilbevölkerung, da es zu gewaltsamen Übergriffen durch bewaffnete Gruppen, Vergewaltigungen, Zwangs- und Kinderarbeit kommt.[12]

Der Abbau von Mineralien ist Teil des extraktiven Sektors, der für eine besonders schlechte Menschenrechtslage bekannt ist. Im Jahr 2006 berichtete der damalige UN-Sonderbeauftragte für „Wirtschaft und Menschenrechte", *John Ruggie*, über aktuelle Fälle, in denen Unternehmen Menschenrechtsverletzungen vorgeworfen wurden: Zwei Drittel der Vorwürfe seien auf den extraktiven Sektor zurückzuführen, zu dem neben der Förderung von Öl und Gas auch der Bergbau zählt.[13] Typisch seien etwa Verstöße gegen Arbeitnehmerrechte oder gegen die Rechte lokaler Gemeinschaften, insbesondere indigener Völker.[14]

Wirtschaftsunternehmen spielen beim illegalen Abbau von Konfliktmineralien eine wichtige Rolle. Ein anschauliches Beispiel bietet der *Afrimex*-Fall, mit dem sich die Nationale Kontaktstelle der OECD in Großbritannien ab dem Jahr 2007 befasste.[15] Die nationalen Kontaktstellen sind zur Streitbeilegung unter den OECD-Leitsätzen vorgesehen.[16] Die Nichtregierungsorganisation *Global Witness* trug vor, das Unternehmen *Afrimex Ltd.*

Handel mit Gold einnahmen, vgl. *Pendergast*, Can You Hear Congo Now?, 2009, S. 2 f.

12 *Human Rights Watch*, The Curse of Gold, 2005, S. 23 ff. zum Mongbwalu-Goldabbaugebiet (DRK); *Heße/Klimke*, EuZW 2017, 446.

13 *UN-Menschenrechtskommission*, Interim Report of the Special Representative of the Secretary-General on the issue of human rights and transnational corporations and other business enterprises, E/CN.4/2006/97, v. 22.2.2005, Nr. 25; vgl. dazu *Feichtner/Krajewski/Roesch*, in: dies., Human Rights in the Extractive Industries, 2019, 1 f.

14 *UN-Menschenrechtskommission*, Interim Report of the Special Representative of the Secretary-General on the issue of human rights and transnational corporations and other business enterprises, E/CN.4/2006/97, v. 22.2.2005, Nr. 25; vgl. dazu *Feichtner/Krajewski/Roesch*, in: dies., Human Rights in the Extractive Industries, 2019, 1 f.

15 Final Statement by the UK National Contact Point for the OECD Guidelines for multinational Enterprises: Afrimex (UK) LTD, v. 28.8.2008, online abrufbar unter: https://www.oecd.org/corporate/mne/43750590.pdf (zuletzt abgerufen: 30.9.2023); vgl. dazu *Peters*, Jenseits der Menschenrechte, 2014, S. 92; *Weidmann*, Der Beitrag der OECD-Leitsätze für multinationale Unternehmen zum Schutz der Menschenrechte, 2014, S. 302 ff.

16 OECD Guidelines for Multinational Enterprises 2011, S. 68; vgl. *Peters*, Jenseits der Menschenrechte, 2014, S. 92; eingehend zum Verfahren bei den Nationalen Kontaktstellen *Weidmann*, Der Beitrag der OECD-Leitsätze für multinationale Unternehmen zum Schutz der Menschenrechte, 2014, S. 236 ff.; vgl. auch *Davarnejad*, Menschenrechtsverantwortung multinationaler Unternehmen und Corporate Social Responsibility (CSR), 2020, S. 165 ff.

habe der bewaffneten Gruppe *RCD-Goma* „Steuern" gezahlt, welche für die Finanzierung von kriegerischen Aktivitäten genutzt worden seien.[17] Ein weiterer Vorwurf lautete, *RCD-Goma* habe im Osten der DRK Menschenrechtsverletzungen begangen, u. a. Folter und sexuellen Missbrauch.[18] Außerdem habe die Gruppe Massaker an Zivilisten verübt und Kindersoldaten rekrutiert.[19] *Afrimex Ltd.* habe Mineralien von Minen bezogen, die Kinder- und Zwangsarbeit duldeten, ohne dass das Unternehmen dagegen vorging.[20] Die Nationale Kontaktstelle bestätigte die Vorwürfe gegen *Afrimex Ltd.* in weiten Teilen.[21]

Im Jahr 2010 adressierte auch der UN-Sicherheitsrat die Rolle von Unternehmen bei der Finanzierung bewaffneter Gruppen in der DRK und forderte die Staaten auf, Importeure, Verarbeitungsbetriebe und Verbraucher von kongolesischen Rohstoffen anzuhalten, Sorgfaltsmaßnahmen im Einklang mit den Empfehlungen eines Berichts der UN-Expertengruppe für die DRK aus dem Jahr 2010 zu ergreifen.[22]

Aufgrund der Konfliktträchtigkeit des Abbaus von Konfliktmineralien entstanden immer mehr Regelwerke, die Unternehmen adressieren, die in diesem Sektor tätig sind: Die OECD veröffentlichte im Jahr 2011 den OECD-Leitfaden für die Erfüllung der Sorgfaltspflicht zur Förderung verantwortungsvoller Lieferketten für Minerale aus Konflikt- und Hochrisikogebieten (im Folgenden: OECD-Leitsätze zu Konfliktmineralien).[23] Zudem

---

17 *Global Witness*, Afrimex Ltd. (UK) – Democratic Republic of Congo, Complaint to the UK National Contact Point under the Specific Instance Procedure of the OECD Guidelines for Multinational Enterprises, v. 20.2.2007, S. 4 f., 10 f. Online abrufbar unter: https://www.oecdwatch.org/complaint/global-witness-vs-afrimex/ (zuletzt abgerufen: 30.9.2023).

18 *Global Witness*, Afrimex Ltd. (UK), v. 20.2.2007, S. 10.

19 *Global Witness*, Afrimex Ltd. (UK), v. 20.2.2007, S. 10

20 *Global Witness*, Afrimex Ltd. (UK), v. 20.2.2007, S. 11.

21 Final Statement by the UK National Contact Point for the OECD Guidelines for multinational Enterprises: Afrimex (UK) LTD, v. 28.8.2008.

22 Vgl. *UN-Sicherheitsrat*, Res. 1952 (2010) Nr. 7 f.; *ders.*, Letter from the Group of Experts on the Democratic of the Congo, v. 29.11.2010, S/2010/596, Nr. 304 ff.; weniger dringlich bereits zuvor *UN-Sicherheitsrat*, Res. 1857 (2008) Nr. 15: „*Encourages* Member States to take measures, as they deem appropriate, to ensure that importers, processing industries and consumers of Congolese mineral products under their jurisdiction exercise due diligence on their suppliers and on the minerals they purchase"; vgl. auch *Elsholz*, Beiträge zum Transnationalen Wirtschaftsrecht 148 (2017), S. 17.

23 In erster Auflage OECD Due Diligence Guidance for Responsible Supply Chains of Minerals from Conflict-Affected and High-Risk Areas, 2011.

hat die Industrie eine Reihe unverbindlicher Initiativen und Branchenstandards geschaffen.[24] Die erste verbindliche Regelung erließen die USA im Jahr 2010: Sec. 1502 Dodd-Frank Act[25] verpflichtet Unternehmen, die an der US-Börse gelistet sind, die Herkunft von 3TG-Mineralien in ihren Lieferketten zu ermitteln und offenzulegen.[26] Auch in China und in der Schweiz wurden verbindliche Rechtsakte erlassen, die Transparenz in der Lieferkette von Konfliktmineralien schaffen sollen und den Wirtschaftsakteuren, die im Konfliktmineraliensektor tätig sind, verbindliche Sorgfaltspflichten auferlegen.[27]

Dem Vorbild der USA folgend erließ die EU im Jahr 2017 die „Verordnung 2017/821 zur Festlegung von Pflichten zur Erfüllung der Sorgfaltspflichten in der Lieferkette für Unionseinführer von 3TG-Mineralien oder -Metallen aus Konflikt- und Hochrisikogebieten".[28] Die KM-VO soll die Finanzierungsmöglichkeiten bewaffneter Gruppen durch den Handel mit Konfliktmineralien einschränken und für „Transparenz und Sicherheit hinsichtlich der Lieferpraktiken von Unionseinführern" sorgen.[29] „Unionseinführer" sind im Wesentlichen die natürlichen und juristischen Personen, die die Mineralien in die Union einführen.[30] Die KM-VO erlegt Unionseinführern Sorgfaltspflichten auf, gemäß denen Risiken hinsichtlich der Finanzierung bewaffneter Konflikte und Menschenrechtsverletzungen in den Lieferketten von 3TG-Mineralien zu ermitteln sind und diesen zu begegnen

---

24 *Brunk*, Menschenrechtscompliance, 2022, S. 446; *Spießhofer*, Unternehmerische Verantwortung, 2017, S. 332 ff.

25 Dodd-Frank Wall Street Reform and Consumer Protection Act, Publ. L No. 111-203, 124 STAT. 1376 (2010), online abrufbar unter: https://www.govinfo.gov/content/pkg/PLAW-111publ203/pdf/PLAW-111publ203.pdf (zuletzt abgerufen: 30.9.2023).

26 *Keenan*, in: Feichtner/Krajewski/Roesch, Human Rights in the Extractive Industries, 2019, 27, 32 f.; *Schwartz*, Harvard Business Law Review 6:1 (2016), 129, 130; *Woody*, Fordham Law Review 81:3 (2012), 1315, 1327.

27 Chinese Due Diligence Guidelines for Responsible Minerals Supply Chains, englische Version, online abrufbar unter: http://mneguidelines.oecd.org/chinese-due-diligence-guidelines-for-responsible-mineral-supply-chains.htm (zuletzt abgerufen: 30.9.2023); Art. 964^{quinquies} ff. OR, BBl. 2021, 890.

28 Verordnung (EU) 2017/821 des Europäischen Parlaments und des Rates vom 17.5.2017 zur Festlegung von Pflichten zur Erfüllung der Sorgfaltspflicht in der Lieferkette für Unionseinführer von Zinn, Tantal, Wolfram, deren Erze und Gold aus Konflikt- und Hochrisikogebieten, ABl. EU L130/1, 19.5.2017.

29 Art. 1 Abs. 1 KM-VO; vgl. dazu auch *Elsholz*, Beiträge zum Transnationalen Wirtschaftsrecht 148 (2017), S. 6.

30 Art. 2 lit. l) KM-VO.

ist.[31] Das Ziel der Sorgfaltspflichten ist es, die negativen Auswirkungen, die mit der Beschaffung der Rohstoffe zusammenhängen, zu verhindern oder zu mildern.[32] Der Verordnung liegt in Teilen eine hybride Regelungstechnik zugrunde: An mehreren Stellen verweist die Verordnung auf die OECD-Leitsätze zu Konfliktmineralien.[33]

II. Die KM-VO: Teil eines sich verdichtenden Regelungsrahmens im Bereich Wirtschaft und Menschenrechte

Menschenrechtsrisiken treten zwar häufig, aber nicht ausschließlich im Rohstoffsektor auf: Unternehmen im globalen Norden profitieren davon, zu geringeren Kosten im Ausland zu produzieren oder Rohstoffe aus dem Ausland zu beziehen – immer wieder jedoch mit schlimmen Folgen: Entlang globaler Lieferketten sind negative Auswirkungen auf die Umwelt, die Finanzierung bewaffneter Konflikte oder Menschenrechtsverletzungen häufig die ungewünschte Folge globalen Wirtschaftens.[34] Dieser Befund ist Ausgangspunkt für die Schaffung einer Vielzahl an Instrumenten, die die Verantwortung von Wirtschaftsakteuren für soziale oder nachhaltige Belange in ihren grenzüberschreitenden Lieferketten betreffen.

Die UN-Leitprinzipien für Wirtschaft und Menschenrechte stehen im Zentrum dieses immer dichteren Regelungsnetzes, dem auch die KM-VO zuzuordnen ist. Die Leitprinzipien gehen auf den UN-Sonderbeauftragten *John Ruggie* zurück und wurden vom UN-Menschenrechtsrat im Jahr 2011 als Resolution verabschiedet.[35] Die UN-Leitprinzipien erfassen alle Wirtschaftssektoren, sie sind also sektorenübergreifend, während andere Regelwerke nur einen Sektor betreffen, also sektorenspezifisch sind.

---

31 Vgl. Art. 4-7 KM-VO; *Thalhauser*, in: Grabosch, Das neue Lieferkettensorgfaltspflichtengesetz, 2021, § 8 Rn. 3.

32 Art. 2 lit. d) KM-VO.

33 Vgl. etwa Art. 4 lit. b), d), Art. 5 Abs. 1 lit. a), b) ii), Abs. 3-5 KM-VO; *Brunk*, Menschenrechtscompliance, 2022, S. 446 f.; *Nowrot*, Rechtswissenschaftliche Beiträge der Hamburger Sozialökonomie 20 (2018), S. 18; *Teicke/Rust*, CCZ 2018, 39, 40.

34 Vgl. etwa *v. Falkenhausen*, Menschenrechtsschutz durch Deliktsrecht, 2020, S. 10 ff.; *Hübner*, Unternehmenshaftung für Menschenrechtsverletzungen, 2022, S. 1 f., 19 ff.

35 *UN-Menschenrechtsrat*, UN Guiding Principles on Business and Human Rights: Implementing the United Nations "Protect, Respect and Remedy" Framework, UN-Doc. A/HRC/17/31, 21.3.2011; vgl. hierzu *Hübner*, Unternehmenshaftung für Menschenrechtsverletzungen, 2022, S. 4; *Massoud*, Menschenrechtsverletzungen im Zusammenhang mit wirtschaftlichen Aktivitäten von transnationalen Unternehmen, 2018, S. 13 ff.; *Spießhofer*, Unternehmerische Verantwortung, 2017, S. 109 ff.

Die Leitprinzipien basieren auf drei Säulen: Sie statuieren die Verantwortung der Staaten, die Menschenrechte zu schützen (*state responsibility to protect*), begründen eine Verantwortung von Unternehmen, die Menschenrechte zu respektieren (*corporate responsibility to respect*), und fordern Wiedergutmachungsmechanismen für die Opfer von Menschenrechtsverletzungen (*access to remedy*).[36] Als *soft law*-Dokument entfalten die UN-Leitprinzipien allerdings keine Bindungswirkung gegenüber Staaten oder Unternehmen.[37]

Ebenfalls zur Kategorie der unverbindlichen Regelwerke zählen die (sektorenübergreifenden) OECD-Leitsätze für multinationale Unternehmen,[38] denen im Rahmen einer Überarbeitung im Jahr 2011 ein Kapitel zu Menschenrechten hinzugefügt wurde.[39] Auf freiwilliger Basis haben sich jedoch viele Unternehmen in ihren *Corporate Social Responsibility Codes* zur Einhaltung der UN-Leitprinzipien, der OECD-Leitsätzen für multinationale Unternehmen oder anderer Standards bekannt.[40]

In den letzten Jahren zeichnet sich im europäischen Rechtsraum sowohl im Unionsrecht als auch auf der Ebene des nationalstaatlichen Rechts eine zunehmende Verrechtlichung des Themas Wirtschaft und Menschenrechte ab.[41] Die im Jahr 2014 erlassene CSR-Richtlinie[42] sah bspw. eine Pflicht für große Unternehmen zur Abgabe einer nichtfinanziellen Erklärung vor, u. a.

---

36 *UN-Menschenrechtsrat*, UN Guiding Principles on Business and Human Rights: Implementing the United Nations "Protect, Respect and Remedy" Framework, UN-Doc. A/HRC/17/31, 21.3.2011; vgl. dazu statt vieler *Nasse*, Loi de vigilance, 2022, S. 6 f.

37 So auch ausdrücklich *UN-Menschenrechtsrat*, UN Guiding Principles on Business and Human Rights: Implementing the United Nations "Protect, Respect and Remedy" Framework, UN-Doc. A/HRC/17/31, 21.3.2011, S. 1.

38 OECD Guidelines for Multinational Enterprises, 2011, S. 3.

39 OECD Guidelines for Multinational Enterprises, 2011, Kapitel IV; hierzu *Weidmann*, Der Beitrag der OECD-Leitsätze für multinationale Unternehmen zum Schutz der Menschenrechte, 2014, S. 25; *Spießhofer*, Unternehmerische Verantwortung, 2017, S. 184. Ein Kapitel zu Beschäftigung und Arbeitsverhältnissen, welches u. a. Kinder- und Zwangsarbeit adressiert, beinhalteten die OECD-Leitsätze für multinationale Unternehmen bereits zuvor, vgl. OECD Guidelines for Multinational Enterprises, 2000, Kapitel IV (in der Fassung von 2011 Kapitel V).

40 *Asmussen*, Haftung für CSR, 2020, S. 1 f.; *Hobe*, Einführung in das Völkerrecht, 11. Aufl. 2020, S. 128; *Nasse*, Loi de vigilance, 2022, S. 7 f.; *Voland*, BB 2015, 67 ff.

41 So auch *Brunk*, Menschenrechtscompliance, 2022, S. 4 f.

42 Richtlinie 2014/95/EU des Europäischen Parlaments und des Rates v. 22.10.2014 zur Änderung der Richtlinie 2013/34/EU im Hinblick auf die Angabe nichtfinanzieller und die Diversität betreffender Informationen durch bestimmte große Unternehmen und Gruppen, ABl. EU L 330/1, 15.11.2014.

über die Achtung der Menschenrechte.[43] Nach dem Vorbild der UN-Leitprinzipien statuierte auf nationalstaatlicher Ebene erstmals die französische
loi de vigilance[44] aus dem Jahr 2017 sektorenübergreifende verbindliche
Sorgfaltspflichten für Unternehmen ab einer bestimmten Größe.[45] Dem
Vorbild des französischen Gesetzgebers folgend, erließ der deutsche Gesetzgeber im Jahr 2021 das Lieferkettensorgfaltspflichtengesetz (LkSG), das
verbindliche Sorgfaltspflichten für große Unternehmen statuiert.[46] Während die *loi de vigilance* durch eine zivilrechtliche Haftung durchzusetzen
ist, statuiert das LkSG einen öffentlich-rechtlichen Durchsetzungsmecha-
nismus.[47] Eine zivilrechtliche Haftung für die Verletzung der Pflichten des
LkSG ist nach § 3 Abs. 3 S. 1 explizit ausgeschlossen.

Auf europäischer Ebene zeichnen sich weitere Entwicklungen ab: Am
23.2.2022 stellte die Europäische Kommission einen Entwurf einer Richtlinie zur *Corporate Sustainability Due Diligence*[48] vor. Hiernach hätten die
EU-Mitgliedstaaten verbindliche Sorgfaltspflichten für Unternehmen hin-

---

43 Hierzu *Brunk*, in: Krajewski/Saage-Maaß, Die Durchsetzung menschenrechtlicher
   Sorgfaltspflichten von Unternehmen, 2018, 165 ff.; eingehend *Eickenjäger*, Menschenrechtsberichterstattung durch Unternehmen, 2017, S. 41 ff. In Deutschland wurde die
   Berichtspflicht in §§ 289b f. HGB umgesetzt, wonach Unternehmen in ihrem Lagebericht im Rahmen der nichtfinanziellen Erklärung mindestens Angaben zu Umwelt-,
   Arbeitnehmer und Sozialbelangen, der Achtung der Menschenrechte und zur Bekämpfung von Korruption und Bestechung machen müssen. Hierzu *Mock*, ZIP 2017,
   1195 ff. Die CSR-Richtlinie wurde durch die Richtlinie (EU) 2022/2464 des Europäischen Parlaments und des Rates vom 14.12.2022 zur Änderung der Verordnung (EU)
   Nr. 537/2014 und der Richtlinien 2004/109/EG, 2006/43/EG und 2013/34/EU hinsichtlich der Nachhaltigkeitsberichterstattung von Unternehmen, ABl. EU L 322/15,
   16.12.2022 geändert.
44 Loi n° 2017-399 du 27 mars 2017 relative au devoir de vigilance des sociétés mères et
   des entreprises donneuses d'ordre, JORF n° 0074 du 28 mars 2017.
45 Hierzu monografisch *Nasse*, Loi de vigilance, 2022; vgl. auch *dies.*, ZEuP 2019, 774 ff.;
   Nordhues, Die Haftung der Muttergesellschaft und ihres Vorstands für Menschenrechtsverletzungen im Konzern, 2019, S. 271 ff.; *Pordzik*, Transsubjektive Deliktsverantwortlichkeit, 2022, S. 17 ff.; *Rühl*, in: FS Windbichler, 2020, 1413, 1417 ff.
46 Zum LkSG statt vieler *Brunk*, Menschenrechtscompliance, 2022, S. 457 ff.;
   Gehling/Ott/Lüneborg, CCZ 2021, 230 ff.; *Mittwoch/Bremenkamp*, KritV 2021, 207 ff.;
   hierzu und auch zur Vorbildfunktion des französischen Rechts *Nasse*, Loi de vigilance, 2022, S. 275 ff.; *dies.*, RAW 2022, 3 ff.; *Paefgen*, ZIP 2021, 2006 ff.; *Rühl/Knauer*, JZ
   2022, 105 ff.; *Schmidt-Räntsch*, ZUR 2021, 387, 392 ff.; *Spindler*, ZHR 186 (2022), 67 ff.;
   Stöbener de Mora/Noll, NZG 2021, 1237 ff.; *Wagner*, FS Singer, 2021, 693 ff.
47 Vgl. §§ 12 ff. LkSG; hierzu *Engel/Schönfelder*, in: Grabosch, Das neue Lieferkettensorgfaltspflichtengesetz, 2021, § 6 Rn. 1 ff.; *Nasse*, Loi de vigilance, 2022, S. 291.
48 *Europäische Kommission*, Vorschlag für eine Richtlinie des Europäischen Parlaments
   und des Rates über die Sorgfaltspflichten von Unternehmen im Hinblick auf Nach-

sichtlich negativer Auswirkungen auf die Menschenrechte und die Umwelt zu statuieren.[49] Hinzu kommen die Aktualisierung der Batterien-VO[50], die Verordnung über entwaldungsfreie Lieferketten[51] und die Richtlinie hinsichtlich der Nachhaltigkeitsberichterstattung von Unternehmen (CSRD), die u. a. die bereits erwähnte CSR-Richtlinie verschärft.

III. Die KM-VO im Kontext zivilrechtlicher Haftungskonstellationen und
   Menschenrechtsklagen

Nicht zuletzt angesichts des immer dichter wedenden Netzes unverbindlicher und bindender Regeln gehört das Thema Wirtschaft und Menschenrechte längst zu den „juristischen Leitthemen unserer Zeit"[52]. Den gängigen Fallkonstellationen liegt zumeist ein grenzüberschreitender Sachverhalt zugrunde, da Menschenrechtsverletzungen in Lieferkettenkonstellationen häufig im Ausland stattfinden, bspw. in den Produktionsstätten der Zulieferer oder Tochterunternehmen inländischer Konzerne.[53] Materiell-rechtlich kreist die Debatte zumeist um die Frage, ob Unternehmen haften, wenn in ihren Lieferketten Menschenrechtsverletzungen auftreten.[54] Haben bspw. die Opfer von Menschenrechtsverletzungen deliktische Schadensersatzansprüche gegen die inländischen Unternehmen, die am Ende der Lieferkette stehen? Diese sind oft attraktiver Klagegegner, sei es aufgrund von Durch-

---

haltigkeit und zur Änderung der Richtlinie (EU) 2019/1937, v. 23.2.2011, COM(2022) 71 final, 2022/0051 (COD).

49 Vgl. hierzu *Hübner/Habrich/Weller*, NZG 2022, 644 ff.; *Nietsch/Wiedmann*, CCZ 2022, 125 ff.

50 Verordnung (EU) 2023/1542 des Europäischen Parlaments und des Rates v. 12.7.2023 über Batterien und Altbatterien zur Änderung der Richtlinie 2008/98/EG und der Verordnung (EU) 2019/1020 und zur Aufhebung der Richtlinie 2006/66/EG, ABl. EU L 191/1, 28.7.2023.

51 Verordnung (EU) 2023/1115 des Europäischen Parlaments und des Rates v. 31.5.2023 über die Bereitstellung bestimmter Rohstoffe und Erzeugnisse, die mit Entwaldung und Waldschädigung in Verbindung stehen, auf dem Unionsmarkt und ihre Ausfuhr aus der Union sowie zur Aufhebung der Verordnung (EU) Nr. 995/2010, ABl. EU L 150/206, 9.6.2023.

52 So *Weller/Thomale*, ZGR 2017, 509, 510 mit Blick auf Menschenrechtsklagen.

53 *Wagner*, RabelsZ 80 (2016), 717, 718 f.; *Weller/Kaller/Schulz*, AcP 216 (2016), 387, 388.

54 Vgl. nur *Hübner*, Unternehmenshaftung für Menschenrechtsverletzungen, 2022, S. 2; *Wagner*, RabelsZ 80 (2016), 717, 719; *Weller/Kaller/Schulz*, AcP 216 (2016), 387, 388.

setzungsdefiziten im Ausland, mangelnden finanziellen Kapazitäten des Zulieferers oder strategischen Erwägungen.[55]

Da die unmittelbaren Menschenrechtsverletzungen, wie gezeigt, zumeist im Ausland erfolgen, stellen sich neben materiell-rechtlichen auch komplexe zuständigkeits- und international-privatrechtliche Fragen: Sind europäische Gerichte zuständig, wenn Schäden geltend gemacht werden, die außerhalb der EU eintraten?[56] Und welches Recht ist in derartigen, zumeist als Menschenrechtsklagen bezeichneten Verfahren anwendbar?[57] Erste Prozesse wurden bereits vor europäischen Gerichten geführt: Bspw. verklagten Betroffene und Hinterbliebene der Opfer eines verheerenden Fabrikbrandes in Pakistan, bei dem mehr als 250 Menschen ums Leben kamen, die Hauptabnehmergesellschaft *KiK Textilien und Non-Food GmbH* auf immateriellen Schadensersatz.[58] Das LG Dortmund erklärte pakistanisches Recht für anwendbar, etwaige Schadensersatzansprüche waren jedoch verjährt.[59]

Neben den Möglichkeiten einer deliktischen Haftung wurden in der Debatte auch kauf-, lauterkeits- und gesellschaftsrechtliche Haftungsrisiken für die Unternehmen aufgezeigt.[60] Mit Blick auf eine zivilrechtliche Haftung für Sorgfaltspflichtenverstöße unterscheidet sich die KM-VO vom LkSG und dem aktuellen RL-Entwurf: Weder schließt die KM-VO eine zivilrechtliche Haftung der Unionseinführer für Sorgfaltspflichtenverstöße wie das LkSG aus noch sieht sie eine solche wie der derzeitige RL-Entwurf ausdrücklich vor.

---

55 So auch *Hübner*, Unternehmenshaftung für Menschenrechtsverletzungen, 2022, S. 99; *Pordzik*, Transsubjektive Deliktsverantwortlichkeit, 2022, S. 1 f.; *Weller/Thomale*, ZGR 2017, 509, 514.

56 *Hübner*, Unternehmenshaftung für Menschenrechtsverletzungen, 2022, S. 2.

57 *Hübner*, Unternehmenshaftung für Menschenrechtsverletzungen, 2022, S. 2.

58 LG Dortmund, Urt. v. 10.1.2019 – 7 O 95/15, BeckRS 2019, 388; vgl. dazu *Hübner*, Unternehmenshaftung für Menschenrechtsverletzungen, 2022, S. 93; *Meder*, Unternehmerische Haftung in grenzüberschreitenden Wertschöpfungskette, 2022, S. 45 f.

59 LG Dortmund, Urt. v. 10.1.2019 – 7 O 95/15, BeckRS 2019, 388 (Rn. 22); vgl. auch OLG Hamm, Beschl. v. 21.5.2019 – I-9 U 44/19, NJW 2019, 3527 ff.

60 Hierzu *Hübner*, Unternehmenshaftung für Menschenrechtsverletzungen, 2022, S. 323 ff. Zu kauf- und lauterkeitsrechtlichen Ansprüchen *Asmussen*, Haftung für CSR, 2020, der auch eine Haftung gegenüber Anlegern beleuchtet; zu gesellschaftsrechtlichen Aspekten *Brunk*, Menschenrechtscompliance, 2022; zum Kaufrecht unter Beachtung des LkSG *R. Koch*, MDR 2022, 1 ff.; zur Ausstrahlungswirkung des LkSG auf das Gesellschaftsrecht und zur Möglichkeit einer Durchsetzung im Lauterkeitsrecht *Spindler*, ZHR 186 (2022), 67, 106, 108.

B. Forschungsfrage, Themenbegrenzung und Methodik

Vor diesem Hintergrund lautet die Forschungsfrage dieser Arbeit, inwieweit sich die KM-VO auf die in der zivilrechtlichen Debatte diskutierten Haftungskonstellationen auswirkt und welche Rolle der KM-VO als „supranationale[m] Baustein im Rechtshaus internationaler Unternehmensverantwortung"[61] zukommt.

Aus dieser Forschungsfrage ergibt sich ein dreistufiges Forschungsprogramm: Zunächst ist es für das Verständnis der Verordnung unerlässlich, ihre Geschichte zu kennen. Deshalb wird die KM-VO im Folgenden zunächst im Lichte ihres Vorbildes, Sec. 1502 Dodd-Frank Act, analysiert, sodass rechtsvergleichende Aspekte Eingang in den ersten Teil der Arbeit finden.[62]

Sodann wird die Auswirkung der KM-VO auf zivilrechtliche Haftungskonstellationen beleuchtet. Der Fokus liegt auf den genannten Konstellationen des Delikts-, Kauf-, Lauterkeits- und Gesellschaftsrechts. Eine Haftung von Unternehmen gegenüber Anlegern wird ausgeklammert. Indem sie, ihren Fokus auf die KM-VO legend, den Einfluss einer *kodifizierten* Sorgfaltspflicht in einem *bestimmten* Sektor auf die genannten Haftungskonstellationen untersucht, bringt die Arbeit eine neue Perspektive in die Diskussion darüber ein, ob Unternehmen für Menschenrechtsverletzungen in ihren Lieferketten haften.

Besonderes Augenmerk richtet die Arbeit auf deliktsrechtliche Haftungskonstellationen. Während sich die bisherige Debatte vorwiegend um §§ 823 Abs. 1, 831 BGB dreht,[63] soll im vorliegenden Beitrag der

---

61 Aus dem Titel eines Vortrages von *Nowrot*, „Die Konfliktmineralien-Verordnung der Europäischen Union v. Mai 2017 als supranationaler Baustein im Rechtshaus internationaler Unternehmensverantwortung" v. 15.7.2021, online abrufbar unter: https://www.wiso.uni-hamburg.de/fachbereich-sozoek/professuren/nowrot/ueber-uns/aktuelles/vortrag-2021-06-15-nowrot.html (zuletzt abgerufen: 30.9.2023).

62 Zur Rolle der Rechtsvergleichung bei der Gesetzgebung *Kischel*, Rechtsvergleichung, 2015, § 2 Rn. 22 ff.

63 Zu § 823 Abs. 1 BGB: *v. Falkenhausen*, Menschenrechtsschutz durch Deliktsrecht, 2020, S. 81 ff.; *Fleischer/Korch*, ZIP 2021, 709, 712; *Güngör*, Sorgfaltspflichten für Unternehmen in transnationalen Menschenrechtsfällen, 2016, S. 234 ff.; *Habersack/Ehrl*, AcP 219 (2019), 155, 193 ff.; *Haider*, Haftung von transnationalen Unternehmen und Staaten für Menschenrechtsverletzungen, 2019, S. 362 ff.; *Hübner*, Unternehmenshaftung für Menschenrechtsverletzungen, 2022, S. 181 ff.; *Nordhues*, Die Haftung der Muttergesellschaft und ihres Vorstands für Menschenrechtsverletzungen im Konzern, 2019, S. 105 ff.; *Osieka*, Zivilrechtliche Haftung deutscher Unternehmen für

Schwerpunkt auf § 823 Abs. 2 BGB gelegt werden: § 823 Abs. 2 BGB sieht einen Schadensersatzanspruch für solche Schäden vor, die aus der Verletzung eines *Gesetzes* resultieren, welches den Schutz eines anderen bezweckt. Es stellt sich also die Frage, ob die kodifizierten Sorgfaltspflichten der KM-VO ein solches sog. Schutzgesetz darstellen.

Im Kern ist der zweite Teil der Arbeit eine dogmatische Untersuchung.[64] Rechtsdogmatik kann beschrieben werden als *„die Gesamtheit der von Rechtsprechung und Rechtsliteratur zur Konkretisierung des Rechts entwickelten, oft ungeschriebenen Rechtsregeln, die für die konkrete Rechtslösung herangezogen werden."*[65] In diesem Sinne analysiert die Arbeit die einschlägigen Gerichtsentscheidungen und die Literatur, um Aussagen über die Haftung von Unternehmen bei Verstößen gegen die Sorgfaltspflichten der KM-VO auf Basis des geltenden Rechts zu treffen.

Schließlich erfordert eine genaue Verortung der KM-VO als „Baustein" des Regelungsrahmens der Unternehmensverantwortung eine Auseinandersetzung mit dem Verhältnis der KM-VO zu neueren sektorenübergreifenden Rechtsakten, insbesondere dem RL-Entwurf zur *Corporate Sustainability Due Diligence*. Dem Verhältnis der KM-VO zu anderen einschlägigen Rechtsakten und Regulierungsvorhaben ist der dritte Teil der Arbeit gewidmet.

---

der Muttergesellschaft und ihres Vorstands für Menschenrechtsverletzungen im Konzern, 2019, S. 105 ff.; *Osieka*, Zivilrechtliche Haftung deutscher Unternehmen für menschenrechtsbeeinträchtigende Handlungen ihrer Zulieferer, 2014, S. 182 ff.; *Thomale/Hübner*, JZ 2017, 385, 395 f.; *Wagner*, RabelsZ 80 (2016), 717, 752 ff.; *Weller/Kaller/Schulz*, AcP 216 (2016), 387, 400 ff.; *Weller/Nasse*, FS Ebke, 2021, 1071, 1076 ff.; *Weller/Thomale*, ZGR 2017, 509, 520 ff. Zu § 831 BGB: *Beckers*, ZfPW 2021, 220, 240 f.; *Görgen*, Unternehmerische Haftung in transnationalen Menschenrechtsfällen, 2019, S. 339; *Güngör*, Sorgfaltspflichten für Unternehmen in transnationalen Menschenrechtsfällen, 2016, S. 192 f.; *Habersack/Ehrl*, AcP 219 (2019), 155, 193 f.; *Haider*, Haftung von transnationalen Unternehmen und Staaten für Menschenrechtsverletzungen, 2019, S. 429 ff.; *Hübner*, Unternehmenshaftung für Menschenrechtsverletzungen, 2022, S. 273 ff.; *Osieka*, Zivilrechtliche Haftung deutscher Unternehmen für menschenrechtsbeeinträchtigende Handlungen ihrer Zulieferer, 2014, S. 180 f.; *Pordzik*, Transsubjektive Deliktverantwortlichkeit, 2022, S. 90 ff.

64 Zur dogmatischen Herangehensweise vgl. *Rüthers/Fischer/Birk*, Rechtstheorie, 12. Aufl. 2022, § 7 Rn. 311.

65 *Möllers*, Juristische Methodenlehre, 5. Aufl. 2023, § 9 Rn. 4.

Diese Arbeit befasst sich indes nicht mit der Frage der völkerrechtlichen Zulässigkeit der KM-VO, bspw. ihrer WTO-Vereinbarkeit,[66] sondern setzt diese voraus.

C. Forschungsstand

Zur KM-VO,[67] insbesondere im Vergleich zur US-amerikanischen Sec. 1502 Dodd-Frank Act,[68] wurden bereits einige Beiträge verfasst. Der Einfluss der KM-VO auf zivilrechtliche Haftungskonstellationen im deutschen Recht wurde bislang allerdings in nur wenigen Veröffentlichungen thematisiert.[69] Mit dem Fokus auf die KM-VO möchte diese Arbeit einen Beitrag zu einem bisher insgesamt wenig erforschten Thema leisten.

---

66 Hierzu jedoch *Elsholz*, Beiträge zum Transnationalen Wirtschaftsrecht 148 (2017), S. 28 ff.; *Gasche*, Responsible Trading in Raw Materials, 2023, S. 138 ff.; *Klimke/Elsholz*, in: Kaltenborn et al., Lieferkettenrecht, 2023, EU-Konfliktmineralien-VO, Rn. 98 ff.; *Okowa*, International and Comparative Law Quarterly 69 (2020), 685 ff.; *Partiti/van der Velde*, Journal of World Trade 51:6 (2017), 1043 ff. Allgemein zu gesetzlichen Sorgfaltspflichten von Unternehmen *Bäumler*, AVR 58 (2020), 464 ff.

67 *Fehse/Markmann*, EuZW 2021, 113 ff.; *Grado*, Italian Yearbook of International Law 27 (2018), 235 ff.; *Heße/Klimke*, EuZW 2017, 446 ff.; *Macchi*, Journal of Human Rights Practice 2021, 270 ff.; *Magallón Elósegui*, Spanish Yearbook of International Law 24 (2020), 155 ff.; *Rausch*, CCZ 2020, 355 ff.; *Teicke/Rust*, CCZ 2018, 39 ff.; *Vioque*, EuCLR 2021, 73 ff.

68 *Elsholz*, Beiträge zum Transnationalen Wirtschaftsrecht 148 (2017); *Nowrot*, Rechtswissenschaftliche Beiträge zur Hamburger Sozialökonomie 20 (2018); *ders.*, in: Feichtner/Krajewski/Roesch, Human Rights in the Extractive Industries, 2019, 51 ff.

69 Die bislang ausführlichste Auseinandersetzung stammt von *Gasche*, Responsible Trading in Raw Materials, 2023, die sich mit der Regulierung des internationalen Rohstoffhandels befasst und dabei auch die KM-VO und die Durchsetzungsmechanismen im deutschen Recht analysiert. Ferner kurz auf die KM-VO eingehend *Brunk*, Menschenrechtscompliance, 2022, S. 448; *B. Schneider*, ZIP 2022, 407, 413; *Walden*, NZG 2020, 50, 55.

Hingegen ist, wie bereits angedeutet, eine große Zahl an Monografien[70] und Beiträgen[71] erschienen, die sich mit der Unternehmenshaftung für Menschenrechtsverletzungen und der unternehmerischen Verantwortung für Nachhaltigkeitsberichterstattung oder -werbung auseinandersetzen. Die wesentlichen Erkenntnisse dieser Debatte fließen in die Überlegungen der Arbeit ein.

D. Gang der Darstellung

Die Arbeit gliedert sich in drei Teile. Im ersten Teil werden der Konfliktmineraliensektor und seine Regulierung einer näheren Betrachtung unterzogen. Kapitel 1 beleuchtet die Risikokonstellation des Konfliktmineraliensektors und analysiert die Regeln und Standards, die in diesem Sektor tätige Unternehmen adressieren. Eine vertiefte Auseinandersetzung mit dem US-amerikanischen Vorbild der KM-VO, Sec. 1502 Dodd-Frank Act, erfolgt in Kapitel 2. In Kapitel 3 werden die KM-VO und ihre Durchführung auf mitgliedstaatlicher Ebene dargestellt und Vergleiche zu Sec. 1502 Dodd-Frank Act gezogen.

Im zweiten und ausführlichsten Teil der Arbeit wird der Einfluss der Bestimmungen der KM-VO auf zivilrechtliche Haftungskonstellationen

---

70 Grundlegend *Hübner*, Unternehmenshaftung für Menschenrechtsverletzungen, 2022; *Asmussen*, Haftung für CSR, 2020; *Beckers*, Enforcing Corporate Social Responsibility Codes, 2015; *Brunk*, Menschenrechtscompliance, 2022; *v. Falkenhausen*, Menschenrechtsschutz durch Deliktsrecht, 2020; *Görgen*, Unternehmerische Haftung in transnationalen Menschenrechtsfällen, 2019; *Haider*, Haftung von transnationalen Unternehmen und Staaten für Menschenrechtsverletzungen, 2019; *Heinen*, Deliktische Sorgfaltspflichten in transnationalen Lieferketten, 2022; *Massoud*, Menschenrechtsverletzungen im Zusammenhang mit wirtschaftlichen Aktivitäten von transnationalen Unternehmen, 2018; *Nordhues*, Die Haftung der Muttergesellschaft und ihres Vorstands für Menschenrechtsverletzungen im Konzern, 2019; *Osieka*, Zivilrechtliche Haftung deutscher Unternehmen für menschenrechtsbeeinträchtigende Handlungen ihrer Zulieferer, 2014; *Pordzik*, Transsubjektive Deliktsverantwortlichkeit, 2022; *Schramm*, Privatrechtliche Wirkungen unternehmerischer Selbstverpflichtungen zur Einhaltung der Menschenrechte, 2020; zum französischen Recht *Nasse*, Loi de vigilance, 2022.

71 Statt vieler *Habersack/Ehrl*, AcP 219 (2019), 155 ff.; *Fleischer/Korch*, ZIP 2021, 709 ff.; *Kieninger*, RIW 2021, 331 ff.; *Mansel*, ZGR 2018, 439 ff.; *Rühl*, in: Reinisch et al., Unternehmensverantwortung und Internationales Recht, 2020, 89 ff.; *Spindler*, ZHR 186 (2022), 67 ff.; *Thomale/Hübner*, JZ 2017, 385 ff.; *Wagner*, RabelsZ 80 (2016), 717 ff.; *ders.*, FS Singer, 2021, 693 ff.; *Weller/Kaller/Schulz*, AcP 216 (2016), 387 ff.; *Weller/Nasse*, FS Ebke, 2021, 1071 ff.; *Weller/Thomale*, ZGR 2017, 509 ff.

beleuchtet. Es werden Haftungskonstellationen im Kaufmängelgewährleis-
tungs-, Lauterkeits- und Gesellschaftsrecht (Kapitel 4) und im Deliktsrecht
(Kapitel 5) untersucht.

Abschließend wird im dritten Teil die fortlaufende Rechtsentwicklung
auf der Ebene des Unionsrechts in den Blick genommen. In Kapitel 6 wird
der KM-VO der RL-Entwurf der Kommission zur *Corporate Sustainability
Due Diligence* gegenübergestellt. Kapitel 7 beleuchtet sodann das Verhältnis
von sektorenübergreifenden und sektorenspezifischen Regulierungen der
Sorgfaltspflicht in der Lieferkette anhand des RL-Entwurfs und der KM-
VO. Hieraus werden Schlüsse für die Bewertung der KM-VO durch die
Kommission gezogen, die nach Art. 17 Abs. 2 KM-VO vorzunehmen ist.[72]

Die Arbeit schließt mit einer Zusammenfassung der wichtigsten Ergebnisse in Thesenform.

---

72 Die nach Art. 17 Abs. 2 KM-VO von der Kommission vorzunehmende Überprüfung
    der KM-VO zum 1.1.2023 ist bislang (Stand: September 2023) nicht veröffentlicht
    worden.

Teil 1:
Sektorenspezifische Regelungen zu Konfliktmineralien

Teil 1 der Arbeit gibt einen Überblick über den Konfliktmineraliensektor und seine rechtliche Regulierung (Kapitel 1), insbesondere in den USA (Kapitel 2) und auf der Ebene des Unionsrechts (Kapitel 3).

Kapitel 1: Der internationale Rohstoffsektor und seine rechtliche Regulierung

Die extraktiven Industrien bergen in besonderem Maße Menschenrechtsrisiken.[73] Wenn sich Rohstoffvorkommen in Konflikt- und Hochrisikogebieten befinden, wird dieses Risiko noch verstärkt.[74] Dennoch besteht ein erhebliches wirtschaftliches und soziales Interesse daran, Rohstoffe in diesen Gebieten zu fördern. *Erstens* sind die natürlichen Vorkommen vieler Rohstoffe knapp und beschränken sich auf nur wenige Regionen der Welt.[75] Zugleich hat eine wachsende Wirtschaft einen kontinuierlichen Bedarf an Rohstoffen.[76] *Zweitens* schafft der extraktive Sektor, u. a. der Abbau von und Handel mit 3TG-Mineralien, die Existenzgrundlage einer Vielzahl von Menschen.[77] Daraus ergibt sich ein Spannungsfeld, welches im vorliegen-

---

73 S. *supra* Einleitung A. I.
74 *UN-Menschenrechtsrat*, UN Guiding Principles on Business and Human Rights: Implementing the United Nations "Protect, Respect and Remedy" Framework, UN-Doc. A/HRC/17/31, 21.3.2011, Nr. 7; vgl. dazu *Macchi*, Journal of Human Rights Practice 2021, 270, 282.
75 Vgl. nur *Zeisberg*, Ein Rohstoffvölkerrecht für das 21. Jahrhundert, 2021, S. 13 f.
76 *Hagemann*, Menschenrechtsverletzungen im internationalen Wirtschaftsrecht, 2017, S. 12; vgl. zum steigenden Bedarf nach Rohstoffen *Mildner/Regier*, in: Ehlers et al., Rechtsfragen des internationalen Rohstoffhandels, 2012, 9, 10; *Zeisberg*, Ein Rohstoffvölkerrecht für das 21. Jahrhundert, 2021, S. 13 f.
77 *Elsholz*, Beiträge zum Transnationalen Wirtschaftsrecht, 148 (2017), S. 5.

den Kapitel umrissen wird. Hierzu wird zunächst die Rohstoffpolitik der EU im einschlägigen Bereich betrachtet (A.), um sodann die Verknüpfung des Abbaus von und Handels mit 3TG-Mineralien oder -Metallen einerseits mit der Konfliktfinanzierung und mit Menschenrechtsverletzungen andererseits darzulegen (B.). Im Anschluss wird der internationale Regelungsrahmen für Konfliktmineralien in den Blick genommen (C.). Das Kapitel schließt mit einer Zusammenfassung der wichtigsten Ergebnisse in Thesenform (D.).

A. Rohstoffpolitik der EU

Rohstoffe sind von elementarer Bedeutung für die Wirtschaft und die Bevölkerung. Wirtschaftliches Wachstum ist in starkem Maße vom Zugang zu Rohstoffen abhängig.[78] Wie dargelegt, sind die im Kontext dieser Arbeit relevanten 3TG-Mineralien für die Herstellung von technischen Produkten, bspw. Mobiltelefonen, Laptops und Batterien in Elektroautos, erforderlich.[79] Folglich kommt 3TG-Mineralien eine zentrale Bedeutung für die Digitalisierung und die Verkehrswende zu.[80]

Der Abbau mineralischer Rohstoffe ist jedoch standortgebunden und richtet sich nach den Vorkommen der natürlichen Ressourcen.[81] Große Mengen an 3TG-Mineralien werden in China, Afrika, Südamerika, Russland und Australien gefördert.[82] In Europa werden hingegen nur kleinere Mengen an 3TG-Mineralien gewonnen, etwa Wolfram in Großbritannien

---

78 Vgl. auch *Mildner/Regier*, in: Ehlers et al., Rechtsfragen des internationalen Rohstoffhandels, 2012, 9, 10; *Zeisberg*, Ein Rohstoffvölkerrecht für das 21. Jahrhundert, 2021, S. 13 f.

79 S. *supra* Einleitung A. I.

80 Siehe *Kommission der Europäischen Gemeinschaft*, Mitteilung, Die Rohstoffinitiative – Sicherung der Versorgung Europas mit den für Wachstum und Beschäftigung notwendigen Gütern, v. 4.11.2008, KOM(2008), 699 endg., S. 3; vgl. auch *Elsholz*, Beiträge zum Transnationalen Wirtschaftsrecht, 148 (2017), S. 5; *Keenan*, in: Feichtner/Krajewski/Roesch, Human Rights in the Extractive Industries, 2019, 27, 30.

81 Vgl. *Zeisberg*, Ein Rohstoffvölkerrecht für das 21. Jahrhundert, 2021, S. 47 f.

82 Allgemein zu sog. „Hochtechnologiemetallen" *Kommission der Europäischen Gemeinschaft*, Mitteilung, Die Rohstoffinitiative – Sicherung der Versorgung Europas mit den für Wachstum und Beschäftigung notwendigen Gütern, v. 4.11.2008, KOM(2008), 699 endg., S. 4; zur Erzeugermenge der jeweiligen 3TG-Mineralien der Staaten *Barume et al.*, Current Opinion in Green and Sustainable Chemistry 1 (2016), 8 ff.; zur großen Bedeutung Chinas *Sievers*, in: Ehlers et al., Rechtsfragen des internationalen Rohstoffhandels, 2012, 195 ff.

und Österreich oder Zinn in Spanien.[83] Die EU ist hinsichtlich sog. Hochtechnologiemetalle, die u. a. auch in der KM-VO regulierte Mineralien umfassen, „hochgradig importabhängig".[84] Dies hat zur Folge, dass der sicheren Rohstoffversorgung auf europäischer Ebene eine besondere Bedeutung zukommt.[85] In den letzten Jahren wurde die Rohstoffversorgung zudem durch Probleme in den Lieferketten aufgrund der COVID-19-Pandemie erheblich beeinträchtigt.[86]

Im Jahr 2008 entwarf die Kommission der Europäischen Gemeinschaft eine „Rohstoffinitiative" in Form einer unverbindlichen Mitteilung, die eine umfassende Strategie zur Rohstoffsicherheit beinhaltet.[87] Das Ziel der Initiative ist es, „[d]iskriminierungsfreie[n] Zugang zu Rohstoffen auf dem Weltmarkt" und die „[d]auerhafte Versorgung mit Rohstoffen aus europäischen Quellen" sicherzustellen und den „Primärrohstoffverbrauch[] in der EU" zu senken.[88]

Die Rohstoffpolitik wurde abermals in einer Mitteilung aus dem Jahr 2011 adressiert, worin die genannten Ziele als Säulen der Rohstoffpolitik

---

83 *Barume et al.*, Current Opinion in Green and Sustainable Chemistry 1 (2016), 8, 10; vgl. zu Vorkommen in der EU auch *Sievers*, in: Ehlers et al., Rechtsfragen des internationalen Rohstoffhandels, 2012, 195.

84 *Kommission der Europäischen Gemeinschaft*, Mitteilung, Die Rohstoffinitiative – Sicherung der Versorgung Europas mit den für Wachstum und Beschäftigung notwendigen Gütern, v. 4.11.2008, KOM(2008), 699 endg., S. 3 f.; so auch *Klimke/Elsholz*, in: Kaltenborn et al., Lieferkettenrecht, 2023, EU-Konfliktmineralien-VO, Rn. 3; *Sievers*, in: Ehlers et al., Rechtsfragen des Internationalen Rohstoffhandels, 2012, 195, 196 f.

85 *Kommission der Europäischen Gemeinschaft*, Mitteilung, Die Rohstoffinitiative – Sicherung der Versorgung Europas mit den für Wachstum und Beschäftigung notwendigen Gütern, v. 4.11.2008, KOM(2008), 699 endg.; vgl. dazu *Tietje/Nowrot*, Internationales Wirtschaftsrecht, 3. Aufl. 2021, § 7 Rn. 78.

86 Vgl. zur Entwicklung auf dem Rohstoffmarkt der Mineralien *Worldbank*, Commodity Markets Outlook 2021, S. 40 ff.; für deutsche Unternehmen *Bundesverband der Deutschen Industrie e. V.*, Auswirkungen der Corona-Pandemie auf die Rohstoffversorgung, v. 3.7.2020.

87 *Kommission der Europäischen Gemeinschaft*, Mitteilung, Die Rohstoffinitiative – Sicherung der Versorgung Europas mit den für Wachstum und Beschäftigung notwendigen Gütern, v. 4.11.2008, KOM(2008), 699 endg.; vgl. dazu *Proelß*, in: Ehlers et al., Rechtsfragen des Internationalen Rohstoffhandels, 2012, 161, 162; *Tietje/Nowrot*, Internationales Wirtschaftsrecht, 3. Aufl. 2021, § 7 Rn. 78.

88 So auch wörtlich *Kommission der Europäischen Gemeinschaft*, Mitteilung, Die Rohstoffinitiative – Sicherung der Versorgung Europas mit den für Wachstum und Beschäftigung notwendigen Gütern, v. 4.11.2008, KOM(2008), 699 endg., S. 6, 10, 11; vgl. dazu *Huck*, EuZW 2018, 266, 268.

der EU und die Dringlichkeit der Rohstoffsicherheit bestätigt wurden.[89] Im Zuge dessen wurde eine Liste mit kritischen Rohstoffen, bei denen das Risiko eines Versorgungsengpasses besteht, erstellt, worunter u. a. Wolfram und Tantal fallen.[90] Diese Liste sog. kritischer Rohstoffe wurde von der Europäischen Kommission in den folgenden Jahren regelmäßig aktualisiert,[91] wobei Wolfram und Tantal auch im Jahr 2020 auf der Liste der kritischen Rohstoffe stehen.[92] Die Wettbewerbsfähigkeit und der Zugang zu Rohstoffen standen also zu Beginn des Jahrtausends im Zentrum der Rohstoffpolitik der EU.[93] Gerade der Abbau von und Handel mit 3TG-Mineralien ist allerdings sowohl konflikträchtig als auch risikoreich, wie der folgende Abschnitt zeigen wird.

B. Verknüpfung des Abbaus von und Handels mit 3TG-Mineralien mit Konfliktfinanzierung und zu Menschenrechtsverletzungen

Im Folgenden werden die Risiken, die beim Abbau von und Handel mit 3TG-Mineralien oder -Metallen bestehen, nachgezeichnet und Besonderheiten des Sektors aufgezeigt.

---

89 *Europäische Kommission*, Mitteilung, Grundstoffmärkte und Rohstoffe: Herausforderungen und Lösungsansätze, v. 2.2.2011, KOM(2011) 25 endg.; vgl. dazu *Tietje/Nowrot*, Internationales Wirtschaftsrecht, 3. Aufl. 2021, § 7 Rn. 78.

90 *Europäische Kommission*, Mitteilung, Grundstoffmärkte und Rohstoffe: Herausforderungen und Lösungsansätze, v. 2.2.2011, KOM(2011) 25 endg., S. 25 f.; vgl. dazu *Tietje/Nowrot*, Internationales Wirtschaftsrecht, 3. Aufl. 2021, § 7 Rn. 78.

91 *Europäische Kommission*, Mitteilung über die Überprüfung der Liste kritischer Rohstoffe für die EU und die Umsetzung der Rohstoffinitiative, v. 26.5.2014, COM(2014) 297 final; Mitteilung über die Liste kritischer Rohstoffe für die EU 2017, v. 13.9.2017, COM(2017) 490 final; Widerstandsfähigkeit der EU bei kritischen Rohstoffen: Einen Pfad hin zu größerer Sicherheit und Nachhaltigkeit abstecken, v. 3.9.2020, COM(2020) 474 final; vgl. dazu *Huck*, EuZW 2018, 266, 269; *Tietje/Nowrot*, Internationales Wirtschaftsrecht, 3. Aufl. 2021, § 7 Rn. 78.

92 *Europäische Kommission*, Mitteilung, Widerstandsfähigkeit der EU bei kritischen Rohstoffen: Einen Pfad hin zu größerer Sicherheit und Nachhaltigkeit abstecken, v. 3.9.2020, COM(2020) 474 final, S. 23.

93 *Elsholz*, Beiträge zum Transnationalen Wirtschaftsrecht, Heft 148 (2017), S. 6; *Hagemann*, Menschenrechtsverletzungen im internationalen Wirtschaftsrecht, 2017, S. 28 f.

I. „Ressourcenfluch" und Risikokonstellation beim Abbau von und Handel mit Konfliktmineralien

Da viele Industriestaaten auf den Import von Rohstoffen angewiesen sind, bieten Rohstoffvorkommen grundsätzlich das Potenzial, Wohlstand für den Staat, in dem die natürlichen Ressourcen vorkommen, und dessen Bevölkerung zu schaffen.[94] Dennoch genießen rohstoffreiche Regionen nicht immer wirtschaftlichen Wohlstand. Stattdessen wirkt sich der Rohstoffreichtum mancher Regionen negativ auf die Bevölkerung aus, was mit dem Begriff „Ressourcenfluch" beschrieben wird.[95]

Der Mineralienabbau und -handel in Konflikt- und Hochrisikogebieten findet in einer Risikokonstellation statt.[96] Die in der Einleitung am Beispiel des *Afrimex*-Falls aufgezeigten Risiken, die der Abbau von und Handel mit Konfliktmineralien für die Bevölkerung rund um eine Mine sowie ihre Arbeiter bergen kann, sollen im Folgenden mit Blick auf die späteren Haftungskonstellationen genauer ausgebreitet werden.

Erstens haben Wirtschaftswissenschaftler einen Zusammenhang zwischen dem Vorkommen von natürlichen Ressourcen und Bürgerkriegen festgestellt.[97] Experten gehen davon aus, dass Vorkommen natürlicher Ressourcen zumeist zwar nicht der Grund für den Ausbruch bewaffneter Konflikte sind, die Rohstoffvorkommen aber eine Finanzierungsquelle für bewaffnete Gruppen bieten, was bestehende Konflikte aufrechterhalten oder weiter anheizen kann.[98] Dabei bestehen vielfältige Möglichkeiten für

---

94 Statt vieler *Nowrot*, in: Feichtner/Krajewski/Roesch, Human Rights in the Extractive Industries, 2019, 51, 52.

95 Zum Ressourcenfluch *Schrijver*, in: Peters/Wolfrum, MPEPIL, Permanent Sovereignty over Natural Resources, Rn. 17; *Klimke/Elsholz*, in: Kaltenborn et al., Lieferkettenrecht, 2023, EU-Konfliktmineralien-VO, Rn. 4; *Nowrot*, in: Bungenberg/Herrmann, Die gemeinsame Handelspolitik der Europäischen Union, 2016, 217, 236 m. w. N.; *ders.*, in: Bungenberg et al., European Yearbook of International Economic Law, 2017, 381, 390.

96 Vgl. auch *Weidmann*, Der Beitrag der OECD-Leitsätze für multinationale Unternehmen zum Schutz der Menschenrechte, 2014, S. 321, die OECD-Leitsätze zu Konfliktmineralien seien für Unternehmen bestimmt, die sich in einer „besonderen menschenrechtlichen Risikokonstellation bewegen".

97 *Collier/Hoeffler*, Oxford Economic Papers 50:4 (1998), 563, 568 f.; vgl. dazu *Zeisberg*, Ein Rohstoffvölkerrecht für das 21. Jahrhundert, 2020, S. 16.

98 *UN-Sicherheitsrat*, Final Report of the Group of Experts on the Democratic Republic of the Congo, 26.11.2014; UN Docs. S/2015/19, 12.1.2015 Nr. 73 ff., 156 ff.; für die gewaltsamen Konflikte in der DRK seit den 1960ern *Ndikumana/Emizet*, in: Collier/Sambanis, Understanding Civil War, Volume 1: Africa, 2005, 63, 64; *Nowrot*, in:

bewaffnete Gruppen vom Mineralienabbau und -handel zu profitieren. Bewaffnete Gruppen kontrollieren bspw. Minen, sodass dort Arbeitende „Eintrittsgelder" oder „Steuern" zahlen müssen.[99] Außerdem werden Straßensperren von bewaffneten Gruppen errichtet, an denen Mitglieder der Gruppierungen häufig „Durchfahrtsgebühren" von Fahrzeugen des Mineralientransports verlangen.[100] Teilweise werden auch „Steuern" von Zwischenhändlern, exportierenden Unternehmen oder internationalen Händlern eingefordert.[101] Zudem kann es vorkommen, dass Staaten Einnahmen aus dem Rohstoffabbau entgehen.[102]

Zweitens können bewaffnete Konflikte negative Auswirkungen auf die Menschenrechtssituation in den betroffenen Regionen haben. Dokumentiert sind bspw. negative Auswirkungen der bewaffneten Konflikte auf die Zivilbevölkerung im Osten der DRK.[103] Nach Berichten kommt es unter der Herrschaft von bewaffneten Gruppen etwa zu sexueller Gewalt, zu Tötungen von Zivilisten und der Rekrutierung von Kindersoldaten.[104] Bei diesen negativen Auswirkungen auf die Menschenrechte handelt es sich allerdings nicht um ein direktes Resultat des Mineralienabbaus.[105]

Drittens kann der Abbau der Mineralien mit negativen Auswirkungen auf die Menschenrechte der Minenarbeiter sowie der Bevölkerung, die im Umkreis der Mine wohnt, einhergehen. Dies ist etwa der Fall, wenn in den Minen Kinder- oder Zwangsarbeit stattfindet.[106]

Bungenberg/Herrmann, Die gemeinsame Handelspolitik der Europäischen Union, 2016, 217, 237.

99 *Europäische Kommission*, Commission Staff Working Document, Impact Assessment, Part 1, SWD(2014) 53 final, v. 5.3.2014, S. 17.

100 *Europäische Kommission*, Commission Staff Working Document, Impact Assessment, Part 1, SWD(2014) 53 final, v. 5.3.2014, S. 17; *Grado*, The Italian Yearbook of International Law 27 (2018), 235.

101 *Europäische Kommission*, Commission Staff Working Document, Impact Assessment, Part 1, SWD(2014) 53 final, v. 5.3.2014, S. 17.

102 *Elsholz*, Beiträge zum Transnationalen Wirtschaftsrecht 148 (2017), S. 5.

103 Vgl. etwa *UN-Sicherheitsrat*, Final report of the Group of Experts on the DRC, S/2021/560, v. 10.6.2021, S. 21 f. zur Region Iutri; *Human Rights Watch*, The Curse of Gold 2005, S. 23 ff. zum Mongbwalu-Goldabbaugebiet in der Region Iutri.

104 Vgl. Erwägungsgrund 3 KM-VO; vgl. auch *UN-Sicherheitsrat*, Final report of the Group of Experts on the DRC, S/2021/560, v. 10.6.2021, S. 21 f.; *Human Rights Watch*, The Curse of Gold 2005, S. 23 ff. zum Mongbwalu-Goldabbaugebiet (DRK); *Heße/Klimke*, EuZW 2017, 446.

105 *Spohr*, Human Rights Risks in Mining, 2018, S. 117.

106 Zur Kinderarbeit Erwägungsgrund 3 KM-VO; *ILO*, Action against Child Labour in Small Scale Mining & Quarrying, A Thematic Evaluation, 2004; zur Zwangsarbeit *Spohr*, Human Rights Risks in Mining, 2018, S. 137 ff.

II. Artisanaler und industrieller Bergbau

3TG-Mineralien werden sowohl durch artisanalen wie auch industriellen Bergbau abgebaut, was jeweils spezifische Risiken mit sich bringt.[107]

Natürliche Vorkommen der Mineralien sind Experten zufolge häufig zu gering, um wirtschaftlich profitabel industriell abgebaut zu werden.[108] 3TG-Mineralien werden deshalb regelmäßig im Wege des artisanalen Bergbaus gewonnen.[109] Artisanaler Bergbau tritt in verschiedensten Formen auf; er ist u. a. dadurch gekennzeichnet, dass keine großen Geräte zum Einsatz kommen.[110] Der Abbau der Mineralien erfolgt stattdessen mit einfachen Werkzeugen wie Spitzhacken, ist also ohne große Investitionen möglich.[111] Der artisanale Bergbau ist jedoch häufig nicht formalisiert, Bergarbeiter haben also oftmals keine Arbeitsverträge oder Schürflizenzen[112] und sind regelmäßig unmenschlichen Arbeitsbedingungen ohne Aussicht auf Rechtsschutz ausgeliefert.[113] Die Lieferkette von Konfliktmineralien ist vielschichtig: Häufig verkaufen Bergarbeiter die von ihnen erzeugten Rohstoffe an einen Zwischenhändler.[114] Über einen Großhändler gelangen die Rohstoffe zu einer Schmelze.[115]

Weltweit arbeiten schätzungsweise 20-30 Mio. Menschen im artisanalen Bergbau, 100 Mio. Menschen sind finanziell von dieser Form des Bergbaus abhängig.[116] Der artisanale Bergbau gilt als besonders risikoreich: Gesund-

---

107 Eingehend hierzu *Spohr*, Human Rights Risks in Mining, 2016, S. 21 ff., 81 ff.

108 Vgl. *Hofmann/Schleper/Blome*, Journal of Business Ethics, 2018, 115, 119; *Spohr*, Human Rights Risks in Mining, 2016, S. 82.

109 Vgl. *Hofmann/Schleper/Blome*, Journal of Business Ethics, 2018, 115, 119; *Spohr*, Human Rights Risks in Mining, 2016, S. 82.

110 *Engels*, in: Brunner et al., Wörterbuch Land- und Rohstoffkonflikte, 2019, S. 135; *Spohr*, Human Rights Risks in Mining, 2016, S. 82.

111 *Engels*, in: Brunner et al., Wörterbuch Land- und Rohstoffkonflikte, 2019, S. 135.

112 Vgl. *BMZ*, Sektorprogramm Rohstoffe und Entwicklung, Artisanaler und Kleinbergbau, online abrufbar unter: https://rue.bmz.de/rue/themen/kleinbergbau-86610 (zuletzt abgerufen: 30.9.2023); *Engels*, in: Brunner et al., Wörterbuch Land- und Rohstoffkonflikte, 2019, S. 135; *Spohr*, Human Rights Risks in Mining, 2016, S. 82.

113 *Hofmann/Schleper/Blome*, Journal of Business Ethics, 2018, 115, 119; *v. Falkenhausen*, Menschenrechtsschutz durch Deliktsrecht, 2020, S. 20.

114 *Hofmann/Schleper/Blome*, Journal of Business Ethics, 2018, 115, 118.; *v. Falkenhausen*, Menschenrechtsschutz durch Deliktsrecht, 2020, S. 20.

115 *Hofmann/Schleper/Blome*, Journal of Business Ethics, 2018, 115, 118.; *v. Falkenhausen*, Menschenrechtsschutz durch Deliktsrecht, 2020, S. 20.

116 *Spohr*, Human Rights Risks in Mining, 2016, S. 82. Die Zahlen beziehen sich auf den artisanalen Bergbau insgesamt, nicht nur den Abbau von 3TG-Mineralien.

heits- und Sicherheitsstandards sind häufig sehr niedrig,[117] Kinderarbeit ist keine Seltenheit.[118] Die Bergarbeiter sind zudem oft nicht hinreichend zum Mineralienabbau qualifiziert.[119] Die Nutzung ineffizienter Technologien kann erhebliche Umweltrisiken mit sich bringen.[120] Zudem sind die Lieferketten regelmäßig nur schlecht überschaubar, da die vertraglichen Beziehungen zwischen den Bergarbeitern und Händlern häufig lose sind.[121] Eine Rückverfolgung der Herkunft der Mineralien ist daher kaum möglich, sofern sie nicht mit einem Herkunftsnachweis versehen sind.[122]

Industrieller Bergbau zeichnet sich durch den Einsatz von Technologie aus und geht in aller Regel mit größeren Investitionen einher.[123] Die Arbeitnehmer sind in der Regel formell beschäftigt.[124] Risiken im Rahmen des industriellen Bergbaus hängen von der Abbauphase ab, wobei sich der Abbau in die Phasen der Lizenzierung und Exploration, der Errichtung des Bergwerks, der Abbautätigkeit und des Schließens des Bergwerks gliedert.[125] Es drohen u. a. negative Auswirkungen auf die Umwelt und die Rechte indigener Völker sowie Zwangsumsiedlungen.[126] Mängel in den Sicherheitsvorschriften oder ihre Nichtbeachtung können Risiken für Rechte von Arbeitnehmern bergen.[127] Das Risiko von Kinder- oder Zwangsarbeit im industriellen Bergbau gilt hingegen als gering.[128] Allerdings zeigte das Verfahren gegen *Nevsun Resources Ltd.* vor dem kanadischen Supreme Court, dass menschenrechtliche Risiken auch beim industriellen Bergbau

---

117 Vgl. *v. Falkenhausen*, Menschenrechtsschutz durch Deliktsrecht, 2020, S. 20; eingehend *Spohr*, Human Rights Risks in Mining, 2016, S. 97 ff.

118 *ILO*, Action against Child Labour in Small Scale Mining & Quarrying, A Thematic Evaluation, 2004; vgl. auch *Spohr*, Human Rights Risks in Mining, 2016, S. 104 ff.; zur Kinderarbeit beim Kobaltabbau in der DRK *Amnesty International*, This is what we die for, 2016, S. 28 ff.

119 *Spohr*, Human Rights Risks in Mining, 2016, S. 89.

120 Hierzu *Hentschel/Hruschka/Priester*, Global Report on Artisanal and Small Scale Mining, Mining Minerals and Sustainable Development Working Paper 70 (2002), S. 36 ff.; vgl. dazu *Spohr*, Human Rights Risks in Mining, 2016, S. 89.

121 *v. Falkenhausen*, Menschenrechtsschutz durch Deliktsrecht, 2020, S. 20; *Hofmann/Schleper/Blome*, Journal of Business Ethics, 2018, 115, 116.

122 Hierzu *Europäische Kommission*, Commission Staff Working Document, Impact Assessment, Part 1, SWD(2014) 53 final, v. 5.3.2014, S. 25.

123 So die Definition nach *Engel*, in: Brunner et al., Wörterbuch Land- und Rohstoffkonflikte, 2019, S. 154.

124 *Engel*, in: Brunner et al., Wörterbuch Land- und Rohstoffkonflikte, 2019, S. 154.

125 *Spohr*, Human Rights Risks in Mining, 2016, S. 22 ff., 33 ff., 47 ff., 72 ff.

126 *Spohr*, Human Rights Risks in Mining, 2016, S. 23 ff., 34 ff., 49.

127 *Spohr*, Human Rights Risks in Mining, 2016, S. 63.

128 So *Spohr*, Human Rights Risks in Mining, 2016, S. 63, 147.

bestehen können.[129] Gegen *Nevsun Resources Ltd.* wurde der Vorwurf erhoben, in der Bisha-Mine in Eritrea, die von einem Subunternehmen betrieben wurde, finde Zwangsarbeit statt.[130] Das Verfahren endete letztlich in einem Vergleich der Parteien.[131]

III. Teilung der Lieferkette in den *Upstream-* und *Downstream*-Bereich

Die Lieferkette von Mineralien wird üblicherweise in den *Upstream-* und *Downstream*-Bereich bzw. die vor- und nachgelagerte Lieferkette eingeteilt.[132] Die vorgelagerte Lieferkette umfasst die Aktivitäten bis zur Schmelze oder Veredelung der Mineralien.[133] In diesem Abschnitt der Lieferkette sind typischerweise eine Abbaumine und ein Händler, der die Mineralien an eine Schmelze, Hütte oder Raffinerie veräußert, tätig.[134] Die Akteure des der Schmelze nachgelagerten Lieferkettenabschnitts sind typischerweise weitere Händler, die die Rohstoffe an Komponentenproduzenten veräußern.[135] Die fertigen Komponenten werden regelmäßig an Hersteller von

---

129 Supreme Court of Canada, *Nevsun Resources Ltd. v. Araya*, Urt. v. 28.2.2020, 2020 SCC 5.

130 Supreme Court of Canada, *Nevsun Resources Ltd. v. Araya*, Urt. v. 28.2.2020, 2020 SCC 5; vgl. hierzu *Vioque*, EuCLR 2021, 73, 75.

131 Vgl. hierzu *Business and Human Rights Resource Centre*, online abrufbar unter: https://www.business-humanrights.org/en/latest-news/nevsun-lawsuit-re-bisha-mine-eritrea/ (zuletzt abgerufen: 30.9.2023).

132 *Europäische Kommission*, Commission Staff Working Document, Impact Assessment, Part 1, SWD(2014) 53 final, v. 5.3.2014, S. 17; *Elsholz*, Beiträge zum Transnationalen Wirtschaftsrecht 148 (2017), S. 8; *Gasche*, Responsible Trading in Raw Materials, 2023, S. 19; *Heße/Klimke*, EuZW 2017, 446, 447.

133 Statt vieler *Elsholz*, Beiträge zum Transnationalen Wirtschaftsrecht 148 (2017), S. 8. Im Einzelnen kann die Lieferkette von 3TG-Mineralien oder -Metallen natürlich abweichend ausgestaltet sein; die hier dargestellte Lieferkette entspricht einer typischen Lieferkette nach Angaben der *Europäischen Kommission*, Commission Staff Working Document, Impact Assessment, Part 1, SWD(2014) 53 final, v. 5.3.2014, S. 17.

134 Vgl. *Europäische Kommission*, Commission Staff Working Document, Impact Assessment, Part 1, SWD(2014) 53 final, v. 5.3.2014, S. 17; OECD Due Diligence Guidance for Responsible Supply Chains of Minerals from Conflict-Affected and High-Risk Areas, 2. Aufl. 2013, S. 14; *Vioque*, EuCLR 2021, 73, 75.

135 *Europäische Kommission*, Commission Staff Working Document, Impact Assessment, Part 1, SWD(2014) 53 final, v. 5.3.2014, S. 17; *Elsholz*, Beiträge zum Transnationalen Wirtschaftsrecht 148 (2017), S. 8.

Endprodukten veräußert und gelangen dann zu den Endabnehmern.[136] Die Mineralienlieferkette ist folglich in der Regel eine mehrstufige Lieferkette. Neben vertraglichen sind auch konzernierte Lieferketten denkbar.

Eine Besonderheit in der Lieferkette von Mineralien ist, dass die Herkunft der Mineralien nur bis zur Schmelze und Raffination durch mineralogische und geochemische Auswertung nachgewiesen werden kann.[137] Im Zuge der Veredelung zu Metallen verlieren die Mineralien die Attribute, die eine Zurückverfolgbarkeit der Herkunft ermöglichen.[138] Dies macht die Schmelzen zur entscheidenden Stelle für die Nachvollziehbarkeit der Herkunft der Mineralien,[139] zumal alle Mineralien diese Stufe der Lieferkette durchlaufen.[140] In der nachgelagerten Lieferkette ist Transparenz der Herkunft der Mineralien hingegen schwierig zu schaffen.[141]

Darüber hinaus besteht in der Lieferkette von 3TG-Mineralien auch im Hinblick auf die Anzahl der weltweiten Akteure eine Konzentration bei den Schmelzen und Raffinerien: Während jeweils eine große Anzahl an Akteuren zu Beginn und zum Ende der Lieferkette existiert, gibt es nach Schätzungen der Europäischen Kommission lediglich ca. 450 Schmelzen weltweit.[142] Die Konzentration auf diesen Punkt in der Lieferkette spiegelt

---

136 *Europäische Kommission*, Commission Staff Working Document, Impact Assessment, Part 1, SWD(2014) 53 final, v. 5.3.2014, S. 17; *Elsholz*, Beiträge zum Transnationalen Wirtschaftsrecht 148 (2017), S. 8.

137 *Europäische Kommission*, Commission Staff Working Document, Impact Assessment, Part 1, SWD(2014) 53 final, v. 5.3.2014, S. 21; etwa durch das Analytical-Fingerprint-Verfahren, vgl. hierzu *BGR*, Introduction to the Analytical Fingerprint, online abrufbar unter: https://www.bgr.bund.de/EN/Themen/Min_rohstoffe/CTC/Background/background_inhalt_en.html (zuletzt abgerufen: 30.9.2023); *Elsholz*, Beiträge zum Transnationalen Wirtschaftsrecht 148 (2017), S. 8.

138 So *Elsholz*, Beiträge zum Transnationalen Wirtschaftsrecht 148 (2017), S. 8.

139 *Europäisches Parlament*, Conflict Minerals: MEPs ask for mandatory certification of EU importers, Pressemitteilung vom 20.5.2015, online abrufbar unter: https://www.europarl.europa.eu/news/en/press-room/20150513IPR55318/conflict-minerals-meps-ask-for-mandatory-certification-of-eu-importers (zuletzt abgerufen: 30.9.2023); vgl. dazu *Elsholz*, Beiträge zum Transnationalen Wirtschaftsrecht 148 (2017), S. 8; *Heße/Klimke*, EuZW 2017, 446, 447; zu Schwierigkeiten bei der Rückverfolgbarkeit von Gold *Woody*, Fordham Law Review 81:3 (2012), 1315, 1335.

140 Vgl. *Europäische Kommission*, Commission Staff Working Document, Impact Assessment, Part 1, SWD(2014) 53 final, v. 5.3.2014, S. 21.

141 *Europäische Kommission*, Commission Staff Working Document, Impact Assessment, Part 1, SWD(2014) 53 final, v. 5.3.2014, S. 21.

142 Vgl. *Europäische Kommission*, Commission Staff Working Document, Impact Assessment, Part 1, SWD(2014) 53 final, v. 5.3.2014, S. 22.

sich auch in den Regelungen der KM-VO wider, insbesondere im persönlichen Anwendungsbereich der Verordnung.[143]

C. Regelungsrahmen zu Konfliktmineralien

Vor dem Hintergrund der beschriebenen Risiken haben Staaten, internationale Organisationen, Unternehmen und Nichtregierungsorganisationen eine Vielzahl von Initiativen und Branchenstandards entwickelt, die die wirtschaftliche Aktivität im Rohstoffsektor im Hinblick auf negative Auswirkungen auf die Menschenrechte oder die Konfliktfinanzierung betreffen.

I. UN-Sicherheitsrat und Expertengruppe für die DRK

Sowohl der UN-Sicherheitsrat als auch eine Expertengruppe haben sich mehrfach mit der Situation im Osten der DRK auseinandergesetzt.[144] Die Expertengruppe hat Leitlinien für Wirtschaftsbeteiligte erarbeitet, die Mineralien aus der DRK beziehen; diese Leitlinien wurden in enger Zusammenarbeit mit der OECD erstellt.[145] In der Resolution 1952 (2010) sprach der UN-Sicherheitsrat seine Unterstützung für die Leitlinien aus und rief die Staaten auf, sie zu verbreiten und Unternehmen aufzufordern, sich an die Leitlinien zu halten.[146]

---

143 S. *infra* Kapitel 3 B. I. 1.

144 Vgl. nur *UN-Sicherheitsrat*, Resolution 1376 (2001), 9.11.2001; *ders.*, Resolution 1857 (2008), 22.12.2008; *ders.*, Resolution 1952 (2010), 29.10.2010; *ders.*, Berichte der Expertengruppe für die DRK seit 2004, abrufbar unter: https://www.un.org/sec uritycouncil/sanctions/1533/panel-of-experts/expert-reports (zuletzt abgerufen: 30.9.2023).

145 *UN-Sicherheitsrat*, Final report of the Group of Experts on the DRC, S/2010/596, 29.11.2010, S. 83 ff., 93 ff.; vgl. dazu *Elsholz*, Beiträge zum Transnationalen Wirtschaftsrecht 148 (2017), S. 17.

146 *UN-Sicherheitsrat*, Resolution 1952 (2010), 29.10.2010, Nr. 7, 8; vgl. dazu *Elsholz*, Beiträge zum Transnationalen Wirtschaftsrecht 148 (2017), S. 17.

II. OECD-Leitsätze zu Konfliktmineralien

Die OECD-Leitsätze zu Konfliktmineralien wurden unter Teilhabe von Regierungen, internationalen Organisationen, der UN-Expertengruppe, der Industrie und der Zivilgesellschaft erarbeitet. Sie wurden erstmals im Jahr 2011 vorgestellt und waren die ersten einer seitdem wachsenden Zahl an sektorenspezifischen Leitsätzen der OECD.[147]

Die Leitsätze entfalten keine Bindungswirkung gegenüber Staaten oder Privaten, vielmehr handelt es sich um *soft law*.[148] Sie sehen einen Sorgfaltspflichtenrahmen vor, um die Finanzierung bewaffneter Gruppen oder negative Auswirkungen auf die Menschenrechte in der Lieferkette von Mineralien und Metallen aus Konflikt- und Hochrisikogebieten zu verhindern oder zu minimieren.[149] Zu diesem Zweck sollen Unternehmen das fünfstufige Rahmenwerk in Anhang I der OECD-Leitsätze zu Konfliktmineralien beachten.[150] Schritt (1) erfordert, dass eine belastbare Unternehmensführungsstrategie errichtet wird. Nach Schritt (2) sind die Risiken in der Lieferkette zu ermitteln und zu bewerten. Nach Schritt (3) sollen Unternehmen eine Risikobekämpfungsstrategie erstellen und umsetzen, wobei von den Unternehmen die Musterstrategie nach Anhang II beachtet werden soll. Schritt (4) fordert die Durchführung eines unabhängigen Audits durch Dritte und nach Schritt (5) sollen Unternehmen einen Bericht zur Erfüllung der Sorgfaltspflichten in der Lieferkette erstellen. Anhang III der OECD-Leitsätze zu Konfliktmineralien enthält Vorschläge zu Maßnahmen zur Risikominderung sowie Indikatoren, um die Verbesserungen

---

147 Inzwischen wurde bereits eine 3. Aufl. veröffentlicht, vgl. OECD Due Diligence Guidance for Responsible Supply Chains of Minerals from Conflict-Affected and High-Risk Areas, 3. Aufl. 2016, S. 3; vgl. auch *Grado*, Italian Yearbook of International Law 27 (2018), 235, 240; *Magallón Elósegui*, Spanish Yearbook of International Law 24 (2020), 155, 159 f.

148 OECD Due Diligence Guidance for Responsible Supply Chains of Minerals from Conflict-Affected and High-Risk Areas, 3. Aufl. 2016, S. 16: „Observance of this Guidance is voluntary and not legally enforceable."; vgl. dazu *Gasche*, Responsible Trading in Raw Materials, 2023, S. 78; *Spießhofer*, Unternehmerische Verantwortung, 2017, S. 328.

149 *Spießhofer*, Unternehmerische Verantwortung, 2017, S. 328.

150 Hierzu und im Folgenden OECD Due Diligence Guidance for Responsible Supply Chains of Minerals from Conflict-Affected and High-Risk Areas, 2. Aufl. 2013, S. 17 ff.; *Gasche*, Responsible Trading in Raw Materials, 2023, S. 78; *Grado*, Italian Yearbook of International Law 27 (2018), 235, 242; *Magallón Elósegui*, Spanish Yearbook of International Law 24 (2020), 155, 161.

zu messen.[151] Die Leitsätze enthalten zwei Ergänzungen zu Zinn, Tantal und Wolfram und zu Gold, in denen jeweils spezifische Empfehlungen entsprechend der Position eines Akteurs in der Lieferkette enthalten sind.[152]

III. Regionale Initiativen, Branchenstandards und Zertifizierungsinitiativen

Zudem hat sich eine Vielzahl an regionalen und überregionalen, häufig unverbindlichen (Zertifizierungs-)Initiativen und Branchenstandards entwickelt, von denen nur einige exemplarisch genannt werden sollen.[153] Ein Protokoll zum rechtlichen Rahmenwerk der intergouvernementalen Organisation *International Conference on the Great Lakes Region* (ICGLR) in Afrika beinhaltet die rechtliche Grundlage für eine regionale Initiative, die die illegale Ausbeutung von natürlichen Ressourcen adressiert (*Regional Initiative against the Illegal Exploitation of Natural Resources* – RINR).[154] Auf Unternehmensebene besteht bspw. die *Responsible Minerals Initiative* (RMI), die den *Responsible Minerals Assurance Process* (RMAP) ins Leben gerufen hat.[155] Der RMAP setzt in der Lieferkette bei den Schmelzen und Raffinerien an, deren Beschaffungspraxis durch unabhängige Dritte überprüft wird.[156] Weitere Zertifizierungsinitiativen sind bspw. das *Conflict Free Smelter Program* oder die *Tin Supply Chain Initiative* (ITSCI).[157]

---

151 OECD Due Diligence Guidance for Responsible Supply Chains of Minerals from Conflict-Affected and High-Risk Areas, 3. Aufl. 2016, S. 25 ff.

152 OECD Due Diligence Guidance for Responsible Supply Chains of Minerals from Conflict-Affected and High-Risk Areas, 3. Aufl. 2016, S. 31 ff., 61 ff.; vgl. auch *Gasche*, Responsible Trading in Raw Materials, 2023, S. 78; *Spießhofer*, Unternehmerische Verantwortung, 2017, S. 328.

153 Für einen Überblick über eine Vielzahl an Initiativen vgl. *Spießhofer*, Unternehmerische Verantwortung, 2017, S. 332 ff.

154 Vgl. *ICGLR*, online abrufbar unter: https://icglr.org/programs/democracy-and-good-governance/ (zuletzt abgerufen: 30.9.2023); vgl. dazu eingehend *Elsholz*, Beiträge zum Transnationalen Wirtschaftsrecht 148 (2017), S. 18; *Spießhofer*, Unternehmerische Verantwortung, 2017, S. 335 ff.

155 Vgl. hierzu RMI, https://www.responsiblemineralsinitiative.org/minerals-due-diligence/standards/ (zuletzt abgerufen: 30.9.2023).

156 Vgl. hierzu RMAP, https://www.responsiblemineralsinitiative.org/responsible-minerals-assurance-process/ (zuletzt abgerufen: 30.9.2023).

157 Vgl. zum Conflict Free Smelter Program *The Conflict-Free Sourcing Initiative*, Low Risk Audit Programm, July 2015 – June 2016, online abrufbar unter: https://www.responsiblemineralsinitiative.org/media/Low%20Risk%20Program%20-%20Public%20Consultation.pdf (zuletzt abgerufen: 30.9.2023); vgl. zur ITSCI https://w

IV. Konfliktmineralien-Regelungen in ausländischen Rechtsordnungen

Zudem bestehen auf staatlicher Ebene verbindliche Rechtsakte zur Regulierung des Konfliktmineraliensektors. Vorreiter war eine Vorschrift im US-amerikanischen Bundesrecht, Sec. 1502 Dodd-Frank Act, die sogleich einer näheren Betrachtung unterzogen wird.[158] In China wurden von der *China Chamber of Commerce of Metals, Minerals and Chemical Importers and Exporters* (CCCMC) die *Chinese Due Diligence Guidelines for Responsible Mineral Supply Chains* in Zusammenarbeit mit der OECD entwickelt, die die Sorgfaltspflichtanforderungen chinesischer Unternehmen an internationale Standards angleichen sollen.[159] Die Sorgfaltspflichten orientieren sich an den UN-Leitprinzipien für Wirtschaft und Menschenrechte und den OECD-Leitsätzen zu Konfliktmineralien.[160] Auch in der Schweiz wurde in Art. 964^quinquies ff. Obligationenrecht (OR) eine Regelung zu Konfliktmineralien erlassen, die dem Vorbild der KM-VO folgt.[161] In Kanada scheiterte der *Conflict Minerals Act* allerdings im Parlament.[162]

V. Instrumente zur Bekämpfung der Korruption

Zur Bekämpfung des „Ressourcenfluchs" bestehen weitere Instrumente, deren Ziel in der Verhinderung von Korruption und Bestechung liegt. Bereits im Jahr 2003 wurde die freiwillige Initiative für Transparenz in der Rohstoffwirtschaft (*Extractive Industries Transparency Initiative* – EITI) gegründet.[163] Neben Staaten sind auch Unternehmen und zivilgesellschaft-

---

ww.itsci.org (zuletzt abgerufen: 30.9.2023); vgl. dazu *Spießhofer*, Unternehmerische Verantwortung, 2017, S. 332 f.

158 Hierzu *infra* Kapitel 2.

159 Chinese Due Diligence Guidelines for Responsible Minerals Supply Chains; eingehend hierzu *Spießhofer*, Unternehmerische Verantwortung, 2017, S. 331.

160 Chinese Due Diligence Guidelines for Responsible Minerals Supply Chains, S. 3.

161 Vgl. *Thalhauser*, in: Grabosch, Das neue Lieferkettensorgfaltspflichtengesetz, 2021, § 8 Rn. 51.

162 Vgl. Bill C-486; zum Ablauf des Gesetzgebungsverfahrens https://www.parl.ca/Legis Info/en/bill/41-2/c-486 (zuletzt abgerufen: 30.9.2023).

163 Hierzu *Feldt*, in: Feichtner/Krajewski/Roesch, Human Rights in the Extractive Industries, 2019, 11 ff.; *Gasche*, Responsible Trading in Raw Materials, 2023, S. 71 f.; *Simons*, in: Simons/Mackling, The Governance Gap, 2014, S. 150 ff. Eine Übersicht der teilnehmenden Staaten und des jeweiligen Implementierungsstatus der EITI kann abgerufen werden unter: https://eiti.org/countries (zuletzt abgerufen: 30.9.2023).

liche Organisationen der Initiative beigetreten, deren Ziel es ist, die Transparenz bei Zahlungen und Einnahmen im rohstoffgewinnenden Sektor zu steigern.[164] Insbesondere bezweckt die EITI, neben der Bekämpfung des „Ressourcenfluchs", innerstaatlich Akzeptanz für den Rohstoffabbau (von Öl, Gas und Mineralien) zu schaffen, indem die Staaten offenlegen, wie die Vergabe von Förderrechten erfolgt.[165] Zudem sollen die Einnahmen aus dem Rohstoffabbau und deren Profit für die Öffentlichkeit dargelegt werden (sog.: *„country-by-country reporting"*).[166]

Im US-amerikanischen Bundesrecht wurde mit Sec. 1504 Dodd-Frank Act eine der EITI entsprechende verbindliche Vorschrift eingeführt.[167]

Auf Ebene des Unionsrechts wurde im Jahr 2013 die Bilanz-RL[168] erlassen, welche in Teilen der EITI Rechnung trägt und von Sec. 1504 Dodd-Frank Act inspiriert wurde.[169] Die Art. 42 ff. im zehnten Kapitel der Bilanz-RL sehen vor, dass große Unternehmen sowie Unternehmen von öffentlichem Interesse, die in der mineralgewinnenden Industrie oder im Holzeinschlag in Primärwäldern tätig sind, jährlich einen Bericht über Zahlungen an staatliche Stellen in Mitglied- und Drittstaaten zu erstellen

---

164 *Huck*, EuZW 2018, 266, 271; *Krajewski*, Wirtschaftsvölkerrecht, 5. Aufl. 2021, Rn. 938; *Simons*, in: Simons/Mackling, The Governance Gap, 2014, S. 151.

165 Vgl. hierzu https://eiti.org/ (zuletzt abgerufen: 30.9.2023); vgl. ferner *Keller/Schmid*, BB 2014, 2283 f.; *Nowrot*, in: Bungenberg et al., European Yearbook of International Economic Law, 2017, 381, 390; *Spießhofer*, in: Hauschka/Moosmayer/Lösler, Corporate Compliance, 3. Aufl. 2016, § 11 Rn. 30.

166 Vgl. hierzu https://eiti.org/ (zuletzt abgerufen: 30.9.2023); vgl. ferner *Keller/Schmid*, BB 2014, 2283 f.; *Spießhofer*, in: Hauschka/Moosmayer/Lösler, Corporate Compliance, 3. Aufl. 2016, § 11 Rn. 30.

167 *Krajewski*, Wirtschaftsvölkerrecht, 5. Aufl. 2021, Rn. 939. Eingehend zu Sec. 1504 Dodd-Frank Act *Miller*, Law and Business Review of the Americas 21:4 (2015), 371 ff.

168 Richtlinie 2013/34/EU des Europäischen Parlaments und des Rates vom 26.6.2013 über den Jahresabschluss, den konsolidierten Abschluss und damit verbundene Berichte von Unternehmen bestimmter Rechtsformen und zur Änderung der Richtlinie 2006/43/EG des Europäischen Parlaments und des Rates und zur Aufhebung der Richtlinien 78/660/EWG und 83/349/EWG des Rates, ABl. EU L 182/19, 29.6.2013.

169 Vgl. Erwägungsgrund 44, 45 Bilanz-RL; vgl. ferner *Kreipl/Müller*, in: BeckOGK, Stand: 15.10.2022, § 341q HGB, Rn. 2 f.; *Spießhofer*, Unternehmerische Verantwortung, 2017, S. 317; zum Vorbildcharakter von Sec. 1504 Dodd-Frank Act vgl. *Kindler*, in: MüKo BGB, 8. Aufl. 2021, Internationales Handels- und Gesellschaftsrecht Rn. 57; *Verse/Wiersch*, EuZW 2014, 375, 378.

und zu veröffentlichen haben. In Deutschland wurden diese Bestimmungen in den §§ 341q-341y HGB umgesetzt.[170]

VI. Ergebnis: Eingang sozialer Aspekte in das „Recht der internationalen Rohstoffmärkte"[171]

Wie hier nur ausschnittsweise dargestellt, bestehen zahlreiche Standards, Initiativen und Vorschriften, die auf mindestens einem der folgenden drei Handlungsfelder Abhilfe schaffen sollen: Verknüpfung des Rohstoffabbaus mit der Finanzierung von bewaffneten Konflikten, negative Auswirkungen auf die Menschenrechte und Korruptions- und Bestechungsverhinderung. Derartige Instrumente gibt es sowohl in den Regionen, in denen die Mineralien abgebaut werden (bspw. RINR von der ICGLR), als auch in den Regionen des globalen Nordens, die auf Rohstoffimporte angewiesen sind (bspw. KM-VO). Neben industriellen und auf internationale Organisationen zurückzuführenden Initiativen gibt es staatliche und supranationale Instrumente, die den Abbau von und Handel mit Konfliktmineralien betreffen (bspw. Sec. 1502 Dodd-Frank Act, KM-VO, Art. 964^{quinquies} ff. OR der Schweiz). Letzteres verdeutlicht, dass auf staatlicher und der hier relevanten Ebene des Unionsrechts eine weitere Perspektive zum Regelungsrahmen von Rohstoffen aus dem Ausland hinzugetreten ist: Neben Aspekten der Rohstoffsicherheit spielt zunehmend die Verhinderung negativer Auswirkungen der wirtschaftlichen Aktivität im Rohstoffsektor in der Lieferkette etwa durch Bestechungen oder Korruption, der Finanzierung bewaffneter Konflikte oder Menschenrechtsverletzungen eine Rolle.[172] Auch soziale Aspekte prägen das „Recht der internationalen Rohstoffmärkte".[173]

---

170 Vgl. nur *Brakow*, in: MüKo HGB, 4. Aufl. 2020, § 341q HGB Rn. 1; *Keipl/Müller*, in: BeckOGK, Stand: 15.10.2022, § 341q HGB Rn. 2 ff.

171 Nach *Tietje/Nowrot*, Internationales Wirtschaftsrecht, 3. Aufl. 2021, § 7 Rn. 91.

172 So auch *Nowrot*, in: Bungenberg/Herrmann, Die gemeinsame Handelspolitik der Europäischen Union, 2016, 217, 236; *Tietje/Nowrot*, Internationales Wirtschaftsrecht, 3. Aufl. 2021, § 7 Rn. 91.

173 So auch wörtlich *Tietje/Nowrot*, Internationales Wirtschaftsrecht, 3. Aufl. 2021, § 7 Rn. 91; vgl. auch *Elsholz*, Beiträge zum Transnationalen Wirtschaftsrecht 148 (2017), S. 6; *Schorkopf*, AVR 46 (2008), 233, 252 f., der dies u. a. an den Kimberley-Prozessen und der Verordnung (EG) Nr. 2368/2002 des Rates v. 20.12.2002 zur Umsetzung des Zertifikationssystems des Kimberley-Prozesses für den internationalen Handel mit Rohdiamanten, ABl. EG L 358/28, 31.12.2002 aufzeigt.

D. Ergebnisse in Thesenform

(1) 3TG-Mineralien sind für die Herstellung von technischen Geräten wie Mobiltelefonen, Laptops oder Elektroautos erforderlich und somit relevant für die Digitalisierung und Elektromobilität. Mangels hinreichender Vorkommen der natürlichen Ressourcen ist die EU hinsichtlich sog. Hochtechnologiemetalle hochgradig importabhängig, worunter auch in der KM-VO adressierte Mineralien und Metalle fallen.

(2) Natürliche Vorkommen von 3TG-Mineralien finden sich u. a. in Konflikt- und Hochrisikogebieten, wo der Abbau und Handel der Mineralien zur Perpetuierung von bewaffneten innerstaatlichen Konflikten beitragen kann. Bewaffnete Gruppen generieren aus dem Abbau und Handel der Mineralien Einnahmen.

(3) Wirtschaftsakteure, die in den Handel oder die Verarbeitung von 3TG-Mineralien aus Konflikt- und Hochrisikogebieten involviert sind, bewegen sich in einer Risikokonstellation. Es besteht das Risiko der Konfliktfinanzierung, wobei bewaffnete Konflikte negative Auswirkungen auf die Menschenrechtslage der Zivilbevölkerung haben können; darüber hinaus kann es beim Abbau und Handel der Mineralien zu Menschenrechtsverletzungen kommen.

(4) Zur Regulierung des Konfliktmineraliensektors hat sich eine Vielzahl an internationalen, nationalen und regionalen Initiativen, Standards oder verbindlichen Rechtsakten entwickelt. Während zu Beginn des Jahrtausends die Wettbewerbsfähigkeit und der Zugang zu Rohstoffen im Zentrum der Rohstoffpolitik der EU standen, kommt in den letzten Jahren zunehmend auch sozialen Aspekten eine wichtige Rolle zu.

Kapitel 2: Sec. 1502 Dodd-Frank Act als Vorreiter einer verbindlichen Regelung zu Konfliktmineralien auf nationaler Ebene

Sec. 1502 Dodd-Frank Act dient ausweislich Erwägungsgrund 9 als Vorbild für die KM-VO.[174] Dabei ist die Geschichte von Sec. 1502 Dodd-Frank Act und der begleitenden Durchführungsvorschrift der US-amerikanischen Börsenaufsichtsbehörde *Securities and Exchange Commission* (SEC) turbulent. Weithin verbreitet ist nämlich die Annahme, Sec. 1502 Dodd-Frank Act habe das Ziel, die humanitäre Lage in der DRK und den daran angrenzenden Staaten zu verbessern, nicht nur nicht erreicht, sondern sogar das Gegenteil bewirkt.[175] Wäre das der Fall, hätte die EU die KM-VO nach dem Vorbild einer gescheiterten Vorschrift erlassen. Im Hinblick auf die Vorbildfunktion von Sec. 1502 Dodd-Frank Act für die KM-VO sind die US-amerikanische Vorschrift und die Kontroversen, die um sie bestehen, also näher zu betrachten. Das nachfolgende Kapitel geht daher nach kurzen Ausführungen zur Gesetzgebungshistorie (A.) auf den Regelungsinhalt von Sec. 1502 Dodd-Frank Act ein (B.). Im Anschluss werden die Kontroversen um Sec. 1502 Dodd-Frank Act beleuchtet (C.) und es wird die Frage nach der Zukunft der Vorschrift aufgeworfen (D.). Das Kapitel schließt mit einer Zusammenfassung der wichtigsten Ergebnisse in Thesenform (E.).

A. Gesetzgebungshistorie

Nach zwei gescheiterten Vorhaben[176] fand eine Regelung zu Konfliktmineralien letztlich Eingang in Kapitel 15 des *Dodd-Frank Wall Street Reform*

---

174 Vgl. auch *Fleischer/Hahn*, RIW 2018, 397, 398.

175 Vgl. *Parker/Vadheim*, Journal of the Association of Environmental and Resource Economics 4:1 (2017), 1 ff.; *Stoop/Verpoorten/van der Windt*, PLoS ONE 13:8 (2018), S. 1 ff.; a. A. wohl *D.-J. Koch/Kinsbergen*, Resources Policy 57 (2018), 255 ff.; eingehend *infra* Kapitel 2 C. V.

176 Im Jahr 2008 wurde von den Senatoren *Brownback* und *Durbin* ein Vorschlag eines Gesetzes zur Regulierung der Einfuhr von Konfliktmineralien, der sog. *Conflict Coltan and Casserite Act* (CCCA), in den US-Kongress eingebracht. 2009 brachte Senator *Brownback* abermals einen Gesetzesentwurf, den sog. *Congo Conflict Mine-*

and Consumer Protection Acts (kurz: *Dodd-Frank Act*) aus dem Jahr 2010.[177] Der Dodd-Frank Act wurde in Reaktion auf die Banken- und Finanzmarktkrise der USA des Jahres 2008 erlassen und beinhaltet vorwiegend Regelungen zur Förderung der finanziellen Stabilität durch die Verbesserung der Rechenschaftspflicht und Transparenz im Finanzsystem.[178] Die Vorschrift zu Konfliktmineralien ist in einem Kapitel zu sonstigen Bestimmungen (*„miscellaneous provisions"*) enthalten.

B. Regelungsinhalt

Sec. 1502 Dodd-Frank Act ergänzt Sec. 13 Securities Exchange Act of 1934 (15 U.S.C. § 78m), worin Berichtspflichten für börsennotierte Unternehmen statuiert werden, um einen neuen Absatz (Abs. (p)).[179] Der Anwendungsbereich und die Rechtsfolgen eines Verstoßes richten sich auch nach dem Securities Exchange Act of 1934.[180]

I. Anwendungsbereich

Der Anwendungsbereich der Vorschrift ist für börsennotierte Emittenten von Wertpapieren eröffnet, die gegenüber der SEC nach 15 U.S.C. § 78m (a) oder 15 U.S.C. § 78o (d) berichtspflichtig sind, soweit Konfliktmineralien für die Funktion oder die Herstellung eines von diesen Unternehmen her-

---

rals Act (CCMA), in den Kongress ein. Vgl. *Abelardo*, Fordham Law Review 40:2 (2017), 585, 597 ff.; *Cuvalier et al.*, Conflict Prevention and Peace Forum 2014, S. 7; *Fleischer/Hahn*, RIW 2018, 397, 398; *Taylor*, Harvard Business Law Review Online 2 (2012), 105, 107 f.; *Woody*, Fordham Law Review 81:3 (2012), 1315, 1325 ff.

177 *Fleischer/Hahn*, RIW 2018, 397, 398; *Keenan*, in: Feichtner/Krajewski/Roesch, Human Rights in the Extractive Industries, 2019, 27, 30; *Woody*, Fordham Law Review 81:3 (2012), 1315, 1325.

178 Vgl. Präambel Dodd-Frank Act: „An Act To promote the financial stability of the United States by improving accountability and transparency in the financial system"; vgl. auch *Schwartz*, Harvard Business Law Review 6:1 (2016), 129, 130; *Veale*, Cardozo Journal of International and Comparative Law 21:2 (2013), 503, 521; *Elsholz*, Beiträge zum Transnationalen Wirtschaftsrecht 148 (2017), S. 15.

179 Hierzu auch *Woody*, Fordham Law Review 81:3 (2012), 1315, 1327.

180 Zum Anwendungsbereich vgl. *Woody*, Fordham Law Review 81:3 (2012), 1315, 1328; zu den Rechtsfolgen vgl. *Schwartz*, Harvard Business Law Review 6:1 (2016), 129, 162 passim.

gestellten Produkts erforderlich sind, 15 U.S.C. § 78m (a), (p)(2).[181] Auch ausländische Unternehmen können vom Anwendungsbereich erfasst sein, soweit sie an der US-Börse notiert und berichtspflichtig sind.[182]

Der Begriff der Konfliktmineralien i. S. d. US-amerikanischen Vorschrift erstreckt sich auf 3TG-Mineralien, soweit diese aus der DRK oder an sie angrenzenden Staaten, also aus der Zentralafrikanischen Republik, dem Sudan, Uganda, Ruanda, Burundi, Tansania, Sambia, Angola oder der Republik Kongo stammen.[183]

II. Zuständigkeit der Securities and Exchange Commission (SEC)

Zuständig für die Überwachung von Sec. 1502 Dodd-Frank Act ist die US-amerikanische Börsenaufsichtsbehörde SEC.[184] Zudem wurde der Behörde nach 15 U.S.C. § 78m (p)(1)(A) die Befugnis übertragen, eine Durchführungsvorschrift (*„final rule"*) zu Sec. 1502 Dodd-Frank Act zu erlassen.[185]

III. Sorgfaltspflichten und nichtfinanzielle Berichtspflichten

Die berichtspflichtigen Unternehmen haben zu ermitteln und offenzulegen, ob die von ihnen hergestellten oder zur Herstellung in Auftrag gegebenen

---

181 Vgl. *Fleischer/Hahn*, RIW 2018, 397, 398; *Vytopil*, Dovenschmidt Quarterly 2013:3, 152, 153.

182 *SEC*, Conflict Minerals, 17 C.F.R. pts. 240, 249b (12.9.2012) 77 Fed. Reg. 56274, 56287; *Sarfaty*, Harvard International Law Journal 56:2 (2015), 419, 438; so auch *Thalhauser*, in: Grabosch, Das neue Lieferkettensorgfaltspflichtengesetz, 2021, § 8 Rn. 54; *Elsholz*, Beiträge zum Transnationalen Wirtschaftsrecht 148 (2017), S. 15.

183 Definition des Begriffs der Konfliktmineralien gem. Sec. 1502 (e)(4) Dodd-Frank Act: „The term ‚conflict mineral' means— (A) columbite-tantalite (coltan), casserite, gold, wolframite, or their derivates; or (B) any other mineral or its derivatives determined by the Secretary of State to be financing conflict in the Democratic Republic of the Congo or an adjoining country." Zur Definition des Begriffs „adjoining country" vgl. Sec. 1502 (e)(1) Dodd-Frank Act; zur Liste der Staaten vgl. *SEC*, Conflict Minerals, 17 C.F.R. pts. 240, 249b (12.9.2012), 77 Fed. Reg., 56274, 56275. Vgl. hierzu insgesamt *Woody*, Fordham Law Review 81:3 (2012), 1315, 1327 f.

184 *Woody*, Fordham Law Review 81:3 (2012), 1315, 1338; sowie *infra* Kapitel 2 B. IV.

185 *Schwartz*, Harvard Business Law Review 6:1 (2016), 129, 130; *Woody*, Fordham Law Review 81:3 (2012), 1315, 1328.

Produkte 3TG-Mineralien enthalten, die aus der DRK oder einem Anrainerstaat stammen.[186]

1. *Final rule* der SEC (2012)

Einzelheiten werden in der *final rule* der SEC aus dem Jahr 2012 geregelt, die einen Drei-Schritte-Prozess vorsieht.[187]

Schritt eins erfordert von den Unternehmen die Feststellung, ob der Anwendungsbereich von Sec. 1502 Dodd-Frank Act eröffnet ist: Neben der Börsennotierung müssen hierfür bei der Funktion oder Herstellung der Produkte des Unternehmens 3TG-Mineralien zum Einsatz kommen.[188]

In einem zweiten Schritt ist zu prüfen, ob es sich bei den verwendeten 3TG-Mineralien um Konfliktmineralien i. S. d. Vorschrift handelt.[189] Zu diesem Zweck müssen die Unternehmen eine angemessene Überprüfung des Herkunftslandes der Mineralien (*„Reasonable Country of Origin Inquiry"* – RCOI) anstellen.[190] Sollte ein Unternehmen zu dem Ergebnis kommen, dass die Mineralien nicht aus der DRK oder einem angrenzenden Staat stammen oder es sich bei den verwendeten Mineralien (oder Metallen) um recycelte Rohstoffe handelt, so muss das Unternehmen einen besonderen Offenlegungsbericht (sog. „Form SD"[191]) bei der SEC einreichen und kurz (*„briefly"*) darstellen, wie die Herkunft der Mineralien bestimmt

---

186 *Keenan*, in: Feichtner/Krajewski/Roesch, Human Rights in the Extractive Industries, 2019, 27, 31; *Woody*, Fordham Law Review 81:3 (2012), 1315, 1326.

187 *SEC*, Conflict Minerals, 17 C.F.R. pts. 240, 249b (12.9.2012) 77 Fed. Reg. 56274, 56362 ff., online abrufbar unter: https://www.govinfo.gov/content/pkg/FR-2012-09-12/pdf/2012-21153.pdf (zuletzt abgerufen: 30.9.2023); vgl. auch *Fleischer/Hahn*, RIW 2018, 397, 398; *Woody*, Fordham Law Review 81:3 (2012), 1315, 1329.

188 *SEC*, Conflict Minerals, 17 C.F.R. pts. 240, 249b (12.9.2012) 77 Fed. Reg. 56274, 56285 ff.; vgl. auch *Keenan*, in: Feichtner/Krajewski/Roesch, Human Rights in the Extractive Industries, 2019, 27, 33; *Schuele*, Wisconsin International Law Journal 33:4 (2015), 755, 768; *Schwartz*, Harvard Business Law Review 6:1 (2016), 129, 136; *Woody*, Fordham Law Review 81:3 (2012), 1315, 1329 f.

189 *SEC*, Conflict Minerals, 17 C.F.R. pts. 240, 249b (12.9.2012) 77 Fed. Reg. 56274, 56310 ff., 56352 f.; vgl. auch *Woody*, Fordham Law Review 81:3 (2012), 1315, 1330.

190 *SEC*, Conflict Minerals, 17 C.F.R. pts. 240, 249b (12.9.2012) 77 Fed. Reg. 56274, 56310 ff., 56362 f.; vgl. auch *Keenan*, in: Feichtner/Krajewski/Roesch, Human Rights in the Extractive Industries, 2019, 27, 33; *Schwartz*, Harvard Business Law Review 6:1 (2016), 129, 136; *Woody*, Fordham Law Review 81:3 (2012), 1315, 1330.

191 Formular online abrufbar unter: https://www.sec.gov/files/formsd.pdf (zuletzt abgerufen: 30.9.2023).

wurde.[192] Zudem sind die Unternehmen verpflichtet, die Ergebnisse der Prüfung auf ihren Webseiten zu veröffentlichen.[193]

Sollte ein Unternehmen im Rahmen der RCOI zu dem Ergebnis kommen oder Gründe für die Annahme haben, dass die Mineralien aus der DRK oder einem angrenzenden Staat stammen und wurden sie nicht aus Recycling oder Schrottquellen gewonnen, hat das Unternehmen in einem dritten Schritt Sorgfaltspflichten hinsichtlich der Herkunft der Mineralien und der Lieferkette wahrzunehmen.[194] Nach der *final rule* haben die Sorgfaltspflichten im Einklang mit einem international anerkannten Rahmenwerk zu stehen, bspw. den OECD-Leitsätzen zu Konfliktmineralien.[195] Sollte das Unternehmen nach dieser neuerlichen Prüfung zu dem Ergebnis kommen, dass die Mineralien doch nicht aus der DRK oder einem Anrainerstaat stammen, so hat es seine Bewertung, die von ihm durchgeführten Sorgfaltspflichtenmaßnahmen und deren Ergebnisse kurz im einzureichenden Form SD und auf einer öffentlich zugänglichen Webseite darzulegen.[196] Anderenfalls, wenn das Unternehmen also weiterhin zu dem Ergebnis kommt, die Mineralien stammen aus der DRK oder einem Anrainerstaat, muss das Unternehmen den sog. „*Conflict Minerals Report*" (CMR) erstellen und der SEC ergänzend zu dem Form SD einreichen.[197] Außerdem muss der CMR auch auf der Webseite des Unternehmens veröffentlicht

---

192 *SEC*, Conflict Minerals, 17 C.F.R. pts. 240, 249b (12.9.2012) 77 Fed. Reg. 56274, 56363; vgl. auch *Keenan*, in: Feichtner/Krajewski/Roesch, Human Rights in the Extractive Industries, 2019, 27, 33; *Schwartz*, Harvard Business Law Review 6:1 (2016), 129, 136; *Woody*, Fordham Law Review 81:3 (2012), 1315, 1331.

193 *SEC*, Conflict Minerals, 17 C.F.R. pts. 240, 249b (12.9.2012) 77 Fed. Reg. 56274, 56363; vgl. auch *Keenan*, in: Feichtner/Krajewski/Roesch, Human Rights in the Extractive Industries, 2019, 27, 33; *Woody*, Fordham Law Review 81:3 (2012), 1315, 1331.

194 *SEC*, Conflict Minerals, 17 C.F.R. pts. 240, 249b (12.9.2012) 77 Fed. Reg. 56274, 56316 ff., 56363; vgl. auch *Keenan*, in: Feichtner/Krajewski/Roesch, Human Rights in the Extractive Industries, 2019, 27, 33 f.; *Sarfaty*, Virginia Journal of International Law 54:1 (2013), 97, 107; *Schwartz*, Harvard Business Law Review 6:1 (2016), 129, 136; *Woody*, Fordham Law Review 81:3 (2012), 1315, 1331.

195 *SEC*, Conflict Minerals, 17 C.F.R. pts. 240, 249b (12.9.2012) 77 Fed. Reg. 56274, 56363; *Sarfaty*, Harvard International Law Journal 56:2 (2015), 419, 438; *Schwartz*, Harvard Business Law Review 6:1 (2016), 129, 136 f.

196 *SEC*, Conflict Minerals, 17 C.F.R. pts. 240, 249b (12.9.2012) 77 Fed. Reg. 56274, 56363.

197 *SEC*, Conflict Minerals, 17 C.F.R. pts. 240, 249b (12.9.2012) 77 Fed. Reg. 56274, 56316 ff. 56363; *Woody*, Fordham Law Review 81:3 (2012), 1315, 1331.

werden.[198] Der CMR muss Angaben dazu enthalten, welche Maßnahmen das Unternehmen getroffen hat, die wiederum im Einklang mit einem internationalen Rahmenwerk zu stehen haben.[199] Zudem muss der CMR durch unabhängige Auditoren des privaten Sektors überprüft werden.[200]

Die Ausführungsvorschrift der SEC aus dem Jahr 2012 sah zunächst vor, dass Unternehmen im Form SD bzw. im CMR und auf ihren Webseiten für eine Liste bestimmter Produkte angeben müssen, ob die Herkunft der Mineralien nach den von ihnen ergriffenen Nachforschungen *„DRC conflict free"* ist oder ob die Mineralien *„have not been found to be ,DRC conflict free"*.[201] Ein Produkt ist *„DRC conflict free"*, wenn das Unternehmen feststellen konnte, dass bei der Gewinnung der Mineralien, die für die Herstellung oder das Produkt selbst notwendig waren, bewaffnete Gruppen in der DRK oder den Anrainerstaaten weder finanziert wurden noch anderweitig profitierten.[202] Ausnahmen galten jeweils für Mineralien oder Metalle, die aus Recycling oder Schrottquellen stammen: Diese durften stets als *„DRC conflict free"* bezeichnet werden.[203]

2. National Association of Manufacturers et al. vs. SEC

Allerdings erhoben die Interessengruppen *National Association of Manufacturers*, die US-Handelskammer (*US Chamber of Commerce*) und der *Business Roundtable* kurz nach Erlass der *final rule* Klage beim District

---

198 *SEC*, Conflict Minerals, 17 C.F.R. pts. 240, 249b (12.9.2012) 77 Fed. Reg. 56274, 56363; *Woody*, Fordham Law Review 81:3 (2012), 1315, 1331.

199 *SEC*, Conflict Minerals, 17 C.F.R. pts. 240, 249b (12.9.2012) 77 Fed. Reg. 56274, 56363; *Keenan*, in: Feichtner/Krajewski/Roesch, Human Rights in the Extractive Industries, 2019, 27, 34.

200 *SEC*, Conflict Minerals, 17 C.F.R. pts. 240, 249b (12.9.2012) 77 Fed. Reg. 56274, 56328 f., 56363; *Sarfaty*, Harvard International Law Journal 56:2 (2015), 419, 438.

201 *SEC*, Conflict Minerals, 17 C.F.R. pts. 240, 249b (12.9.2012) 77 Fed. Reg. 56274, 56320 f., 56363; *Schwartz*, Harvard Business Law Review 6:1 (2016), 129, 138; *Woody*, Fordham Law Review 81:3 (2012), 1315, 1331 f.

202 So fast wörtlich die Definition in *SEC*, Conflict Minerals, 17 C.F.R. pts. 240, 249b (12.9.2012) 77 Fed. Reg. 56274, 56364; vgl. auch *Schwartz*, Harvard Business Law Review 6:1 (2016), 129, 138 f. Für einen Übergangszeitraum von zwei Jahren für große Unternehmen und vier Jahren für kleine Unternehmen sollte zudem die Deklarierung *„DRC conflict undeterminable"* möglich sein.

203 *SEC*, Conflict Minerals, 17 C.F.R. pts. 240, 249b (12.9.2012) 77 Fed. Reg. 56274, 56364.

Court of Columbia.[204] Die Kläger machten u. a. geltend, dass weniger kostenintensive Alternativen einer Umsetzung in der *final rule* nicht ergriffen worden seien und keine Ausnahme für Unternehmen bestehe, deren Produkte nur eine geringe Menge der Mineralien für die Funktion oder Herstellung erfordern.[205] Zudem, so die Kläger, sei der erste Zusatzartikel der US-Verfassung (*freedom of speech*) verletzt, weil die Bezeichnung „*not DRC conflict free*" unzulässigerweise zu belastender und stigmatisierender Sprache (*„burdensome and stigmatizing speech"*) zwingen würde.[206]

Zunächst wurde die *final rule* der SEC durch das Urteil des District Court of Columbia für rechtskonform erklärt („*NAM I*").[207] Erst im Berufungsverfahren („*NAM II*") wurde sie in Teilen aufgehoben: Der United States Court of Appeals for the District of Columbia Circuit entschied, es sei mit dem ersten Zusatzartikel der US-Verfassung nicht vereinbar, wenn Unternehmen Produkte ggf. als „*DRC conflict free*" oder „*have not been found to be ‚DRC conflict free'*" bezeichnen müssten.[208] Das Durchsetzungsregime der Vorschrift wurde also erheblich geschwächt.

---

204 Vgl. United States District Court for the District of Columbia, *National Association of Manufacturers et al. v SEC et al.*, Urt. v. 23.7.2013, 956 F. Supp. 2d 43; *Schwartz*, Harvard Business Law Review 6:1 (2016), 129, 140.

205 United States District Court for the District of Columbia, *National Association of Manufacturers et al. v SEC et al.*, Urt. v. 23.7.2013, 956 F. Supp. 2d 43, 59 f., 61.

206 United States District Court for the District of Columbia, *National Association of Manufacturers et al. v SEC et al.*, Urt. v. 23.7.2013, 956 F. Supp. 2d 43, 73. Vgl. zur Rechtsprechung zur *final rule* der SEC *Schuele*, Wisconsin International Law Journal 33:4 (2015), 755, 769 ff.; *Schwartz*, Harvard Business Law Review 6:1 (2016), 129, 140 f.; *Woody*, Maryland Law Review 78:2 (2019), 291, 299 ff.

207 United States District Court for the District of Columbia, *National Association of Manufacturers et al. v SEC et al.*, Urt. v. 23.7.2013, 956 F. Supp. 2d 43, 82; *Schwartz*, Harvard Business Law Review 6:1 (2016), 129, 140.

208 United States Court of Appeals for the District of Columbia Circuit, *National Association of Manufacturers et al. v SEC et al.*, Urt. v. 14.4.2014, 748 F.3d 359, 371: „At all events, it is far from clear that the description at issue – whether a product is ‚conflict free' – is factual and non-ideological. Products and minerals do not fight conflicts. The label ‚conflict free' is a metaphor that conveys moral responsibility for the Congo war. It requires an issuer to tell consumers that its products are ethically tainted, even if they only indirectly finance armed groups. An issuer, including an issuer who condemns the atrocities of the Congo war in the strongest terms, may disagree with that assessment of its moral responsibility. And it may convey that ‚message' through ‚silence.' [...] By compelling an issuer to confess blood on its hands, the statute interferes with that exercise of the freedom of speech under the First Amendment." Bestätigt durch United States Court of Appeals for the District of Columbia Circuit, *National Association of Manufacturers et al. v SEC et al.*, Urt. v. 18.8.2015, 800 F.3d 518, 520 f.; United States District Court for the District of

3. Berichtspflicht

Sec. 1502 Dodd-Frank Act verpflichtet Unternehmen seit dem Jahr 2013, Daten über die Herkunft der von ihnen verwendeten 3TG-Mineralien zu sammeln.[209] Die Berichtspflichten sind verbindlich und sanktionsbewehrt, wie sogleich genauer ausgeführt wird. Verwendet ein Unternehmen Mineralien, die eine Konfliktverknüpfung aufweisen, treten allerdings keine Rechtsfolgen ein.[210] Sec. 1502 Dodd-Frank Act und die *final rule* der SEC verfolgen einen auf Transparenz gerichteten Ansatz, der auf bewusste Investitionen der Anleger oder in einem zweiten Schritt auf bewusste Kaufentscheidungen der Konsumenten vertraut.[211] Dessen Wirksamkeit dürfte durch die teilweise Aufhebung der *final rule* der SEC erheblich geschmälert sein.[212]

IV. Rechtsfolgen eines Verstoßes

Sec. 1502 Dodd-Frank Act selbst sieht keine Regeln bei Verstößen gegen die Vorschrift vor.[213] Aus der *final rule* der SEC ergibt sich, dass eine Haftung nach Sec. 18 Securities Exchange Act of 1934 (15 U.S.C. § 78r) für falsche oder irreführende Aussagen bestehen kann.[214] Darüber hinaus droht eine Haftung für Betrug nach Rule 10b-5 (17 C.F.R. § 240.10b-5), worunter neben einer behördlichen Aufsicht die Möglichkeit von privatrechtlichen Ansprüchen besteht; allerdings statuiert die Vorschrift hohe Voraussetzungen, die kaum jemals erfüllt sein dürften.[215] Die SEC kann allgemeine Sanktionen

---

Columbia, *National Association of Manufacturers et al. v SEC et al.*, Final Judgement v. 3.4.2017, 2017 U.S. Dist. LEXIS 135732.

209 *SEC*, Conflict Minerals, 17 C.F.R. pts. 240, 249b (12.9.2012) 77 Fed. Reg. 56274.

210 *Keenan*, in: Feichtner/Krajewski/Roesch, Human Rights in the Extractive Industries, 2019, 27, 40; *Macchi*, Journal of Human Rights Practice 2021, 270, 272.

211 *Schwartz*, Harvard Business Law Review 6:1 (2016), 129, 131 f.

212 Vgl. hierzu auch *Schuele*, Wisconsin International Law Journal 33:4 (2015), 755, 771: „*NAM II* dented, but did not destroy, the United States conflict minerals reporting regulatory scheme."

213 *Schwartz*, Harvard Business Law Review 6:1 (2016), 129, 162.

214 *SEC*, Conflict Minerals, 17 C.F.R. pts. 240, 249b (12.9.2012) 77 Fed. Reg. 56274, 56304; vgl. dazu *Schwartz*, Harvard Business Law Review 6:1 (2016), 129, 162.

215 So *Schwartz*, Harvard Business Law Review 6:1 (2016), 129, 163; *Woody*, Fordham Law Review 81:3 (2012), 1315, 1338 sieht in der drohenden Haftung unter Rule 10b-5 jedoch einen erheblichen Anreiz für Unternehmen, sich an die Regelungen von Sec. 1502 Dodd-Frank Act zu halten. Rule 10b-5 sieht ausdrücklich zwar keine

für nicht vorgenommene Meldungen verhängen.[216] Zudem haben mehrere Bundesstaaten Gesetze erlassen, die weitere Anreize zur Einhaltung von Sec. 1502 Dodd-Frank Act schaffen.[217]

C. Kontroversen um Sec. 1502 Dodd-Frank Act

Der Erlass der Konfliktmineralien-Regelung in den USA hat kontroverse Diskussionen nach sich gezogen. Die New York Times titelte im Jahr 2011: *„How Congress devastated Congo"*[218]. Auch das Wall Street Journal äußerte sich kritisch und bezeichnete Sec. 1502 Dodd-Frank Act in den Worten kongolesischer Minenarbeiter als *„Obama's Embargo"*[219].[220] Die Rechtswissenschaft diskutiert Sec. 1502 Dodd-Frank Act ebenfalls kontrovers. Im Folgenden werden die juristische Debatte um Sec. 1502 Dodd-Frank Act beleuchtet sowie politikwissenschaftliche Perspektiven aufgezeigt, die sich mit der extraterritorialen Wirkung von Sec. 1502 Dodd-Frank Act auseinandersetzen.[221]

---

privatrechtlichen Ansprüche vor, sie werden allerdings in ständiger Rspr. hergeleitet. Hierzu *Rose*, Columbia Law Review 108:6 (2008), 1301 ff.; *Ebke*, Wirtschaftsprüfer und Dritthaftung, 1983, S. 186 ff.; *Poelzig*, Normdurchsetzung durch Privatrecht, 2012, S. 59 ff.

216 Die einfache Strafe beträgt 100 Dollar pro Tag, kann allerdings verschärft werden, Sec. 32 (b), (c) Securities Exchange Act of 1934 (15 U.S.C. §§ 78 ff (b), (c)); *Schwartz*, Harvard Business Law Review 6:1 (2016), 129, 162.

217 Bereits im Jahr 2011 erließen Kalifornien (Section 10490 California Public Contract Code), kurz darauf im Jahr 2012 Maryland (§ 14-413 Maryland Code, State Finance and Procurement) und 2017 auch Massachusetts (The Commonwealth of Massachusetts, Resolve Senate 2463) Gesetze, welche solche Unternehmen, die die Offenlegungspflichten von Sec. 1502 Dodd-Frank Act nicht einhalten, von Vertragsschlüssen mit Behörden der jeweiligen Bundesstaaten ausschließen. Im Jahr 2021 folgte der Staat Oregon (Enrolled Senate Bill 471). Über einen Gesetzesentwurf aus Minnesota wird derzeit noch verhandelt (State of Minnesota, H.F. No. 1861, 16C.067). Vgl. auch *Sarfaty*, Harvard International Law Journal 56:2 (2015), 419, 439.

218 *Aronson*, How Congress Devastated Congo, The New York Times v. 7.8.2011.

219 Africa and ‚Obama's Embargo' A provision of Dodd-Frank Act boomerangs on the continent's poor, Wall Street Journal v. 18.7.2011, online abrufbar unter: https://www.wsj.com/articles/SB10001424052748703956604576109773538681918 (zuletzt abgerufen: 30.9.2023).

220 Dazu auch *Schwartz*, Harvard Business Law Review 6:1 (2016), 129, 142.

221 Hier nicht ausführlich dargestellt werden der Kritikpunkt der hohen Implementierungskosten, die Sec. 1502 Dodd-Frank Act attestiert werden. Eingehend hierzu *Woody*, Fordham Law Review 81:3 (2012), 1315, 1332; *Schwartz*, Harvard Business Law Review 6:1 (2016), 129, 141, 158 f. kommt zu dem Ergebnis, dass die Kosten

I. Verortung der Konfliktmineralien-Regelung im Wertpapierhandelsrecht und Zuständigkeit der SEC

Umstritten sind die Sinnhaftigkeit der Verortung der Regelung im Wertpapierhandelsrecht und die damit einhergehende Zuständigkeit der SEC.[222] Kritische Stimmen äußern, die Zielsetzung von Sec. 1502 Dodd-Frank Act liege jenseits des Aufgabenbereichs der SEC, indem nicht primär der Investorenschutz,[223] sondern humanitäre Ziele verfolgt werden.[224] Darüber hinaus habe die SEC keine Erfahrung hinsichtlich der Durchsetzung von außenpolitischen Zielen.[225] Eine Gegenposition vertritt insbesondere *Sarfaty*: Sie erachtet das Wertpapierhandelsrecht grundsätzlich als taugliches Instrument, eine Unternehmensverantwortlichkeit hinsichtlich menschenrechtlicher Belange festzulegen.[226] Im Rahmen von Sec. 1502 Dodd-Frank

---

viel niedriger seien als erwartet. Hierzu auch *Schwartz/Nelson*, Administrative Law Review 68:2 (2016), 287 ff. Ebenfalls nicht ausführlich dargestellt wird die Kritik, dass Sec. 1502 Dodd-Frank Act keine De-minimis-Regelung enthält. Vgl. hierzu *Woody*, Fordham Law Review 81:3 (2012), 1315, 1326 (Fn. 60).

222 Vgl. etwa *Lynn*, Journal of Business and Technology Law 6:2 (2011), 327, 336 f.; *Veale*, Cardozo Journal of International and Comparative Law 21:2 (2013), 503, 527; *Woody*, Maryland Law Review 78:2 (2019), 291, 302 ff.

223 Die Aufgabe der SEC ist es, Investoren zu schützen, einen fairen, geordneten und effizienten Markt aufrechtzuerhalten und den Aufbau von Kapital zu erleichtern. Vgl. *SEC*, https://www.sec.gov/about/what-we-do (zuletzt abgerufen: 30.9.2023); vgl. dazu *Veale*, Cardozo Journal of International and Comparative Law 21:2 (2013), 503, 527; *Woody*, Fordham Law Review 81:3 (2012), 1315, 1320; *dies.*, Maryland Law Review 78:2 (2019), 291, 310.

224 So auch der damalige SEC-Commissioner *Gallagher*, Statement at an SEC Open Meeting: Proposed Rule to Implement Section 1502 Dodd-Frank Act – the „Conflict Minerals" Provision (22.8.2012): „Section 1502 is about curtailing violence in the DRC; it is not about investor protection, promoting fair and efficient markets, or capital formation. Warlords and armed criminals need to fund their nefarious operations. Their funding is their lifeline; it's a chokepoint that should be cut off. That's a perfectly reasonable foreign policy objective. But it's not an objective that fits anywhere within the SEC's threefold statutory mission", zitiert nach *Sarfaty*, Virginia Journal of International Law 54 :1 (2013), 97, 99; sowie *Woody*, Fordham Law Review 81:3 (2012), 1315, 1342 (Fn. 172). Vgl. dazu auch *Lynn*, Journal of Business and Technology Law 6:2 (2011), 327, 330, 354 f.; *Narine*, Regent University Law Review 25:2 (2012), 351, 391; *Veale*, Cardozo Journal of International & Comparative Law 21:2 (2013), 503, 527; *Woody*, Nevada Law Journal 15:1 (2014), 297, 298. A. A. *Nelson*, Utah Law Review 2014, 219, 236 ff.

225 *Lynn*, Journal of Business and Technology Law 6:2 (2011), 327, 337; *Woody*, Maryland Law Review 78:2 (2019), 291, 310.

226 *Sarfaty*, Virginia Journal of International Law 54:1 (2013), 97, 109 f. Auch *Cullen*, George Washington International Law Review 48:4 (2016), 743, 766 befürwortet die

Act würden Menschenrechtsrisiken als finanzielle Risiken behandelt, was die Menschenrechte im täglichen Geschäft der Unternehmen handhabbar mache.[227]

II. Untaugliches Sorgfaltspflichten- und Rechtsfolgensystem

Sec. 1502 Dodd-Frank Act verfolgt den Ansatz einer Verhaltenssteuerung der Unternehmen unter der Prämisse des verantwortlichen Anleger- und Konsumentenverhaltens.[228] Die Vorschrift setzt auf ein sog. *„naming and shaming"*.[229] Dieser Ansatz wird in weiten Teilen der Literatur kritisch bewertet.[230] Es bestehen grundsätzliche Bedenken, ob *„naming and shaming"* überhaupt ein erfolgversprechender Mechanismus zur Durchsetzung einer unternehmerischen Verantwortlichkeit ist: Verbraucher zeigten zwar reges Interesse an der Verantwortlichkeit von Unternehmen, veränderten ihr Konsumverhalten aber nur selten.[231] Bislang fehlen zu Sec. 1502 Dodd-Frank Act allerdings, soweit ersichtlich, belastbare Daten zum Anleger- oder Konsumentenverhalten.[232]

Schwartz hat ein anderes Problem identifiziert, das auf der Komplexität der Konfliktmineralienlieferketten beruht: Ein *„naming and shaming"* der Nutzer von Konfliktmineralien sei schwierig, da häufig kein klar identifizierbarer „Verursacher" (*„wrongdoer"*) gegeben sei.[233] Die regulierende Wirkung von *„naming and shaming"* hänge aber maßgeblich davon ab, dass ein solcher ausgemacht werden könne, was darüber hinaus am besten

---

Verortung im Wertpapierhandelsrecht im Hinblick auf das steigende Interesse von Investoren an ethischen oder nachhaltigen Geldanlagen.

227 *Sarfaty*, Virginia Journal of International Law 54:1 (2013), 97, 117 f.

228 *Woody*, Fordham Law Review 81:3 (2012), 1315, 1344.

229 *Schwartz*, Harvard Business Law Review 6:1 (2016), 129, 135.

230 *Lynn*, Journal of Business and Technology Law 6:2 (2011), 327, 336 f.; *Schwartz*, Harvard Business Law Review 6:1 (2016), 129, 161 ff.; *Stork*, New York Law School Law Review 61:3-4 (2016), 429, 436 f.; *Veale*, Cardozo Journal of International and Comparative Law 21:2 (2013), 503, 532, welche *„naming and shaming"*-Mechanismen als geeigneter für die Arbeitsweise von Nichtregierungsorganisationen ansieht; *Woody*, Maryland Law Review 78:2 (2019), 291, 309.

231 So *Aßländer*, in: Heidbrink/I. Schmidt/Ahaus, Die Verantwortung des Konsumenten, 2011, 57, 66; a. A. *Armbrüster/Böffel*, ZIP 2019, 1885, 1886.

232 So auch *Woody*, Maryland Law Review 78:2 (2019), 291, 315 f.

233 *Schwartz*, Harvard Business Law Review 6:1 (2016), 129, 161.

funktioniere, wenn Sanktionen verhängt würden.[234] Beides sei in den undurchsichtigen Konfliktmineralienlieferketten jedoch nicht der Fall.[235]

Die Effektivität des Rechtsfolgensystems wurde zudem mit der Rechtsprechung *NAM II* erheblich geschmälert, nach welcher Unternehmen ihre Produkte nicht mehr als „*conflict free*" oder „*have not been found to be ‚DRC conflict free‘*" deklarieren müssen.[236]

III. Unzureichende Maßnahmen der berichtspflichtigen Unternehmen

Schwartz führte eine empirische Untersuchung der bei der SEC eingereichten Berichte aus dem Jahr 2014 durch und kam zu dem Ergebnis, dass Unternehmen die Pflichten von Sec. 1502 Dodd-Frank Act nur zu einem geringen Maß, teilweise sogar überhaupt nicht erfüllten.[237] Die SEC rechnete mit 6.000 berichtspflichtigen Unternehmen,[238] von denen im Jahr 2014 nur 1.321 Unternehmen ein Form SD einreichten; einen CMR legten nur gut 1.000 Unternehmen vor.[239] Diese Zahlen sanken in den Folgejahren weiter.[240] Zudem gab ein Großteil der Unternehmen an, die Herkunft der Mineralien nicht genau bestimmen zu können.[241] All dies habe zur Folge, dass die Regelung ihre Wirkung nicht wie vorgesehen entfalten könne.[242]

---

234 *Schwartz*, Harvard Business Law Review 6:1 (2016), 129, 161.
235 *Schwartz*, Harvard Business Law Review 6:1 (2016), 129, 161.
236 United States Court of Appeals for the District of Columbia Circuit, *National Association of Manufacturers et al. v SEC et al.*, Urt. v. 14.4.2014, 748 F.3d 359, 371; *Stork*, New York Law School Law Review 61:3-4 (2016), 429, 437.
237 *Schwartz*, Harvard Business Law Review 6:1 (2016), 129 ff.
238 *SEC*, Conflict Minerals, 17 C.F.R. pts. 240, 249b (12.9.2012), 77 Fed. Reg., 56274, 56336.
239 *Schwartz*, Harvard Business Law Review 6:1 (2016), 129, 144; *Woody*, Maryland Law Review 78:2 (2019), 291, 314 f. jeweils m. w. N.
240 *Woody*, Maryland Law Review 78:2 (2019), 291, 314 f. m. w. N.
241 *Schwartz*, Harvard Business Law Review 6:1 (2016), 129, 156 f.; *Woody*, Maryland Law Review 78:2 (2019), 291, 315 m. w. N.
242 *Schwartz*, Harvard Business Law Review 6:1 (2016), 129, 131, 159 ff.

IV. De-facto-Embargo infolge der territorialen Begrenzung des Dodd-Frank Acts?

Der Erlass von Sec. 1502 Dodd-Frank Act, so ein häufig angeführtes Argument, habe ein De-facto-Embargo für Mineralien aus der DRK und den Anrainerstaaten ausgelöst.[243] Unternehmen hätten den Bezug von Mineralien aus der Region bereits nach der Ankündigung der Regelung eingestellt.[244] So seien im Jahr 2011, also nach Erlass des Dodd-Frank Acts, aber noch vor Inkrafttreten der Berichtspflichten, die Exporte von Zinn, Tantal und Wolfram aus der DRK um 70 % im Vergleich zum Vorjahr gefallen.[245] Der Export von Gold sei hingegen gestiegen, was darauf zurückgeführt wird, dass das Gold aus der DRK in großen Teilen Eingang in Märkte finde, deren Akteure den Berichtspflichten nach Sec. 1502 Dodd-Frank Act nicht unterliegen.[246] Der Schwarzmarkt für die Mineralien sei auf der anderen Seite gewachsen.[247]

Die Ursachen für einen Rückzug der Unternehmen aus der DRK sind jedoch vielschichtig und können kaum allein auf den Erlass von Sec. 1502 Dodd-Frank Act zurückgeführt werden. Drei der größten internationalen Käufer von 3TG-Mineralien setzten den Bezug von Mineralien aus der DRK noch vor Erlass des Dodd-Frank Acts aus.[248] Hintergrund waren u. a. zuvor veröffentlichte Berichte, bspw. der Nichtregierungsorganisation

---

243 *Europäische Kommission*, Commission Staff Working Document, Impact Assessment, Part 1, SWD(2014) 53 final, v. 5.3.2014, S. 29; vgl. etwa *Van Marter*, Tulane Journal of International and Comparative Law 24:1 (2015), 291, 305; *Veale*, Cardozo Journal of International & Comparative Law 21:2 (2013), 503, 533 f. *Woody*, Maryland Law Review 78:2 (2019), 291, 307, 311. Hierzu fand im Jahr 2013 auch eine Anhörung im US-Kongress statt, s. *U.S. House of Representatives*, Hearing before the Subcommittee on monetary Policy and Trade of the Committee on financial Services, 119th Congress, 1st Session, 21.5.2013, Serial No. 113-23, online abrufbar unter: https://www.govinfo.gov/content/pkg/CHRG-113hhrg81758/pdf/CHRG-113h hrg81758.pdf (zuletzt abgerufen: 30.9.2023); vgl. hierzu *Schwartz*, Harvard Business Law Review 6:1 (2016), 129, 142; *Woody*, Maryland Law Review 78:2 (2019), 291, 307 f.

244 Vgl. *Elsholz*, Beiträge zum Transnationalen Wirtschaftsrecht 148 (2017), S. 16.

245 Africa and ‚Obama's Embargo‘ A provision of Dodd-Frank Act boomerangs on the continent's poor, Wall Street Journal v. 18.7.2011; *Woody*, Maryland Law Review 78:2 (2019), 291, 311.

246 *Woody*, Maryland Law Review 78:2 (2019), 291, 312.

247 *Parker/Vadheim*, Journal of the Association of Environmental and Resource Economists 4:1 (2017), 1, 11; *Woody*, Maryland Law Review 78:2 (2019), 291, 312.

248 *Cuvalier et al.*, Conflict Prevention and Peace Forum 2014, S. 20 f.

Global Witness, die den Unternehmen einen Beitrag zur Konfliktfinanzierung attestierten.[249] Zudem verhängte die DRK kurz vor Inkrafttreten der Berichtspflichten des Dodd-Frank Acts ein kurzzeitiges Exportverbot für Mineralien aus artisanalem Bergbau für die drei Regionen Maniema, Nord-Kivu und Süd-Kivu zwischen September 2010 und März 2011, um diesen Sektor neu aufbauen zu können.[250] Diese Maßnahme soll jedoch zum Zusammenbruch des Sektors geführt haben.[251]

Außerdem ist es für Unternehmen aufgrund des engen territorialen Anwendungsbereichs von Sec. 1502 Dodd-Frank Act die einfachste Lösung, die Beschaffung von Mineralien aus der Region der Großen Seen zu vermeiden.[252] Schließlich finden sich 3TG-Mineralien auch in anderen Regionen[253] und Unternehmen können ihre Kosten und Risiken gering halten, indem sie die Mineralien aus diesen Gegenden beziehen, um nicht in den Anwendungsbereich von Sec. 1502 Dodd-Frank Act zu fallen.[254]

---

249 *Cuvalier et al.*, Conflict Prevention and Peace Forum 2014, S. 20 f.; zu *Thaisacro Smelting and Refining Ltd.* s. *Global Witness*, „Faced with a Gun, what can you do?" – War and the Militarisation of Mining in eastern Congo, 2009, S. 62; zu *Traxys SA* s. *ITSCI*, Traxys to halt DR Congo purchases, v. 5.5.2009, online abrufbar unter: https://www.itsci.org/2009/05/05/traxys-to-halt-dr-congo-purchases/ (zuletzt abgerufen: 30.9.2023).

250 *UN-Sicherheitsrat*, Final Report of the Group of Experts on the DRC, S/2011/738, 1.12.2011, S. 6; *Europäische Kommission*, Commission Staff Working Document, Impact Assessment, Part 1, SWD(2014) 53 final, v. 5.3.2014, S. 28; *Parker/Vadheim*, Journal of the Association of Environmental and Resource Economists 4:1 (2017), 1, 9.

251 *Europäische Kommission*, Commission Staff Working Document, Impact Assessment, Part 1, SWD(2014) 53 final, v. 5.3.2014, S. 28.

252 Vgl. *Europäische Kommission*, Commission Staff Working Document, Impact Assessment, Part 1, SWD(2014) 53 final, v. 5.3.2014, S. 29; *Sarfaty*, Virginia Journal of International Law 54:1 (2013), 97, 110 f.; *Parker/Vadheim*, Journal of the Association of Environmental and Resource Economists 4:1 (2017), 1, 9; *Schuele*, Wisconsin International Law Journal 33:4 (2015), 755, 781 f.; ähnlich *Woody*, Maryland Law Review 78:2 (2019), 291, 311: „Since the passage of Dodd-Frank, major American corporations shied away from using Congolese minerals."

253 S. *supra* Kapitel 1 A.

254 Siehe etwa *Cuvalier et al.*, Conflict Prevention and Peace Forum 2014, S. 25; *Cullen*, George Washington International Law Review 48:4 (2016), 743, 769 f.; *Veale*, Cardozo Journal of International & Comparative Law 21:2 (2013), 503, 534; *Woody*, Maryland Law Review 78:2 (2019), 291, 307 f.

V. Unbeabsichtigte extraterritoriale Auswirkungen auf den Bergbau und die Bevölkerung in der DRK

Mehrere empirische Studien bestätigen die negativen Effekte des Dodd-Frank Acts auf die humanitäre Lage im Osten der DRK:[255] Im Vergleich zu der Zeit vor Erlass der Vorschrift im Jahr 2010 hätten sich, so das Ergebnis einer Studie, im Umkreis von Goldminen im Zeitraum bis 2015 die Kämpfe zwischen bewaffneten Akteuren um 44 %, die Zahl der Plünderungen um 51 % und die Gewalt gegen Zivilisten um 28 % erhöht.[256] Der Erlass des Dodd-Frank Acts habe dazu geführt, dass mehr Menschen im Goldabbau arbeiteten und bewaffnete Gruppen diesen fokussierten.[257] Die Situation in Abbaugebieten von Zinn, Tantal und Wolfram sei hingegen stabil geblieben oder habe sich leicht verbessert.[258]

Hingegen argumentieren *Koch/Kinsbergen*, dass die Datensätze, welche den Studien zugrunde liegen, veraltet seien.[259] Die Argumentation mit den unbeabsichtigten Auswirkungen würde einem bei Erlass von Sec. 1502 Dodd-Frank Act gefassten Narrativ folgen, welches zu Beginn korrekt gewesen sei, nun aber nicht mehr von Daten gestützt werde. Vielmehr seien die Ausführungen zu den unbeabsichtigten Auswirkungen der Regelung übertrieben. Anerkannt ist, dass zwischen kurzfristigen und langfristigen Auswirkungen der Regelung zu unterscheiden ist.[260] Einen neue-

---

255 In der Studie von *Parker/Vadheim*, Journal of the Association of Environmental and Resource Economists 4:1 (2017), S. 1 ff. wurde im Zeitraum von 2004 bis 2012 anhand eines Datensatzes des *International Peace Information Service* (IPIS) untersucht, wie häufig es zu Plünderungen der Zivilbevölkerung durch bewaffnete Gruppierungen und zu Kämpfen zwischen bewaffneten Akteuren kam. Der Studie von *Stoop/Verpoorten/van der Windt*, PLoS ONE 13:8 (2018), S. 1 ff. liegt ein erweiterter Datensatz des IPIS für einen Zeitraum von 2004 bis 2015 zugrunde, zudem wurden zusätzliche Daten von Minen in abgelegenen Gebieten verwertet und die Untersuchungsgegenstände erweitert.

256 *Stoop/Verpoorten/van der Windt*, PLoS ONE 13:8 (2018), S. 13.

257 *Stoop/Verpoorten/van der Windt*, PLoS ONE 13:8 (2018), S. 14 f.

258 *Stoop/Verpoorten/van der Windt*, PLoS ONE 13:8 (2018), S. 14 f., die allerdings auch feststellen: „This does not necessarily mean that the average civilian in this area has become less exposed to looting. [...] ‚[P]er capita looting' in 3T mining areas may not have decreased."

259 Vgl. hierzu und im Folgenden *D.-J. Koch/Kinsbergen*, Resources Policy 57 (2018), 255, 259.

260 Siehe *Geenen*, Resources Policy 37:3 (2012), 322, 329; *D.-J. Koch/Kinsbergen*, Resources Policy 57 (2018), 255, 259; *Stoop/Verpoorten/van der Windt*, PLoS ONE 13:8 (2018), S. 5 f.

ren Datensatz werten die Autoren jedoch nicht aus,[261] sodass keine Aussage über die gegenwärtige Situation der Bevölkerung in der DRK getroffen werden kann.

VI. Anstoß zu Legislativakten in anderen Staaten

Trotz allem ist Sec. 1502 Dodd-Frank Act, wie *Fleischer/Hahn* feststellen, „[d]as Vor- und Urbild aller menschenrechtlichen Berichtspflichten".[262] Die Vorschrift gab etwa Anstoß zum Erlass der KM-VO und der *Chinese Due Diligence Guidelines for Responsible Mineral Supply Chains* sowie eines Gesetzes der DRK aus dem Jahr 2012, welches Unternehmen, die im Handel oder Abbau der Mineralien in der DRK tätig sind, zur Einhaltung von Sorgfaltspflichten nach Vorgabe der OECD-Leitsätze zu Konfliktmineralien verpflichtet.[263]

VII. Transparenz in globalen Lieferketten von Konfliktmineralien

Darüber hinaus wird Sec. 1502 Dodd-Frank Act eine positive Auswirkung auf die Transparenz in den Lieferketten von Konfliktmineralien attestiert.[264] In Reaktion auf die US-amerikanische Vorschrift hätten viele Schmelzen weltweit Prüfungen eingeführt, die die Konfliktfreiheit der 3TG-Mineralien ermitteln sollen.[265]

---

261 Vielmehr untersuchen die Autoren, welche Akteure treibend für das Narrativ der unbeabsichtigten Nebenwirkungen von Section 1502 des Dodd-Frank Acts waren, vgl. *D.-J. Koch/Kinsbergen*, Resources Policy 57 (2018), 255, 259 ff.

262 So *Fleischer/Hahn*, RIW 2018, 397, 398. Zur Vorbildfunktion von Sec. 1502 Dodd-Frank Act vgl. auch *Sarfaty*, Virginia Journal of International Law 54:1 (2013), 97, 108; *Woody*, Maryland Law Review 78:2 (2019), 291, 317 f.

263 Vgl. *Global Witness*, Congo government enforces law to curb conflict mineral trade, 21.5.2012, online abrufbar unter: https://www.globalwitness.org/en/archive/congo-government-enforces-law-curb-conflict-mineral-trade/ (zuletzt abgerufen: 30.9.2023); *Sarfaty*, Virginia Journal of International Law 54:1 (2013), 97, 108; sowie *supra* Einleitung A. I.

264 *Macchi*, Journal of Human Rights Practice 2021, 270, 272.

265 *Enough Project*, Progress and Challenges on Conflict Minerals: Facts on Dodd-Frank 1502, online abrufbar unter: http://enoughproject.org/special-topics/progress-and-challenges-conflict-minerals-facts-dodd-frank-1502#_edn10 (zuletzt abgerufen: 30.9.2023); vgl. dazu *Macchi*, Journal of Human Rights Practice 2021, 270, 272.

VIII. Zwischenergebnis

Letztlich sind Wirksamkeit und Auswirkungen von Sec. 1502 Dodd-Frank Act schwer einschätzbar, insbesondere da parallel auch in anderen Staaten Maßnahmen ergriffen wurden und die jeweiligen Effekte nicht isoliert beurteilt werden können.[266] Folglich kann nur festgestellt werden, dass sowohl über die Vorschrift als auch ihre extraterritorialen Auswirkungen kontrovers diskutiert wird.

D. Abschaffung oder Reform von Sec. 1502 Dodd-Frank Act?

Unter der Trump-Administration wurden die Abschaffung oder die vorübergehende Aussetzung von Sec. 1502 Dodd-Frank Act aus humanitären Gründen erwogen,[267] was letztlich aber nicht geschah.[268] Allerdings erklärte die SEC im Jahr 2017, dass keine Durchsetzungsmaßnahmen empfohlen würden, soweit ein Unternehmen im Form SD nur Angaben zur RCOI mache.[269] Die Zukunft von Sec. 1502 Dodd-Frank Act unter der Biden-Administration ist derzeit noch offen, allerdings scheint eine Neufassung der Konfliktmineralien-Regelung in den USA möglich.[270] Inspiration für eine Neufassung könnte die KM-VO der EU bieten.

---

266 *Macchi*, Journal of Human Rights Practice 2021, 270, 273; *Rüttinger/Griestop*, Dodd-Frank Act, UmSoRess Steckbrief, 2015, S. 5.

267 Vgl. *Compere*, Repeal and Replacement of Conflict Minerals Rule 1502 Undermines Peace and Stability in the Congo, Huffington Post, v. 4.4.2017; vgl. dazu *Macchi*, Journal of Human Rights Practice 2021, 270, 273; *Stoop/Verpoorten/van der Windt*, Trump threatened to suspend the ,conflict minerals' provision of Dodd-Frank. That might actually be good for Congo, The Washington Post, v. 27.9.2018.

268 *Thomas*, New Day for the US Conflict Minerals Rule, The National Law Review XI:21 (2021), v. 21.1.2021

269 Vgl. *SEC*, Statement of Acting Chairman Piwowar on the Court of Appeals Decision on the Conflict Minerals Rule, v. 7.4.2017, online abrufbar unter: https://www.sec.go v/news/public-statement/piwowar-statement-court-decision-conflict-minerals-rule (zuletzt abgerufen: 30.9.2023); *Macchi*, Journal of Human Rights Practice 2021, 270, 273; *Thomas*, New Day for the US Conflict Minerals Rule, The National Law Review XI:21 (2021), v. 21.1.2021.

270 So *Thomas*, New Day for the US Conflict Minerals Rule, The National Law Review XI:21 (2021), v. 21.1.2021.

E. Ergebnisse in Thesenform

(1) Sec. 1502 Dodd-Frank Act wurde im Jahr 2010 erlassen und ist ein Vorreiter der Berichtspflichten von Unternehmen für die Herkunft von Konfliktmineralien.

(2) Adressaten von Sec. 1502 Dodd-Frank Act sind Unternehmen, die an der US-Börse gelistet sind, soweit 3TG-Mineralien oder -Metalle für die Funktion oder die Herstellung eines von ihnen hergestellten Produkts erforderlich sind. Der geografische Anwendungsbereich beschränkt sich auf Mineralien, die aus der Region der Großen Seen in Afrika stammen.

(3) Die Adressaten von Sec. 1502 Dodd-Frank Act sind verpflichtet, die Herkunft der Mineralien zu ermitteln und über ihre Maßnahmen zu berichten. Es ist dabei weder verboten, Mineralien, die eine Konfliktverknüpfung aufweisen, zu verwenden, noch statuiert Sec. 1502 Dodd-Frank Act oder die *final rule* der SEC Sorgfaltspflichten, die auf eine Risikoverhinderung oder -milderung der negativen Auswirkungen in der Lieferkette gerichtet sind.

(4) Die Wirksamkeit der Berichtspflichten nach Sec. 1502 Dodd-Frank Act und der *final rule* der SEC wurde durch das Urteil *NAM II* geschmälert, nach dem es mit dem ersten Zusatzartikel der US-Verfassung (*freedom of speech*) nicht vereinbar sei, wenn Unternehmen angeben müssen, ob ihre Produkte „*DRC conflict free*" sind oder „*have not been found to be ,DRC conflict free*".

(5) Sec. 1502 Dodd-Frank Act verfolgt einen „*naming and shaming*"-Ansatz. Berichtet ein Unternehmen entgegen einer Verpflichtung nicht bzw. falsch, kann eine behördliche Durchsetzung durch die SEC erfolgen. Private können unter hohen Voraussetzungen eine Haftung nach Sec. 18 Securities Exchange Act 1934 oder Rule 10b-5 geltend machen.

(6) Um Sec. 1502 Dodd-Frank Act hat sich eine kontroverse Debatte entwickelt. Diese betrifft u. a. die Verortung der Regulierung im Wertpapierhandelsrecht sowie negative Auswirkungen auf die Bevölkerung in der DRK, welche der Vorschrift zugeschrieben werden. Während manche Beobachter Sec. 1502 Dodd-Frank Act für eine gescheiterte Vorschrift halten, beurteilen andere diese Kritik als ein vorgefasstes Narrativ, welches sich bei einer langfristigen Betrachtung der extraterritorialen Auswirkung von Sec. 1502 Dodd-Frank Act nicht bestätige.

Kapitel 3: Sektorspezifische Regelung im Unionsrecht: die KM-VO

Im Jahr 2017 wurde die KM-VO erlassen, welche den Unionseinführern von 3TG-Mineralien oder -Metallen verbindliche Sorgfaltspflichten hinsichtlich ihrer Lieferketten auferlegt. Vorläufer und Vorbild der KM-VO war die US-amerikanische Vorschrift Sec. 1502 Dodd-Frank Act.[271] Das Europäische Parlament forderte die EU wiederholt auf „vergleichbare Rechtsvorschriften" zu Sec. 1502 Dodd-Frank Act zu erlassen.[272] Im folgenden Kapitel werden die Zielsetzung, die Kompetenzgrundlage und das Gesetzgebungsverfahren (A.) sowie der Inhalt der KM-VO (B.) und ihre Durchführung (C.) vorgestellt. Der Vergleich zwischen der KM-VO und Sec. 1502 Dodd-Frank Act zeigt, dass die EU die Mängel des US-Gesetzes bei der Ausgestaltung der KM-VO berücksichtigt hat (D.). Das Kapitel schließt mit einer Zusammenfassung der wichtigsten Ergebnisse in Thesenform (E.).

A. Zielsetzung, Kompetenzgrundlage und Gesetzgebungsverfahren

I. Zielsetzung der KM-VO

Die KM-VO bezweckt ausweislich Art. 1 Abs. 1 S. 1 KM-VO ein Unionssystem für die Erfüllung der Sorgfaltspflichten in der Lieferkette zu schaffen, dessen Ziel es ist, „die Möglichkeiten für bewaffnete Gruppen und Sicher-

---

271 Erwägungsgrund 9 KM-VO; vgl. dazu statt vieler *Fleischer/Hahn*, RIW 2018, 397, 400; *Heße/Klimke*, EuZW 2017, 446, 448; *Nowrot*, in: Feichtner/Krajewski/Roesch, Human Rights in the Extractive Industries, 2019, 51, 58.

272 So auch wörtlich Erwägungsgrund 9 KM-VO; sowie etwa *Europäisches Parlament*, Resolution of 7.10.2010 on failures in protection of human rights and justice in the Democratic Republic of Congo, P7_TA(2010)0350, No. 14, online abrufbar unter https://www.europarl.europa.eu/doceo/document/TA-7-2010-0350_EN.pdf (zuletzt abgerufen: 30.9.2023); Entschließung des Europäischen Parlaments v. 26.2.2014 zur Förderung von Entwicklung durch verantwortungsvolle Unternehmenspraktiken, einschließlich der Rolle von mineralgewinnenden Industrien in Entwicklungsländern (2013/2126(INI)), P7_TA(2014)0163, Nr. 46 lit. h., online abrufbar unter: https://www.europarl.europa.eu/doceo/document/TA-7-2014-0163_DE.pdf (zuletzt abgerufen: 30.9.2023).

heitskräfte zum Handel mit Zinn, Tantal und Wolfram, deren Erzen und Gold einzuschränken." Nach Art. 1 Abs. 1 S. 2 KM-VO zielt die Verordnung darauf ab, „für Transparenz und Sicherheit hinsichtlich der Lieferpraktiken von Unionseinführern sowie von Hütten und Raffinerien zu sorgen, die Rohstoffe aus Konflikt- und Hochrisikogebieten beziehen." Die Zielsetzung spiegelt sich auch in der Begründung zu einem Entwurf der KM-VO aus dem Jahr 2014 wider: „Hauptziel dieses Vorschlags ist es, dazu beizutragen, dass die Finanzierung bewaffneter Gruppen und Sicherheitskräfte durch Erträge aus dem Mineralgeschäft in Konflikt- und Hochrisikogebieten eingedämmt wird".[273]

II. Kompetenzgrundlage für die KM-VO

Nach dem Grundsatz der begrenzten Einzelermächtigung (Art. 5 Abs. 2 EUV) darf die EU nur rechtssetzend tätig werden, wenn ihr die Mitgliedstaaten eine Kompetenz zur Rechtsetzung durch die EU-Verträge übertragen haben.[274] Die KM-VO wurde auf Grundlage der Kompetenz zur gemeinsamen Handelspolitik nach Art. 3 Abs. 1 lit. e), 207 Abs. 2 AEUV erlassen, stützt sich also auf eine ausschließliche Gesetzgebungskompetenz der EU i. S. d. Art. 2 Abs. 1 AEUV.[275] Eine ausdrückliche Definition der gemeinsamen Handelspolitik ist weder in Art. 207 AEUV enthalten noch hat der EuGH definiert, was darunter zu verstehen ist.[276] Nach dessen ständiger Rechtsprechung fällt ein Rechtsakt jedoch dann unter die Kompetenznorm, wenn er „speziell den internationalen Waren-

---

273 *Europäische Kommission*, Vorschlag für eine Verordnung des Europäischen Parlaments und des Rates zur Schaffung eines Unionssystems zur Selbstzertifizierung der Erfüllung der Sorgfaltspflicht in der Lieferkette durch verantwortungsvolle Einführer von Zinn, Tantal, Wolfram, deren Erzen und Gold aus Konflikt- und Hochrisikogebieten, v. 5.3.2014, COM(2014) 111 final, 2014/0059 (COD), S. 2.

274 Statt vieler *Streinz*, in: ders., EUV/AUEV, 3. Aufl. 2018, Art. 5 EUV Rn. 8; *Callies*, in: Callies/Ruffert, EUV/AEUV, 6. Aufl. 2022, Art. 5 EUV Rn. 7; *Borchardt*, Die rechtlichen Grundlagen der Europäischen Union, 7. Aufl. 2020, Rn. 462 ff.

275 Vgl. dazu auch *Elsholz*, Beiträge zum Transnationalen Wirtschaftsrecht, Heft 148 (2017), S. 7; *Klimke/Elsholz*, in: Kaltenborn et al., Lieferkettenrecht, 2023, EU-Konfliktmineralien-VO, Rn. 29; *Nowrot*, in: Feichtner/Krajewski/Roesch, Human Rights in the Extractive Industries, 2019, 51, 55.

276 *Hahn*, in: Callies/Ruffert, EUV/AEUV, 6. Aufl. 2022, Art. 207 AEUV Rn. 10 ff.; *Elsholz*, Beiträge zum Transnationalen Wirtschaftsrecht, Heft 148 (2017), S. 7; *Weiß*, in: Grabitz/Hilf/Nettesheim, Das Recht der Europäischen Union, 79. EL 5.2023, Art. 207 AEUV Rn. 24.

austausch betrifft, weil er im Wesentlichen den Handelsverkehr fördern, erleichtern oder regeln soll und sich direkt und sofort auf den Handel mit den betroffenen Erzeugnissen auswirkt."[277] Da die KM-VO Sorgfalts- pflichten für die Unionseinführer von 3TG-Mineralien und -Metallen statuiert, regelt sie den Handelsverkehr, fällt also unter die gemeinsame Handelspolitik nach Art. 207 AEUV.[278] Die entwicklungspolitische Zielset- zung der KM-VO stimmt im Übrigen mit den Grundsätzen und Zielen der europäischen Außenpolitik nach Art. 21 Abs. 1, 2 EUV überein, welche bei der gemeinsamen Handelspolitik zu berücksichtigen sind, vgl. explizit Art. 207 Abs. 1 S. 2 AEUV.[279]

III. Gesetzgebungsverfahren

Bei der KM-VO handelt es sich um eine Maßnahme zur autonomen Handelspolitik, die nach Art. 207 Abs. 2 AEUV durch Verordnungen im ordentlichen Gesetzgebungsverfahren vom Europäischen Parlament und vom Rat gemäß Art. 294 AEUV erlassen wird.[280] Eine Verordnung hat nach Art. 288 Abs. 2 AEUV allgemeine Geltung und entfaltet in den Mitgliedstaa- ten unmittelbare Wirkung.[281]

Die Europäische Kommission unterbreitete dem Europäischen Parla- ment und dem Rat im Jahr 2014 einen Entwurf für die KM-VO (im Folgen-

---

277 EuGH, Urt. v. 18.7.2013 – Rs. C-414/11, *Daiichi Sankyo Co. Ltd. et al ./. DEMO Anonymos Viomichaniki kai Emporiki Etairia Farmakon*, ECLI:EU:C:20113:520, Rn. 51; EuGH, Urt. v. 22.10.2013 – Rs. C-137/12, *Europäische Kommission/Rat der Europäischen Union*, ECLI:EU:C:2013:675, Rn. 57.
278 So auch bereits *Elsholz*, Beiträge zum Transnationalen Wirtschaftsrecht 148 (2017), S. 7.
279 *Elsholz*, Beiträge zum Transnationalen Wirtschaftsrecht 148 (2017), S. 7; *Macchi*, Journal of Human Rights Practice 2021, 270, 279; *Nowrot*, in: Feichtner/Krajew- ski/Roesch, Human Rights in the Extractive Industries, 2019, 51, 56.
280 *Elsholz*, Beiträge zum Transnationalen Wirtschaftsrecht 148 (2017), S. 7; *Hobe/Fre- muth*, Europarecht, 11. Aufl. 2023, § 26 Rn. 10 f.; *Nowrot*, in: Bungenberg et al., Eu- ropean Yearbook of International Economic Law, 2017, 381, 396; *Weiß*, in: Grabitz/ Hilf/Nettesheim, Das Recht der Europäischen Union, 79. EL 5.2023, Art. 207 AEUV Rn. 109.
281 Statt vieler *Nettesheim*, in: Grabitz/Hilf/Nettesheim, Das Recht der Europäischen Union, 79. EL 5.2023, Art. 288 AEUV Rn. 89; *Ruffert*, in: Callies/Ruffert, EUV/ AEUV, 6. Aufl. 2022, Art. 288 AEUV Rn. 17, 21; *Streinz*, Europarecht, 12. Aufl. 2023, Rn. 478 ff.

den: KM-VO-Entwurf),[282] nachdem das Europäische Parlament mehrmals gefordert hatte, eine der Sec. 1502 Dodd-Frank Act vergleichbare Regelung zu erlassen.[283]

Der KM-VO-Entwurf aus dem Jahr 2014 sah jedoch keine verbindlichen Berichts- oder Sorgfaltspflichten für die Unionseinführer von 3TG-Mineralien oder -Metallen vor.[284] Vielmehr beinhaltete der Entwurf ein freiwilliges Selbstzertifizierungssystem.[285] Den Unionseinführern von 3TG-Mineralien oder -Metallen sollte hiernach die Option eröffnet werden, sich als verantwortungsvolle Einführer zertifizieren zu lassen, Art. 3 KM-VO-Entwurf.[286] Nach dem KM-VO-Entwurf war Voraussetzung dieser Zertifizierung die Erfüllung von Sorgfaltspflichten, die denen der letztlich erlassenen Art. 4-7 KM-VO weitgehend entsprachen.[287] Maßgeblich war dieser Vorschlag durch die Bestrebung bestimmt, den Lebensunterhalt der Menschen in Konfliktgebieten zu erhalten und ein De-facto-Embargo zu verhindern, wie es Sec. 1502 Dodd-Frank Act zugeschrieben wird.[288]

Dem Europäischen Parlament war der im Kommissionsentwurf vorgesehene freiwillige Selbstzertifizierungsmechanismus zu schwach, sodass im Rahmen der ersten Lesung nach Art. 294 Abs. 3 AEUV erhebliche Änderun-

---

282 *Europäische Kommission*, Vorschlag für eine Verordnung des Europäischen Parlaments und des Rates zur Schaffung eines Unionssystems zur Selbstzertifizierung der Erfüllung der Sorgfaltspflicht in der Lieferkette durch verantwortungsvolle Einführer von Zinn, Tantal, Wolfram, deren Erzen und Gold aus Konflikt- und Hochrisikogebieten, v. 5.3.2014, COM(2014) 111 final, 2014/0059 (COD); *Nowrot*, in: Bungenberg et al., European Yearbook of International Economic Law, 2017, 381, 394 f.; *ders.*, in: Feichtner/Krajewski/Roesch, Human Rights in the Extractive Industries, 2019, 51, 59.

283 Vgl. *supra* Kapitel 3.

284 Vgl. Art. 3 Abs. 1 KM-VO-Entwurf; *Nowrot*, in: Bungenberg/Herrmann, Die gemeinsame Handelspolitik der Europäischen Union, 2016, 217, 247.

285 Siehe hierzu und im Folgenden *Europäische Kommission*, KM-VO-Entwurf, S. 5 ff.; *dies.*, Commission Staff Working Document, Impact Assessment, Part 1, SWD(2014) 53 final, v. 5.3.2014, S. 36 f.

286 Hierzu auch *Macchi*, Journal of Human Rights Practice 2021, 270, 274; *Spießhofer*, Unternehmerische Verantwortung, 2017, S. 331.

287 Zum KM-VO-Entwurf *Spießhofer*, Unternehmerische Verantwortung, 2017, S. 331.

288 *Europäische Kommission*, Commission Staff Working Document, Impact Assessment, Part 1, SWD(2014) 53 final, v. 5.3.2014, S. 62 ff.; hierzu auch bereits *Klimke/Elsholz*, in: Kaltenborn et al., Lieferkettenrecht, 2023, EU-Konfliktmineralien-VO, Rn. 7; *Magallón Elósegui*, Spanish Yearbook of International Law 24 (2020), 155, 164; *Spießhofer*, Unternehmerische Verantwortung, 2017, S. 330 f. Zu den Sec. 1502 Dodd-Frank Act zugeschriebenen negativen Auswirkungen s. *supra* Kapitel 2 C. V.

gen vorgesehen wurden.[289] Da dies die KM-VO fundamental verändert hätte, wurde ebenfalls in der ersten Lesung beschlossen, die Abstimmung über den Entwurf zu vertagen und ihn an das zuständige Komitee zurückzuverweisen.[290] Parallel wurde ein informelles Trilog-Verfahren zwischen der Kommission, dem Europäischen Parlament und dem Rat eingeleitet, um zu einer politischen Einigung zu gelangen, da auch der Rat das freiwillige Selbstzertifizierungssystem unterstütze.[291] Dieses Verfahren kam zu einem erfolgreichen Abschluss, als sich die beteiligten Institutionen im November 2016 auf die endgültige Fassung der Verordnung einigten.[292] In Kraft getreten ist die Verordnung im Jahr 2017, wobei die maßgeblichen Artikel, darunter diejenigen, die Sorgfaltspflichten für die Unionseinführer statuieren, jedoch erst ab dem 1.1.2021 galten, Art. 20 Abs. 2, 3 KM-VO.

B. Inhalt der KM-VO

I. Anwendungsbereich der KM-VO

Die KM-VO schafft gemäß Art. 1 Abs. 1, 2 ein Sorgfaltspflichtensystem für die Einführer von Mineralien und Metallen, „in denen Zinn, Tantal, Wolfram und Gold enthalten sind oder die daraus bestehen."

---

289 Vgl. *Europäisches Parlament*, P8_TA(2015)0204, online abrufbar unter: https://www.europarl.europa.eu/doceo/document/TA-8-2015-0204_EN.pdf (zuletzt abgerufen: 30.9.2023); sowie bereits eingehend hierzu *Macchi*, Journal of Human Rights Practice 2021, 270, 275; *Nowrot*, in: Bungenberg et al., European Yearbook of International Economic Law, 2017, 381, 397; *ders.*, in: Feichtner/Krajewski/Roesch, Human Rights in the Extractive Industries, 2019, 51, 61.

290 Eingehend hierzu *Nowrot*, in: Bungenberg et al., European Yearbook of International Economic Law, 2017, 381, 397; *ders.*, in: Feichtner/Krajewski/Roesch, Human Rights in the Extractive Industries, 2019, 51, 61 f.

291 Hierzu *Grado*, The Italian Yearbook of International Law 27 (2018), 235, 245; *Macchi*, Journal of Human Rights Practice 2021, 270, 274; *Magallón Elósegui*, Spanish Yearbook of International Law 24 (2020), 155, 165; *Nowrot*, in: Bungenberg et al., European Yearbook of International Economic Law, 2017, 381, 397 f.; allgemein zum Trilog-Verfahren *Streinz*, Europarecht, 12. Aufl. 2023, Rn. 565.

292 *Europäische Kommission*, EU Reaches Landmark Agreement on Conflict Minerals Regulation, Press Release 22.11.2016, online abrufbar unter: https://ec.europa.eu/commission/presscorner/detail/en/IP_16_3931 (zuletzt abgerufen: 30.9.2023); hierzu auch *Grado*, The Italian Yearbook of International Law 27 (2018), 235, 245; *Nowrot*, in: Feichtner/Krajewski/Roesch, Human Rights in the Extractive Industries, 2019, 51, 61.

1. 3TG-Mineralien und -Metalle

Der sachliche Anwendungsbereich der KM-VO ist eng gefasst und beinhaltet nur die in Art. 1 Abs. 1, 2 genannten 3TG-Mineralien und -Metalle. Nicht in den Anwendungsbereich der Regulierung fallen andere Mineralien oder Metalle wie Kobalt oder Kupfer, deren Abbau und Handel ebenfalls ein erhebliches Konfliktpotenzial bergen kann.[293] Die EU begründet den engen Anwendungsbereich der Verordnung in den Materialien zum KM-VO-Entwurf mit den OECD-Leitsätzen zu Konfliktmineralien: Nach Annahme der Kommission richten sich diese nur an Unternehmen, in deren Lieferketten *3TG-Mineralien* vorkommen.[294] In der Tat enthielt die Version der OECD-Leitsätze zu Konfliktmineralien, auf die sich die Kommission berief, missverständliche Formulierungen.[295] Die OECD stellt nun in der neuesten Auflage der Leitsätze klar, dass eine Beschränkung des Anwendungsbereichs auf 3TG-Mineralien nicht vorgesehen ist.[296] Berechtigterweise hat der enge Anwendungsbereich der KM-VO daher Kritik hervorgerufen.[297] Hinsichtlich Mineralien und Rohstoffen die bei der Batterieherstellung verwendet werden – hierunter Kobalt und Lithium – bestimmt indes nunmehr

---

[293] Eingehend hierzu *Scheele/ten Kate*, There is more than 3TG, 2015, S. 5 ff.; vgl. auch *Elsholz*, Beiträge zum Transnationalen Wirtschaftsrecht 148 (2017), S. 27; *Gasche*, Responsible Trading in Raw Materials, 2023, S. 137.

[294] *Europäische Kommission*, Commission Staff Working Document, Impact Assessment, Part 1, SWD(2014) 53 final, v. 5.3.2014, S. 18.

[295] Wörtlich wird in der Einleitung der *OECD*, Due Diligence Guidance for Minerals from Conflict Affected and High-Risk Areas, 2. Aufl. 2013, S. 12 ausgeführt: „This guidance provides a framework for detailed due diligence as a basis for responsible global supply chain management of tin, tantalum, tungsten, their ores and mineral derivates, and gold (hereafter ‚minerals‘).“

[296] *OECD*, Due Diligence Guidance for Minerals from Conflict Affected and High-Risk Areas, 3. Aufl. 2016, S. 4, *Klimke/Elsholz*, in: Kaltenborn et al., Lieferkettenrecht, 2023, EU-Konfliktmineralien-VO, Rn. 31.

[297] *Scheele/ten Kate*, There is more than 3TG, 2015, S. 5 ff.; vgl. auch *Elsholz*, Beiträge zum Transnationalen Wirtschaftsrecht 148 (2017), S. 27; *Klimke/Elsholz*, in: Kaltenborn et al., Lieferkettenrecht, 2023, EU-Konfliktmineralien-VO, Rn. 31; den engen Anwendungsbereich der KM-VO hingegen zumindest vorerst anerkennend *Macchi*, Journal of Human Rights Practice 2021, 270, 278; *Nowrot*, in: Feichtner/Krajewski/Roesch, Human Rights in the Extractive Industries, 2019, 51, 63 jeweils mit dem Hinweis auf die Möglichkeit der Ausweitung des Anwendungsbereichs in der Zukunft.

die Batterien-VO aus dem Jahr 2023 ab dem 18.8.2025 geltende verbindliche Sorgfaltspflichten.[298]

Nach Anhang I gilt die KM-VO unabhängig davon, ob die 3TG-Mineralien in Form von Mineralienerzen, Konzentraten oder verarbeiteten Metallen eingeführt werden.[299] Nicht in den Anwendungsbereich der Verordnung fallen nach Art. 1 Abs. 6 KM-VO hingegen recycelte Metalle, deren Herkunft u. a. aufgrund von zahlreichen Verarbeitungsschritten nicht mehr effektiv nachgewiesen werden kann.[300] Hinsichtlich recycelter Metalle besteht lediglich eine Offenlegungspflicht nach Art. 7 Abs. 4 KM-VO.[301] Darüber hinaus gilt eine Ausnahme vom Anwendungsbereich für Restbestände, die vor dem 1.2.2013 angelegt wurden, Art. 1 Abs. 7 KM-VO.[302]

Der Anwendungsbereich der KM-VO ist auch nicht eröffnet, wenn fertige Teil- oder Endprodukte, in welchen 3TG-Metalle verarbeitet wurden, in die EU eingeführt werden.[303] Die Sorgfaltspflichten greifen somit nur für die Einführer von Mineralien oder Metallen in Rohform. Viele Akteure der nachgelagerten Lieferkette, insbesondere die Hersteller von Enderzeugnissen, die aus Teilprodukten bestehen, welche 3TG-Metalle enthalten, sind also nicht vom Anwendungsbereich der KM-VO erfasst.[304] Auch aus diesem Grund ist der Anwendungsbereich der Verordnung eingeschränkt, da viele bereits gefertigte Waren, jedoch nur wenige Rohstoffe in die EU importiert

---

298 Art. 47 ff., Anhang X Nr. 1 Batterien-VO; zur Batterien-VO *Ruttloff/Wehlau/E. Wagner/Skoupil*, CCZ 2023, 201, 205 f.

299 *Europäische Kommission,* Wissenswertes über die Verordnung, online abrufbar unter: https://ec.europa.eu/trade/policy/in-focus/conflict-minerals-regulation/regulation-explained/index_de.htm (zuletzt abgerufen: 30.9.2023); *Fehse/Markmann,* EuZW 2021, 113.

300 Vgl. ebenfalls bereits *Fehse/Markmann,* EuZW 2021, 113, 114; *Thalhauser,* in: Grabosch, Das neue Lieferkettensorgfaltspflichtengesetz, 2021, § 8 Rn. 46.

301 Vgl. Art. 1 Abs. 6 KM-VO; sowie *Grado,* Italian Yearbook of International Law 27 (2018), 235, 245; *Rausch,* CCZ 2020, 355, 356.

302 *Fehse/Markmann,* EuZW 2021, 113, 114; *Grado,* Italian Yearbook of International Law 27 (2018), 235, 356; *Thalhauser,* in: Grabosch, Das neue Lieferkettensorgfaltspflichtengesetz, 2021, § 8 Rn. 46.

303 *Elsholz,* Beiträge zum Transnationalen Wirtschaftsrecht 148 (2017), S. 9; *Gasche,* Responsible Trading in Raw Materials, 2023, S. 137 f.; *Magallón Elósegui,* Spanish Yearbook of International Law 24 (2020), 155, 170; *Vioque,* EuCLR 2021, 73, 81.

304 *Elsholz,* Beiträge zum Transnationalen Wirtschaftsrecht 148 (2017), S. 9; *Klimke/Elsholz,* in: Kaltenborn et al., Lieferkettenrecht, 2023, EU-Konfliktmineralien-VO, Rn. 42; *Nowrot,* in: Feichtner/Krajewski/Roesch, Human Rights in the Extractive Industries, 2019, 51, 63 f.

werden.[305] Dies bestätigen auch Zahlen zu den (potenziellen) Adressaten: Wären Unternehmen der nachgelagerten Lieferkette von der KM-VO erfasst, würden deren Bestimmungen nach Angaben des Europäischen Parlaments aus dem Jahr 2015 etwa 880.000 Unternehmen treffen.[306] Hingegen sind vom gegenwärtigen Anwendungsbereich der KM-VO Schätzungen zufolge nur 600-1.000 Unionseinführer erfasst, darunter etwa 20 Hütten und Raffinerien.[307] Zudem bietet die Beschränkung des Anwendungsbereiches auf die Einführer von Rohstoffen Umgehungspotenzial: Unternehmen, die bislang Teil- oder Endprodukte in einem Mitgliedstaat der EU produzierten und dafür 3TG-Mineralien oder -Metalle in die EU einführten, könnten die Produktion ins Ausland verlegen, wo sie nicht an die Bestimmungen der KM-VO gebunden wären.

Im globalen Vergleich ist die EU dennoch ein großer Importeur von Grundrohstoffen der 3TG-Mineralien und -Metallen: Nach Angaben der Kommission aus dem Jahr 2014 stellt der Import in die EU 34 % des globalen Handels dar.[308]

2. Herkunft der Rohstoffe aus Konflikt- und Hochrisikogebieten

Die KM-VO ist grundsätzlich für Mineralien und Metalle unabhängig von ihrer Herkunft anwendbar, was sich u. a. aus der Definition des Unionseinführers in Art. 2 lit. l) KM-VO ergibt, die keine Hinweise auf die geografische Herkunft der Mineralien enthält.[309]

---

305 Vgl. *Eurostat*, Extra-EU Trade in Goods, 2021, online abrufbar unter: https://ec.eur opa.eu/eurostat/statistics-explained/index.php?title=Extra-EU_trade_in_goods#E volution_of_extra-EU_trade (zuletzt abgerufen: 29.8.2022); dazu *Macchi*, Journal of Human Rights Practice 2021, 270, 282 f.

306 *Europäisches Parlament*, Conflict Minerals: MEPs ask for mandatory certification of EU importers, Pressemitteilung vom 20.5.2015, online abrufbar unter: https://www .europarl.europa.eu/news/en/press-room/20150513IPR55318/conflict-minerals-me ps-ask-for-mandatory-certification-of-eu-importers (zuletzt abgerufen: 30.9.2023); vgl. auch *Elsholz*, Beiträge zum Transnationalen Wirtschaftsrecht 148 (2017), S. 9; *Grado*, Italian Yearbook of International Law 27 (2018), 235, 246.

307 *Europäische Kommission*, Wissenswertes über die Verordnung; sowie *Europäisches Parlament*, Conflict Minerals: MEPs ask for mandatory certification of EU importers, Pressemitteilung vom 20.5.2015; *Elsholz*, Beiträge zum Transnationalen Wirtschaftsrecht 148 (2017), S. 9; *Grado*, Italian Yearbook of International Law 27 (2018), 235, 246.

308 *Europäische Kommission*, Commission Staff Working Document, Impact Assessment, Part 1, SWD(2014) 53 final, v. 5.3.2014, S. 36.

309 *Fehse/Markmann*, EuZW 2021, 113, 114.

Allerdings müssen die Unionseinführer ihre Lieferkettenpolitik nach Art. 4 lit. a) KM-VO nur für solche Mineralien oder Metalle festlegen, die „möglicherweise aus Konflikt- und Hochrisikogebieten" stammen. Die maßgeblichen Sorgfaltspflichten der Art. 4, 5 KM-VO bauen außerdem auf der Lieferkettenpolitik auf (hierzu sogleich). Die Zielsetzung der Verordnung in Art. 1 Abs. 1 KM-VO bezieht sich ebenfalls auf Rohstoffe aus Konflikt- und Hochrisikogebieten.[310] Konflikt- und Hochrisikogebiete definiert Art. 2 lit. f) KM-VO als „Gebiete, in denen bewaffnete Konflikte geführt werden oder die sich nach Konflikten in einer fragilen Situation befinden, sowie Gebiete, in denen die Staatsführung und Sicherheit schwach oder nicht vorhanden sind, zum Beispiel gescheiterte Staaten, und in denen weitverbreitete und systematische Verstöße gegen internationales Recht einschließlich der Menschenrechte stattfinden".[311]

3. Persönlicher Anwendungsbereich: Unionseinführer

Die KM-VO adressiert sog. Unionseinführer von 3TG-Mineralien oder -Metallen. Der Unionseinführers wird in Art. 2 lit. l) KM-VO legaldefiniert als „eine natürliche oder juristische Person, die Mineralien oder Metalle zur Überführung in den zollrechtlich freien Verkehr im Sinne des Art. 201 der Verordnung (EU) Nr. 952/2013 des Europäischen Parlaments und des Rates anmeldet, oder eine natürliche oder juristische Person, in deren Auftrag eine solche Anmeldung abgegeben wird". Der Begriff der juristischen Person ist hierbei autonom im Sinne des Unionsrechts auszulegen, sodass er auch rechtsfähige Personenvereinigungen erfasst, welche nach nationalem Recht keine juristischen Personen sind.[312]

---

310 Hierzu *Fehse/Markmann*, EuZW 2021, 113, 114; sowie *supra* Kapitel 3 A.

311 Definitionen der Begriffe „bewaffnete Konflikte", „fragile Situation nach Konflikten" und „gescheiterte Staaten" finden sich in Empfehlungen (EU) 2018/1149 der Kommission v. 10.8.2018 zu unverbindlichen Leitlinien für die Ermittlung von Konflikt- und Hochrisikogebieten und sonstigen Lieferkettenrisiken gemäß der Verordnung (EU) 2017/821 des Europäischen Parlaments und des Rates, 17.8.2018, L 208/94, Anhang Ziffer 3. Bei den Empfehlungen handelt es sich grundsätzlich um unverbindliche Rechtsakte, vgl. Art. 288 Abs. 5 AUEV, denen jedoch rechtliche Wirkung zukommen kann, da die Mitgliedstaaten aufgrund des Prinzips der Unionstreue nach Art. 4 Abs. 3 EUV die Empfehlungen beachten sollen, vgl. *Gellermann*, in: Streinz, EUV/AUEV, 3. Aufl. 2018, Art. 292 AEUV Rn. 2.

312 Zur autonomen Auslegung des Begriffs „juristische Person" in Art. 173 Abs. 2 EWG-Vertrag EuGH, Urt. v. 28.10.1982 – Rs. 135/81, *Groupement des Agences de voyages, AsbL ./. Kommission der Europäischen Gemeinschaften*, ECLI:EU:C:1982:371,

Ferner bedarf die Definition des Unionseinführers nach Art. 2 lit. l) KM-VO näherer Erläuterungen: Eine Anmeldung zur Überlassung in den zollrechtlich freien Verkehr nach Art. 201 der Verordnung zur Festlegung des Zollkodex der Union[313] (UZK) ist erforderlich, wenn die Waren in den Wirtschaftskreislauf der EU eingehen sollen, d. h. nicht nur vorübergehend in der EU genutzt oder gelagert werden sollen.[314] Eine Anmeldung erfordert, dass die Voraussetzungen des Art. 201 Abs. 2 UZK, also u. a. die Erhebung der Einfuhrabgaben, erfüllt werden.[315] Die Überlassung der Waren in den zollrechtlich freien Verkehr der EU hat gemäß Art. 201 Abs. 3 UZK einen Statuswechsel der Ware von Nichtunionsware i. S. d. Art. 5 Nr. 24 UZK zur Unionsware i. S. d. Art. 5 Nr. 23 UZK als Rechtsfolge.[316]

Uneinigkeit besteht hinsichtlich der Frage, ob ein Unionseinführer, der eine juristische Person ist, nur ein Unternehmen sein kann, dessen Sitz in einem Mitgliedstaat der EU liegt. Dies wird teilweise als ungeschriebenes Merkmal des Art. 2 lit. l) KM-VO gefordert,[317] ist mangels entsprechender Anhaltspunkte im Wortlaut jedoch abzulehnen. Unionseinführer i. S. d. KM-VO kann vielmehr jede juristische oder natürliche Person weltweit sein, die 3TG-Mineralien oder -Metalle in den zollrechtlich freien Verkehr der EU einführt.[318]

Rn. 10; im Rahmen der Nichtigkeitsklage nach Art. 263 Abs. 4 AEUV wird der Begriff der „juristischen Person" so ausgelegt, dass jedenfalls „alle Körperschaften, Verbände und Kapitalgesellschaften des öffentlichen und privaten Rechts [umfasst sind], denen nach dem nationalen Recht Rechtspersönlichkeit verliehen wurde", vgl. *Cremer*, in: Callies/Ruffert, EUV/AEUV, 6. Aufl. 2022, Art. 263 AEUV Rn. 27; zur KM-VO *Fehse/Markmann*, EuZW 2021, 113, 115.

313 VO (EU) Nr. 952/2013 vom 9.10.2013 zur Festlegung des Zollkodex der Union, ABl. EU L 269/1, 10.10.2013.

314 *Bark*, in: Krenzler/Herrmann/Niestedt, EU-Außenwirtschafts- und Zollrecht, 21. EL 4. 2023, Art. 201 UZK Rn. 2.

315 *Bark*, in: Krenzler/Herrmann/Niestedt, EU-Außenwirtschafts- und Zollrecht, 21. EL 4.2023, Art. 201 UZK Rn. 4 ff.

316 Für die Unionsware gelten sodann die Bestimmungen über den freien Warenverkehr der Art. 28 ff. AEUV. Vgl. *Bark*, in: Krenzler/Herrmann/Niestedt, EU-Außenwirtschafts- und Zollrecht, 21. EL 4.2023, Art. 201 UZK Rn. 11 f.; *Schulmeister*, in: Witte, Zollkodex der Union, 8. Aufl. 2022, Art. 201 UZK Rn. 1.

317 So *Fehse/Markmann*, EuZW 2021, 113, 115; so auch *Klimke/Elsholz*, in: Kaltenborn et al., Lieferkettenrecht, 2023, EU-Konfliktmineralien-VO, Rn. 40; ohne nähere Begründung *Vioque*, EuCLR 2021, 73, 81: „the Regulation on conflict minerals will only apply to companies based in the EU that import 3TG minerals".

318 So auch *Thalhauser*, in: Grabosch, Das neue Lieferkettensorgfaltspflichtengesetz, 2021, § 8 Rn. 45.

Wirtschaftsakteure der vorgelagerten Lieferkette, die zwar in den Handel der 3TG-Mineralien oder -Metalle involviert sind, diese jedoch nicht in die EU einführen, können mittelbar von der Verordnung betroffen sein.[319] Denn die Unionseinführer sind darauf angewiesen, dass die Beteiligten der vorgelagerten Lieferkette Auskünfte erteilen und bei der Einhaltung der Sorgfaltspflichten mitwirken.[320] Zudem sind die Unionseinführer nach Art. 4 lit. d) KM-VO verpflichtet, die zu erstellende Lieferkettenpolitik in Verträge und Vereinbarungen mit Lieferanten zu integrieren.[321]

4. Mengenschwellen

Da die KM-VO nicht nur Unternehmen adressiert, knüpft der Anwendungsbereich weder an der Größe eines Unternehmens noch an dessen Jahresumsatz an.[322] Stattdessen werden solche natürlichen und juristischen Personen von den Pflichten der KM-VO ausgenommen, die jährlich weniger als eine festgelegte Menge von 3TG-Mineralien oder -Metallen in die EU einführen, vgl. Art. 1 Abs. 3 KM-VO. Die jährlichen Mengenschwellen sind in Anhang I zur KM-VO so festgelegt, dass mindestens 95 % der gesamten in die EU eingeführten Mineralien und Metalle erfasst werden, Art. 1 Abs. 3 KM-VO.[323] So ist der Anwendungsbereich bspw. für Unionsein-

---

319 *Fehse/Markmann*, EuZW 2021, 113, 115; *Grabosch*, Unternehmen und Menschenrechte, 2019, S. 57; *Grado*, Italian Yearbook of International Law 27 (2018), 235, 248 f.; *Magallón Elósegui*, Spanish Yearbook of International Law 24 (2020), 155, 174.

320 *Grabosch*, Unternehmen und Menschenrechte, 2019, S. 57.

321 Zu den Sorgfaltspflichten im Einzelnen sogleich *infra* Kapitel 3 II. 2.

322 Vgl. *Thalhauser*, in: Grabosch, Das neue Lieferkettensorgfaltspflichtengesetz, 2021, § 8 Rn. 45.

323 Die Schwellen werden regelmäßigen Prüfungen unterzogen und können durch eine delegierte Verordnung der Europäischen Kommission geändert werden, Art. 1 Abs. 5 KM-VO. Siehe Delegierte Verordnung (EU) 2020/1588 der Kommission vom 25. Juni 2020 zur Änderung von Anhang I der Verordnung 2017/821 des Europäischen Parlaments und des Rates durch Festsetzung von Mengenschwellen für Tantalerze oder Nioberze und ihre Konzentrate, Golderze und ihre Konzentrate, Zinnoxide und -hydroxide, Tantalate und Tantalcarbide, ABl. EU L 360/1, 30.10.2020; vgl. dazu *Thalhauser*, in: Grabosch, Das neue Lieferkettensorgfaltspflichtengesetz, 2021, § 8 Rn. 46 (Fn. 38). Die Befugnis zum Erlass einer delegierten Verordnung ergibt sich aus Art. 19 Abs. 2 i. V. m. Art. 1 Abs. 5 KM-VO. In Gesetzgebungsakten kann der Kommission die Befugnis zum Erlass von delegierten Rechtsakten eingeräumt werden, vgl. Art. 290 AEUV. Diese Rechtsakte haben nach Art. 290 Abs. 1 AEUV keinen Gesetzescharakter, aber allgemeine Geltung. Hierzu statt vieler *Streinz*, Europarecht, 12. Aufl. 2023, Rn. 576.

führer von Wolframerzen eröffnet, die jährlich mehr als 250.000 kg in die EU einführen. Insbesondere natürliche Personen oder kleine und mittlere Unternehmen (KMU) können infolgedessen vom Anwendungsbereich der KM-VO ausgeschlossen sein.[324]

Baier/Baum werfen die Frage auf, wie Unternehmensverbände und Konzerne zu behandeln sind: Die Einfuhrmengen, die für die Eröffnung des Anwendungsbereichs der KM-VO maßgeblich sind, könnten für Konzerne und verbundene Unternehmen zusammenzurechnen sein.[325] Obwohl der Wortlaut der Verordnung, der hinsichtlich des Begriffs des Unionseinführers auf juristische Personen abstellt, dagegenspräche,[326] befürworten die Autoren eine Addition der Einfuhrmengen: Würden die Einfuhrmengen nicht zusammengerechnet, könnten verbundene Unternehmen und Konzerne die Einfuhr der Mineralien oder Metalle auf verschiedene Tochterfirmen verteilen, um nicht in den Anwendungsbereich der KM-VO zu fallen.[327] Dies könne mit dem Ziel der KM-VO, dass 95 % der gesamten in die Union eingeführten Mengen der Mineralien oder Metalle Gegenstand der Sorgfaltspflichten der Verordnung sind, nicht zu vereinen sein.[328] Auch der Grundsatz des *effet utile* könne für eine entsprechende Auslegung herangezogen werden.[329]

5. Zwischenergebnis

Der Anwendungsbereich der KM-VO ist eng gefasst. Er beinhaltet nur Unionseinführer, also natürliche oder juristische Personen, die die 3TG-Mineralien oder -Metalle in Rohform und ab Überschreiten einer jährlichen Einfuhrmenge in die EU einführen oder einführen lassen. Die Unionseinführer von fertigen Teil- oder Endprodukten, für deren Herstellung 3TG-Mineralien oder -Metalle erforderlich waren, sind nicht vom Anwendungsbereich der KM-VO erfasst.

---

324 *Magallón Elósegui*, Spanish Yearbook of International Law 24 (2020), 155, 165.
325 *Baier/Baum*, ZfPC 2022, 211, 214.
326 *Baier/Baum*, ZfPC 2022, 211, 214; hierzu auch *supra* Kapitel 3 B. I. 3.
327 *Baier/Baum*, ZfPC 2022, 211, 214; kritisch *Klimke/Elsholz*, in: Kaltenborn et al., Lieferkettenrecht, 2023, EU-Konfliktmineralien-VO, Rn. 36.
328 *Baier/Baum*, ZfPC 2022, 211, 214 f. Zum 95-%-Ziel: Art. 1 Abs. 3 S. 2, 18 KM-VO.
329 *Baier/Baum*, ZfPC 2022, 211, 214 f.

II. Sorgfaltspflichten nach Art. 4-7: Das Kernstück der KM-VO

Kernstück der KM-VO sind die Sorgfaltspflichten in Art. 4-7, die die Unionseinführer u. a. zur Ermittlung von und Reaktion auf Risiken von negativen Auswirkungen in ihrer Lieferkette verpflichten. Die Verordnung beinhaltet verbindliche Management- und Risikomanagementpflichten nach Art. 4 und 5 KM-VO, deren Einhaltung nach Art. 6 KM-VO durch unabhängige Dritte zu prüfen ist. Daneben soll durch die Offenlegungspflichten des Art. 7 KM-VO Transparenz geschaffen werden. Die Erfüllung der Sorgfaltspflichten wird in Erwägungsgrund 11 zur KM-VO als „ein laufender, in die Zukunft wirkender und reaktiver Prozess" beschrieben, „durch den Wirtschaftsbeteiligte ihre Beschaffungen und Verkäufe so überwachen und verwalten, dass sichergestellt wird, dass sie nicht zu Konflikten oder deren negativen Auswirkungen beitragen". Vorgelagert bestimmt Art. 3 Abs. 1 KM-VO, dass sich die Unionseinführer an diese Pflichten zu halten und die Unterlagen, die dies nachweisen, aufzubewahren haben.

Im Wesentlichen stützen sich die Sorgfaltspflichten der KM-VO auf die OECD-Leitsätze zu Konfliktmineralien.[330] Sie entsprechen dem fünfstufigen Rahmenwerk des Anhangs I der OECD-Leitsätze zu Konfliktmineralien.[331]

1. Schutzbereich der Sorgfaltspflichten der KM-VO

Die KM-VO legt den Schutzbereich der Sorgfaltspflichten nicht ausdrücklich fest. Nach dem Wortlaut von Art. 5 Abs. 1 lit. a), lit. b) KM-VO sind die Unionseinführer verpflichtet, die „Risiken schädlicher Auswirkungen in ihrer Lieferkette" zu ermitteln und zu bewerten sowie eine Strategie zur Verhinderung oder Milderung der negativen Auswirkungen umzusetzen. Eine Definition der „schädlichen Auswirkungen in der Lieferkette" bietet die KM-VO nicht. Im Gegensatz zum LkSG oder dem RL-Entwurf zur

---

330 *Elsholz*, Beiträge zum Transnationalen Wirtschaftsrecht 148 (2017), S. 9; *Vioque*, EuCLR 2021, 73, 80.

331 Vgl. OECD Due Diligence Guidance for Responsible Supply Chains of Minerals from Conflict-Affected and High-Risk Areas, 2. Aufl. 2013, S. 17; *Klimke/Elsholz*, in: Kaltenborn et al., Lieferkettenrecht, 2023, EU-Konfliktmineralien-VO, Rn. 49; *Momsen/Schwarze*, Criminal Law Forum 29 (2018), 567, 577.

Corporate Sustainability Due Diligence[332] sieht die KM-VO zudem keine Aufzählung von Risiken vor, die durch die Sorgfaltspflichten vermieden werden sollen.

Erste Anhaltspunkte zur Bestimmung des Schutzbereichs bieten die Zielsetzung sowie die Erwägungsgründe zu der Verordnung. Nach Art. 1 Abs. 1 S. 1 KM-VO bezweckt die Verordnung die Schaffung eines Unionssystems „mit dem Ziel, die Möglichkeiten für bewaffnete Gruppen und Sicherheitskräfte zum Handel mit Zinn, Tantal und Wolfram, deren Erzen und Gold einzuschränken." Weiter wird in Art. 1 Abs. 1 S. 2 KM-VO ausgeführt: „Diese Verordnung zielt darauf ab, für Transparenz und Sicherheit hinsichtlich der Lieferpraktiken von Unionseinführern sowie von Hütten und Raffinerien zu sorgen, die Rohstoffe aus Konflikt- und Hochrisikogebieten beziehen." Hiernach ist jedenfalls die Verhinderung der Finanzierung bewaffneter Gruppen durch den Abbau oder Handel von und mit Mineralien oder Metallen von der KM-VO erfasst. Ein wichtiger Gegenstand der vorliegenden Arbeit soll jedoch die potenzielle Bedeutung der KM-VO für Menschenrechtsklagen sein, sodass sich die Frage stellt, ob menschenrechtliche Schutzgüter vom Schutzbereich der KM-VO überhaupt erfasst sind.

Menschenrechtliche Schutzgüter könnten von dem unbestimmten Begriff der „Sicherheit hinsichtlich der Lieferpraktiken" umfasst sein. Zudem nennt Art. 2 lit. d) KM-VO als Ziel der Sorgfaltspflicht, „tatsächliche und potenzielle Risiken im Zusammenhang mit Konflikt- und Hochrisikogebieten zu ermitteln und ihnen zu begegnen, um mit ihren Beschaffungstätigkeiten verbundene schädliche Auswirkungen zu verhindern oder zu mildern". Welche schädlichen Auswirkungen gemeint sind, wird nicht näher definiert. Aus zahlreichen anderen Vorschriften ergibt sich allerdings, dass sich die Sorgfaltspflichten auch auf menschenrechtliche Schutzgüter beziehen. So heißt es in Erwägungsgrund 3 wörtlich: „Menschenrechtsverletzungen sind in rohstoffreichen Konflikt- oder Hochrisikogebieten weit verbreitet und können Kinderarbeit, sexuelle Gewalt, das Verschwindenlassen von Menschen, Zwangsumsiedlungen und die Zerstörung von rituell oder kulturell bedeutsamen Orten umfassen."

Außerdem werden die Menschenrechte in Erwägungsgrund 10 aufgegriffen: „Verbraucher geraten durch solche potenziell in Konsumgütern enthaltene Minerale mit Konflikten außerhalb der Union in Verbindung.

---

332 Vgl. § 2 LkSG; Art. 3 lit. b), c) i. V. m. Anhang zum RL-Entwurf zur *Corporate Sustainability Due Diligence*; hierzu auch *infra* Kapitel 6 B.

Dadurch geraten die Verbraucher indirekt in Verbindung mit Konflikten, die schwerwiegende Auswirkungen auf die Menschenrechte haben, und zwar insbesondere Frauenrechte, da bewaffnete Gruppen häufig Massenvergewaltigungen gezielt einsetzen, um lokale Bevölkerungsgruppen einzuschüchtern und zu beherrschen und so ihre eigenen Interessen zu wahren."

Die Verbindung der Menschenrechtsverletzungen zu den Konflikt- und Hochrisikogebieten fand auch Eingang in Art. 2 lit. f) KM-VO, nach dem zu den Konflikt- und Hochrisikogebieten u. a. solche gehören, in denen „weitverbreitete und systematische Verstöße gegen internationales Recht einschließlich Menschenrechtsverletzungen stattfinden". Da die Sorgfaltspflichten nach Art. 2 lit. d) KM-VO dem Zweck dienen, Risiken „im Zusammenhang mit Konflikt- und Hochrisikogebieten zu ermitteln und ihnen zu begegnen", wird eine weitere Verknüpfung zu menschenrechtlichen Schutzgütern geschaffen.

Dass der Schutzbereich der Sorgfaltspflichten der KM-VO auch menschenrechtliche Gewährleistungen erfasst, ergibt sich darüber hinaus aus den Verweisungen auf die OECD-Leitsätze zu Konfliktmineralien. Diese dienen ausdrücklich dem Ziel, Unternehmen dabei zu helfen, Menschenrechte zu achten.[333] Zudem verweisen Art. 4 lit. b), d), Art. 5 Abs. 1 lit. a), b) ii), Abs. 4, Abs. 5 KM-VO jeweils auf Anhang II der OECD-Leitsätze zu Konfliktmineralien, welcher eine Musterlieferkettenstrategie beinhaltet, die in der Lieferkettenpolitik der Unionseinführer und im Rahmen der Risikoermittlung und der Reaktion hierauf zu beachten ist.[334] Gegenstand der Musterlieferkettenstrategie sind die hier folgenden, verkürzt dargestellten Aspekte:

(i)   keine Toleranz für Menschenrechtsverletzungen im Zusammenhang mit dem Abbau oder Handel der Mineralien;
(ii) keine Unterstützung für nichtstaatliche bewaffnete Gruppen;
(iii) keine Unterstützung von illegalen Aktivitäten von öffentlichen oder privaten Sicherheitskräften;
(iv) keine Bestechung, um die Herkunft der Mineralien zu verstecken;

---

333 OECD Due Diligence Guidance for Responsible Supply Chains of Minerals from Conflict-Affected and High-Risk Areas, 2. Aufl. 2013, S. 3.
334 Vgl. hierzu *Nowrot*, in: Feichtner/Krajewski/Roesch, Human Rights in the Extractive Industries, 2019, 51, 66; *Teicke/Rust*, CCZ 2018, 39, 40 f.

(v)   Beseitigung der Geldwäsche sowie Gewährleistung, dass die Steuern an die Regierung gezahlt werden.[335]

Die Sorgfaltspflichten der KM-VO dienen neben der Verhinderung der Finanzierung bewaffneter Konflikte damit auch der Wahrung menschenrechtlich geschützter Güter.[336]

2. Inhalt der Sorgfaltspflichten

Die KM-VO statuiert in den Art. 4-7 Sorgfaltspflichten für die Unionseinführer von Mineralien und Metallen, wobei Art. 4 und Art. 5 KM-VO den Kern der KM-VO bilden.[337] Teilweise unterscheiden sich die Sorgfaltspflichten, die die KM-VO den Unionseinführern von *Mineralien* (also von Rohstoffen vor dem Schmelz- und Veredelungsprozess[338]) auferlegt, von den Sorgfaltspflichten der Unionseinführer von *Metallen*[339]. Soweit es zu solchen Unterschieden kommt, weisen die nachfolgenden Ausführungen ausdrücklich darauf hin.

a) Pflicht zur Errichtung eines Managementsystems nach Art. 4 KM-VO

Art. 4 KM-VO statuiert die Pflicht zur Errichtung eines Managementsystems.

aa) Lieferkettenpolitik

Art. 4 lit. a) KM-VO verpflichtet die Unionseinführer, eine Lieferkettenpolitik für solche Mineralien und Metalle festzulegen, die möglicherweise aus Konflikt- oder Hochrisikogebieten stammen, und ihre Lieferanten

---

335 OECD Due Diligence Guidance for Responsible Supply Chains of Minerals from Conflict-Affected and High-Risk Areas, 2. Aufl. 2013, S. 20 ff.; vgl. für diese verkürzte Fassung *Europäische Kommission*, Commission Staff Working Document Impact Assessment SWD(2014) 53 final, 5.3.2014, S. 13.

336 Ähnlich *Blach*, NZG 2022, 341; *Thalhauser*, in: Grabosch, Das neue Lieferkettensorgfaltspflichtengesetz, 2021, § 8 Rn. 3.

337 So auch *Teicke/Rust*, CCZ 2018, 39, 40.

338 Vgl. *supra* Kapitel 1 B. III.

339 Vgl. *supra* Kapitel 1 B. III.

und die Öffentlichkeit über diese Lieferkettenpolitik zu informieren. Nach Art. 4 lit. b) KM-VO haben die Standards der Lieferkettenpolitik der Musterlieferkettenstrategie in Anhang II der OECD-Leitsätze zu Konfliktmineralien zu entsprechen.[340] Die Musterlieferkettenstrategie beinhaltet Verhaltensvorgaben für Unternehmen bspw. hinsichtlich identifizierter Risiken für Menschenrechte.[341] Anhang II Nr. 1 und Nr. 2 lauten bspw.:

> **„Regarding serious abuses associated with the extraction, transport or trade of minerals:**
>
> 1. While sourcing from, or operating in, conflict-affected and high-risk areas, we will neither tolerate nor by any means profit from, contribute to, assist with or facilitate the commission by any party of:
>
> i) any forms of torture, cruel, inhuman and degrading treatment;
>
> ii) any forms of forced or compulsory labour, which means work or service which is exacted from any person under the menace of penalty and for which said person has not offered himself voluntarily;
>
> iii) the worst forms of child labour;
>
> iv) other gross human rights violations and abuses such as widespread sexual violence;
>
> v) war crimes or other serious violations of international humanitarian law, crimes against humanity or genocide.
>
> **Regarding risk management of serious abuses:**
>
> 2. We will immediately suspend or discontinue engagement with upstream suppliers where we identify a reasonable risk that they are sourcing from, or linked to, any party committing serious abuses as defined in paragraph 1."[342]

Die Lieferkettenpolitik dient als Grundlage für die Erfüllung der Sorgfaltspflichten in der Lieferkette, vgl. Art. 4 lit. b) KM-VO. Basierend auf der Lieferkettenpolitik ist u. a. das Risikomanagement der Unionseinführer auszugestalten (hierzu sogleich), sodass ihr erhebliche Bedeutung zukommt.

---

340 *Klimke/Elsholz*, in: Kaltenborn et al., Lieferkettenrecht, 2023, EU-Konfliktmineralien-VO, Rn. 52; *Teicke/Rust*, CCZ 2018, 39, 40.

341 *Teicke/Rust*, CCZ 2018, 39, 40.

342 Hervorhebungen im Original.

bb) Überwachung und Dokumentation durch Mitglieder des gehobenen Managements

Art. 4 lit. c) KM-VO macht Unionseinführern, bei denen es sich um Unternehmen handelt, Vorgaben zur Strukturierung des internen Managements.[343] Nach Art. 4 lit. c) KM-VO sind „Mitglieder des gehobenen Managements" mit der Überwachung und Dokumentation des Prozesses zur Erfüllung der Sorgfaltspflichten zu betrauen, um die Erfüllung der Sorgfaltspflicht in der Lieferkette zu unterstützen.[344] Unklar ist, wie der Begriff des „gehobenen Managements" oder, in der englischen Sprachfassung, des *„senior management"* auszulegen ist, da er in der Verordnung nicht weiter definiert wird. Da der Wortlaut nicht von der Geschäftsleitung spricht, ist davon auszugehen, dass nicht zwingend bspw. der Vorstand einer AG oder ein Geschäftsführer einer GmbH mit den Pflichten aus Art. 4 lit. c) KM-VO zu betrauen ist. Vielmehr dürfte es genügen, wenn eine Person aus den oberen Führungsebenen des Unternehmens damit betraut wird.[345]

cc) Integration der Lieferkettenpolitik in Verträge mit Lieferanten

Art. 4 lit. d) KM-VO verpflichtet die Unionseinführer, ihre Lieferkettenpolitik in Verträge und Vereinbarungen mit den Lieferanten zu integrieren. Folglich können die Lieferanten, wie bereits erklärt, mittelbar von den Pflichten der KM-VO betroffen sein.[346]

---

343 *Heße/Klimke*, EuZW 2017, 446, 449.

344 *Heße/Klimke*, EuZW 2017, 446, 449; *Teicke/Rust*, CCZ 2018, 39, 41 die außerdem darauf hinweisen, dass wohl nicht mehrere Mitglieder des gehobenen Managements in einem Unternehmen benannt werden müssen, sondern nur eines. Der im Wortlaut der KM-VO verwendete Plural sei auf eine unpräzise Übersetzung und darauf zurückzuführen, dass sich die KM-VO im Englischen „an die Unionseinführer im Plural wendet".

345 Nach *Teicke/Rust*, CCZ 2018, 39, 41 ist ausreichend, „wenn ein einzelner Compliance-Beauftragter mit direkter Berichtslinie zum Vorstand die Überwachung der betreffenden Sorgfaltspflichten übernimmt." *Klimke/Elsholz*, in: Kaltenborn et al., Lieferkettenrecht, 2023, EU-Konfliktmineralien-VO, Rn. 53 gehen davon aus, dass die „Aufgabe auf Ebene der Geschäftsleitung der Unternehmen anzusiedeln ist."

346 S. *supra* Kapitel 3 B. I. 3.

dd) Beschwerdemechanismus als Frühwarnsystem

Nach Art. 4 lit. e) KM-VO ist ein Beschwerdemechanismus als Frühwarnsystem zur Risikoerkennung einzuführen oder extern bereitzustellen. Dies soll nach Art. 2 lit. p) KM-VO „allen interessierten Parteien, einschließlich Informanten", ermöglichen, Bedenken zu Aspekten des Mineralienabbaus oder -handels zu äußern.[347]

ee) System der Rückverfolgbarkeit und Nebenprodukte

Art. 4 lit. f) KM-VO macht Vorgaben für ein System der Rückverfolgbarkeit der Gewahrsams- und Lieferketten von Mineralien, also für Unionseinführer der vorgelagerten Lieferkette. Das System muss durch Unterlagen belegte Informationen zur Beschreibung des Minerals, zum Namen und zur Anschrift des Lieferanten des Unionseinführers, zum Ursprungsland des Minerals und zu den Abbaumengen und -daten, soweit diese verfügbar sind, enthalten, Art. 4 lit. f) i)-iv) KM-VO. Soweit die Mineralien aus einem Konflikt- und Hochrisikogebiet stammen oder sonstige Lieferkettenrisiken nach den OECD-Leitsätzen zu Konfliktmineralien festgestellt wurden, sind nach Art. 4 lit. f) v) KM-VO weitere Informationen bereitzustellen, bspw. über die Ursprungsmine des Minerals.

Art. 4 lit. g) KM-VO macht vergleichbare Vorschriften für die Einführer von Metallen, wobei dem Umstand Rechnung getragen wird, dass sie Akteure der nachgelagerten Lieferkette sind. Sofern die Unionseinführer Metalle von zertifizierten Hütten oder Raffinerien beziehen, greifen Erleichterungen nach Art. 4 lit. g) iv) KM-VO.

Zudem regelt Art. 4 lit. h) KM-VO, dass Informationen zu Nebenprodukten, welche durch eine Verarbeitung von Mineralien oder Metallen gewonnen werden, die nicht unter die KM-VO fallen, von den Unionseinführern bereitgestellt werden müssen.[348]

---

347 Hierzu auch *Fehse/Markmann*, EuZW 2021, 113, 116.
348 Hierzu auch *Magallón Elósegui*, Spanish Yearbook of International Law 24 (2020), 155, 175; zur Definition von „Nebenprodukten" vgl. Art. 2 lit. t) KM-VO.

b) Risikomanagementpflichten nach Art. 5 KM-VO

Art. 5 KM-VO legt den Einführern von Mineralien und Metallen unterschiedliche Risikomanagementpflichten auf. Differenziert wird anhand der Stellung der Unionseinführer in der vorgelagerten oder nachgelagerten Lieferkette.[349]

aa) Risikomanagementpflichten der Unionseinführer von Mineralien, Art. 5 Abs. 1-3 KM-VO

(i) Pflicht zur Risikoermittlung und Verhinderung oder Milderung negativer Auswirkungen

Gemäß Art. 5 Abs. 1 lit. a) KM-VO sind Unionseinführer der vorgelagerten Lieferkette verpflichtet, Risiken schädlicher Auswirkungen in ihrer Lieferkette zu ermitteln und zu bewerten.[350] Aufbauend auf den ermittelten Risiken müssen die Unionseinführer eine Strategie zur Verhinderung oder Milderung negativer Auswirkungen umsetzen, Art. 5 Abs. 1 lit. b) KM-VO. Dies erfordert die Mitteilung an die benannten Mitglieder des gehobenen Managements und das Ergreifen von Risikomanagementmaßnahmen, die Umsetzung eines Risikomanagementplans und ggf. eine zusätzliche Bewertung des Sachverhalts, Art. 5 Abs. 1 lit. b) i)-iv) KM-VO.

Die Risikomanagementmaßnahmen nach Art. 5 Abs. 1 lit. b) ii) KM-VO müssen im Einklang mit Anhang II und den Sorgfaltspflicht-Empfehlungen der OECD-Leitsätze zu Konfliktmineralien[351] stehen und sehen drei mögliche Maßnahmen vor, um ein ermitteltes Risiko zu unterbinden oder zu verringern:[352]

„- Fortsetzung des Handels bei gleichzeitiger Durchführung messbarer Bemühungen um Risikominderung,

---

349 *Elsholz*, Beiträge zum Transnationalen Wirtschaftsrecht 148 (2017), S. 9.

350 Vgl. hierzu und im Folgenden auch bereits *Elsholz*, Beiträge zum Transnationalen Wirtschaftsrecht 148 (2017), S. 10; *Fehse/Markmann*, EuZW 2021, 113, 116 f.

351 OECD Due Diligence Guidance for Responsible Supply Chains of Minerals from Conflict-Affected and High-Risk Areas, 2. Aufl. 2013, S. 31 ff., 61 ff. Hierzu auch *Klimke/Elsholz*, in: Kaltenborn et al., Lieferkettenrecht, 2023, EU-Konfliktmineralien-VO, Rn. 60.

352 *Magallón Elósegui*, Spanish Yearbook of International Law 24 (2020), 155, 175.

- vorübergehende Aussetzung des Handels bei Weiterverfolgung der laufenden messbaren Bemühungen um Risikominderung oder
- Beendigung der Beziehungen zu einem Lieferanten nach fehlgeschlagenen Versuchen der Risikominderung".

Nach Art. 5 Abs. 1 lit. b) ii) KM-VO sind die Risikomanagementmaßnahmen unter Berücksichtigung der Fähigkeiten eines Unionseinführers zu ergreifen, „auf Lieferanten, die das ermittelte Risiko am wirksamsten unterbinden oder verringern können, einzuwirken oder erforderlichenfalls durch geeignete Schritte Druck auszuüben".

Darüber hinaus sind die Risikomanagementmaßnahmen nach Art. 5 Abs. 1 lit. b) KM-VO im Einklang mit Anhang II und den Sorgfaltspflicht-Empfehlungen der OECD-Leitsätze zu Konfliktmineralien zu ergreifen. Die Vorgaben hierin sind folglich zur Auslegung der Vorschrift heranzuziehen: In Anhang II sind bei schwerwiegenden menschenrechtlichen Missständen beim Abbau oder Handel der Mineralien i. S. d. Ziffer 1 und der direkten oder indirekten Unterstützung von nichtstaatlichen bewaffneten Gruppen i. S. d. Ziffer 3 nur die *Aussetzung* oder *Beendigung* der Vertragsbeziehungen mit den Zulieferern vorgesehen (Ziffern 2 und 4). Eine Fortsetzung des Handels bei gleichzeitiger Bemühung zur Risikominderung sieht Anhang II der OECD-Leitsätze im Hinblick auf Risiken von Missständen in diesen beiden Bereichen hingegen nicht vor.[353] Hingegen erlaubt Anhang II der OECD-Leitsätze zu Konfliktmineralien Unternehmen, den Handel mit Akteuren fortzusetzen, auch wenn das Risiko besteht, dass die Mineralien von einer Person beschafft werden, die private und öffentliche Sicherheitskräfte unterstützt, soweit ein Risikomanagementplan umgesetzt wird.[354]

An dieser Stelle zeigen sich Schwächen in der Regelungstechnik der KM-VO. Während nach dem Wortlaut der KM-VO eine Fortsetzung des Handels bei messbaren Bemühungen zur Risikominderung hinsichtlich *aller Risiken* möglich erscheint, sieht Anhang II der OECD-Leitsätze zu Konfliktmineralien eine solche Option nicht vor, soweit das ermittelte Risiko schwerwiegende menschenrechtliche Missstände beim Abbau oder Handel der Mineralien oder die Unterstützung von nichtstaatlichen bewaffneten Gruppen betrifft. Die Verweisung der KM-VO auf die OECD-Leitsätze zu

---

353 *Grado*, Italian Yearbook of International Law 27 (2018), 235, 242.
354 Vgl. Anhang II Ziffer 10 OECD-Leitsätze zu Konfliktmineralien; hierzu *Grado*, Italian Yearbook of International Law 27 (2018), 235, 242.

Konfliktmineralien kann damit zu Unsicherheit für die Adressaten und Anwender der KM-VO führen.

Es stellt sich also die Frage, welche Maßnahme die Unionseinführer zu ergreifen haben, wenn sie bspw. das Risiko von Kinderarbeit in ihrer Lieferkette ermittelt haben. Da die Unionseinführer nach dem Wortlaut des Art. 5 Abs. 1 lit. b) ii) KM-VO die Risikomanagementmaßnahmen im Einklang mit Anhang II der OECD-Leitsätze zu erfüllen haben, ist davon auszugehen, dass sie verpflichtet sind, den Handel mit den Zulieferern auszusetzen oder zu beenden bei denen das Risiko schwerwiegender Menschenrechtsverletzungen oder der Unterstützung von nichtstaatlichen bewaffneten Gruppen identifiziert wurde. Raum für eine Fortsetzung des Handels unter Bemühungen zur Risikominderung besteht dann nicht.[355] Anhang II der OECD-Leitsätze bestimmt nicht weiter, wann die jeweilige Maßnahme zu ergreifen ist, sodass den Unionseinführern ein geringer Ermessensspielraum verbleibt. Sie haben jedoch im Rahmen der Vorgaben des Art. 5 Abs. 1 lit. b) ii) KM-VO, also unter Berücksichtigung ihrer Fähigkeiten zur wirksamen Risikominderung zu handeln. Zudem sind die Sorgfaltspflicht-Empfehlungen in den Ergänzungen zu Zinn, Tantal und Wolfram sowie zu Gold zu beachten, welche die Sorgfaltspflichten mit Rücksicht auf die Stellung des jeweiligen Akteurs in der Lieferkette weiter differenzieren.[356]

---

355 So wohl auch Empfehlungen (EU) 2018/1149 der Kommission, Anhang Ziffer 2.2: „Unternehmen entlang der Lieferkette sollten [...] *zur Reaktion auf die ermittelten Risiken eine Strategie konzipieren und umsetzen,* um sie durch die Festlegung und die Umsetzung eines Risikomanagementplans zu verhindern oder zu mildern. Dies kann bedeuten, dass *der Handel während der Bemühungen um Risikominderung fortgesetzt wird,* während des Prozesses der Risikominderung *vorübergehend ausgesetzt wird* oder *die Beziehungen zu einem Lieferanten beendet werden,* entweder nach gescheiterter Risikominderung oder wenn der Lieferant schwerwiegende Menschenrechtsverletzungen begeht (z. B. schlimmste Formen der Kinderarbeit, Zwangsarbeit oder Folter) oder nichtstaatliche bewaffnete Gruppen direkt oder indirekt unterstützt (Artikel 5 Absatz 1 Buchstabe b der Verordnung)" (Hervorhebungen im Original).

356 OECD Due Diligence Guidance for Responsible Supply Chains of Minerals from Conflict-Affected and High-Risk Areas, 2. Aufl. 2013, S. 32, 62; *Grado,* Italian Yearbook of International Law 27 (2018), 235, 243.

(ii) Pflicht zur Konsultation Dritter beim Prozess der Risikominderung

Im Prozess der Risikominderung haben die Unionseinführer nach Art. 5 Abs. 2 KM-VO „die Lieferanten und betroffenen Interessenträger, einschließlich lokaler und zentraler Behörden, internationaler und zivilgesellschaftlicher Organisationen und betroffener Dritter" zu konsultieren. Zudem haben die Unionseinführer mit ihnen eine Strategie zur messbaren Risikominderung im Risikomanagementplan zu vereinbaren, soweit der Handel fortgesetzt oder nur vorübergehend ausgesetzt wird, Art. 5 Abs. 2 KM-VO.

(iii) Strategie zur Risikominderung im Einklang mit Anhang III der OECD-Leitsätze zu Konfliktmineralien

Gemäß Art. 5 Abs. 3 KM-VO haben sich die Unionseinführer von Mineralien bei der Konzipierung der Strategien zur Risikominderung auf die in Anhang III der OECD-Leitsätze zu Konfliktmineralien aufgeführten Maßnahmen und Indikatoren zu stützen und die schrittweise Verbesserung zu messen.[357] Anhang III der OECD-Leitsätze zu Konfliktmineralien enthält weitgehende Maßnahmen, u. a. die Meldung von Ausbeutungs- und Missbrauchsfällen in der Lieferkette an die lokale Regierungsbehörde, die Unterstützung der Formalisierung des Bergbaus und den Aufbau von Gemeinschaftsforen zum Informationsaustausch und zur Informationsvermittlung.[358] Anhang III der OECD-Leitsätze beinhaltet jedoch nur Vorschläge („*suggested measures*"),[359] sodass davon auszugehen ist, dass den Unionseinführern ein Ermessen zusteht, welche Maßnahmen im Einzelfall ergriffen werden.

---

357 *Klimke/Elsholz*, in: Kaltenborn et al., Lieferkettenrecht, 2023, EU-Konfliktmineralien-VO, Rn. 64.

358 OECD Due Diligence Guidance for Responsible Supply Chains of Minerals from Conflict-Affected and High-Risk Areas, 2. Aufl. 2013, S. 25 ff.; so auch *Teicke/Rust*, CCZ 2018, 39, 41 f.

359 OECD Due Diligence Guidance for Responsible Supply Chains of Minerals from Conflict-Affected and High-Risk Areas, 2. Aufl. 2013, S. 25 ff.

bb) Risikomanagementpflichten der Unionseinführer in der
nachgelagerten Lieferkette

Art. 5 Abs. 4, 5 KM-VO adressiert die Unionseinführer von Metallen und
somit Akteure der nachgelagerten Lieferkette. Die in der Vorschrift statuierten Risikomanagementpflichten weichen nur leicht von denen der Unionseinführer von Mineralien ab.[360] Unterschiede ergeben sich insbesondere
hinsichtlich der Risikoermittlung und -bewertung. So wird den Unionseinführern von Metallen ein Rückgriff auf die von Dritten im Einklang mit
Art. 6 KM-VO erstellten Prüfungsberichte über Hütten und Raffinerien
gewährt, vgl. Art. 5 Abs. 4 S. 1, 2 KM-VO. Nur soweit entsprechende Berichte nicht zur Verfügung stehen, müssen die Unionseinführer von Metallen
nach Art. 5 Abs. 4 S. 3 KM-VO die Risiken in ihrer Lieferkette im Rahmen
ihres eigenen Risikomanagementsystems ermitteln und bewerten. In diesem Fall obliegt es den Unionseinführern der Metalle, eine Prüfung der Erfüllung der Sorgfaltspflicht in der Lieferkette mithilfe eines unabhängigen
Dritten nach Art. 6 KM-VO durchführen zu lassen, Art. 5 Abs. 4 S. 4 KM-
VO.

c) Prüfung durch Dritte nach Art. 6 KM-VO

Unionseinführer der vorgelagerten wie auch der nachgelagerten Lieferkette
haben nach Art. 6 Abs. 1 lit. a) KM-VO von einem unabhängigen Dritten
(Auditoren) Prüfungen der Tätigkeiten, Prozesse und Systeme durchführen
zu lassen, die der Erfüllung der Sorgfaltspflichten dienen.[361] Dadurch soll
ermittelt werden, ob diese Verfahren mit den Vorgaben der KM-VO in Einklang stehen, Art. 6 Abs. 1 lit. b) KM-VO. Nach Art. 6 Abs. 1 lit. c) KM-VO
sollen die Auditoren den Unionseinführern Verbesserungsempfehlungen
hinsichtlich der Verfahren zur Erfüllung der Sorgfaltspflicht geben. Die
unabhängigen Dritten haben sich an die in den OECD-Leitsätzen zu Konfliktmineralien vorgesehenen Grundsätze der Unabhängigkeit, Kompetenz
und Rechenschaftspflicht zu halten, Art. 6 Abs. 1 lit. d) KM-VO.

---

360 Hierzu und im Folgenden bereits *Elsholz*, Beiträge zum Transnationalen Wirtschaftsrecht 148 (2017), S. 10; *Magallón Elósegui*, Spanish Yearbook of International
Law 24 (2020), 155, 176.

361 Hierzu und im Folgenden bereits *Elsholz*, Beiträge zum Transnationalen Wirtschaftsrecht 148 (2017), S. 11; *Klimke/Elsholz*, in: Kaltenborn et al., Lieferkettenrecht,
2023, EU-Konfliktmineralien-VO, Rn. 68 f.

Eine Ausnahme für Unionseinführer von Metallen statuiert Art. 6 Abs. 2 KM-VO, wonach diese von der Verpflichtung, Prüfungen durch Dritte vornehmen zu lassen, ausgeschlossen werden, soweit sie substanzielle Nachweise vorlegen können, dass sich alle Hütten und Raffinerien in ihrer Lieferkette an die Bestimmung der Verordnung halten.[362]

d) Offenlegungspflichten nach Art. 7 KM-VO

Die Unionseinführer von Mineralien und Metallen unterliegen Offenlegungspflichten nach Art. 7 KM-VO, mit denen Sicherheit und Transparenz in der Lieferkette geschaffen werden sollen, um das Vertrauen der Öffentlichkeit in die getroffenen Maßnahmen zu stärken.[363]

Art. 7 Abs. 1 KM-VO verpflichtet die Unionseinführer, den zuständigen mitgliedstaatlichen Behörden Berichte der Prüfungen durch Dritte nach Art. 6 KM-VO zur Verfügung zu stellen. Alternativ kann ein Nachweis der Konformität mit einem nach Art. 8 KM-VO von der Kommission anerkannten System zur Erfüllung der Sorgfaltspflicht[364] zur Verfügung gestellt werden.

Art. 7 Abs. 2 KM-VO verpflichtet die Unionseinführer zur Offenlegung sämtlicher bei der Erfüllung der Sorgfaltspflicht erlangter Informationen gegenüber den unmittelbaren Abnehmern, wobei der Wahrung von Geschäftsgeheimnissen und Wettbewerbsbedenken Rechnung zu tragen ist.

Art. 7 Abs. 3 KM-VO sieht eine öffentliche Berichtspflicht der Unionseinführer vor: Diese haben jährlich in möglichst breitem Rahmen und ausdrücklich auch über das Internet über ihre Strategien zur Erfüllung ihrer Sorgfaltspflichten in der Lieferkette und die Verfahren im Hinblick auf eine verantwortungsvolle Beschaffung zu berichten. Nach Art. 7 Abs. 3 S. 2 KM-VO haben die Unionseinführer über die unternommenen Schritte zur Umsetzung der Pflichten der Art. 4-6 KM-VO öffentlich zu berichten. Auch im

---

362 Ein substanzieller Nachweis i. S. d. Art. 6 Abs. 2 KM-VO hat wiederum Berichte über von unabhängigen Dritten durchgeführte Prüfungen zu enthalten. Art. 6 Abs. 2 UAbs. 2 KM-VO verweist hierbei auf die nach Art. 9 KM-VO von der Kommission zu erlassende, weltweite Liste verantwortungsvoller Hütten und Raffinerien, die sog. „*White List*". Hierzu sogleich *infra* Kapitel 3 B. III. 3. Für eine restriktive Auslegung des Art. 6 Abs. 2 KM-VO *Baier/Baum*, ZfPC 2022, 154, 158.

363 Vgl. Erwägungsgrund 13 KM-VO; entsprechend OECD Due Diligence Guidance for Responsible Supply Chains of Minerals from Conflict-Affected and High-Risk Areas, 2. Aufl. 2013, S. 52, 111.

364 Hierzu sogleich *infra* Kapitel 3 B. III. 1.

Rahmen der öffentlichen Berichterstattung ist der Wahrung von Geschäftsgeheimnissen oder anderen Wettbewerbsbedenken hinreichend Rechnung zu tragen, Art. 7 Abs. 3 KM-VO.

Unionseinführer von solchen Metallen, die nur aus Recycling stammen oder aus Schrott gewonnen wurden, müssen die Sorgfaltspflichten der KM-VO nicht erfüllen, vgl. Art. 1 Abs. 6 KM-VO. Allerdings müssen sie nach Art. 7 Abs. 4 KM-VO die Feststellung veröffentlichen, dass die Metalle aus Recycling oder Schrottquellen stammen, und über die Sorgfaltspflichtenmaßnahmen berichten, die unternommen wurden, um diese Feststellung zu treffen.

3. Reichweite der Sorgfaltspflichten

Die Sorgfaltspflichten der KM-VO, insbesondere die Pflichten zur Risikoermittlung und -bewertung und zur Verhinderung bzw. Milderung von negativen Auswirkungen, beziehen sich grundsätzlich auf die gesamte vorgelagerte Lieferkette und bestehen unabhängig davon, ob im Einzelfall eine etablierte Lieferbeziehung zu den Lieferanten besteht oder es sich um eine konzernierte oder vertragliche Lieferkette handelt.[365] Lediglich einzelne Pflichten beziehen sich nur auf unmittelbare Zulieferer, wie bspw. Art. 4 lit. d) KM-VO, wonach die Unionseinführer zur Stärkung der Beziehung zu den Lieferanten die Lieferkettenpolitik in Verträge und Vereinbarungen zu integrieren haben.[366] Auch diese Pflicht ist jedoch auf eine lieferkettenweite Wirkung gerichtet, da die Lieferkettenpolitik die gesamte vorgelagerte Lieferkette zu umfassen hat.

Die aus der großen Reichweite der Sorgfaltspflichten der KM-VO resultierenden Herausforderungen für Unionseinführer werden durch Maßnahmen von EU-Institutionen abgefedert, die die Unionseinführer bei der Erfüllung der Sorgfaltspflichten unterstützen sollen.[367] Zudem ist eine lieferkettenweite Reichweite der Sorgfaltspflichten der KM-VO zwingend notwendig, um das Ziel der Verordnung zu erreichen: Die bewaffneten Konflikte und Menschenrechtsverletzungen beim Abbau und Handel der 3TG-Mineralien oder -Metalle, die zu verhindern oder zumindest zu mil-

---

365 So auch *Thalhauser*, in: Grabosch, Das neue Lieferkettensorgfaltspflichtengesetz, 2021, § 8 Rn. 45: „Die VO (EU) 2017/821 [...] verpflichtet Unternehmen zur Sorgfalt bezogen auf die gesamte Lieferkette."

366 Vgl. *Hübner*, Unternehmenshaftung für Menschenrechtsverletzungen, 2022, S. 417.

367 Hierzu sogleich *infra* Kapitel 3 B. III.

dern sind und deren Finanzierung unterbunden werden soll, finden beinahe ausschließlich zu Beginn der Lieferkette statt.[368]

4. Bemühenspflichten

Die Sorgfaltspflichten der KM-VO stellen sog. Bemühenspflichten dar.[369] Inhalt der Pflichten ist nicht die Verhinderung eines Verletzungserfolges,[370] sondern das Ergreifen der nach Art. 4-7 KM-VO erforderlichen Maßnahmen. Ein Verstoß gegen die Pflichten der KM-VO liegt folglich nicht zwingend vor, wenn in der Lieferkette tatsächlich eine negative Auswirkung auftritt. Vielmehr ist ein Verstoß nur dann gegeben, wenn der Unionseinführer die soeben dargestellten Sorgfaltspflichten nicht erfüllt. Dies hat auch zur Folge, dass ein Verstoß gegen die Sorgfaltspflichten der KM-VO auch dann möglich ist, wenn es im Einzelfall zu keinen negativen Auswirkungen in der Lieferkette kommt.[371]

5. Einbeziehung der OECD-Leitsätze zu Konfliktmineralien

Durch die zahlreichen soeben dargestellten Verweise erschließt sich der Inhalt der Sorgfaltspflichten der KM-VO nur unter Beachtung der OECD-Leitsätze zu Konfliktmineralien.[372] Das *soft law* der Leitsätze wird somit in „*hard law*" überführt".[373] Die KM-VO verweist nach Art. 2 lit. o) auf die

---

368 Zum Risiko der Finanzierung bewaffneter Konflikte in der Lieferkette von 3TG-Mineralien aus Konflikt- und Hochrisikogebieten vgl. *Hofmann/Schleper/Blome*, Journal of Business Ethics, 2018, 115, 118; zu Menschenrechtsverletzungen bei Abbau und Handel vgl. *Spohr*, Human Rights Risks in Mining, 2016; sowie *supra* Kapitel 1 B.

369 Der Begriff der Bemühenspflichten wird zum LkSG verwendet, vgl. etwa *Spindler*, ZHR 186 (2022), 67, 80; und zum RL-Entwurf zur *Corporate Sustainability Due Diligence* vgl. *Hübner/Habrich/Weller*, NZG 2022, 644, 646 f.

370 Entsprechend zu den Bemühenspflichten im RL-Entwurf zur *Corporate Sustainability Due Diligence Hübner/Habrich/Weller*, NZG 2022, 644, 647.

371 Vgl. hierzu entsprechend zum LkSG *Spindler*, ZHR 186 (2022), 67, 80.

372 Vgl. bspw. Art. 4 lit. b) KM-VO: „Unionseinführer von Mineralen oder Metallen nehmen in ihre Lieferkettenpolitik die für die Erfüllung der Sorgfaltspflicht in der Lieferkette maßgeblichen Standards auf, die den Standards der Musterstrategie für Lieferketten in Anhang II der OECD-Leitsätze für die Erfüllung der Sorgfaltspflicht entsprechen"; vgl. auch *Nowrot*, Rechtswissenschaftliche Beiträge der Hamburger Sozialökonomie Heft 20 (2018), S. 18; *Teicke/Rust*, CCZ 2018, 39, 40.

373 *Fleischer/Hahn*, RIW 2018, 397, 400; vgl. auch *Teicke/Rust*, CCZ 2018, 39, 42; *Tietje/Nowrot*, Internationales Wirtschaftsrecht, 2021, § 7 Rn. 88.

zweite Ausgabe der Leitsätze aus dem Jahr 2013, sodass es sich um eine sog. statische Verweisung handelt. Statische Verweisungen verweisen „starr" auf eine konkrete Fassung der in der Verweisung enthaltenen Norm.[374] Künftige Änderungen der Norm oder Normen, auf die verwiesen wird, werden folglich nicht in Bezug genommen, wie dies bei einer dynamischen Verweisung der Fall wäre.[375]

Grundsätzlich ist die Einbeziehung der OECD-Leitsätze zu Konfliktmineralien in die KM-VO zu begrüßen, da sich die Sorgfaltspflichten der Verordnung somit nach international anerkannten Standards richten. Erließen die Staaten oder die EU im internationalen Vergleich inhaltlich divergierende Regelungen, drohte ein Flickenteppich unterschiedlicher Sorgfaltspflichtenstandards.

Allerdings ist das „hybride Normsystem"[376] der KM-VO nicht immer gelungen. Zum einen geht die Regelungstechnik grundsätzlich zulasten der Verständlichkeit der Sorgfaltspflichten.[377] Zum anderen können, wie bereits dargelegt, Unklarheiten für die Adressaten entstehen, wenn sowohl die KM-VO als auch die OECD-Leitsätze zu Konfliktmineralien Regelungen enthalten, die sich nicht gänzlich entsprechen.[378] Die Europäische Kommission nutzte die Technik zur Ausgestaltung des RL-Entwurfs zur *Corporate Sustainability Due Diligence* dann auch nicht mehr, obwohl die UN-Leitprinzipien für Wirtschaft und Menschenrechte und die OECD-Leitsätze für multinationale Unternehmen als Referenzrahmen des RL-Entwurfs gedient haben.[379] Vielmehr werden die Sorgfaltspflichten im Rahmen des RL-Entwurfs umfassend ausformuliert.[380]

---

374 So der Gebrauch des Begriffs der „statischen Verweisung" im nationalen Recht, vgl. BVerfG, Beschl. v. 1.3.1978 – 1 BvR 786, 793/70, 168/71, 95/73, NJW 1978, 1475, 1476; *Clemens*, AöR 111 (1986), 63, 80.

375 Zum Begriff der „dynamischen Verweisung" im nationalen Recht BVerfG, Beschl. v. 1.3.1978 – 1 BvR 786, 793/70, 168/71, 95/73, NJW 1978, 1475, 1476; *Clemens*, AöR 111 (1986), 63, 80.

376 Zu diesem Begriff *Spießhofer*, Unternehmerische Verantwortung, 2017, S. 327; vgl. ferner *Brunk*, Menschenrechtscompliance, 2022, S. 447.

377 So auch *Teicke/Rust*, CCZ 2018, 39, 43; ähnlich *Gasche*, Responsible Trading in Raw Materials, 2023, S. 138.

378 S. *supra* Kapitel 3 B. II. 2. b) (ii).

379 Vgl. Erwägungsgründe (5), (6) RL-Entwurf zur *Corporate Sustainability Due Diligence*; *Hübner/Habrich/Weller*, NZG 2022, 644.

380 Vgl. Art. 4 ff. RL-Entwurf zur *Corporate Sustainability Due Diligence*, die die Sorgfaltspflichten statuieren; sowie hierzu *infra* Kapitel 6 D. Dies für die KM-VO befürwortend *Teicke/Rust*, CCZ 2018, 39, 43.

6. Zwischenergebnis

Die Art. 4-7 KM-VO statuieren ein robustes Sorgfaltspflichtensystem, das grundsätzlich die gesamte Lieferkette erfasst. Sie beruhen auf den OECD-Leitsätzen zu Konfliktmineralien und statuieren Bemühens-, keine Erfolgspflichten.

III. Ergänzende Maßnahmen der EU

Wie bereits angedeutet, hat die EU ergänzende Maßnahmen ergriffen, um die Unionseinführer bei der Erfüllung der Sorgfaltspflichten zu unterstützen.

1. Anerkennung von Systemen nach Art. 8 KM-VO und Delegierter Verordnung (EU) 2019/429[381]

Bereits vor Erlass der KM-VO bestanden bspw. von der Industrie entwickelte freiwillige Zertifizierungssysteme für Wirtschaftsbeteiligte beim Abbau von und Handel mit Konfliktmineralien.[382] Um den Unionseinführern die Erfüllung der Sorgfaltspflichten nach Art. 4-7 KM-VO zu erleichtern, können sog. Systembetreiber diese Systeme nach Art. 8 Abs. 1 KM-VO von der Kommission anerkennen lassen, Art. 3 Abs. 3 KM-VO.[383] Systembetreiber sind nach Art. 8 Abs. 1 S. 1 KM-VO „Regierungen, Industrieverbände und Gruppierungen interessierter Organisationen, die über Systeme zur Erfüllung der Sorgfaltspflicht verfügen". Voraussetzung ist, dass die Verwendung des Systems dem Unionseinführer die Einhaltung der Anforderungen der KM-VO ermöglicht, Art. 8 Abs. 3 KM-VO.

Die Kommission prüft die Gleichwertigkeit eines Systems anhand der Delegierten VO (EU) 2019/429, worin die Methoden und Kriterien

---

381 Delegierte Verordnung (EU) 2019/429 der Kommission v. 11.1.2019 zur Ergänzung der Verordnung (EU) 2017/821 des Europäischen Parlaments und des Rates hinsichtlich der Methode und Kriterien für die Bewertung und Anerkennung von Systemen zur Erfüllung der Sorgfaltspflicht in der Lieferkette für Zinn, Tantal, Wolfram und Gold, ABl. EU L75/59, 19.3.2019. Die Befugnis zum Erlass einer delegierten Verordnung ergibt sich aus Art. 19 Abs. 2 i. V. m. Art. 8 Abs. 2 KM-VO.
382 *Fehse/Markmann*, EuZW 2021, 113, 117; s. *supra* Kapitel 1 C.III.
383 Vgl. auch bereits *Elsholz*, Beiträge zum Transnationalen Wirtschaftsrecht 148 (2017), S. 11.

zur Anerkennung genauer bestimmt sind:[384] Mittels der „OECD-Methode" wird ermittelt, ob die Systeme mit den Anforderungen der OECD-Leitsätze zu Konfliktmineralien übereinstimmen, sog. *„Alignment Assessment of Industry Programmes with the OECD Minerals Guidance"*, vgl. Art. 2 Abs. 1 lit. e) VO (EU) 2019/429.[385]

2. Leitlinien zur Ermittlung von Konflikt- und Hochrisikogebieten sowie sonstigen Lieferkettenrisiken und CAHRAs-Liste nach Art. 14 KM-VO

Die Kommission hat unverbindliche Leitlinien zur Ermittlung von Konflikt- und Hochrisikogebieten sowie zur Ermittlung von sonstigen Lieferkettenrisiken ausgearbeitet.[386] Sie sollen Klarheit und Sicherheit für Wirtschaftsbeteiligte, insbesondere KMU, schaffen, Art. 14 Abs. 1 KM-VO.[387] Darüber hinaus hat die Kommission eine Liste von Konflikt- und Hochrisikogebieten (CAHRAs[388]-Liste) nach Art. 14 Abs. 2 KM-VO erstellt und im Internet veröffentlicht.[389] Diese Liste soll allerdings nur der Orientierung dienen, sie ist nicht abschließend.[390] Sie entbindet Unionseinführer folglich nicht von der Prüfung, ob die Mineralien oder Metalle aus einem Konflikt- oder Hochrisikogebiet stammen, Art. 14 Abs. 2 KM-VO.

3. Liste verantwortungsvoller Hütten und Raffinerien nach Art. 9 KM-VO

Eine weitere Hilfestellung für die Unionseinführer von Metallen bietet die weltweite Liste verantwortungsvoller Hütten und Raffinieren (*„White List"*), die gemäß Art. 9 KM-VO von der Kommission zu erstellen ist.[391]

---

384 *Gasche*, Responsible Trading in Raw Materials, 2023, S. 130; *Fehse/Markmann*, EuZW 2021, 113, 118.

385 *Fehse/Markmann*, EuZW 2021, 113, 118.

386 Empfehlungen (EU) 2018/1149 der Kommission vom 10.8.2018 zu unverbindlichen Leitlinien für die Ermittlung von Konflikt- und Hochrisikogebieten und sonstigen Lieferkettenrisiken gemäß der Verordnung (EU) 2017/821 des Europäischen Parlaments und des Rates, ABl. EU L 208/94, 17.8.2018.

387 Vgl. auch Erwägungsgrund 4 Empfehlungen (EU) 2018/1149; *Elsholz*, Beiträge zum Transnationalen Wirtschaftsrecht 148 (2017), S. 12.

388 Kurz für: *Conflict Affected and High-Risk Areas.*

389 Online abrufbar unter https://www.cahraslist.net (zuletzt abgerufen: 30.9.2023).

390 Vgl. Art. 14 Abs. 2 KM-VO; *Elsholz*, Beiträge zum Transnationalen Wirtschaftsrecht 148 (2017), S. 12.

391 Soweit ersichtlich ist die weltweite Liste verantwortungsvoller Hütten und Raffinieren bislang nicht veröffentlicht.

Bezieht ein Unionseinführer Metalle ausschließlich von Hütten oder Raffinerien, die auf dieser Liste geführt sind, ist keine Prüfung durch einen unabhängigen Dritten erforderlich, vgl. Art. 6 Abs. 2 UAbs. 2 KM-VO.[392]

C. Durchführung der KM-VO

Die Durchführung der KM-VO wird den Mitgliedstaaten überlassen, vgl. Art. 3 Abs. 2, 10, 11 ff., 16 KM-VO.[393] Allerdings macht die KM-VO einige Vorgaben: Die Mitgliedstaaten haben nach Art. 10 Abs. 1, 3 KM-VO eine oder mehrere zuständige Behörden zu benennen, die für die wirksame Anwendung der Verordnung verantwortlich sind. Die zuständigen mitgliedstaatlichen Behörden haben nach Art. 11 Abs. 2 KM-VO bei der Durchführung der nachträglichen Kontrollen einen risikobasierten Ansatz anzuwenden.[394] Nachträgliche Kontrollen sind nach Art. 11 Abs. 2 KM-VO auch aufgrund von einschlägigen Informationen oder begründeten Bedenken Dritter durchzuführen.[395] Folglich können bspw. Stakeholder, Nichtregierungsorganisationen oder die Medien eine Überwachungsfunktion einnehmen.

Gemäß Art. 16 KM-VO obliegt es den Mitgliedstaaten, die Regeln über Verstöße gegen die Verordnung festzulegen. Dabei sind die Mitgliedstaaten nach Art. 291 Abs. 1 AEUV, Art. 4 Abs. 3 EUV verpflichtet, einen nationalen Durchführungsrechtsakt zu erlassen, ohne die Aussagen des Unionsrechts zu verändern.[396]

I. Mineralische-Rohstoffe-Sorgfaltspflichten-Gesetz in Deutschland

In Deutschland wird die KM-VO mit dem Mineralische-Rohstoffe-Sorgfaltspflichten-Gesetz (MinRohSorgG) durchgeführt.

---

392 Hierzu bereits *Fehse/Markmann*, EuZW 2021, 113, 117.

393 *Klimke/Elsholz*, in: Kaltenborn et al., Lieferkettenrecht, 2023, EU-Konfliktmineralien-VO, Rn. 78.

394 Näher hierzu *Baier/Baum*, ZfPC 2022, 154, 156, *Klimke/Elsholz*, in: Kaltenborn et al., Lieferkettenrecht, 2023, EU-Konfliktmineralien-VO, Rn. 82.

395 *Baier/Baum*, ZfPC 2022, 154, 156, *Klimke/Elsholz*, in: Kaltenborn et al., Lieferkettenrecht, 2023, EU-Konfliktmineralien-VO, Rn. 81.

396 *Kahl*, in: Callies/Ruffert, EUV/AEUV, 6. Aufl. 2022, Art. 4 EUV Rn. 118; *Schill/Kren*, in: Grabitz/Hilf/Nettesheim, Das Recht der Europäischen Union, 79. EL 5.2023, Art. 4 EUV Rn. 84; *Streinz*, Europarecht, 12. Aufl. 2023, Rn. 483.

1. Zuständigkeit und Befugnisse der BGR als mitgliedstaatlicher Behörde

Die zuständige Behörde i. S. d. Art. 10 Abs. 1 KM-VO für die Durchführung und Einhaltung der Verordnung in Deutschland ist gemäß § 2 MinRoh-SorgG die Bundesanstalt für Geowissenschaften und Rohstoffe (BGR).[397] In der BGR fungiert die Deutsche Kontrollstelle EU-Sorgfaltspflichten in Rohstofflieferketten (DEKSOR) als zuständige Stelle.[398] Der Behörde werden entsprechend den Bestimmungen der Art. 11, 16 Abs. 3 KM-VO weitreichende Eingriffs- und Anordnungsbefugnisse zur Feststellung bestehender und der Verhinderung zukünftiger Verstöße gegen die Sorgfaltspflichten nach Art. 4-7 KM-VO eingeräumt.[399] § 3 MinRohSorgG enthält insoweit eine nicht abschließende Aufzählung.[400] § 3 MinRohSorgG enthält u. a. die Befugnis der BGR, Abhilfemaßnahmen gegenüber den Unionseinführern zu verfügen, § 3 Abs. 3 Nr. 3 MinRohSorgG, oder die Befugnis der BGR, einen Unionseinführer zu verpflichten auf eigene Kosten eine erneute Prüfung durch einen unabhängigen Dritten i. S. d. Art. 6 KM-VO einzuholen, sollte ein Verstoß festgestellt worden sein, § 3 Abs. 3 Nr. 6a Min-RohSorgG.[401] Zur Durchführung ihrer Aufgaben werden der Behörde in §§ 6, 7 MinRohSorgG weitreichende Auskunfts- und Betretensrechte sowie Rechte zur Einsicht in geschäftliche Unterlagen und Aufzeichnungen der Unionseinführer gewährt.[402]

---

397 Für eine vollständige Liste der in den Mitgliedstaaten zuständigen Behörden vgl. *Europäische Kommission*, List of Member State competent authorities designated unter Article 10(1) of Regulation (EU) 2017/821, 3.1.2023, online abrufbar unter: https://circabc.europa.eu/ui/group/8a31feb6-d901-421f-a607-ebbdd7d59ca0/library /57e39c9a-68fd-4407-ad52-5eae7199b3b2/details (zuletzt abgerufen: 30.9.2023).

398 Vgl. https://www.bgr.bund.de/DE/Gemeinsames/UeberUns/DEKSOR/DEK SOR_node.html (zuletzt abgerufen: 30.9.2023). Eingehend zur Praxis der DEK-SOR und den Herausforderungen bei der Durchführung der KM-VO *Baier/Baum*, ZfPC 2022, 154 ff.

399 Ausführlich zu den Befugnissen der BGR *Baier/Baum*, ZfPC 2022, 211, 216; *Fehse/Markmann*, EuZW 2021, 113, 118.

400 Vgl. insoweit die Formulierung „insbesondere", § 3 Abs. 3 MinRohSorgG; vgl. auch *Fehse/Markmann*, EuZW 2021, 113, 118.

401 Hierzu auch *Fehse/Markmann*, EuZW 2021, 113, 118.

402 *Dierkes/Laumann*, in: Nietsch, Corporate Social Responsibility Compliance, § 24 Rn. 31; *Fehse/Markmann*, EuZW 2021, 113, 118.

2. Verwaltungsvollstreckung

Anordnungen gegenüber einem Unionseinführer kann die BGR nach § 9 MinRohSorgG mittels eines Zwangsgeldes in einer Höhe bis zu 50.000 EUR durchsetzen. Die Vorschrift trifft eine spezialgesetzliche Anordnung eines bestimmten Zwangsmittels, welche den Bestimmungen zum Verwaltungsverfahren auf Bundesebene nach §§ 9 ff. VwVG vorgeht.[403] Ein Zwangsgeld i. S. d. VwVG hat die Rechtsnatur eines Beugemittels.[404] Es dient dazu, eine auferlegte Verhaltenspflicht durchzusetzen, ohne vergangenes Verhalten zu ahnden, weswegen auch kein Verschulden für die Auferlegung eines Zwangsgeldes erforderlich ist.[405] Repressive Maßnahmen, soweit ein Unionseinführer gegen die KM-VO verstößt, sind im MinRohSorgG nicht vorgesehen. Die Weichen für diese relativ schwache Durchsetzung sind bereits in Art. 17 Abs. 3 KM-VO gestellt. Danach sollen die zuständigen Behörden der Mitgliedstaaten zumindest vorerst nicht die Befugnis haben, „Strafen" gegenüber den Unionseinführern zu verhängen, die die Sorgfaltspflichten nicht einhalten.[406] Dies soll gemäß Art. 17 Abs. 3 KM-VO im Rahmen der Überprüfung durch die Europäische Kommission zum 1.1.2023 evaluiert werden.

3. Offenlegung durch die BGR

Darüber hinaus hat die BGR nach § 3 Abs. 5 MinRohSorgG jährlich einen Bericht über festgestellte Verstöße und angeordnete Abhilfemaßnahmen zu veröffentlichen. Dieser Bericht soll jedoch nach § 3 Abs. 5 S. 2 MinRohSorgG weder die Unionseinführer nennen, gegenüber denen Abhilfemaßnahmen angeordnet wurden, noch eine Liste aller Unionseinführer

---

403 Vgl. für die Wirkung spezialgesetzlich vorgeschriebener Zwangsmittel *Deutsch/Burr*, in: BeckOK VwVfG, 60. Edt. Stand: 1.4.2022, § 9 VwVG Rn. 6; *Troidl*, in: Engelhardt/App/Schlattmann, VwVG VwZG, 12. Aufl. 2021, § 9 VwVG Rn. 1.

404 BVerwG, Urt. v. 21.1.2003 – 1 C 5/02, NVwZ 2003, 1271, 1272; *Deutsch/Burr*, in: BeckOK VwVfG, 60. Edt. Stand: 1.4.2022, § 11 VwVG Rn. 2.

405 BVerwG, Urt. v. 21.1.2003 – 1 C 5/02, NVwZ 2003, 1271, 1272; Urt. v. 16.12.2004 – 1 C 30/03, NVwZ 2005, 819, 820; *Deutsch/Burr*, in: BeckOK VwVfG, 60. Edt. 1.4.2022, § 11 VwVG Rn. 2. Zum MinRohSorG *Baier/Baum*, ZfPC 2022, 154, 155.

406 Vgl. hierzu *Baier/Baum*, ZfPC 2022, 211, 216; *Klimke/Elsholz*, in: Kaltenborn et al., Lieferkettenrecht, 2023, EU-Konfliktmineralien-VO, Rn. 88; *Nowrot*, in: Feichtner/Krajewski/Roesch, Human Rights in the Extractive Industries, 2019, 51, 69; *Vioque*, EuCLR 2021, 73, 84 f. befürwortet hingegen eine strafrechtliche Ahndung von Verstößen gegen die Sorgfaltspflichten der KM-VO.

beinhalten. Der deutsche Gesetzgeber schöpft folglich das verhaltenssteuernde Potenzial von *„naming and shaming"* der KM-VO nicht voll aus. Dieses ist dann von besonderer Wirksamkeit, wenn eine Behörde einen Akteur klar benennt, der einen Rechtsverstoß begangen hat.[407]

II. Überblick über die Durchführung in den übrigen EU-Mitgliedstaaten

Bei der Durchführung der KM-VO in den einzelnen Mitgliedstaaten zeigen sich Unterschiede.[408] Die Durchführung in den meisten Mitgliedstaaten sieht vor, dass die zuständigen Behörden Anordnungen gegenüber Unionseinführern mittels Zwangsgeldes oder eines Äquivalents durchsetzen können.[409] Die Höhe der Zwangsgelder fällt dabei sehr unterschiedlich aus, da die KM-VO keine Vorgaben macht.[410] So kann die zuständige Behörde in Österreich sog. Zwangsstrafen von maximal 726 EUR, die luxemburgische Behörde dagegen Zwangsgelder von bis zu 100.000 EUR festsetzen.[411] In den Niederlanden wird die Höhe des Zwangsgeldes anhand einer Berechnung des wirtschaftlichen Nutzens der Nichteinhaltung der Vorschriften ermittelt.[412] Eine weiterreichende Regelung hat bspw. Finnland getroffen: Soweit ein Unionseinführer keine Abhilfemaßnahmen ergreift, kann die zuständige mitgliedstaatliche Behörde ihm das Inverkehrbringen der Mineralien oder Metalle verbieten.[413]

---

407 *Schwartz*, Harvard Business Law Review 6:1 (2016), 129, 161; sowie *supra* Kapitel 2 C. II.

408 Für einen Vergleich siehe *EURAC et al.*, The EU Conflict Minerals Regulation Implementation at the EU Member State Level, 2021.

409 *EURAC et al.*, The EU Conflict Minerals Regulation Implementation at the EU Member State Level, 2021, S. 12, 24 f.

410 *EURAC et al.*, The EU Conflict Minerals Regulation Implementation at the EU Member State Level, 2021, S. 12.

411 *EURAC et al.*, The EU Conflict Minerals Regulation Implementation at the EU Member State Level, 2021, S. 12; zum Recht in Österreich *Küblböck*, OFSE Policy Note 36 (2021), S. 2 (Fn. 6).

412 *EURAC et al.*, The EU Conflict Minerals Regulation Implementation at the EU Member State Level, 2021, S. 25.

413 Vgl. § 11 Abs. 2 Lag om utsläppande på marknaden av konfliktmineraler och malmer av dessa, 30.12.2020/1196, schwedische Version online abrufbar unter: https://www.finlex.fi/sv/laki/ajantasa/2020/20201196?search%5Btype%5D=pika&search%5Bpika%5D=2017%2F821 (zuletzt abgerufen: 30.9.2023); *EURAC et al.*, The EU Conflict Minerals Regulation Implementation at the EU Member State Level, 2021, S. 12.

Einige Mitgliedstaaten nutzen zudem „*naming and shaming*" zur Durchsetzung der KM-VO. So soll bspw. die zuständige mitgliedstaatliche Behörde Tschechiens die Anordnung von Abhilfemaßnahmen veröffentlichen.[414] Zudem soll eine Liste von Unternehmen, die die Sorgfaltspflichten nicht einhalten, veröffentlicht werden und dazu über die Kanäle der sozialen Medien verbreitet werden, sodass ein vielversprechendes „*naming and shaming*"-Regime etabliert wird.[415] Auch in Schweden ist eine Veröffentlichung einer Liste der Unionseinführer vorgesehen.[416] Die zuständige Behörde in den Niederlanden plant hingegen die Webadressen zu den Berichten der Unionseinführer zu bündeln und diese im Internet bereitzustellen.[417] Darüber hinaus sollen die Namen der Unionseinführer, die gegen die Verordnung verstoßen veröffentlicht werden.[418] In Österreich kann eine Liste der Namen und Webadressen der Unionseinführer auf der Webseite der zuständigen Behörde veröffentlicht werden, § 222c Abs. 7 Mineralrohstoffgesetz (MinroG).[419] Diese Offenlegungen sind von besonderer Bedeutung für die Überwachungsfunktion der Zivilgesellschaft.[420]

III. Private enforcement möglich?

Die KM-VO und ihre Durchführungsvorschriften in Deutschland sehen ein *public enforcement* vor. Gegenstand der vorliegenden Arbeit ist indes nicht eine isolierte Betrachtung der KM-VO. Vielmehr soll die Frage untersucht werden, ob die KM-VO Auswirkungen auf zivilrechtliche Haftungskonstellationen haben kann. Bevor die einschlägigen Anspruchsgrundlagen

---

Das Verbot ist zeitlich beschränkt und kann drei Monate bzw. bei einer saisonalen Tätigkeit ein Jahr dauern und mit Zwangsgeldern kombiniert werden.

414 *EURAC et al.*, The EU Conflict Minerals Regulation Implementation at the EU Member State Level, 2021, S. 10.

415 *EURAC et al.*, The EU Conflict Minerals Regulation Implementation at the EU Member State Level, 2021, S. 10, 12; vgl. zu den Erfolgsaussichten von „*naming and shaming*" bereits *supra* Kapitel 2. C. II.

416 *EURAC et al.*, The EU Conflict Minerals Regulation Implementation at the EU Member State Level, 2021, S. 10.

417 *EURAC et al.*, The EU Conflict Minerals Regulation Implementation at the EU Member State Level, 2021, S. 10.

418 *EURAC et al.*, The EU Conflict Minerals Regulation Implementation at the EU Member State Level, 2021, S. 10.

419 *EURAC et al.*, The EU Conflict Minerals Regulation Implementation at the EU Member State Level, 2021, S. 10.

420 S. *supra* Kapitel 3 C.

in Teil 2 näher betrachtet werden, zeigen die nachfolgenden Überlegungen, dass die KM-VO eine zivilrechtliche Durchsetzung zwar nicht explizit vorsieht, aber auch nicht ausschließt.

Der Wortlaut der KM-VO selbst trifft keine Aussage zu zivilrechtlichen Ansprüchen. Nach der weit gefassten Vorschrift des Art. 16 Abs. 1 KM-VO obliegt es grundsätzlich den Mitgliedstaaten, Regeln über Verstöße gegen die Verordnung festzulegen. Konkret ergibt sich jedoch aus Art. 10 KM-VO, dass die mitgliedstaatlichen Behörden für die Anwendung der Verordnung zuständig sind. Zu ihren Zuständigkeiten und Befugnissen werden in den Art. 11-13 KM-VO Vorgaben gemacht.[421] Darüber hinaus soll die Europäische Kommission nach Art. 17 Abs. 3 KM-VO im Rahmen der Überprüfung der KM-VO bewerten, ob die zuständigen mitgliedstaatlichen Behörden in Zukunft die Befugnis erhalten sollen, „Strafen" bei anhaltender Nichteinhaltung der Pflichten der KM-VO zu verhängen. Die zuständigen mitgliedstaatlichen Behörden haben also (zumindest vorerst) nicht die Befugnis, Strafen zu verhängen.[422]

Insoweit könnte man überlegen, ob die Durchsetzungsvorschriften der KM-VO einen abschließenden Mechanismus festlegen, der einer zivilrechtlichen Haftung im Weg stünde. Hintergrund dieser Fragestellung ist eine vergleichbare Diskussion hinsichtlich der Marktmissbrauchsverordnung[423] (MAR), worin die Mitgliedstaaten in Art. 22 MAR ebenfalls zur Benennung einer zuständigen Behörde verpflichtet werden, deren Befugnisse in Art. 23 MAR ausdifferenziert werden. Darüber hinaus macht Art. 30 MAR differenzierte Vorgaben zu verwaltungsrechtlichen Sanktionen und anderen verwaltungsrechtlichen Maßnahmen. Vereinzelt klingt an, dass mit dem Erlass der MAR eine abschließende Regelung geschaffen werden sollte, welche allein auf ein *public enforcement* setzt und ein *private enforcement* ausschließt.[424] Nach überzeugender sowie wohl auch herrschender Auffassung sind die Bestimmungen der MAR einem *private enforcement* jedoch

---

421 S. *supra* Kapitel 3 C.

422 Vgl. *supra* Kapitel 3 C. III. 2.

423 Verordnung (EU) Nr. 596/2014 des Europäischen Parlaments und des Rates vom 16.4.2014 über Marktmissbrauch (Marktmissbrauchsverordnung) und zur Aufhebung der Richtlinie 2003/6/EG des Europäischen Parlaments und des Rates und der Richtlinie 2003/124/EG, 2003/125/EG und 2004/72/EG der Kommission, ABl. EU L 173/1, 12.6.2014.

424 Zu dieser Frage *Schütt*, Europäische Marktmissbrauchsverordnung und Individualschutz, 2018, S. 55 ff.; *Uhlmann*, Individualschutz im Kapitalmarkt- und Bankenaufsichtsrecht, 2021, S. 174 ff., die dies im Ergebnis jedoch beide ablehnen.

grundsätzlich zugänglich.[425] Diese Frage ist streng von der Frage nach einem Gebot eines *private enforcement* auf Grundlage des Effektivitätsgebots des Art. 4 Abs. 3 EUV zu trennen. In manchen Konstellationen nimmt der EuGH ein Gebot eines *private enforcement* an, um die effektive Durchsetzung eines Unionsrechtsakts zu erzielen.[426]

Am Wortlaut der KM-VO, insbesondere auch an Art. 17 Abs. 3 KM-VO, lässt sich eine abschließende Regelung hinsichtlich eines *private enforcement* jedoch nicht festmachen. Sowohl die deutsche als auch die englische Sprachfassung schließen jeweils explizit nur die Befugnis der *zuständigen mitgliedstaatlichen Behörde* aus, *Strafen*[427] zu verhängen. Die Vorschrift kann aus zweierlei Gründen kein Verbot eines *private enforcement* bedeuten: Zum einen würde im Rahmen eines *private enforcement* gerade nicht die zuständige mitgliedstaatliche Behörde tätig, sondern Private. Zum anderen unterscheidet sich die Zielrichtung von verwaltungsrechtlichen Befugnissen von der Zielrichtung zivilrechtlicher Ansprüche.[428] Im Rahmen einer zivilrechtlichen Haftung stehen kompensatorische Aspekte im Vordergrund, wohingegen mit den Mitteln des Verwaltungsrechts präventive oder repressive Zwecke verfolgt werden.[429] Nach dem Wortlaut der KM-VO sollen explizit nur repressive Maßnahmen ausgeschlossen werden. Diesen Ausschluss ebenfalls auf kompensatorische Aspekte zu erstrecken, überzeugt nicht.

In der Debatte zur MAR wird stichhaltig vorgetragen, dass nicht von der Nennung einer Art der Durchsetzung auf den Ausschluss der anderen

---

425 *Beneke/Thelen*, BKR 2017, 12, 13; so auch *Buck-Heeb*, Kapitalmarktrecht, 13. Aufl. 2023, § 7 Rn. 729 ff., die die Frage nach einer Schutzgesetzeigenschaft von Art. 15, 12 MAR aufwirft, allerdings mangels individualschützenden Gehalts verneint; *Hellgardt*, AG 2012, 154, 164 f. zu einem Entwurf der MAR; *Poelzig*, ZGR 2015, 801, 813 f.; *Rau*, BKR 2017, 57, 61; *Schütt*, Europäische Marktmissbrauchsverordnung und Individualschutz, 2018, S. 58 f.; so und auch eingehend zum Streitstand *Uhlmann*, Individualschutz im Kapitalmarkt- und Bankenaufsichtsrecht, 2021, S. 174 ff.; so auch i. E., ohne auf das genannte Problem einzugehen *Wagner*, in: MüKo BGB, 8. Aufl. 2020, § 823 BGB Rn. 578: „Allerdings sind die Zivilgerichte durch das Unionsrecht nicht daran gehindert, Art. 17 MAR als Schutzgesetz iSd § 823 Abs. 2 zu qualifizieren, zumal sein Individualschutzzweck auf der Hand liegt."

426 Hierzu *infra* Kapitel 5 C. I.

427 Die englische Sprachfassung spricht von „*penalties*".

428 So jeweils zur MAR *Beneke/Thelen*, BKR 2017, 12, 13; *Uhlmann*, Individualschutz im Kapitalmarkt- und Bankenaufsichtsrecht, 2021, S. 176.

429 So jeweils zur MAR *Beneke/Thelen*, BKR 2017, 12, 13; *Uhlmann*, Individualschutz im Kapitalmarkt- und Bankenaufsichtsrecht, 2021, S. 176.

Art geschlossen werden kann.[430] Grundsätzlich obliegt den Mitgliedstaaten die freie Wahl der Rechtsmittel, welche bekanntermaßen auch ein *private enforcement* einschließen.[431] Zudem obliegt die Kompetenz zur Durchführung von Rechtsakten der EU den Mitgliedstaaten auch dann, wenn der Rechtsakt auf einer ausschließlichen Gesetzgebungskompetenz der EU beruht,[432] was bei der KM-VO der Fall ist.[433] Die KM-VO beschränkt die Wahlfreiheit der Mitgliedstaaten nach dem expliziten Wortlaut aber nur bezüglich der Befugnis der mitgliedstaatlichen Behörden, Strafen für einen Verstoß gegen die Verordnung zu verhängen. Eine weitergehende Auslegung würde den Wortlaut überdehnen, denn Art. 16 Abs. 1 KM-VO überlässt es grundsätzlich den Mitgliedstaaten, Regeln über Verstöße gegen die Verordnung festzulegen.

Zudem hat sich jüngst gezeigt, dass dem Europäischen Gesetzgeber die Möglichkeit einer zivilrechtlichen Haftung für Verstöße gegen Sorgfaltspflichten in Bezug auf die Lieferkette durchaus geläufig ist: Im Rahmen des RL-Entwurfs zur *Corporate Sustainability Due Diligence* sind Regelungen mit präventivem, repressivem und auch kompensatorischem Gehalt enthalten.[434] Dies lässt den Schluss zu, dass der Europäische Gesetzgeber, hätte er eine abschließende Regelung zu einem *private enforcement* im Rahmen der KM-VO treffen wollen, nicht nur repressive Maßnahmen, sondern ebenfalls die zivilrechtliche Haftung ausgeschlossen hätte. Auch das potenzielle Gegenargument, der Europäische Gesetzgeber sei sich bei dem Erlass der KM-VO des Potenzials einer zivilrechtlichen Haftung für den Verstoß gegen Sorgfaltspflichten, die die Lieferkette betreffen, nicht bewusst gewesen, kann entkräftet werden: Die französische *loi de vigilance*, die im Jahr 2017 nach mehrjährigen Vorarbeiten erlassen wurde, stellt auf ein zivilrechtliches Haftungsregime ab.[435] Erste Gesetzesentwürfe stammen aus dem Jahr 2013.[436] Es ist davon auszugehen, dass dem Europäischen Gesetzgeber das Gesetzgebungsverfahren in Frankreich bekannt war, sodass ihm grundsätzlich das Potenzial einer zivilrechtlichen Haftung in der Lieferkette

---

430 *Beneke/Thelen*, BKR 2017, 12, 13; *Schütt*, Europäische Marktmissbrauchsverordnung und Individualschutz, 2018, S. 59.
431 *Uhlmann*, Individualschutz im Kapitalmarkt- und Bankenaufsichtsrecht, 2021, S. 177.
432 *Streinz*, in: ders., EUV/AEUV, 3. Aufl. 2018, Art. 2 AEUV Rn. 6.
433 S. *supra* Kapitel 3.A. II.
434 Eingehend *infra* Kapitel 6 G.
435 *Nasse*, Loi de vigilance, 2022, S. 45.
436 *Nasse*, Loi de vigilance, 2022, S. 50.

bewusst gewesen sein muss. Im Ergebnis sprechen demnach die besseren Argumente für die Möglichkeit einer zivilrechtlichen Haftung für Verstöße gegen die Pflichten der KM-VO. Auch der Wortlaut des MinRohSorgG auf mitgliedstaatlicher Ebene enthält keinen Ausschluss einer zivilrechtlichen Haftung. Die KM-VO (bzw. das MinRohSorgG als mitgliedstaatlicher Durchführungsrechtsakt) steht einem *private enforcement* der Pflichten aus der Verordnung also nicht entgegensteht.

D. Sec. 1502 Dodd-Frank Act als Vorbild der KM-VO

Die KM-VO hatte in Sec. 1502 Dodd-Frank Act ein Vorbild, dessen Wirksamkeit, wie in Kapitel 2 dargelegt wurde, heftig umstritten ist. Allerdings zeigt der Vergleich beider Rechtsakte, dass die EU die wesentlichen Kritikpunkte an der US-amerikanischen Vorschrift bei der Ausgestaltung der Verordnung bedacht hat. Mit anderen Worten: Die KM-VO greift die richtige Zielrichtung des Dodd-Frank Act auf, ohne dessen zentrale Schwächen zu kopieren.

I. Vergleich der Regelungsregime

1. Anwendungsbereich

Die Anwendungsbereiche von Sec. 1502 Dodd-Frank Act und der KM-VO weisen einige Unterschiede auf. Jedoch eint Sec. 1502 Dodd-Frank Act und die KM-VO, dass beide ausschließlich 3TG-Mineralien bzw. -Metalle betreffen.[437]

Die US-amerikanische Vorschrift gilt jedoch nur für 3TG-Mineralien oder -Metalle, welche aus der DRK oder ihren Anrainerstaaten stammen,[438] wohingegen die KM-VO grundsätzlich einen globalen Anwendungsbereich statuiert.[439] Letzteres ermöglicht die Reaktion auf sich verschiebende Kon-

---

437 *Nowrot*, in: Feichtner/Krajewski/Roesch, Human Rights in the Extractive Industries, 2019, 51, 63 nennt die KM-VO insoweit einen „Dodd-Frank Act Reloaded".

438 S. *supra* Kapitel 2. B. I.

439 Zum Vergleich auch *Baier/Baum*, ZfPC 2022, 154, 156; *Gasche*, Responsible Trading in Raw Materials, 2023, S. 129; *Macchi*, Journal of Human Rights Practice 2021, 270, 276; *Nowrot*, in: Feichtner/Krajewski/Roesch, Human Rights in the Extractive Industries, 2019, 51, 65.

fliktherde.[440] Zudem spielt der Mineralienabbau und -handel nicht nur in bewaffneten Konflikten in der Region der Großen Seen eine Rolle, sondern bspw. auch in Regionen Südamerikas.[441] Der globale Anwendungsbereich der KM-VO begegnet auch der an Sec. 1502 Dodd-Frank Act geübten Kritik, dass der enge geografische Anwendungsbereich Anreize für Unternehmen bewirkt habe, die Beschaffung der Rohstoffe aus der DRK und den Anrainerstaaten zu vermeiden.[442] Allerdings hat die Europäische Kommission nach Vorgaben der KM-VO die CARAHs-Liste erstellt.[443] Obwohl die CAHRAs-Liste eine nicht abschließende Auflistung von Konflikt- und Hochrisikogebieten beinhaltet, wurde die Gefahr aufgezeigt, dass Unionseinführer die Beschaffung von Mineralien oder Metallen aus diesen Regionen meiden, was vergleichbar mit den Effekten des Sec. 1502 Dodd-Frank Act ein De-facto-Embargo zur Folge haben könnte.[444]

Große Unterschiede zeigen sich im persönlichen Anwendungsbereich von Sec. 1502 Dodd-Frank Act und der KM-VO: Sec. 1502 Dodd-Frank Act adressiert grundsätzlich alle Unternehmen, die an der US-Börse gelistet und gegenüber der SEC berichtspflichtig sind, und somit potenziell

---

440 Hierzu *Europäische Kommission*, Commission Staff Working Document Impact Assessment SWD(2014) 53 final, 5.3.2014, S. 18: „This situation [bewaffnete Konflikte mit Verknüpfungen zu Mineralien] is not static however and the risk of deeper or new conflicts continues."

441 *Europäische Kommission*, Commission Staff Working Document Impact Assessment SWD(2014) 53 final, 5.3.2014, S. 18; *Elsholz*, Beiträge zum Transnationalen Wirtschaftsrecht 148 (2017), S. 27; bspw. zu Gold aus Kolumbien *Macchi*, Journal of Human Rights Practice 2021, 270, 277.

442 *Europäische Kommission*, Commission Staff Working Document Impact Assessment SWD(2014) 53 final, 5.3.2014, S. 29: „By requiring no additional action and cost for enterprises when they can reasonably establish that 'conflict minerals' do not originate in the DRC or the adjoining countries the US D[odd-]F[rank] A[ct] has created an incentive to avoid sourcing from the region, and in particular from DRC. Sourcing outside the region is therefore a low-cost and a low-risk business decision whereas remaining engaged entails significant due diligence, audit and organisational costs. The probably unintended result is that DRC minerals continue to be exported, yet informally and at very low prices, to countries from which sourcing is considered conflict free."; sowie *supra* Kapitel 2 C. IV.

443 S. *supra* Kapitel 3 B. III. 2.

444 *Heße/Klimke*, EuZW 2017, 446, 449 f.; *Klimke/Elsholz*, in: Kaltenborn et al., Lieferkettenrecht, 2023, EU-Konfliktmineralien-VO, Rn. 46; *Nowrot*, in: Bungenberg et al., European Yearbook of International Economic Law, 2017, 281, 389 f.; *ders.*, in: Feichtner/Krajewski/Roesch, Human Rights in the Extractive Industries, 2019, 51, 65.

Unternehmen entlang der gesamten Lieferkette.[445] Die KM-VO adressiert hingegen nur die *Unionseinführer* der 3TG-Mineralien oder -Metallen in Rohform und somit nur eine geringe Zahl an Akteuren in der Lieferkette, die entweder in der vorgelagerten oder zu Beginn der nachgelagerten Lieferkette agieren.[446] Die Begrenzung des Anwendungsbereichs wird damit begründet, dass grundsätzlich eine Rückverfolgung der Herkunft der Rohstoffe nur bis zur Schmelze oder Veredelung der Mineralien möglich sei.[447] An ebendieser Stelle setzt die KM-VO an. Hierbei wurden Erfahrungen, die mit Sec. 1502 Dodd-Frank Act gemacht wurden berücksichtigt, der auch Unternehmen der nachgelagerten Lieferkette adressiert: Viele von Sec. 1502 Dodd-Frank Act adressierte Unternehmen ergriffen die erforderlichen Sorgfaltspflichtenmaßnahmen nicht oder gaben an, die Herkunft der Mineralien nicht nachvollziehen zu können.[448]

Im Gegensatz zur KM-VO sieht Sec. 1502 Dodd-Frank Act auch keine De-minimis-Ausnahme vor, was Kritik hervorgerufen hat.[449]

2. Sorgfaltspflichten

Ursprünglich schlug die Europäische Kommission in einem Entwurf für die KM-VO aus dem Jahr 2014 die Einführung eines freiwilligen Selbstzertifizierungssystems für sog. „verantwortungsvolle Einführer" vor.[450] Begründet wurde dies mit dem Bestreben, die negativen kommerziellen Anreize, die Sec. 1502 Dodd-Frank Act geschaffen habe, zu vermeiden.[451] Die Nachfrage nach den Rohstoffen aus Konfliktgebieten sollte gestärkt

---

445 S. *supra* Kapitel 2 B. I.

446 *Nowrot*, in: Feichtner/Krajewski/Roesch, Human Rights in the Extractive Industries, 2019, 51, 64.

447 *Nowrot*, in: Feichtner/Krajewski/Roesch, Human Rights in the Extractive Industries, 2019, 51, 64; sowie *supra* Kapitel 3 B. I. 1.

448 *Europäische Kommission*, Commission Staff Working Document Impact Assessment SWD(2014) 53 final, 5.3.2014, S. 23 ff.; s. *supra* Kapitel 2 C. III.

449 S. *supra* Kapitel 2 C.

450 S. *supra* Kapitel 3 A. III.

451 *Europäische Kommission*, Commission Staff Working Document Impact Assessment SWD(2014) 53 final, 5.3.2014, S. 31, 46: Specific Objects Nr. 7: „Offset/reduce the adverse commercial incentive created or exacerbated by US D[odd-]F[rank] A[ct]."; hierzu auch *Klimke/Elsholz*, in: Kaltenborn et al., Lieferkettenrecht, 2023, EU-Konfliktmineralien-VO, Rn. 6.

werden.[452] Anstatt eines freiwilligen Selbstzertifizierungssystems beinhaltet die KM-VO jedoch verbindliche Sorgfaltspflichten. Allerdings unterscheiden sich auch die verbindlichen Sorgfaltspflichten der KM-VO von den Pflichten der Unternehmen nach Sec. 1502 Dodd-Frank Act und der *finale rule* der SEC: Art. 4, 5 KM-VO verpflichten die Unionseinführer zur Verhinderung oder Milderung negativer Auswirkungen in der Lieferkette.[453] Sec. 1502 Dodd-Frank Act statuiert hingegen nichtfinanzielle Berichtspflichten zur Herkunft von 3TG-Mineralien oder -Metallen und verknüpft diese mit einem *„naming and shaming"*-Durchsetzungsmechanismus, was letztlich eine Verhaltenssteuerung der adressierten Unternehmen bewirken soll.[454] Nach Sec. 1502 Dodd-Frank Act besteht hingegen keine Verpflichtung der Unternehmen, ermittelte Risiken in der Lieferkette zu verhindern oder zu mildern.[455] Auch die Unionseinführer sind nach Art. 7 KM-VO zur Offenlegung der ergriffenen Maßnahmen für die Erfüllung der Sorgfaltspflicht verpflichtet, womit Transparenz geschaffen werden soll.[456] Dies ermöglicht Vertragspartnern, Verbrauchern oder Anlegern, Informationen zu den Bemühungen der Unionseinführer einzuholen, und beinhaltet Aspekte einer Verhaltenssteuerung.[457] Im Gegensatz zu Sec. 1502 Dodd-Frank Act erschöpft sich das Sorgfaltspflichtensystem der KM-VO jedoch nicht in der Ermittlung der Herkunft der Mineralien und der Berichterstattung hierüber.

---

452 *Europäische Kommission*, Commission Staff Working Document Impact Assessment SWD(2014) 53 final, 5.3.2014, S. 32, 45: „Support demand from conflict-affected areas: facilitate switching by EU operators to due diligence compliant smelters/refiners sourcing in those areas."

453 S. *supra* Kapitel 3 B. II. 2. a), b).

454 *Nowrot*, in: Feichtner/Krajewski/Roesch, Human Rights in the Extractive Industries, 2019, 51, 70.

455 S. *supra* Kapitel 2 B. III. 3.

456 *Nowrot*, in: Feichtner/Krajewski/Roesch, Human Rights in the Extractive Industries, 2019, 51, 71 f.

457 Ähnlich *Nowrot*, in: Feichtner/Krajewski/Roesch, Human Rights in the Extractive Industries, 2019, 51, 72: „Finally and presumably most notable in the present context, the fact that various disclosure obligations incumbent upon covered economic actors are also concerned with providing access to information for the wider public, including consumers and other stakeholders, can be regarded as a clear indication that these procedural duties are not merely supplementary means aimed at facilitating the enforcement of substantive due diligence obligations by the competent authorities of the member states, but are actually envisioned as a compliance mechanism in its own right by allowing for public actions like the exercise of consumer choices based on the information received."

II. Bewertung des Einflusses von Sec. 1502 Dodd-Frank Act auf die KM-VO

Rechtsordnungen können andere Rechtsordnungen beeinflussen – von der gesamten Übernahme eines Gesetzbuches oder Rechtssystems bis zu der Übernahme einzelner Passagen oder Rechtsfiguren sind viele Konstellationen denkbar.[458] Es existieren viele Begriffe, diesen Prozess zu beschreiben: So ist etwa von Rezeptionen, Adoptionen, Rechtsbeeinflussungen, Rechtsübernahme, Rechtstransfers und im angloamerikanischen Sprachgebrauch von *legal transplants*[459] die Rede.[460] Eine trennscharfe Abgrenzung der Begriffe ist kaum möglich.[461] Relevant erscheint vorliegend, unter welchen Bedingungen und mit welchen Folgen fremde Rechtsbestandteile verwendet werden.[462]

Übernimmt ein Gesetzgeber Elemente aus einer fremden Rechtsordnung, könnte davon ausgegangen werden, dass in der Regel eine zumindest vermeintlich bessere oder jedenfalls bewährte oder vielversprechende Lösung in die eigene Rechtsordnung übertragen wird. Nach *Kischel* kann eine ausländische Rechtsordnung für den Gesetzgeber „sogar als juristischer Feldversuch" verstanden werden.[463] Blickt man auf Sec. 1502 Dodd-Frank Act, könnte man mit vielen Stimmen von einem gescheiterten „Feldversuch" sprechen, da dessen Wirksamkeit heftig umstritten ist.[464] Teilweise wird die Vorschrift „*bad law*"[465] genannt, manche Experten attestierten ihr

---

458 So *Kischel*, Rechtsvergleichung, 2015, § 2 Rn. 24; *Watson*, Legal Transplants, 2. Aufl. 1993, S. 30: „Actually, receptions and transplants come in all shapes and sizes." Zur Rechtsvergleichung durch den Gesetzgeber auch *Zweigert/Kötz*, Einführung in die Rechtsvergleichung, 3. Aufl. 1996, S. 14 ff.

459 Der Begriff geht zurück auf *Watson*, vgl. *Watson*, Legal Transplants, 2. Aufl. 1993; vgl. dazu *Fleischer*, NZG 2004, 1129 f.

460 Eingehend zu den Begriffen *v. Hein*, Die Rezeption US-amerikanischen Gesellschaftsrechts in Deutschland, 2009, S. 7 ff., 54 ff.; *Fleischer*, NZG 2004, 1129, 1130; zu den Begriffen in der englischen Sprache *Grazediadi*, in: Reimann/R. Zimmermann, Oxford Handbook of Comparative Law, 2. Aufl. 2019, 442, 444 f.

461 So auch *Watson*, Legal Transplants, 2. Aufl. 1993, S. 30; offengelassen ebenfalls durch *Kischel*, Rechtsvergleichung, 2015, § 2 Rn. 34.

462 Dies wird unter dem Stichwort der Rechtsübernahme oder *legal transplant* untersucht, vgl. *Kischel*, Rechtsvergleichung, 2015, § 2 Rn. 34; ähnlich *Berkowitz/Pistor/Richard*, The American Journal of Comparative Law 51:1 (2003), 163, 165, die die folgenden Fragen untersuchen: „First, do Legal Transplants ever work? And second, in cases where they worked, what made the difference?".

463 *Kischel*, Rechtsvergleichung, 2015, § 2 Rn. 29.

464 S. *supra* Kapitel 2 C.

465 *Woody*, Maryland Law Review, 2019, 291, 292.

ein Scheitern.[466] Allerdings fällt die Bewertung von Sec. 1502 Dodd-Frank Act nicht einheitlich aus.[467]

Unterstellt man, dass Sec. 1502 Dodd-Frank Act gescheitert ist, wirft dies die Frage auf, ob die Unterschiede zwischen der KM-VO und Sec. 1502 Dodd-Frank Act groß genug sind, um die der US-amerikanischen Vorschrift attestierten Defizite zu beseitigen. Im Rahmen des Entwurfsprozesses zur KM-VO setzte sich die Kommission ausführlich mit Sec. 1502 Dodd-Frank Act auseinander.[468] In den Materialien zum Verordnungsentwurf aus dem Jahr 2014 wird deutlich, dass die Kommission den unbeabsichtigten Folgen, welche der US-amerikanischen Regelung zugeschrieben werden, weitreichende Beachtung geschenkt hat.[469] Gemeinsamkeiten zwischen Sec. 1502 Dodd-Frank Act und der KM-VO bestehen zwar offensichtlich im Hinblick auf die Zielsetzungen beider Rechtsakte und den sachlichen Anwendungsbereichs, der jeweils 3TG-Mineralien erfasst.[470] Im Übrigen überwiegen aber die Unterschiede zwischen den Regelungen: Weder der geografische noch der persönliche Anwendungsbereich stimmen miteinander überein.[471] Zudem statuiert die KM-VO ein verbindliches Sorgfaltspflichtensystem, welches auf die Verhinderung oder Milderung von negativen Auswirkungen entlang der Lieferkette gerichtet ist, wogegen Sec. 1502 Dodd-Frank Act die Unternehmen nur zur Ermittlung der Herkunft der Mineralien und zur Berichterstattung hierüber verpflichtet.[472] Ob die KM-VO in der Praxis die gewünschte Wirksamkeit entfalten wird, wird sich allerdings erst mit einigem Abstand zum Inkrafttreten der Sorgfaltspflichten für die Unionseinführer zeigen.[473]

Außerdem war Sec. 1502 Dodd-Frank Act nicht allein der Treiber oder die Inspirationsquelle für den Erlass der KM-VO. Auch die in der Einleitung genannte Res. 1952 des UN-Sicherheitsrats aus dem Jahr 2010 fordert

---

466 S. *supra* Kapitel 2 C. V.

467 S. *supra* Kapitel 2 C. V.

468 Vgl. *Europäische Kommission*, Commission Staff Working Document Impact Assessment SWD(2014) 53 final, 5.3.2014, S. 26 ff.

469 *Europäische Kommission*, Commission Staff Working Document Impact Assessment SWD(2014) 53 final, 5.3.2014, S. 28 f.; vgl. auch *Elsholz*, Beiträge zum Transnationalen Wirtschaftsrecht 148 (2017), S. 17.

470 S. *supra* Kapitel 2 B. I. sowie Kapitel 3 B. I. 1.

471 S. *supra* Kapitel 2 B. I. sowie Kapitel 3 B. I. 2., 3.

472 S. *supra* Kapitel 2 III. sowie Kapitel 3 B. II.

473 Zweifel an der Effektivität der staatlichen Bemühungen zur Regulierung der Beschaffungspraktiken von Mineralien aus der DRK äußerste jüngst *UN-Sicherheitsrat*, Final report of the Group of Experts on the DRC, S/2021/560, v. 10.6.2021, S. 18 f.

die Staaten auf, das Bewusstsein für die Sorgfaltspflichtempfehlungen der UN-Expertengruppe der DRK zu fördern und die Importeure, verarbeitenden Unternehmen und Käufer von kongolesischen Mineralprodukten aufzurufen, sich daran oder an vergleichbare Leitlinien zu halten.[474] Daneben und in engem zeitlichem Zusammenhang mit der UN-Sicherheitsratsresolution und dem Erlass von Sec. 1502 Dodd-Frank Act wurden im Jahr 2011 die OECD-Leitsätze zu Konfliktmineralien vorgestellt.[475] Gleiches gilt für die UN-Leitprinzipien für Wirtschaft und Menschenrechte aus dem Jahr 2011, die die Staaten in Leitprinzip 7 aufrufen, Unternehmen bei der Beachtung von Menschenrechten in Konfliktgebieten zu unterstützen.[476] Ferner ist die KM-VO Teil einer über den Sektor der Konfliktmineralien hinausgehenden Tendenz zur Verrechtlichung der Verantwortung der Unternehmen für negative Auswirkungen auf Mensch oder Umwelt, die ihren Ausgangspunkt auf der Ebene des EU-Rechts bereits mit der CSR-Richtlinie nahm.[477]

Ohne Zweifel hatte Sec. 1502 Dodd-Frank Act Einfluss auf den Erlass der KM-VO. Doch stellt Sec. 1502 Dodd-Frank Act keinesfalls das einzige und auch nicht das relevanteste Vorbild für die KM-VO dar. Stattdessen orientiert sich die KM-VO zuvörderst an den OECD-Leitsätzen zu Konfliktmineralien, die sie zu verbindlichen Sorgfaltspflichten für die Unionseinführer umsetzt.[478] Eine Verpflichtung zu deren Umsetzung besteht nicht, weder

---

474 So fast wörtlich *UN-Sicherheitsrat*, Res. 1952 (2010), Nr. 8: „*Calls upon* all States to take appropriate steps to raise awareness of the due diligence guidelines referred to above, and urge importers, processing industries and consumers of Congolese mineral products to exercise due diligence by applying the aforementioned guidelines, or equivalent guidelines, containing the following steps as described in the final report (S/2010/596): strengthening company management systems, identifying and assessing supply chain risks, designing and implementing strategies to respond to identified risks, conducting independent audits, and publicly disclosing supply chain due diligence and findings"; vgl. auch Erwägungsgrund 5 KM-VO; S. auch *supra* Kapitel 1 C. I.

475 OECD Due Diligence Guidance for Responsible Supply Chains of Minerals from Conflict-Affected and High-Risk Areas, 2011.

476 *UN-Menschenrechtsrat*, UN Guiding Principles on Business and Human Rights: Implementing the United Nations "Protect, Respect and Remedy" Framework, UN-Doc. A/HRC/17/31, 21.3.2011; vgl. dazu *Macchi*, Journal of Human Rights Practice 2021, 270, 279.

477 S. *supra* Einleitung A. II.

478 Zur Rechtsbeeinflussung durch Völkerrecht und *soft law* („nichtnormativer Text") *Kischel*, Rechtsvergleichung, 2015, § 2 Rn. 27.

für Staaten noch die EU;[479] vielmehr hat sich der europäische Gesetzgeber freiwillig an dem *soft law* orientiert.[480]

Sec. 1502 Dodd-Frank Act ist also Teil eines Prozesses, der die EU zum Erlass der KM-VO veranlasste. Einfluss auf den Inhalt der KM-VO nahmen aber vorrangig die OECD-Leitsätze zu Konfliktmineralien. Die negativen Auswirkungen, die Sec. 1502 Dodd-Frank Act zugeschrieben werden, wurden beim Erlass der KM-VO berücksichtigt.

E. Ergebnisse in Thesenform

(1) Die KM-VO ist das Ergebnis eines politischen Kompromisses und eines langen Ringens um eine Einigung. Nachdem in einem Entwurf nur ein freiwilliges Selbstzertifizierungssystem vorgesehen war, konnte das Europäische Parlament letztlich verbindliche Sorgfaltspflichten durchsetzen.

(2) Der Anwendungsbereich der KM-VO ist eng gefasst. Der persönliche Anwendungsbereich der KM-VO beinhaltet nur Unionseinführer, also natürliche oder juristische Personen, die die Mineralien oder Metalle in die EU einführen oder einführen lassen. Der Anwendungsbereich ist auch nur für die Einführer von 3TG-Mineralien oder -Metallen in Rohform und ab einer bestimmten jährlichen Einfuhrmenge eröffnet. Unionseinführer von fertigen Teil- oder Endprodukten, für deren Herstellung 3TG-Mineralien oder -Metalle erforderlich waren, sind nicht vom Anwendungsbereich der KM-VO erfasst.

(3) Die KM-VO schafft ein robustes Sorgfaltspflichtensystem, das maßgeblich die OECD-Leitsätze zu Konfliktmineralien widerspiegelt. Die Verordnung beinhaltet Management- und Risikomanagementpflichten nach Art. 4 und Art. 5 KM-VO, deren Einhaltung nach Art. 6 KM-VO durch unabhängige Dritte zu prüfen ist. Daneben soll durch die Offenlegungspflichten des Art. 7 KM-VO Transparenz geschaffen werden. An maßgeblichen Stellen verweist die KM-VO auf die OECD-Leitsätze zu Konfliktmineralien, sodass das *soft law* für die Unionseinführer verbindlich wird.

---

479 OECD Due Diligence Guidance for Responsible Supply Chains of Minerals from Conflict-Affected and High-Risk Areas, 2. Aufl. 2013, S. 16.

480 Zur freiwilligen Orientierung an *soft law* siehe *Kischel*, Rechtsvergleichung, 2015, § 2 Rn. 27.

(4) Obwohl nach der Zielsetzung der KM-VO die Einschränkung der Finanzierung bewaffneter Gruppen und Sicherheitskräfte in Konflikt- und Hochrisikogebieten durch den Abbau und Handel von 3TG-Mineralien und -Metallen bezweckt wird, intendieren die Sorgfaltspflichten auch den Schutz menschenrechtlicher Güter.

(5) Zur Unterstützung der Unionseinführer bei der Erfüllung ihrer Sorgfaltspflichten sind ergänzende Maßnahmen vorgesehen: Diese beinhalten bspw. die Anerkennung von Systemen, die der Erfüllung der Sorgfaltspflicht dienen, eine weltweite Liste verantwortungsvoller Hütten und Raffinerien, Leitlinien zur Ermittlung von Konflikt- und Hochrisikogebieten sowie eine nichtabschließende Liste der Konflikt- und Hochrisikogebiete weltweit.

(6) In Deutschland ist entsprechend den Vorgaben der KM-VO eine behördliche Durchsetzung vorgesehen. Die zuständige Behörde (BGR) kann Abhilfemaßnahmen verhängen und deren Einhaltung mittels eines Zwangsgeldes durchsetzen. Strafen bei Verstößen gegen die KM-VO sind nicht vorgesehen.

(7) Eine zivilrechtliche Haftung für Verstöße gegen die KM-VO ist nach dem Maßstab des Unionsrechts nicht ausgeschlossen. Die Vorgaben in der KM-VO zu einer behördlichen Durchsetzung stehen einem *private enforcement* nicht entgegen.

(8) Der Vergleich der KM-VO mit Sec. 1502 Dodd-Frank Act zeigt erhebliche Unterschiede zwischen beiden Rechtsakten. Sec. 1502 Dodd-Frank Act gab zwar den Anstoß zum Erlass der KM-VO, allerdings wurden die negativen Auswirkungen, die Sec. 1502 Dodd-Frank Act zugeschrieben werden, im Rahmen der KM-VO berücksichtigt. Zudem bildet Sec. 1502 Dodd-Frank Act nicht allein die Inspirationsquelle für die KM-VO. Vielmehr orientiert sich die KM-VO zuvörderst an den OECD-Leitsätzen zu Konfliktmineralien.

Teil 2:
Die KM-VO und zivilrechtliche Haftungskonstellationen

Im Folgenden wird nach einer Klassifizierung von *Thomale/Hübner* zwischen sog. *einseitigen* und *zweiseitigen Haftungsmodellen* (Kapitel 4 und Kapitel 5) unterschieden.[481] Unter *zweiseitige Haftungsmodelle* fallen die zivilrechtlichen Ansprüche, die von Aktivitäten eines Wirtschaftsakteurs negativ beeinträchtigte Personen geltend machen.[482] Unter *einseitige Haftungsmodelle* fallen die Ansprüche, die sonstige Akteure, bspw. Verbraucher oder Abnehmer, geltend machen. Für die nachfolgenden Untersuchungen wird unterstellt, dass der Sitz (Satzungs- und Verwaltungssitz) eines Unionseinführers, der ein Unternehmen ist, in Deutschland liegt.

Kapitel 4: Einseitige Haftungsmodelle bei Verstoß gegen die Sorgfaltspflichten der KM-VO

A. Einführung

Ein Verstoß gegen die Sorgfaltspflichten der KM-VO könnte Auswirkungen auf einseitige Haftungsmodelle im kaufrechtlichen Mängelgewährleistungs-, im Lauterkeits- oder im Gesellschaftsrecht haben.[483] Die genannten Rechts-

---

481 *Thomale/Hübner*, JZ 2017, 385, 393.

482 Hierzu und in Folgenden *Thomale/Hübner*, JZ 2017, 385, 393; vgl. auch *Weller/Thomale*, ZGR 2017, 509, 517 ff.; zur Differenzierung zwischen Verhaltenssteuerung und Schadensersatzansprüchen von Betroffenen vgl. auch *Habersack/Ehrl*, AcP 219 (2019), 155, 190.

483 Zur Möglichkeit ebendieser privatrechtlichen Sanktionen im schweizerischen Recht bei Verstößen gegen den schweizerischen Gegenvorschlag des Parlaments zur Konzernverantwortungsinitiative, der letztlich erlassen wurde und der bezüglich der Vorschriften zu Konfliktmineralien auf der KM-VO beruht, vgl. *Atamer/Willi*, SZW 2020, 686, 700 f.

gebiete bergen erhebliche Haftungsrisiken für die Unionseinführer bzw. deren Organe, soweit es sich um Unternehmen handelt. Demzufolge können sie verhaltenssteuernde Wirkung gegenüber den Unionseinführern entfalten, wenngleich die einseitigen Haftungsmodelle keine Kompensation für Betroffene von negativen Auswirkungen entlang der Lieferkette bieten.[484]

Obwohl der Schwerpunkt der Debatte um die Menschenrechtsklagen auf einer deliktsrechtlichen Haftung der Unternehmen liegt,[485] wurden auch einseitigen Haftungsmodelle bereits vor dem Erlass verbindlicher Sorgfaltspflichten intensiv diskutiert.[486] Im Mittelpunkt der nachfolgenden Untersuchungen steht eine potenzielle Haftung der Unionseinführer wegen eines Verstoßes gegen die Sorgfaltspflichten der KM-VO; nur verkürzt wird, soweit geboten, auf eine mögliche Haftung für falsche öffentliche Berichterstattung im Rahmen der Offenlegungspflichten der Unionseinführer eingegangen.

B. Kaufrechtliche Mängelgewährleistungsansprüche

In und entlang der Lieferkette von Mineralien aus Konflikt- und Hochrisikogebieten herrschen mitunter verheerende Zustände.[487] Es besteht daher ein nachvollziehbares Interesse von Verbrauchern, Produkte zu kaufen,

---

484 Umfassend hierzu *Hübner*, Unternehmenshaftung für Menschenrechtsverletzungen, 2022, S. 323 ff.; *Weller/Thomale*, ZGR 2017, 509, 517; zum Mängelgewährleistungsrecht *Schirmer*, ZEuP 2021, 35, 43.

485 S. *supra* Einleitung B.

486 Umfassend *Hübner*, Unternehmenshaftung für Menschenrechtsverletzungen, 2022, S. 324 ff.; *Asmussen*, Haftung für CSR, 2020, S. 25 ff., der zudem noch die Haftung gegenüber Anlegern beleuchtet, siehe hierzu S. 55 ff.; zur Haftung aufgrund falscher öffentlicher Angaben zu CSR-Maßnahmen *Görgen*, Unternehmerische Haftung in transnationalen Menschenrechtsfällen, 2019, S. 419 ff., die zudem noch auf die Möglichkeit einer Anfechtung und Haftung aus *culpa in contrahendo* wegen fehlerhafter öffentlicher Angaben eingeht; *Haider*, Haftung von transnationalen Unternehmen und Staaten für Menschenrechtsverletzungen, 2019, S. 317 ff.; *Schramm*, Privatrechtliche Wirkung unternehmerischer Selbstverpflichtungen zur Einhaltung der Menschenrechte, 2020; *Lüttringhausen*, AcP 219 (2019), 29 ff. nur zu kaufrechtlichen Mängelgewährleistungsansprüchen; jeweils nicht auf das Lauterkeitsrecht eingehend *Weller/Thomale*, ZGR 2017, 509, 517 ff.; *Weller/Kaller/Schulz*, AcP 216 (2016), 389, 398 ff., 410 ff.

487 S. *supra* Kapitel 1 B. I.

die keine Konfliktverknüpfung aufweisen.[488] Auch Unternehmen können ein Interesse am Kauf von Produkten ohne Konfliktverknüpfung haben, welches ethischer Natur sein oder etwa aus der Befürchtung eines eigenen Reputationsschadens resultieren kann.[489] Daher stellt sich die Frage, ob Verkäufer oder Hersteller, die an die Sorgfaltspflichten der KM-VO gebunden sind, ihnen aber nicht nachkommen, gegenüber Unternehmen oder Verbrauchern nach Mängelgewährleistungsrecht haften.

Erforderlich wäre dafür, dass ein Verordnungsverstoß eines Pflichtigen einen Mangel i. S. d. Kaufrechts begründet. Die pflichtigen Unionseinführer von Mineralien und Metallen sind in der Regel Akteure in der „Mitte" der Lieferkette.[490] Typischerweise veräußern Unionseinführer also bspw. Metalle an Komponentenhersteller oder stellen Komponenten oder Endprodukte her, die an weitere Akteure der Lieferkette oder Endabnehmer veräußert werden.[491]

Die Hauptleistungspflicht eines Verkäufers besteht darin, dem Käufer die Sache frei von Sach- und Rechtsmängeln zu verschaffen, § 433 Abs. 1 S. 2 BGB.[492] Ist die Kaufsache mangelhaft, kann der Käufer Mängelgewährleistungsrechte nach § 437 BGB geltend machen.[493] Für die folgenden Überlegungen wird ein reiner Inlandssachverhalt unterstellt, der wohl auch regelmäßig vorliegen wird.[494] Ein Beispielsfall könnte wie folgt aussehen: Ein Handyhersteller kauft Handy-Akkus von einem Produzen-

---

488 In diese Richtung auch Erwägungsgrund 10 KM-VO: „Unionsbürger und Akteure der Zivilgesellschaft haben das Bewusstsein dafür geschärft, dass Wirtschaftsbeteiligte der Union für ihre mögliche Verbindung zum illegalen Abbau von und Handel mit Mineralen aus Konfliktgebieten nicht rechenschaftspflichtig sind. Verbraucher geraten durch solche potenziell in Konsumgütern enthaltene Minerale mit Konflikten außerhalb der Union in Verbindung. Dadurch geraten Verbraucher indirekt in Verbindung mit Konflikten, die schwerwiegende Auswirkungen auf die Menschenrechte haben".

489 Vgl. hierzu auch *Asmussen*, Haftung für CSR, 2020, S. 146.

490 S. *supra* Kapitel 3 B. III. 3.

491 S. *supra* Kapitel 1 B. III.

492 Vgl. auch statt vieler *Grunewald*, Kaufrecht, 2006, § 7 Rn. 1. Die folgenden Ausführungen beschränken sich auf das Kaufrecht, gelten jedoch entsprechend für Werklieferungsverträge, vgl. § 650 Abs. 1 S. 1 BGB, hierzu statt vieler *Retzlaff*, in: Grüneberg, 82. Aufl. 2023, § 650 BGB Rn. 9.

493 Statt vieler *Weidenkaff*, in: Grüneberg, 82. Aufl. 2023, § 434 BGB Rn. 6, § 437 BGB Rn. 1 f.

494 Vgl. *Hübner*, Unternehmenshaftung für Menschenrechtsverletzungen, 2022, S. 358 der auch darauf hinweist, dass bei einem Verbrauchsgüterkauf im Internet mit grenzüberschreitendem Bezug in der Regel das deutsche Recht nach Art. 6 Abs. 1 lit. a) Rom I-VO zur Anwendung kommt.

ten, der hierzu 3TG-Metalle in die EU einführte und dabei die Sorgfalts-pflichten der KM-VO missachtete. Der Handyhersteller hat angenommen, der Unionseinführer und Produzent der Handy-Akkus würde die Sorgfalts-pflichten der KM-VO erfüllen, und möchte Mängelgewährleistungsrechte geltend machen.

I. Verstoß gegen die Sorgfaltspflichten der KM-VO als Mangel

Verstößt der Unionseinführer gegen die Sorgfaltspflichten der KM-VO, könnte ein Mangel entweder darin liegen, dass die Sache den subjektiven Anforderungen nach § 434 Abs. 2 Nr. 1 BGB nicht genügt, also nicht die vereinbarte Beschaffenheit hat oder den objektiven Anforderungen nicht entspricht, weil die Sache nach § 434 Abs. 3 S. 1 Nr. 2 lit. a) BGB nicht die Beschaffenheit aufweist, die bei Sachen derselben Art üblich ist.

1. Vereinbarte Beschaffenheit nach § 434 Abs. 2 Nr. 1 BGB

a) Beschaffenheit der Kaufsache

Kaufrechtliche Mängelgewährleistung aufgrund eines Mangels nach § 434 Abs. 2 Nr. 1 BGB kommt nur hinsichtlich eines Verstoßes gegen eine Vereinbarung in Betracht, die die Beschaffenheit der Sache betrifft.[495] Nach § 434 BGB a. F. war die Auslegung des Begriffs der Beschaffenheit der Kaufsache umstritten.[496] Zum 1.1.2022 wurde die EU-Warenkaufrichtli-

---

495 *Asmussen*, Haftung für CSR, 2020, S. 156.
496 Offengelassen i. R. d. Schuldrechtsmodernisierungsgesetzes BT-Drs. 14/6040, S. 213: „Der Begriff ‚Beschaffenheit' soll nicht definiert werden. Insbesondere soll nicht entschieden werden, ob er nur Eigenschaften umfasst, die der Kaufsache unmittel-bar physisch anhaften oder ob auch Umstände heranzuziehen sind, die außerhalb der Sache selbst liegen." Vgl. zum Streitstand nur *Croon-Gestefeld*, NJW 2022, 497 ff. (Rn. 4 ff.); *Hübner*, Unternehmenshaftung für Menschenrechtsverletzungen, 2022, S. 349 ff.; *R. Koch*, MDR 2022, 1, 5 (Rn. 25); *Lüttringhausen*, AcP 219 (2019), 29, 34 ff.; *Westermann*, in: MüKo BGB, 8. Aufl. 2019, § 434 BGB Rn. 9 f. Teilweise wurde der Begriff der Beschaffenheit eng auslegten und stets ein physischer Be-zug zur Sache gefordert. So etwa OLG Hamm, Urt. v. 13.5.2003 – 28 U 150/02, NJW-RR 2003, 1360: „Die Eigenschaft/der Umstand muss in der Beschaffenheit der Kaufsache wurzeln und ihr unmittelbar (physisch) auf eine gewisse Dauer anhaften." Andere legten den Begriff weit aus, sodass ein tatsächlicher Bezug zur Sache ausreicht. So etwa noch zu § 434 BGB a. F. *Berger*, in: Jauernig, BGB, 18. Aufl.

nie[497] ins deutsche Kaufrecht umgesetzt und die Beschaffenheit wird seither in § 434 Abs. 2 S. 2, Abs. 3 S. 2 BGB näher konkretisiert.[498] Obwohl die Richtlinie nur für Verbraucherverträge gilt, behält § 434 BGB einen einheitlichen Beschaffenheitsbegriff bei, der unabhängig von den jeweiligen Vertragsparteien gilt.[499] § 434 Abs. 2 S. 2 und § 434 Abs. 3 S. 2 BGB konkretisieren den Begriff für die vereinbarte bzw. übliche Beschaffenheit durch eine nicht abschließende Aufzählung von Merkmalen, die zur Beschaffenheit gehören.[500] Die EU-Warenkaufrichtlinie nennt den Begriff der Beschaffenheit nicht, sondern spricht von Merkmalen.[501] Eine Begrenzung

---

2021, § 434 BGB Rn. 6 f.; *Hübner*, Unternehmenshaftung für Menschenrechtsverletzungen, 2022, S. 353; *Matusche-Beckmann*, in: Staudinger, 2023, § 434 BGB Rn. 61; *Reinicke/Tiedtke*, Kaufrecht, 8. Aufl. 2009, Rn. 307 ff.; ähnlich auch OLG München, BeckRS 2006, 10640, Urt. v. 6.9.2006 – 20 U 1860/06: „Beschaffenheit ist mit dem tatsächlichen Zustand der Sache gleichzusetzen und umfasst jede Eigenschaft und jeden der Sache anhaftenden tatsächlichen, wirtschaftlichen oder rechtlichen Umstand." Der BGH und die wohl herrschende Lehre vertraten grundsätzlich einen weiten Beschaffenheitsbegriff, von dem auch die Beziehungen der Sache zur Umwelt erfasst waren, die nach der Verkehrsauffassung einen Einfluss auf den Wert der Sache haben. Siehe etwa BGH, Urt. v. 5.11.2010 – V ZR 228/09, NJW 2011, 1217, 1218 (Rn. 13); BGH, Urt. v. 19.4.2013 – V ZR 113/12, NJW 2013, 1948, 1949 (Rn. 15); BGH, Urt. v. 15.6.2016 – VIII ZR 134/15, NJW 2016, 2874 (Rn. 10); ähnlich auch *Beckers*, Enforcing Corporate Social Responsibility Codes, 2015, S. 119: „To my understanding, the decision of whether the corporate code could be interpreted as a quality indication depends [...] on whether the agreed adherence of the trader to social environmental standards can be linked to the market value of the goods that he delivers."; *Croon-Gestefeld*, NJW 2022, 497, 498 (Rn. 7); *Grunewald*, NJW 2021, 1077, 1078 (Rn. 6 f.); *Lüttringhausen*, AcP 219 (2019), 29, 36; *Redeker*, Beschaffenheitsbegriff und Beschaffenheitsvereinbarung beim Kauf, 2012, S. 207 ff., 227 jeweils zu § 434 BGB a. F.; *Weidenkaff*, in: Grüneberg, 82. Aufl. 2023, § 434 BGB Rn. 11.

497 Richtlinie (EU) 2019/771 des Europäischen Parlaments und des Rates vom 20.5.2019 über bestimmte vertragsrechtliche Aspekte des Warenkaufs, zur Änderung der Verordnung (EU) 2017/2394 und Richtlinie 2009/22/EG sowie zur Aufhebung der Richtlinie 1999/44/EG, ABl. EU L 136/28, 22.5.2019.

498 *Faust*, in: BeckOK BGB, 67. Edt. Stand: 1.8.2023, § 434 BGB Rn. 14.

499 *Croon-Gestefeld*, NJW 2022, 497, 498 (Rn. 9).

500 So gehören zur vereinbarten Beschaffenheit nach § 434 Abs. 2 S. 2 BGB: „Art, Menge, Qualität, Funktionalität, Kompatibilität, Interoperabilität und sonstige Merkmale der Sache, für die die Parteien Anforderungen vereinbart haben." Zur üblichen Beschaffenheit nach § 434 Abs. 3 S. 2 BGB gehören: „Menge, Qualität und sonstige Merkmale der Sache einschließlich ihrer Haltbarkeit, Funktionalität, Komptabilität und Sicherheit." Vgl. auch *Croon-Gestefeld*, NJW 2022, 497, 498 (Rn. 9); *Wilke*, VuR 2021, 283 f.

501 Art. 6 lit. a), 7 Abs. 1 lit. b) EU-Warenkaufrichtlinie; vgl. dazu *Faust*, in: BeckOK BGB, 67. Edt. Stand: 1.8.2023, § 434 BGB Rn. 15.

auf physische Merkmale ist nicht angezeigt, vielmehr ergibt sich auch aus den Gesetzgebungsmaterialien zur Umsetzung der EU-Warenkaufrichtlinie, dass der weite Beschaffenheitsbegriff zugrunde gelegt wird.[502] Hiernach soll die Beschaffenheit „jegliche Merkmale einer Sache [umfassen], die der Sache selbst anhaften oder sich aus ihrer Beziehung zur Umwelt ergeben".[503]

Die Einhaltung der Sorgfaltspflichten haftet den Sachen, also den Mineralien, Metallen oder hieraus gefertigten Produkten, nicht physisch an: Mineralien oder Metalle, mit deren Abbau und Handel Konflikte finanziert wurden oder bei deren Abbau Kinderarbeit stattfand, unterscheiden sich physisch nicht von Mineralien oder Metallen, bei denen dies nicht der Fall ist.[504] Allerdings könnte es sich bei der Einhaltung der Sorgfaltspflichten um ein Merkmal handeln, das sich aus der Beziehung der Sache zur Umwelt ergibt.[505]

Auch im Rahmen des weiten Beschaffenheitsbegriffs dürfen die Merkmale allerdings eines hinreichenden Sachbezugs nicht entbehren, damit zwischen der Beschaffenheit der Kaufsache und Nebenabreden unterschieden werden kann.[506] Um zu bestimmen, wann ein Faktor noch die Beschaffenheit der Kaufsache betrifft, hat sich für freiwillig von Unternehmen verlautbarte CSR-Kodizes eine Unterscheidung nach dem Inhalt der Verlautbarungen entwickelt. Diese Unterscheidung wurde von *Asmussen* geprägt[507] und fand in der Literatur Anklang.[508]

Nach *Asmussen* ist zwischen produkt- und herstellungsbezogenen CSR-Kodizes und unternehmensbezogenen bzw. produktionsorientierten CSR-

---

502 BR-Drs. 146/21, S. 20; vgl. dazu *Faust*, in: BeckOK BGB, 67. Edt. Stand: 1.8.2023, § 434 BGB Rn. 15; *R. Koch*, MDR 2022, 1, 5 (Rn. 25).

503 BR-Drs. 146/21, S. 20; vgl. dazu *R. Koch*, MDR 2022, 1, 5 (Rn. 25); *Wilke*, VuR 2021, 283, 284.

504 Vgl. entsprechend *Lüttringhausen*, AcP 219 (2019), 29, 33.

505 Vgl. zum LkSG auch *R. Koch*, MDR 2022, 1, 5 (Rn. 27).

506 *Asmussen*, Haftung für CSR, 2020, S. 157 f.; *ders.*, NJW 2017, 118, 120; *Grunewald*, Kaufrecht, 2006, § 7 Rn. 5; *Reinicke/Tiedtke*, Kaufrecht, 8. Aufl. 2009, Rn. 307.

507 *Asmussen*, Haftung für CSR, 2020, S. 156 ff.; *ders.*, NJW 2017, 118, 119 f.

508 Vgl. etwa *R. Koch*, MDR 2022, 1, 5 (Rn. 27); *Schirmer*, ZEuP 2021, 35, 44 ff. Eine andere Differenzierung schlägt hingegen *Schramm*, Privatrechtliche Wirkung unternehmerischer Selbstverpflichtung zur Einhaltung der Menschenrechte, 2020, S. 156 f. vor. Er stellt hinsichtlich des Beschaffenheitsbegriffs darauf ab, ob eine Nacherfüllung nach § 439 BGB hypothetisch möglich ist. Dies sei bei Menschenrechtsverletzungen, die beim Rohstoffabbau geschehen, stets der Fall, da eine Nacherfüllung möglich ist, indem solche Sachen geliefert werden, in denen nur Rohstoffe verwendet wurden, bei deren Abbau die Menschenrechte gewahrt wurden.

Kodizes zu unterscheiden.[509] Produkt- oder herstellungsbezogene Angaben in CSR-Kodizes zeichnen sich durch eine Erfolgsorientierung aus und erfassen bspw. Angaben wie „keine Kinderarbeit in der Lieferkette" oder „wir verwenden kein Tropenholz/keine Konfliktmineralien".[510] Diese Angaben betreffen nach *Asmussen* die Beschaffenheit der Sache.[511]

Problematisch sei hingegen, ob auch unternehmensbezogene CSR-Kodizes sowie Angaben zu solchen produktbezogenen Faktoren, die sich in prozessorientierten Zusagen erschöpfen, die Beschaffenheit einer Sache betreffen.[512] Unternehmensbezogene CSR-Kodizes sind bspw. Angaben, mit denen sich Unternehmen allgemein zur Nachhaltigkeit bekennen; ein prozessorientierter CSR-Kodex ist hingegen bspw. die *Versprechung* eines Unternehmens sich dafür *einzusetzen*, dass keine Kinderarbeit in der Lieferkette von Kakao stattfindet.[513] *Asmussen* vertritt die Ansicht, dass sowohl die unternehmensbezogenen als auch die prozessorientierten CSR-Kodizes keinen hinreichenden Bezug zu der Sache aufweisen, sondern sich in Angaben zum Verhalten des Unternehmens erschöpfen.[514] „Bemühenszusagen" seien dem kaufrechtlichen Mängelgewährleistungsrecht fremd, eine Relevanz wäre nur bei „erfolgsorientierten Versprechen" möglich.[515]

Die Differenzierung, die *Asmussen* für freiwillige CSR-Kodizes entwickelt hat, könnte auch für die verbindlichen Sorgfaltspflichten der KM-VO hilfreich sein: Wendet man diese Kategorien auf die verbindlichen Sorgfaltspflichten an, wäre letztlich danach zu differenzieren, ob die Sorgfaltspflichten der KM-VO Erfolgs- oder Bemühenspflichten beinhalten. Die KM-VO, wie im Übrigen auch das LkSG oder der Entwurf der Europäischen Kommission für eine *Corporate Sustainability Due Diligence*-Richtlinie, sieht jedoch keine Erfolgs-, sondern lediglich Bemühenspflichten vor.[516] Nach *Asmussens* Klassifizierung würden sie damit wohl in den Bereich der

---

509 So *Asmussen*, Haftung für CSR, 2020, S. 157 ff.; *ders.*, NJW 2017, 118, 120; vgl. auch *Schirmer*, ZEuP 2021, 35, 44 ff.; ähnlich *Gasche*, Responsible Trading in Raw Materials, 2023, S. 322, die feststellt: „at least information related to the extraction or producing, manufacturing and processing stage not necessarily refer to the end-product."

510 Vgl. entsprechend *Schirmer*, ZEuP 2021, 35, 44.

511 *Asmussen*, Haftung für CSR, 2020, S. 156; *Schirmer*, ZEuP 2021, 35, 44.

512 *Asmussen*, Haftung für CSR, 2020, S. 156; *Schirmer*, ZEuP 2021, 35, 46.

513 Entsprechend *Schirmer*, ZEuP 2021, 35, 46.

514 *Asmussen*, Haftung für CSR, 2020, S. 158; *Schirmer*, ZEuP 2021, 35, 46.

515 So auch wörtlich *Asmussen*, Haftung für CSR, 2020, S. 159.

516 Zur KM-VO s. *supra* Kapitel 3 B. II. 4; zum LkSG vgl. BT-Drs. 19/30505, S. 2; zur *Corporate Sustainability Due Diligence*-Richtlinie vgl. *infra* Kapitel 6 D.

prozessorientierten Aspekte fallen, die keinen Bezug zur Beschaffenheit der Sache aufweisen. Die Beschaffenheit einer Sache wäre also nicht betroffen, wenn ein an die Sorgfaltspflichten der KM-VO gebundener Akteur, der die Sache oder Teile der Sache herstellt, seine Pflichten aus der Verordnung missachtet.

Allerdings besteht ein Unterschied zwischen freiwilligen Bemühenszusagen oder Bekenntnissen eines Unternehmens zur Nachhaltigkeit und verbindlichen Sorgfaltspflichten, wie sie die KM-VO statuiert. Die KM-VO ist darauf gerichtet, die Risiken der negativen Auswirkungen in der Lieferkette von 3TG-Mineralien und -Metallen in ihrem Anwendungsbereich zu verhindern oder zumindest zu minimieren. Die Verordnung macht den Unionseinführern konkrete Verhaltensvorgaben zur Reaktion auf das Risiko von negativen Auswirkungen beim Abbau und Handel der Mineralien oder Metalle. Wie sich aus Erwägungsgrund 10 zur KM-VO ergibt, spielte beim Erlass der Verordnung eine Rolle, dass Konsumgüter mit Mineralien, die aus Konfliktgebieten stammen, den Verbraucher indirekt in Verbindung mit Konflikten und Menschenrechtsverletzungen bringen. Mit anderen Worten: Mineralien oder Metalle, die in Rohform auf den Markt der EU gelangen, sollten im Idealfall keine Konfliktverknüpfung aufweisen. Es besteht eine enge Beziehung zwischen den Abbau- bzw. Handelsbedingungen und der Kaufsache, sodass ein hinreichender Bezug zur Sache gegeben ist.[517] Es ist folglich davon auszugehen, dass das Einhalten der Sorgfaltspflichten der KM-VO einen Faktor der Beschaffenheit der Sache darstellt.

b) Keine Beschaffenheitsvereinbarung durch die verbindlichen Sorgfaltspflichten

Allerdings stellt sich die Frage, ob in Konstellationen wie dem in der Einleitung genannten Beispielsfall eine vertragliche Vereinbarung der Beschaffenheit nach § 434 Abs. 2 Nr. 1 BGB vorliegt. Von den gesetzlich verbindlichen Sorgfaltspflichten, die die KM-VO für die Unionseinführer statuiert, kann nicht darauf geschlossen werden, dass eine Vereinbarung zwischen dem Käufer und Verkäufer besteht. Die KM-VO verpflichtet die Unionseinführer zur Erfüllung von Sorgfaltspflichten in der Lieferkette und zur öffentli-

---

517 Ähnlich zum LkSG *Fleischer*, DB 2022, 920, 927; *R. Koch*, MDR 2022, 1, 5 f. (Rn. 28), der hinsichtlich der Sorgfaltspflichten des LkSG von einem produktbezogenen Faktor ausgeht.

chen Berichterstattung. Gesetzlich auferlegte Sorgfaltspflichten können eine vertragliche Vereinbarung der Beschaffenheit nicht ersetzen.[518]

Etwas anderes ergibt sich auch nicht aus der Pflicht zur Offenlegung gegenüber unmittelbar nachgelagerten Abnehmern nach Art. 7 Abs. 2 KM-VO. Die Vorschrift erlegt den Unionseinführern die Pflicht auf, ihren unmittelbar nachgelagerten Abnehmern alle Informationen zur Verfügung zu stellen, die sie im Rahmen der Erfüllung der Sorgfaltspflicht erlangt haben, und die Informationen auf dem aktuellen Stand zu halten.[519] Von dieser Pflicht zur Offenlegung kann nicht ohne weiteres auf die *Vereinbarung* einer Beschaffenheit geschlossen werden, schließlich ist die Pflicht zur Offenlegung gesetzlich erzwungen.[520] Die Offenlegungspflicht soll zudem die Herkunft der Rohstoffe für die Abnehmer nachvollziehbar machen.[521]

Allerdings steht all dies nicht einer im Einzelfall zwischen den Vertragsparteien getroffenen Beschaffenheitsvereinbarung entgegen, die die Einhaltung der Sorgfaltspflichten der KM-VO zum Gegenstand haben kann.

2. Übliche Beschaffenheit anknüpfend an die Art der Sache nach § 434 Abs. 3 S. 1 Nr. 2 lit. a) BGB

Ein Mangel könnte auch dann gegeben sein, wenn die Sache den objektiven Anforderungen nicht entspricht, weil die Sorgfaltspflichten der KM-VO nicht eingehalten wurden. Insoweit ist insbesondere § 434 Abs. 3 S. 1 Nr. 2 lit. a) BGB relevant, wonach eine Sache mangelfrei ist, soweit sie „eine Beschaffenheit aufweist, die bei Sachen derselben Art üblich ist und die der Käufer [...] unter Berücksichtigung der Art der Sache" erwarten kann.[522] Die Anforderungen, die an die übliche und zu erwartende Beschaffenheit gestellt werden, richten sich nach der objektiv berechtigten Käufererwartung.[523] Die verbindlichen Sorgfaltspflichten der KM-VO könnten insoweit geeignet sein, die übliche Beschaffenheit einer Sache auszugestalten, als

---

518 So überzeugend *R. Koch*, MDR 2022, 1, 6 (Rn. 29 f.) zum LkSG; vgl. auch *Fleischer*, DB 2022, 920, 927.

519 S. *supra* Kapitel 3 B. II. 2. d).

520 So auch *R. Koch*, MDR 2022, 1, 6 (Rn. 29) zum LkSG.

521 Siehe zur „traceability" i. R. v. Art. 7 KM-VO auch *Vioque*, EuCLR 2021, 73, 84.

522 Vgl. zur Definition auch *Lorenz*, NJW 2021, 2065, 2066; *Saenger*, in: Schulze, BGB, 2021, § 434 BGB Rn. 26; vgl. entsprechend zur CSR-Erklärung nach § 289b HGB *Croon-Gestefeld*, NJW 2022, 497, 500 (Rn. 17).

523 Vgl. statt vieler BGH, Urt. v. 29.6.2011 – VIII ZR 202/10, NJW 2011, 2872, 2873 (Rn. 12); *Weidenkaff*, in: Grüneberg, 82. Aufl. 2023, § 434 BGB Rn. 27.

ein Käufer davon ausgehen könnte, dass der Unionseinführer die Sorgfaltspflichten der KM-VO eingehalten hat.

Vorschriften, die die sichere Verwendung einer Sache, ihre Funktionalität
oder Kompatibilität zum Gegenstand haben, kommt in der Regel Bedeutung für die übliche Beschaffenheit der Sache zu.[524] Im Gegensatz zu derartigen Vorschriften sind die Sorgfaltspflichten der KM-VO jedoch nicht
hinsichtlich aller oder zumindest überwiegend aller Waren zu erfüllen,[525] in
denen 3TG-Metalle enthalten sind. Werden bspw. Teil- oder Endprodukte
schon im Ausland gefertigt und in dieser verarbeiteten Form in die EU eingeführt, greifen die Sorgfaltspflichten der KM-VO nicht.[526] Bei im Ausland
gefertigten Teil- oder Endprodukten kann der Käufer also nicht erwarten,
dass die Sorgfaltspflichten einzuhalten waren. Aber auch für die Unionseinführer von Mineralien und Metallen in Rohform bestehen Ausnahmen
vom Anwendungsbereich der KM-VO, soweit Rohstoffe unterhalb einer
jährlichen Einfuhrmenge in die EU impotiert werden.[527] Gemessen am gesamten Importvolumen der EU sind diese Mengen zwar relativ gering; im
Einzelnen haben sie dennoch ein nicht unerhebliches Ausmaß: Die Mengenschwellen liegen bspw. bei 5.000 kg Zinnerzen und ihren Konzentraten
oder 250.000 kg Wolframerzen und ihren Konzentraten.[528] Die Ausnahmen
bedingen, dass die Einhaltung der Sorgfaltspflichten der KM-VO keine
Beschaffenheit darstellt, die bei Sachen derselben Art üblich ist und die
der Käufer auf Grundlage objektiv berechtigter Käufererwartung (*immer*)
voraussetzen kann.

3. Zwischenergebnis

Ein Verstoß gegen die Sorgfaltspflichten der KM-VO begründet – für sich
genommen – noch keinen Mangel i. S. d. § 434 BGB.

---

524 *Faust*, in: BeckOK BGB, 67. Edt. Stand: 1.8.2023, § 434 BGB Rn. 92; *Saenger*, in:
  Schulze, BGB, 11. Aufl. 2021, § 434 BGB Rn. 26.
525 Das ProdSG sieht etwa nur geringe Ausnahmen vom Anwendungsbereich vor, vgl.
  § 1 ProdSG.
526 S. *supra* Kapitel 3 B. I. 1.
527 S. *supra* Kapitel 3 B. I. 4.
528 Anhang I KM-VO.

II. Falsche öffentliche Äußerung als Mangel der Kaufsache

Indes könnten falsche öffentliche Äußerungen eines Unionseinführers bspw. im Rahmen der öffentlichen Berichterstattung auf seiner Webseite, zu der dieser nach Art. 4 lit. a), 7 Abs. 3 KM-VO verpflichtet ist,[529] einen Mangel nach § 434 Abs. 3 S. 1 Nr. 2 lit. b) BGB begründen.[530] Hiernach ist ein Mangel gegeben, wenn eine Sache eine Beschaffenheit nicht aufweist, „die bei Sachen derselben Art üblich ist und die der Käufer erwarten kann unter Berücksichtigung der öffentlichen Äußerungen, die von dem Verkäufer oder einem anderen Glied der Vertragskette [...], insbesondere in der Werbung oder auf dem Etikett, abgegeben wurden".

Eine öffentliche Äußerung nach § 434 Abs. 3 S. 1 Nr. 2 lit. b) BGB setzt voraus, dass die Erklärung an einen größeren, unbestimmten Personenkreis gerichtet ist.[531] Da die Unionseinführer nach Art. 7 Abs. 3 KM-VO „öffentlich und in möglichst breitem Rahmen, auch über das Internet, über ihre Strategien zur Erfüllung der Sorgfaltspflicht in der Lieferkette und ihre Verfahren im Hinblick auf eine verantwortungsvolle Beschaffung" zu berichten haben, kann eine öffentliche Äußerung angenommen werden. Selbiges gilt auch für Art. 4 lit. a) KM-VO, wonach die Unionseinführer aktuelle Informationen über ihre Lieferkettenpolitik „in unmissverständlicher Weise [...] der Öffentlichkeit" mitzuteilen haben.

Fraglich ist allerdings, ob eine falsche öffentliche Äußerung nur dann einen Sachmangel begründet, wenn potenzielle Käufer Adressaten dieser Äußerungen sind.[532] Falls eine solche Adressatenstellung erforderlich wäre,

---

529 S. *supra* Kapitel 3 B. II. 2. a), d).

530 Vgl. entsprechend *Asmussen*, Haftung für CSR, 2020, S. 155 ff.; *Croon-Gestefeld*, NJW 2022, 497, 499 f. (Rn. 15 ff.) jeweils zu CSR-Kodizes und zu unwahren Siegelangaben; *Görgen*, Unternehmerische Haftung in transnationalen Menschenrechtsfällen, 2019, S. 436 ff. zu falschen CSR-Angaben; *Grunewald*, NJW 2021, 1777 ff. zu falscher CSR-Erklärung; *Hübner*, Unternehmenshaftung für Menschenrechtsverletzungen, 2022, S. 349 ff.; *Lüttringhausen*, AcP 219 (2019), 29, 54 ff. zu unwahren Siegelangaben und zu falscher CSR-Erklärung und nichtfinanzieller Berichterstattung; *R. Koch*, MDR 2022, 1, 6 (Rn. 31 ff.) zur Grundsatzerklärung nach § 6 Abs. 2 LkSG und den Berichtspflichten nach § 10 LkSG.

531 Statt vieler *Berger*, in: Jauernig, BGB, 19. Aufl. 2023, § 434 BGB Rn. 16; *Weidenkaff*, in: Grüneberg, 82. Aufl. 2023, § 434 BGB Rn. 30.

532 Bejahend *Grunewald*, NJW 2021, 1777, 1779 (Rn. 12) zu § 434 BGB a. F., allerdings nur soweit sich die Aussagen klar nicht an den Käufer richten, wovon im Rahmen der KM-VO nicht ausgegangen werden kann; *R. Koch*, MDR 2022, 1, 6 (Rn. 32); wohl auch *Saenger*, in: Schulze BGB, 11. Aufl. 2021, § 434 BGB Rn. 28; *Weiler*, WM 2002, 1784, 1786 f. ebenfalls zu § 434 BGB a. F.; verneinend *Faust*, in: BeckOK BGB,

könnte ein Mangel nach § 434 Abs. 3 S. 1 Nr. 2 lit. b) BGB abzulehnen sein, da aufgrund der Mitteilungs- und Berichtspflichten der KM-VO getätigte Äußerungen nicht zwingend an potenzielle Käufer gerichtet sind, sondern vielmehr gegenüber der Öffentlichkeit gemacht werden müssen.[533]

Befürworter des Erfordernisses einer Adressatenstellung des Käufers führen an, dass ein Verkäufer, der keine Aussage über die Beschaffenheit einer Sache treffen will, auch nicht mit Mängelgewährleistungsrechten belastet werden soll.[534] § 434 Abs. 3 S. 1 Nr. 2 lit. b) BGB diene dazu, den Käufer „in seinen berechtigten Erwartungen in Bezug auf die Beschaffenheit der Kaufsache zu schützen."[535] Soweit der Käufer gar nicht Adressat der Äußerung ist, vermöge diese seine Erwartung auch nicht zu beeinflussen oder dies nur zufällig zu tun.[536]

Gegen diese Auffassung kann jedoch der Wortlaut des § 434 Abs. 3 S. 1 Nr. 2 lit. b) BGB angeführt werden, der nicht explizit fordert, dass der Käufer Adressat der öffentlichen Äußerung sein muss.[537] „Insbesondere" sind zwar Äußerungen in der Werbung oder auf einem Etikett öffentliche Äußerungen i. S. v. § 434 Abs. 3 S. 1 Nr. 2 lit. b) BGB und in beiden Fällen wäre freilich eine Adressatenstellung des Käufers gegeben. Allerdings kann es zu Abgrenzungsschwierigkeiten führen, forderte man eine Adressatenstellung des Käufers; denn die Bestimmung, wann der Käufer Adressat einer öffentlichen Äußerung ist, kann im Einzelfall Schwierigkeiten bereiten.[538]

Außerdem haben potenzielle Käufer Zugang zu Informationen, die öffentlich, bspw. im Internet, bereitgestellt werden.[539] Ein öffentlicher Bericht eines Unionseinführers stellt folglich eine öffentliche Äußerung i. S. d.

---

67. Edt. Stand: 1.8.2023, § 434 BGB Rn. 114; *Hübner*, Unternehmenshaftung für Menschenrechtsverletzungen, 2022, S. 354 f. zu § 434 BGB a. F.; *Kasper*, ZGS 2007, 172, 173 zu § 434 BGB a. F.

533 S. *supra* Kapitel 3 B. II. 2. d).

534 *R. Koch*, MDR 2022, 1, 6 (Rn. 32).

535 *Grunewald*, NJW 2021, 1777, 1779 (Rn. 12) zu § 434 BGB a. F.

536 *Grunewald*, NJW 2021, 1777, 1779 (Rn. 12) zu § 434 BGB a. F.

537 *Faust*, in: BeckOK BGB, 67. Edt. Stand: 1.8.2023, § 434 BGB Rn. 114; *Hübner*, Unternehmenshaftung für Menschenrechtsverletzungen, 2022, S. 354 f. zu § 434 BGB a. F.

538 So *Faust*, in: BeckOK BGB, 67. Edt. Stand: 1.8.2023, § 434 BGB Rn. 114; a. A. *Grunewald*, NJW 2021, 1777, 1779 (Rn. 11) zu § 434 BGB a. F.

539 *Kasper*, ZGS 2007, 172, 173 zu § 434 BGB a. F.; vgl. für die KM-VO auch *Nowrot*, in: Feichtner/Krajewski/Roesch, Human Rights in the Extractive Industries, 2019, 51, 72.

§ 434 Abs. 3 S. 1 Nr. 2 lit. b) BGB dar.[540] Eine Ausuferung der Mängelgewährleistungsrechte droht dennoch nicht, denn § 434 Abs. 3 S. 3 BGB sieht Ausschlusstatbestände für die Fälle vor, in denen der Verkäufer nicht an die öffentliche Äußerung gebunden ist, bspw. wenn sie die Kaufentscheidung nicht beeinflussen konnte.[541] Macht ein Unionseinführer falsche Angaben hinsichtlich der Lieferkettenpolitik oder der Einhaltung der Sorgfaltspflichten, stellt dies einen Mangel nach § 434 Abs. 3 S. 1 Nr. 2 lit. b) BGB dar.

Der Mangel läge dann jedoch nicht in einem Verstoß gegen die Sorgfaltspflichten der KM-VO, sondern darin, dass ein Hersteller oder Verkäufer öffentlich falsche Angaben gemacht hat.[542] Verstößt ein Unionseinführer nämlich gegen die Sorgfaltspflichten der KM-VO und legt dies aber auch in seiner öffentlichen Berichterstattung dar, ist keine falsche öffentliche Äußerung gegeben. Damit bestünde kein Mangel der Kaufsache.

III. Ergebnis: Keine wesentliche Veränderung der Rechtslage durch die Sorgfaltspflichten der KM-VO

Kaufrechtliche Mängelgewährleistungsrechte ergeben sich nur aus einem Verstoß gegen die Sorgfaltspflichten der KM-VO, wenn eine entsprechende Beschaffenheitsvereinbarung individuell getroffen wurde. Kaufrechtliche Mängelgewährleistungsrechte anknüpfend an falsche öffentliche Äußerungen sind möglich; der Grund für den Mangel liegt dann jedoch nicht in einem Verstoß gegen die verbindlichen Sorgfaltspflichten. Wesentliche Veränderungen im Rahmen der kaufrechtlichen Mängelgewährleistungshaftung sind also mit den Sorgfaltspflichten nicht verbunden; sowohl bei freiwilliger öffentlicher Äußerung als auch verpflichtenden Äußerungen kommt es auf ihre Richtigkeit an.

Sollte ein Mangel bestehen, kann der Käufer nach §§ 437 Nr. 1, 439 BGB primär die Nacherfüllung, d. h. entweder die Nachbesserung

---

540 A. A. zu der Pflicht der Abgabe einer Grundsatzerklärung nach § 6 Abs. 2 LkSG und den Berichtspflichten nach § 10 LkSG *R. Koch*, MDR 2022, 1, 6 (Rn. 32 f.).

541 *Faust*, in: BeckOK BGB, 67. Edt. Stand: 1.8.2023, § 434 BGB Rn. 114, 116 ff.; *Hübner*, Unternehmenshaftung für Menschenrechtsverletzungen, 2022, S. 354 f. jeweils zu § 434 BGB a. F.

542 Ähnlich zur nichtfinanziellen Berichterstattung *Hübner*, Unternehmenshaftung für Menschenrechtsverletzungen, 2022, S. 355 f.

oder Nachlieferung verlangen.[543] Eine Nachbesserung wird zumeist nach § 275 Abs. 1 BGB unmöglich sein, denn die Einhaltung der Sorgfaltspflichten bei der Beschaffung der Mineralien oder Metalle lässt sich nicht nachholen.[544] Eine Nachbesserung kommt jedoch in Betracht, soweit die Mineralien oder Metalle in Einzelteilen, bspw. einem Akku, verwendet wurden, der ausgetauscht werden kann. Eine Nachlieferung würde voraussetzen, dass der Verkäufer oder Hersteller bzw. dessen Lieferant zwischenzeitlich seine Lieferkettenpolitik und das Sorgfaltspflichtensystem an die Anforderungen der KM-VO angepasst hat.[545] Dann würde die Sache der Beschaffenheitsvereinbarung oder der öffentlichen Äußerung entsprechen. Soweit keine Anpassung erfolgt ist, ist eine Minderung nach §§ 437 Nr. 2, 441 BGB oder, bei einer erheblichen Pflichtverletzung, ein Rücktritt des Käufers nach §§ 437 Nr. 2, 323 BGB möglich.[546]

C. Die lauterkeitsrechtliche Durchsetzung der Sorgfaltspflichten der KM-VO

Das Lauterkeitsrecht wurde bereits frühzeitig als taugliches einseitiges Haftungsmodell zur Durchsetzung von CSR-Versprechen erkannt und instrumentalisiert.[547] In den USA etwa fand schon im Jahr 2003 das Verfahren *Nike Inc. v. Kasky* statt, in dem Nike ein Verstoß gegen Arbeitsstandards vorgeworfen wurde, mit denen das Unternehmen geworben hatte.[548] Das

---

543 Statt vieler *Grunewald*, NJW 2021, 1777, 1780 (Rn. 19); *Weidenkaff*, in: Grüneberg, 82. Aufl. 2023, § 437 BGB Rn. 4, § 439 BGB Rn. 5.

544 Entsprechend zur CSR-Richtlinie *Grunewald*, NJW 2021, 1777, 1780 (Rn. 19); *Hübner*, Unternehmenshaftung für Menschenrechtsverletzungen, 2022, S. 357; entsprechend zum LkSG *R. Koch*, MDR 2022, 1, 5 (Rn. 24).

545 Entsprechend zur CSR-Richtlinie *Grunewald*, NJW 2021, 1777, 1780 (Rn. 19); *Hübner*, Unternehmenshaftung für Menschenrechtsverletzungen, 2022, S. 357; entsprechend zum LkSG *R. Koch*, MDR 2022, 1, 5 (Rn. 24).

546 So auch *Hübner*, Unternehmenshaftung für Menschenrechtsverletzungen, 2022, S. 357; Entsprechend zum LkSG *R. Koch*, MDR 2022, 1, 5 (Rn. 24).

547 Vgl. hierzu auch *Haider*, Haftung von transnationalen Unternehmen und Staaten für Menschenrechtsverletzungen, 2019, S. 480; *Hübner*, Unternehmenshaftung für Menschenrechtsverletzungen, 2022, S. 359 ff.

548 Letztinstanzlich Supreme Court of the United States, *Nike Inc. v. Kasky*, Urt. v. 23.6.2003, 539 U.S. 654 (2003); hierzu statt vieler *Beckers*, Enforcing Corporate Social Responsibility Codes, 2015, S. 189; *Haider*, Haftung von transnationalen Unternehmen und Staaten für Menschenrechtsverletzungen, 2019, S. 480; *Hübner*, Unternehmenshaftung für Menschenrechtsverletzungen, 2022, S. 369; *Business and Human Rights Resource Centre*, Nike lawsuit, online abrufbar unter: https://www.b

Verfahren endete in einem außergerichtlichen Vergleich.[549] In Deutschland wurde im Jahr 2010 von der *Verbraucherzentrale Hamburg e. V.* Klage gegen die *Lidl Dienstleistung GmbH & Co. KG* erhoben.[550] Nach Angaben der Kläger hat *Lidl* mit fairen Arbeitsbedingungen in der Lieferkette von Textilien geworben, die nicht der Realität entsprächen.[551] Auch dieses Verfahren endete in einer außergerichtlichen Einigung der Parteien; *Lidl* unterzeichnete eine Unterlassungserklärung, entsprechende Angaben nicht mehr zu tätigen.[552] Im Jahr 2022 verklagte die *Verbraucherzentrale Rheinland-Pfalz* erfolgreich den Wäschehersteller *Hunkemöller* wegen irreführender Werbung.[553] Die *Verbraucherzentrale* mahnte an, der Wäschehersteller habe Kleidung als nachhaltig beworben, obwohl nicht sichergestellt sei, dass die Kleidungsstücke aus nachhaltig produzierten Materialien gefertigt seien.

Auch in der Literatur wird die lauterkeitsrechtliche Relevanz von CSR-Berichterstattung, der Werbung mit der Erfüllung von nachhaltigen Standards oder Äußerungen eines Unternehmens über freiwillige Selbstverpflichtungen intensiv diskutiert.[554] Neuerdings wird auch die Frage auf-

---

usiness-humanrights.org/en/latest-news/nike-lawsuit-kasky-v-nike-re-denial-of-lab our-abuses/ (zuletzt abgerufen: 30.9.2023).

549 Vgl. *Business and Human Rights Resource Centre*, Nike lawsuit; *Hübner*, Unternehmenshaftung für Menschenrechtsverletzungen, 2022, S. 369 (Fn. 306).

550 Hierzu und im Folgenden auch *Birk*, GRUR 2011, 196, 197; *Hübner*, Unternehmenshaftung für Menschenrechtsverletzungen, 2022, S. 369 f.; vgl. zudem *Osieka*, Zivilrechtliche Haftung deutscher Unternehmen für menschenrechtsbeeinträchtigende Handlungen ihrer Zulieferer, 2013, S. 221 ff.

551 Vgl. hierzu *ECCHR*, Klage für faire Arbeitsbedingungen in Bangladesch: Lidl muss nachgeben, online abrufbar unter: https://www.ecchr.eu/fall/klage-fuer-faire-arbeit sbedingungen-in-bangladesch-lidl-muss-nachgeben/ (zuletzt abgerufen: 30.9.2023).

552 Vgl. *ECCHR*, Klage für faire Arbeitsbedingungen in Bangladesch: Lidl muss nachgeben.

553 Hierzu und im Folgenden *Verbraucherzentrale Rheinland-Pfalz*, Pressemitteilung v. 5.4.2022, online abrufbar unter: https://www.verbraucherzentrale-rlp.de/pres semeldungen/umwelt-haushalt/nachhaltig-produzierte-kleidung-72176 (zuletzt abgerufen: 30.9.2023); vgl. hierzu auch *Kirchhoff*, Klage gegen Wäschefilialisten Hunkemöller, FAZ v. 5.4.2022; *Verbraucherzentrale Rheinland-Pfalz*, Pressemitteilung v. 19.12.2022, online abrufbar unter: https://www.verbraucherzentrale-rlp.de/p ressemeldungen/umwelt-haushalt/nachhaltigkeit/irrefuehrende-werbung-mit-nach haltig-produzierter-kleidung-79891 (zuletzt abgerufen: 30.9.2023).

554 Siehe etwa *Asmussen*, Haftung für CSR, 2020, 38 ff.; *Birk*, GRUR 2011, 196 ff.; *ders.*, in: Hilty/Henning-Bodewig, Corporate Social Responsibility, 2014, 169 ff.; *Gasche*, Responsible Trading in Raw Materials, 2023, S. 363 ff.; *Görgen*, Unternehmerische Haftung in transnationalen Menschenrechtsfällen, 2019, S. 442 ff.; *Grabosch/Schleper*, Die menschenrechtliche Sorgfaltspflicht von Unternehmen, 2015, S. 39 ff.; *Haider*, Haftung von transnationalen Unternehmen und Staaten für Menschenrechts-

geworfen, ob die Sorgfaltspflichten des LkSG durch das Lauterkeitsrecht durchsetzbar sind.[555] Eine entsprechende Frage lässt sich auch hinsichtlich der Sorgfaltspflichten der KM-VO formulieren.

In der Regel wird bei lauterkeitsrechtlich relevanten Fallkonstellationen ein reiner Inlandssachverhalt gegeben sein. Im Übrigen fände nach Art. 6 Abs. 1 Rom II-VO, der für außervertragliche Schuldverhältnisse aus unlauterem Wettbewerbsverhalten auf das Marktortprinzip abstellt, deutsches Recht Anwendung, soweit die in Frage stehende Tätigkeit auf den deutschen Markt einwirkt.[556]

I. Grundlagen zum UWG

Das UWG schützt nach § 1 Abs. 1 Mitbewerber, Verbraucher und sonstige Marktteilnehmer vor unlauteren geschäftlichen Handlungen und das Interesse der Allgemeinheit an einem unverfälschten Wettbewerb.[557] Zentral normiert die Generalklausel § 3 Abs. 1 UWG, dass eine unlautere geschäftliche Handlung unzulässig ist. Eine Unlauterkeit kann sich aus den Beispielstatbeständen der §§ 3a-6 UWG ergeben.[558] Zudem statuiert § 3 Abs. 2 UWG eine gesonderte Verbrauchergeneralklausel, wonach an Verbraucher gerichtete oder diese erreichende geschäftliche Handlungen unlauter sind, wenn sie der unternehmerischen Sorgfalt nicht entsprechen und geeignet sind, das wirtschaftliche Verhalten des Verbrauchers wesent-

---

verletzungen, 2019, S. 480 ff.; *Hübner*, Unternehmenshaftung für Menschenrechtsverletzungen, 2022, S. 359 ff.; *Köhler*, in: Hilty/Henning-Bodewig, Corporate Social Responsibility, 2014, 161 ff.; *Schramm*, Privatrechtliche Wirkungen unternehmerischer Selbstverpflichtungen zur Einhaltung der Menschenrechte, 2020, S. 204 ff.

555 Zum LkSG jetzt auch *Engel*, in: Grabosch, Das neue Lieferkettensorgfaltspflichtengesetz, 2021, § 7 Rn. 22; *Birk*, GRUR 2022, 361 ff.; *Spindler*, ZHR 186 (2022), 67, 108; entsprechend zur lauterkeitsrechtlichen Relevanz im schweizerischen Recht des schweizerischen Gegenvorschlags des Parlaments zur Konzernverantwortungsinitiative (OR) *Atamer/Willi*, SZW 2020, 686, 700.

556 Vgl. entsprechend *Haider*, Haftung von transnationalen Unternehmen und Staaten für Menschenrechtsverletzungen, 2019, S. 482; *Hübner*, Unternehmenshaftung für Menschenrechtsverletzungen, 2022, S. 370; allgemein *Emmerich/Lange*, Lauterkeitsrecht, 12. Aufl. 2022, § 4 Rn. 34 f.

557 Vgl. eingehend zur Zwecksetzung statt vieler *Alexander*, in: BeckOK UWG, 21. Edt. Stand: 1.7.2023, § 1 UWG Rn. 23 ff., 73 ff.; *Emmerich/Lange*, Lauterkeitsrecht, 12. Aufl. 2022, § 3 Rn. 1.

558 *Alexander*, in: BeckOK UWG, 21. Edt. Stand: 1.7.2023, § 3 UWG Rn. 16; *Emmerich/Lange*, Lauterkeitsrecht, 12. Aufl. 2022, § 6 Rn. 2.

lich zu beeinflussen.[559] Eine Unzulässigkeit kann sich zudem direkt aus § 3 Abs. 3 UWG i. V. m. der schwarzen Liste im Anhang zum UWG oder aus § 7 UWG ergeben, wonach geschäftliche Handlungen, die eine unzumutbare Belästigung eines Marktteilnehmers darstellen, ebenfalls unzulässig sind.[560]

Die Rechtsfolgen unzulässiger Handlungen sind in den §§ 8-11 UWG geregelt.[561] Die §§ 8-10 UWG sehen Ansprüche zur Beseitigung und Unterlassung, auf Schadensersatz und Gewinnabschöpfung vor.[562] Taugliche Anspruchsteller im Lauterkeitsrecht können Mitbewerber sein, vgl. § 8 Abs. 1, 3 Nr. 1, 9 Abs. 1 UWG.[563] Daneben können aber nach den Vorgaben des § 8 Abs. 3 UWG auch qualifizierte Wirtschafts- und Verbraucherschutzverbände sowie Industrie- und Handelskammern einen Abwehranspruch nach § 8 Abs. 1 UWG, der auf Beseitigung oder Unterlassung gerichtet sein kann, geltend machen.[564] Zudem können sie den Gewinnabschöpfungsanspruch zur Herausgabe an den Bundeshaushalt nach § 10 Abs. 1 UWG geltend machen.[565] Neuerdings kann auch Verbrauchern unter den Voraussetzungen des § 9 Abs. 2 UWG ein Schadensersatzanspruch zustehen.[566]

Teile des UWG setzen die Richtlinie über unlautere Geschäftspraktiken[567] (UGP-Richtlinie) um, welche derartige Praktiken im Verhältnis von Unternehmern gegenüber Verbrauchern (*business to consumer* – B2C) voll-

---

559 So fast wörtlich § 3 Abs. 2 UWG; vgl. dazu statt vieler *Sosnitza*, in: Ohly/Sosnitza, UWG, 8. Aufl. 2023, § 3 UWG Rn. 71 ff.

560 Vgl. auch *Alexander*, in: BeckOK UWG, 21. Edt. Stand: 1.7.2023, § 3 UWG Rn. 17.

561 Die Bußgeldvorschriften §§ 19 f. UWG sind vorliegend nicht relevant.

562 Statt vieler *Emmerich/Lange*, Lauterkeitsrecht, 12. Aufl. 2022, § 21 Rn. 3.

563 *Emmerich/Lange*, Lauterkeitsrecht, 12. Aufl. 2022, § 22 Rn. 6 ff.; § 23 Rn. 4.

564 *Birk*, in: Walden/Deppen, CSR und Recht, 2015, 191, 197; *Engel*, in: Grabosch, Das neue Lieferkettensorgfaltspflichtengesetz, 2021, § 7 Rn. 22. Dabei ist umstritten, ob § 8 Abs. 3 UWG die Klagebefugnis oder die Aktivlegitimation regelt; nach h.M. ist zwischen den Mitbewerbern (hier nur Aktivlegitimation, Klagebefugnis ergebe sich aus § 51 ZPO) und den Verbänden i. S. d. § 8 Abs. 3 Nr. 2, 3 UWG (hier habe § 8 Abs. 3 UWG eine Doppelfunktion und regle sowohl die Aktivlegitimation als auch die Klagebefugnis) zu unterscheiden. Siehe hierzu *Ohly*, in: Ohly/Sosnitza, UWG, 8. Aufl. 2023, § 8 UWG Rn. 86.

565 Hierzu *Eichelberger*, in: BeckOK UWG, 21. Edt. Stand: 1.7.2023, § 10 UWG Rn. 52; *Emmerich/Lange*, Lauterkeitsrecht, 12. Aufl. 2022, § 23 Rn. 32.

566 *Eichelberger*, in: BeckOK UWG, 21. Edt. Stand: 1.7.2023, § 9 UWG Rn. 111 ff.; *Emmerich/Lange*, Lauterkeitsrecht, 12. Aufl. 2022, § 23 Rn. 5.

567 Richtlinie 2005/29/EG des Europäischen Parlaments und des Rates vom 11.5.2005 über unlautere Geschäftspraktiken im binnenmarktinternen Geschäftsverkehr zwischen Unternehmen und Verbrauchern, ABl. EU L 149/22, 11.5.2005.

harmonisierend regelt.[568] An den entsprechenden Stellen ist das UWG folglich richtlinienkonform auszulegen.[569] Änderungen erfuhr das UWG zuletzt zum 28.5.2022 durch das Gesetz zur Stärkung des Verbraucherschutzes im Wettbewerbs- und Gewerberecht,[570] welches auf die EU-Richtlinie 2019/2161[571] (sog. Omnibus-Richtlinie) zurückgeht.

II. Geschäftliche Handlung i. S. d. § 2 Abs. 1 Nr. 2 UWG

Der Anwendungsbereich des UWG ist nur eröffnet, wenn eine geschäftliche Handlung vorliegt.[572] Eine geschäftliche Handlung ist nach § 2 Abs. 1 Nr. 2 UWG:

> „jedes Verhalten einer Person zugunsten des eigenen oder eines fremden Unternehmens vor, bei oder nach einem Geschäftsabschluss, das mit der Förderung des Absatzes oder des Bezugs von Waren oder Dienstleistungen oder mit dem Abschluss oder der Durchführung eines Vertrags über Waren oder Dienstleistungen unmittelbar und objektiv zusammenhängt"[573]

Die Definition der geschäftlichen Handlung ist hinsichtlich Adressatenkreis und Begehungsform weit gefasst.[574] Das Verhalten muss jedoch unmittelbar

---

568 Statt vieler *Emmerich/Lange*, Lauterkeitsrecht, 12. Aufl. 2022, § 1 Rn. 22.

569 Statt vieler *Emmerich/Lange*, Lauterkeitsrecht, 12. Aufl. 2022, § 1 Rn. 23.

570 Gesetz zur Stärkung des Verbraucherschutzes im Wettbewerbs- und Gewerberecht vom 26.11.2020, BGBl. 2021 I, S. 3504.

571 Richtlinie (EU) 2019/2161 des Europäischen Parlaments und des Rates vom 27. November 2019 zur Änderung der Richtlinie 93/13/EWG des Rates und der Richtlinien 98/6/EG, 2005/29/EG und 2011/83/EU des Europäischen Parlaments und des Rates zur besseren Durchsetzung und Modernisierung der Verbraucherschutzvorschriften der Union, ABl. EU L 328/7, 18.12.2019.

572 Siehe §§ 3, 7 Abs. 1 UWG; sowie statt vieler *Bähr*, in: MüKo UWG, 3. Aufl. 2020, § 2 UWG Rn. 7; *Birk*, GRUR 2022, 361, 362; *Lettl*, Lauterkeitsrecht, 5. Aufl. 2023, § 1 Rn. 109; *Sosnitza*, in: Ohly/Sosnitza, UWG, 8. Aufl. 2023, § 2 UWG Rn. 6.

573 Der Begriff der geschäftlichen Handlung in Art. 2 Abs. 1 Nr. 2 UWG setzt Art. 2 lit. d) UGP-Richtlinie um und ist der Geschäftspraxis nach Art. 2 lit. d) UGP-Richtlinie näher als der Begriff der geschäftlichen Handlung nach § 2 Abs. 1 Nr. 1 UWG von 2020; denn nun ist auch nach § 2 Abs. 1 Nr. 2 UWG ein „unmittelbarer und objektiver" Zusammenhang erforderlich. Dies bringt jedoch auch im Verhältnis B2B keine Veränderung im Vergleich zur früheren Rechtslage mit sich. Vgl. *Keller*, in: Harte-Bavendamm/Henning-Bodewig, UWG, 5. Aufl. 2021, UWG 2022 § 2 Rn. 3 f.

574 *Lettl*, Lauterkeitsrecht, 5. Aufl. 2023, § 1 Rn. 112 f.

und objektiv betrachtet das Ziel haben, Einfluss auf die Entscheidung von Verbrauchern oder Abnehmern zu nehmen.[575] Ein Verhalten, welches sich nur reflexartig auf den Absatz oder Bezug von Waren oder Dienstleistungen oder die Durchführung eines Vertrags auswirkt oder das im Vorfeld zu einer späteren Absatz- oder Bezugsförderung stattfindet, stellt keine geschäftliche Handlung dar.[576]

Bei der Erfüllung der Sorgfaltspflichten der Art. 4-6 KM-VO, d. h. der Erfüllung von Management- und Risikomanagementpflichten und dem Durchführen einer Prüfung durch Dritte (exklusive Art. 4 lit. a) KM-VO), werden Unionseinführer grundsätzlich keine Ziele der Absatzförderung verfolgen; allenfalls findet das Verhalten im Vorfeld einer späteren Absatzförderung statt.[577] Eine geschäftliche Handlung i. S. d. § 2 Abs. 1 Nr. 2 UWG stellt die Erfüllung der genannten Sorgfaltspflichten folglich nicht dar.

Hingegen könnten die Offenlegungen, zu denen die Unionseinführer nach Art. 4 lit. a), 7 KM-VO verpflichtet sind, geschäftliche Handlungen i. S. d. § 2 Abs. 1 Nr. 2 UWG darstellen. Die Offenlegungen sind grundsätzlich zumindest geeignet, das Erscheinungsbild des Unionseinführers zu beeinflussen.[578] Hiervon auszunehmen ist die Pflicht zur Offenlegung gegenüber der mitgliedstaatlichen Behörde nach Art. 7 Abs. 1 KM-VO.

Es ist zudem davon auszugehen, dass Geschäftspartner der Unionseinführer oder Verbraucher von den Berichten nach Art. 7 KM-VO oder der Mitteilung hinsichtlich der Lieferkettenpolitik nach Art. 4 lit. a) KM-VO erreicht werden und diese eventuell auch bei einer Kaufentscheidung berücksichtigen.[579] Eine positive Kaufentscheidung zugunsten der Produkte eines

---

575 *Birk*, GRUR 2022, 361, 362; *Lettl*, Lauterkeitsrecht, 5. Aufl. 2023, § 1 Rn. 124; *Meier*, GRUR 2019, 581, 582.

576 Zu Handlungen im Vorfeld *Birk*, GRUR 2022, 361, 362; zu Handlungen mit nur reflexartiger Auswirkung *Meier*, GRUR 2019, 581, 582.

577 Vgl. entsprechend zum LkSG *Birk*, GRUR 2022, 361, 362.

578 Entsprechend zu CSR-Maßnahmen eines Unternehmens *Görgen*, Unternehmerische Haftung in transnationalen Menschenrechtsfälle, 2019, S. 445; zur Offenlegung der nichtfinanziellen Erklärung nach §§ 289b f., 325 HGB *Meier*, GRUR 2019, 581, 582.

579 Zur potenziellen Beeinflussung von Kaufentscheidungen durch die Offenlegungspflichten der KM-VO *Nowrot*, in: Feichtner/Krajewski/Roesch, Human Rights in the Extractive Industries, 2019, 51, 72. Vgl. entsprechend zur nichtfinanziellen Berichterstattung nach §§ 289b f. HGB *Görgen*, Unternehmerische Haftung in transnationalen Menschenrechtsfällen, 2019, S. 447; ablehnend *Birk*, in: Hilty/Henning-Bodewig, Corporate Social Responsibility 2014, 169, 172; *ders.*, in: Walden/Depping, CSR und Recht, 2015, 191, 203 f.

Unionseinführers scheint insbesondere dann denkbar, wenn dieser angibt, eine besonders sorgfältige Prüfung der Lieferkette angestellt zu haben: Wie bereits festgestellt haben Verbraucher in der Regel ein gesteigertes Interesse an Produkten, die keine Konfliktverknüpfung aufweisen.[580]

Allerdings erfolgt die öffentliche Berichterstattung nach der KM-VO nicht freiwillig, sondern aufgrund von Verpflichtungen in den Art. 4 lit. a), 7 KM-VO. Es stellt sich die Frage, ob eine gesetzliche Verpflichtung zur Offenlegung grundsätzlich dem unmittelbaren und objektiven Zusammenhang des Verhaltens zu einer Absatzförderung, wie es § 2 Abs. 1 Nr. 2 UWG verlangt, entgegensteht.[581] Befürworter dieser Auffassung weisen auf Erwägungsgrund 7 zur UGP-Richtlinie hin, der festhält, dass sich die Richtlinie nicht auf solche Geschäftspraktiken bezieht, die vorrangig anderen Zielen als der Beeinflussung der geschäftlichen Entscheidung eines Verbrauchers dienen, also bspw. an Investoren gerichtete Mitteilungen oder Jahresberichte.[582] Erwägungsgrund 7 zur UGP-Richtlinie ist allerdings nicht so zu verstehen, dass die Absatzförderung der einzige Zweck des Verhaltens zu sein hat.[583] Vielmehr genügt es, wenn der Zweck der Absatzförderung nicht als nebensächlich zurücktritt.[584] Allein der Umstand, dass die Offenlegung aufgrund einer gesetzlichen Verpflichtung und nicht freiwillig

---

580 S. *supra* Kapitel 4 B.

581 Eine entsprechende Diskussion findet sich bspw. zu den Ad-hoc-Berichtspflichten in § 15 WpHG a. F. (nun Art. 17 MAR) oder der nichtfinanziellen Berichterstattung in Umsetzung der CSR-Richtlinie nach § 325 i. V. m. §§ 289b f. HGB. Eine geschäftliche Handlung zu § 15 WpHG a. F. ablehnend *Bähr*, in: MüKo UWG, 3. Aufl. 2020, § 2 UWG Rn. 130 f., jedoch auf die Möglichkeit hinweisend, dass eine geschäftliche Handlung vorliegt, wenn der Information nach ihrem äußeren Erscheinungsbild ein werbender Charakter zukommt; Äußerungen nach § 15 WpHG als „markt- und unternehmensbezogene geschäftliche Äußerungen" anerkennend, jedoch den Zusammenhang zur Absatzförderung kritisch hinterfragend *Keller*, in: Harte-Baven-damm/Henning-Bodewig, UWG, 5. Aufl. 2021, § 2 UWG Rn. 33; die Möglichkeit eines „unmittelbare[n] Zusammenhang[s]" bei Erfüllung einer gesetzlichen Pflicht bejahend *Köhler*, in: Köhler/Bornkamm/Feddersen, UWG, 41. Aufl. 2023, § 2 UWG Rn. 2.52; die Möglichkeit einer geschäftlichen Handlung bei der CSR-Erklärung bejahend *Meier*, GRUR 2019, 581, 582 f.; die Eignung positiver Ad-hoc-Mitteilungen als geschäftliche Handlungen bejahend *Sosnitza*, in: Ohly/Sosnitza, UWG, 8. Aufl. 2023, § 2 UWG Rn. 36.

582 Entsprechend zu § 10 LkSG und § 289b HGB *Birk*, GRUR 2022, 361, 362.

583 *Meier*, GRUR 2019, 581, 583.

584 *Meier*, GRUR 2019, 581, 583.

erfolgt, spricht nicht gegen die Annahme einer geschäftlichen Handlung i. S. d. § 2 Abs. 1 Nr. 2 UWG.[585]

Nur wenn ein Unionseinführer mit einer öffentlichen Berichterstattung nach Art. 4 lit. a), 7 KM-VO überwiegend andere Ziele als die Absatzförderung verfolgt, sodass diese als nebensächlich zurücktritt, ist keine geschäftliche Handlung gegeben. Abzustellen ist dabei auf die „Sichtweise eines verständigen Betrachters", subjektive Elemente, etwa ein Wille zur Absatzförderung, spielen keine Rolle.[586] Freiwillige Angaben auf der Webseite eines Unternehmens bspw. zur Einhaltung von Nachhaltigkeitsstandards wurden in der Literatur bereits als geschäftliche Handlung i. S. d. § 2 Abs. 1 Nr. 2 UWG anerkannt.[587] Obgleich die Unionseinführer auch zur Berichterstattung im Internet verpflichtet sind, Art. 7 Abs. 3 KM-VO, lässt sich wohl nicht verallgemeinernd feststellen, ob die Offenlegungen der Unionseinführer unmittelbar und objektiv geeignet sind, ihren Absatz zu fördern. Soweit ein Unionseinführer Werbung mit der Einhaltung der Sorgfaltspflichtenstandards macht, statuiert dies jedenfalls eine geschäftliche Handlung i. S. d. § 2 Abs. 1 Nr. 2 UWG.[588] Ansonsten muss im Einzelfall entschieden werden, ob eine geschäftliche Handlung gegeben ist. Ausschlaggebend dürften in der Regel der Ort der Veröffentlichung der Informationen und die Aufmachung der Veröffentlichung sein. Eine geschäftliche Handlung kann angenommen werden, wenn sich die Berichterstattung „gezielt oder zumindest vorrangig an die Verbraucher oder Geschäftskunden" richtet.[589]

Im Übrigen wäre keine lauterkeitsrechtliche Relevanz des Verhaltens gegeben.

---

585 So auch *Görgen*, Unternehmerische Haftung in transnationalen Menschenrechtsfällen, 2019, S. 447; *Köhler*, in: Köhler/Bornkamm/Feddersen, 41. Aufl. 2023, § 2 UWG Rn. 2.52; *Meier*, GRUR 2019, 581, 582 f.

586 So auch wörtlich *Alexander*, in: BeckOK UWG, 21. Edt. Stand: 1.7.2023, § 2 UWG Rn. 122.

587 Siehe hierzu *Augsburger*, MMR 2014, 427 unter Bezugnahme auf die „kommerzielle Mitteilung" nach Art. 2 lit. d) UGP-Richtlinie, welche im Lichte der „kommerziellen Kommunikation" i. S. d. E-Commerce-Richtlinie, RL 2000/31/EG, ABl. EG L 178/1, 17.7.2000 auszulegen sei; *Hübner*, Unternehmenshaftung für Menschenrechtsverletzungen, 2022, S. 360; *Köhler*, in: Hilty/Henning-Bodewig, Corporate Social Responsibility 2014, 161, 165 f.; kritisch *Birk*, in: Walden/Depping, CSR und Recht, 2015, 191, 203 f.

588 Vgl. entsprechend zur Werbung mit der Einhaltung des LkSG und/oder mit CSR *Birk*, GRUR 2022, 361, 362; *Henning-Bodewig*, WRP 2010, 1094, 1103.

589 So auch wörtlich *Birk*, in: Walden/Depping, CSR und Recht, 2015, 191, 203 f.

III. Unlauterkeit

Die zweite Voraussetzung für eine lauterkeitsrechtliche Durchsetzung der KM-VO ist, dass ein Verstoß gegen die Sorgfaltspflichten durch einen Unionseinführer eine unlautere Handlung darstellt. Insoweit kommt insbesondere der Rechtsbruchtatbestand des § 3a UWG in Betracht, wonach der Verstoß gegen eine Marktverhaltensregelung eine unlautere Handlung ist (1.). Im Übrigen könnte eine falsche, unvollständige oder eine unterlassene öffentliche Berichterstattung im Rahmen der Offenlegungspflichten nach Art. 4 lit. a), 7 KM-VO ebenfalls eine unlautere Handlung sein (2.).

1. Verstoß gegen die Sorgfaltspflichten der KM-VO als Rechtsbruch i. S. d. § 3a UWG

§ 3a UWG stellt eine Transformationsvorschrift dar, die Verstößen gegen Vorschriften außerhalb des Lauterkeitsrechts Wirkung im Lauterkeitsrecht verleiht.[590] Dabei statuiert jedoch nicht jeder Rechtsverstoß, der eine geschäftliche Handlung darstellt, eine unzulässige unlautere Handlung; vielmehr muss es sich bei der fraglichen Vorschrift um eine Marktverhaltensregelung handeln, § 3a UWG.[591] Darüber hinaus muss der Verstoß gegen die Vorschrift nach § 3a UWG geeignet sein, die Interessen von Verbrauchern, sonstigen Marktteilnehmern oder Mitbewerbern spürbar zu beeinträchtigen.

a) Rechtsnormcharakter einer Verordnung der EU

Verordnungen entfalten nach Art. 288 Abs. 2 AEUV unmittelbare Geltung in den Mitgliedstaaten, sodass die Vorschriften der KM-VO Rechtsnormen nach Art. 2 EGBGB und somit Gesetze i. S. d. § 3a UWG sind.[592]

---

590 *Asmussen*, Haftung für CSR, 2020, S. 38; *Lettl*, Lauterkeitsrecht, 5. Aufl. 2023, § 4 Rn. 1; *Ohly*, in: Ohly/Sosnitza, UWG, 8. Aufl. 2023, § 3a UWG Rn. 1.

591 Statt vieler *Lettl*, Lauterkeitsrecht, 5. Aufl. 2023, § 4 Rn. 1; *Schaffert*, in: MüKo UWG, 3. Aufl. 2020, § 3a UWG Rn. 62. Ein Gebot eines *private enforcement* auf Grundlage des unionsrechtlichen Effektivitätsgebots nach Art. 4 Abs. 3 EUV besteht nicht, s. hierzu *infra* Kapitel 5 C. I.

592 *Lettl*, Lauterkeitsrecht, 5. Aufl. 2023, § 4 Rn. 2; *Schaffert*, in: MüKo UWG, 3. Aufl. 2020, § 3a UWG Rn. 51.

b) Marktverhaltensregelungen

Problematischer ist, ob die Bestimmungen der KM-VO Marktverhaltensregelungen i. S. d. § 3a UWG darstellen.[593] Dafür müssten die Vorschriften zumindest „auch" das Marktverhalten im Interesse der Marktteilnehmer regeln, vgl. § 3a UWG.[594] Der Begriff des Marktverhaltens in § 3a UWG wird unter Bezugnahme der Definition einer geschäftlichen Handlung i. S. d. § 2 Abs. 1 Nr. 2 UWG als jede Tätigkeit auf dem Markt verstanden, die objektiv der Förderung des Absatzes oder des Bezugs von Waren oder Dienstleistungen dient und durch welche der Unternehmer auf den Mitbewerber, Verbraucher oder sonstigen Marktteilnehmer einwirkt.[595] Eine Regelung des Marktverhaltens ist gegeben, soweit eben diese Handlungen gesetzlichen Verhaltensgeboten oder -verboten unterworfen werden.[596] Daneben muss die Vorschrift den Schutz der Marktteilnehmer zumindest „auch" bezwecken, wenngleich dies nicht der vorrangige Schutzzweck sein muss, vgl. § 3a UWG.[597] Nicht ausreichend ist allerdings, wenn sich die Vorschrift lediglich reflexartig auf den Schutz der Marktteilnehmer auswirkt.[598] Der

---

593 Entsprechende Überlegungen werden nun auch hinsichtlich des LkSG angestellt. Vgl. *Engel*, in: Grabosch, Das neue Lieferkettensorgfaltspflichtengesetz, 2021, § 7 Rn. 23; kritisch *Spindler*, ZHR 178 (2022), 67, 108; ablehnend *Birk*, GRUR 2022, 361, 362 f.

594 Statt vieler *Lettl*, Lauterkeitsrecht, 5. Aufl. 2023, § 4 Rn. 3; *Meier*, GRUR 2019, 581, 586; *Niebel/Kerl*, in: BeckOK UWG, 21. Edt. Stand: 1.7.2023, § 3a UWG Rn. 21.

595 OLG Hamburg, Urt. v. 29.1.2009 – 3 U 107/08, GRUR-RR 2010, 57, 60, zu § 4 Nr. 11 UWG a. F.; vgl. auch statt vieler *Köhler*, in: Köhler/Bornkamm/Feddersen, UWG, 41. Aufl. 2023, § 3a UWG Rn. 1.62; *Niebel/Kerl*, in: BeckOK UWG, 21. Edt. Stand: 1.7.2023, § 3a UWG Rn. 21; *Schaffert*, in: MüKo UWG, 3. Aufl. 2020, § 3a UWG Rn. 62.

596 *Niebel/Kerl*, in: BeckOK UWG, 21. Edt. Stand: 1.7.2023, § 3a UWG Rn. 21; *Ohly*, in: Ohly/Sosnitza, UWG, 8. Aufl. 2023, § 3a UWG Rn. 15.

597 BGH, Urt. v. 1.12.2016 – I ZR 143/15, GRUR 2017, 641, 642 (Rn. 20); *Köhler*, in: Köhler/Bornkamm/Feddersen, UWG, 41. Aufl. 2023, § 3a UWG Rn. 1.61; *Lettl*, Lauterkeitsrecht, 5. Aufl. 2023, § 4 Rn. 6.

598 Ständige Rspr. BGH, Urt. v. 8.10.2015 – I ZR 225/13, GRUR 2016, 513, 514 f. (Rn. 21); BGH, Urt. v. 2.3.2017 – I ZR 194/15, GRUR 2017, 537, 538 (Rn. 20); BGH, Urt. v. 6.6.2019 – I ZR 67/18, GRUR 2019, 970, 972 (Rn. 28); vgl. zudem statt vieler *Köhler*, in: Köhler/Bornkamm/Feddersen, UWG, 41. Aufl. 2023, § 3a UWG Rn. 1.64; *Schaffert*, in: MüKo UWG, 3. Aufl. 2020, § 3a UWG Rn. 65.

BGH fordert in seiner Rechtsprechung, dass die Vorschrift „eine auf die Lauterkeit des Wettbewerbs bezogene Schutzfunktion aufweist."[599]

Keine Marktverhaltensregelungen sind solche Vorschriften, die nur Betätigungen im Vorfeld zu einem Marktverhalten regulieren, obgleich sich ein Verstoß auf den Markt auswirken kann, wie bspw. Produktionsvorgaben.[600] Die Risikomanagementpflichten nach Art. 5 KM-VO, die Pflicht zur Durchführung von Prüfungen durch Dritte nach Art. 6 KM-VO und grundsätzlich auch die Managementpflichten nach Art. 4 KM-VO regulieren Tätigkeiten, die allenfalls im Vorfeld zu einem späteren Marktverhalten stehen. Sie sind damit keine Marktverhaltensregelungen.

Art. 4 lit. a), 7 KM-VO, die zu Offenlegungen hinsichtlich der Lieferkettenpolitik bzw. der Strategien und Maßnahmen zur Erfüllung der Sorgfaltspflichten verpflichten, könnten hingegen Marktverhaltensregelungen darstellen.[601]

Gemäß Art. 1 Abs. 1 S. 2 KM-VO liegt der Zweck der Verordnung zumindest auch in der Schaffung von Transparenz. Marktverhaltensregelungen könnten gegeben sein, soweit die Vorschriften das Informationsinteresse, die Entscheidungs- oder die Verhaltensfreiheit der Marktteilnehmer hinsichtlich der Marktteilnahme schützen[602] oder wenn die Vorschrift den Schutz ihrer Rechte, Rechtsgüter oder Interessen bezweckt, soweit dieses Interesse gerade durch die Marktteilnahme berührt wird.[603]

---

599 Ständige Rspr. siehe nur BGH, Urt. v. 2.12.2009 – I ZR 152/07, GRUR 2010, 654, 657 (Rn. 23) noch zu § 4 Nr. 11 UWG a. F.; so auch *v. Jagow*, in: Harte-Bavendamm/Henning-Bodewig, UWG, 5. Aufl. 2021, § 3a UWG Rn. 26.

600 *Birk*, GRUR 2022, 361, 363; *Schaffert*, in: MüKo UWG, 3. Aufl. 2020, § 3a UWG Rn. 63; *Spindler*, ZHR 186 (2022), 67, 108.

601 Vergleichbar wird diskutiert, ob die Publizitätsvorschrift § 325 HGB eine Marktverhaltensregel darstellt. Dies ablehnend OLG Köln, Urt. v. 28.4.2017 – 6 U 152/16, GRUR 2017, 1048, 1049 (Rn. 32); so auch *Fehrenbacher*, in: MüKo HGB, 4. Aufl. 2020, § 325 HGB Rn. 7. A. A. hingegen vorinstanzlich LG Bonn, Urt. v. 31.8.2016 – 1 O 205/16, GRUR-RS 2016, 18169 (Rn. 12); *Köhler*, in: Köhler/Bornkamm/Feddersen, UWG, 41. Aufl. 2023, § 3a UWG Rn. 1.75; *Meier*, GRUR 2019, 581, 586; *Merkt*, in: Hopt, HGB, 42. Aufl. 2023, § 325 HGB Rn. 1. Im Übrigen besteht kein Problem im Verhältnis zu § 5b Abs. 4 UWG, da es sich bei Art. 4 lit. a), 7 KM-VO nicht um kommerzielle Informationspflichten i. S. d. Vorschrift handelt, vgl. *infra* Kapitel 4 C. III. 2. b) (i); zum Verhältnis von § 3a und § 5b Abs. 4 UWG siehe *Ohly*, in: Ohly/Sosnitza, UWG, 8. Aufl. 2023, § 3a UWG Rn. 8a; *Ritlewski*, in: BeckOK UWG, 21. Edt. Stand: 1.7.2023, § 5b UWG Rn. 10.

602 *Köhler*, in: Köhler/Bornkamm/Feddersen, UWG, 41. Aufl. 2023, § 3a UWG Rn. 1.67; *Ohly*, in: Ohly/Sosnitza, UWG, 8. Aufl. 2023, § 3a UWG Rn. 23.

603 So die h.M., vgl. BGH, Urt. v. 8.10.2015 – I ZR 225/13, GRUR 2016, 513, 514 f. (Rn. 21); *Köhler*, in: Köhler/Bornkamm/Feddersen, UWG, 41. Aufl. 2023, § 3a UWG

Die Offenlegungspflichten der KM-VO enthalten jedoch keine Informations- oder Kennzeichnungspflichten, die weithin als Marktverhaltensregelungen anerkannt werden.[604] Nach Erwägungsgrund 13 zur KM-VO ist das Ziel der Offenlegungspflichten die Stärkung des Vertrauens der Öffentlichkeit in die von den Wirtschaftsbeteiligten getroffenen Maßnahmen. Dies deutet darauf hin, dass nicht die Interessen der Marktteilnehmer, sondern vielmehr die der Allgemeinheit geschützt werden sollen. Der Allgemeinheit kommt insoweit eine „öffentliche Kontrollfunktion"[605] zu. Etwas anderes ergibt sich auch nicht aus Art. 7 Abs. 2 KM-VO, der die Unionseinführer zur Offenlegung gegenüber den unmittelbaren Abnehmern verpflichtet. Diese Vorschrift soll Nachvollziehbarkeit der Herkunft der Rohstoffe für die Abnehmer schaffen.[606] Zweck der Offenlegungspflichten ist es letztlich, die Wirksamkeit des Unionssystems der KM-VO sicherzustellen,[607] nicht hingegen Marktteilnehmer zu schützen oder eine Regelung der Absatzförderung zu schaffen. Den Vorschriften Art. 4 lit. a), 7 KM-VO fehlt folglich ein hinreichender Marktbezug und sie bezwecken nicht den Schutz der Marktteilnehmer.

c) Zwischenergebnis

Die Vorschriften der KM-VO stellen keine Marktverhaltensregelungen i. S. v. § 3a UWG dar. Folglich ist eine lauterkeitsrechtliche Durchsetzung eines Verstoßes gegen die Sorgfaltspflichten nach §§ 3 Abs. 1, 3a UWG nicht möglich.

Rn. 1.67; *Schaffert*, in: MüKo UWG, 3. Aufl. 2020, § 3a UWG Rn. 65; a. A. *Ohly*, in: Ohly/Sosnitza, UWG, 8. Aufl. 2023, § 3a UWG Rn. 25.

604 Siehe zu den Informations- und Kennzeichnungspflichten nur *Niebel/Kerl*, in: BeckOK UWG, 21. Edt. Stand: 1.7.2023, § 3a UWG Rn. 21; *Ohly*, in: Ohly/Sosnitza, UWG, 8. Aufl. 2023, § 3a UWG Rn. 15.

605 Zu diesem Begriff im Rahmen der Offenlegungspflichten des LkSG *E. Wagner/Rutloff*, NJW 2021, 2145, 2147 (Rn. 21).

606 S. *supra* Kapitel 4 B. II.

607 Vgl. auch *Vioque*, EuCLR 2021, 73, 84: „These obligations [Offenlegungspflichten hinsichtlich der Nachverfolgbarkeit und der Transparenz] are directly linked to the effectiveness of human rights compliance systems, as it is essential that suppliers share complete and accurate information on the identification of minerals to know their area and extraction conditions. In this way, compliance with transparency and traceability obligations is extremely important in identifying and preventing risks."

2. Unlauterkeit und Unzulässigkeit infolge einer falschen öffentlichen Berichterstattung

Eine lauterkeitsrechtliche Relevanz kann stattdessen einer falschen öffentlichen Berichterstattung zukommen, soweit eine geschäftliche Handlung i. S. d § 2 Abs. 1 Nr. 2 UWG gegeben ist. Ein Fall könnte sich wie folgt gestalten: Ein Unionseinführer berichtet gemäß Art. 7 Abs. 3 KM-VO über seine Strategien zur Erfüllung der Sorgfaltspflichten und eine erfolgreiche Prüfung durch Dritte. Tatsächlich hat der Unionseinführer die Schritte zur Umsetzung des Managementsystems und Risikomanagementsystems nicht ergriffen, was in der Prüfung durch Dritte beanstandet wurde.

a) Verstoß gegen ein Verbot der „schwarzen Liste" des Anhangs zum UWG

Dies könnte eine stets unzulässige Handlung i. S. d. § 3 Abs. 3 i. V. m. dem Anhang zum UWG darstellen.[608]

aa) Geschäftliche Handlung gegenüber einem Verbraucher

Dafür müsste der Unionseinführer nach § 3 Abs. 3 UWG eine geschäftliche Handlung gegenüber einem Verbraucher vorgenommen haben. Da Adressaten der KM-VO die Unionseinführer von 3TG-Mineralien und -Metallen in Rohform und somit Akteure aus der „Mitte" der Lieferkette sind, wird häufig keine geschäftliche Handlung eines Unionseinführers gegenüber einem Verbraucher gegeben sein.[609] Ausgeschlossen ist dies aber freilich nicht, da auch die Unionseinführer Produkte herstellen und diese an Verbraucher vermarkten und veräußern können.

---

608 Zu § 3 Abs. 3 UWG und dem Anhang statt vieler *Köhler*, in: Köhler/Bornkamm/Feddersen, UWG, 41. Aufl. 2023, § 3 UWG Rn. 4.1; *Sosnitza*, in: MüKo UWG, 3. Aufl. 2020, § 3 UWG Rn. 138. Zur Relevanz bei freiwilliger CSR-Berichterstattung vgl. etwa *Görgen*, Unternehmerische Haftung in transnationalen Menschenrechtsfällen, 2019, S. 449 f.; *Hübner*, Unternehmenshaftung bei Menschenrechtsverletzungen, 2022, S. 360 ff.
609 S. *supra* Kapitel 3 B. I. 3.

bb) Unlauterkeit nach § 3 Abs. 3 i. V. m. Nr. 4 des Anhangs zum UWG

Sollte im Einzelfall eine geschäftliche Handlung gegenüber einem Verbraucher gegeben sein, kommt im obigen Beispiel eine unlautere Handlung nach § 3 Abs. 3 i. V. m. Nr. 4 lit. a) des Anhangs zum UWG in Betracht. Hiernach ist eine geschäftliche Handlung gegenüber einem Verbraucher stets unzulässig, welche „die unwahre Angabe [beinhaltet], ein Unternehmer, eine von ihm vorgenommene geschäftliche Handlung oder eine Ware oder Dienstleistung sei von einer öffentlichen oder privaten Stelle bestätigt, gebilligt oder genehmigt worden".

Den Unionseinführern obliegt es nach Art. 6 KM-VO, eine Überprüfung durch unabhängige Dritte durchführen zu lassen, worüber die Unionseinführer nach Art. 7 Abs. 3 KM-VO auch zu berichten haben. Problematisch gestaltet sich jedoch, ob die Prüfung durch Dritte nach der KM-VO einen Gegenstand der Bestätigung, Billigung oder Genehmigung i. S. d. Nr. 4 lit. a) des Anhangs zum UWG erfasst.[610] Nach Art. 6 Abs. 1 lit. a) KM-VO sind die Tätigkeiten, Prozesse und Systeme der Unionseinführer durch die unabhängigen Dritten zu prüfen.[611] Die Prüfung durch Dritte hat also weder, wie von Nr. 4 lit. a) des Anhangs zum UWG vorausgesetzt, den Unternehmer selbst noch eine von ihm vorgenommene geschäftliche Handlung oder eine Ware oder Dienstleistung zum Gegenstand. Eine unwahre Angabe über eine Prüfung durch Dritte stellt also keine stets unzulässige Handlung nach § 3 Abs. 3 i. V. m. Nr. 4 lit. a) des Anhangs zum UWG dar.

b) Irreführung nach §§ 5, 5a UWG

Falsche oder unvollständige Angaben in einer öffentlichen Berichterstattung eines Unionseinführers könnten jedoch unlautere Handlungen i. S. v. § 5 oder § 5a UWG darstellen.[612]

---

610 Vgl. zum Gegenstand von Nr. 4 des Anhangs zum UWG *Fritzsche/Eisenhut*, in: BeckOK UWG, 21. Edt. Stand: 1.7.2023, Anhang zu § 3 Abs. 3 UWG Nr. 4 Rn. 20 ff.

611 Hinsichtlich der Unionseinführer von Metallen gilt die Verpflichtung zur Durchführung von Prüfungen durch Dritte nur eingeschränkt, vgl. Art. 6 Abs. 2 KM-VO sowie *supra* Kapitel 3 B. II. 2. c).

612 Vgl. entsprechend zu den Offenlegungspflichten des LkSG *Engel*, in: Grabosch, Das neue Lieferkettensorgfaltspflichtengesetz, 2021, § 7 Rn. 23.

aa) Irreführung durch aktives Tun nach § 5 UWG

Nach § 5 Abs. 1 UWG handelt unlauter, wer eine irreführende geschäftliche Handlung vornimmt, die geeignet ist, bei dem Verkehrskreis, den sie adressiert, falsche Vorstellungen über marktrelevante Umstände zu erwecken und den Marktteilnehmer aufgrund der Fehlvorstellung zu einer geschäftlichen Entscheidung zu veranlassen, die er ansonsten nicht getroffen hätte.[613] Maßgeblich ist ein durchschnittlicher Verbraucher oder sonstiger Marktteilnehmer.[614] Dabei ist eine geschäftliche Handlung nach § 5 Abs. 2 UWG irreführend, wenn sie unwahre Angaben enthält, die zur Täuschung geeignet sind (Alt. 1), oder sonstige zur Täuschung geeignete Angaben enthält (Alt. 2).[615] Im obigen Beispielsfall wären objektiv unwahre Angaben nach § 5 Abs. 2 Alt. 1 UWG gegeben. Problematisch erscheint jedoch, ob bei einer Offenlegung nach der KM-VO im Einzelfall eine Eignung zur Entscheidungsbeeinflussung gegeben ist. Dies kann, wie in den bisherigen Ausführungen deutlich wurde, nicht verallgemeinernd, sondern nur im jeweiligen Einzelfall entschieden werden, ist jedoch durchaus denkbar.

bb) Irreführung durch Unterlassen nach § 5a UWG

Unterlässt ein Unionseinführer, in Abwandlung zum obigen Beispielsfall, die öffentliche Berichterstattung, könnte § 5a UWG einschlägig sein. Die Vorschrift statuiert, dass dem Vorenthalten wesentlicher Informationen eine lauterkeitsrechtliche Relevanz zukommt. Maßgeblich ist neben dem Begriff des Vorenthaltens, der in § 5a Abs. 2 UWG genauer bestimmt wird, insbesondere der Begriff der „Wesentlichkeit". Der Begriff wird in § 5a UWG nicht definiert, allerdings beinhaltet § 5b Abs. 1-4 UWG Tatbe-

---

613 *Rehart/Ruhl/Isele*, in: BeckOK UWG, 21. Edt. Stand: 1.7.2023, § 5 UWG Rn. 28.
614 *Rehart/Ruhl/Isele*, in: BeckOK UWG, 21. Edt. Stand: 1.7.2023, § 5 UWG Rn. 28.
615 Vgl. auch statt vieler *Bornkamm/Feddersen*, in: Köhler/Bornkamm/Feddersen, UWG, 41. Aufl. 2023, § 5 UWG Rn. 1.54, 1.56, wobei § 5 Abs. 2 Alt. 1 UWG eine Liste der zur Täuschung geeigneten Umstände enthält. Ferner kann eine Irreführung aus einer Verwechslungsgefahr nach § 5 Abs. 3 UWG erwachsen, was vorliegend jedoch nicht relevant ist.

stände, hinsichtlich derer eine gesetzliche Fiktion besteht, dass es sich um wesentliche Informationen handelt.[616]

(i) Wesentliche Informationen nach § 5b UWG

In Betracht käme § 5b Abs. 4 UWG, nach dem solche Informationen wesentlich sind, „die dem Verbraucher auf Grund unionsrechtlicher Verordnungen oder nach Rechtsvorschriften zur Umsetzung unionsrechtlicher Richtlinien für kommerzielle Kommunikation einschließlich Werbung und Marketing nicht vorenthalten werden dürfen." Informationsanforderungen, die andere Zwecke verfolgen, fallen jedoch nicht unter § 5b Abs. 4 UWG.[617] Die Offenlegungspflichten der KM-VO sollen, wie bereits dargelegt, Transparenz und Nachvollziehbarkeit schaffen, um den Bestimmungen der KM-VO eine möglichst große Wirksamkeit zu verleihen.[618] Vorgaben zur kommerziellen Kommunikation sollen sie nicht treffen, sodass sie nicht unter § 5b Abs. 4 UWG fallen.

Ferner könnte § 5b Abs. 1 UWG relevant sein. § 5b Abs. 1 UWG legt fest, welche Informationen wesentlich sind, soweit „Waren oder Dienstleistungen unter Hinweis auf deren Merkmale und Preis in einer dem verwendeten Kommunikationsmittel angemessenen Weise so angeboten [werden], dass ein durchschnittlicher Verbraucher das Geschäft abschließen kann". Die Vorschrift betrifft die „Aufforderung zum Kauf"[619], die auf die UGP-Richtlinie zurückgeht (Art. 7 Abs. 4 UGP-Richtlinie) und autonom auszulegen ist; ein bindendes Angebot i. S. d. § 145 BGB ist nicht erforderlich.[620] Es ist indes grundsätzlich nicht davon auszugehen, dass im Rahmen einer

---

616 *Ritlewski*, in: BeckOK UWG, 21. Edt. Stand: 1.7.2023 § 5a UWG Rn. 114. Zum Ausnahmencharakter einer geschäftlichen Handlung eines Unionseinführers gegenüber einem Verbraucher s. *supra* Kapitel 4 C. II.

617 *Dreyer*, in: Harte-Bavendamm/Henning-Bodewig, UWG, 5. Aufl. 2021, § 5a UWG Rn. 207 zu § 5a UWG a. F.; *Ritlewski*, in: BeckOK UWG, 21. Edt. Stand: 1.7.2023, § 5b UWG Rn. 91.

618 Vgl. zum Zweck der Offenlegungspflichten *Vioque*, EuCLR 2021, 73, 84; sowie *supra* Kapitel 4 C. III. 1 b).

619 Vgl. die Definition der „Aufforderung zum Kauf" in Art. 2 lit. i) UGP-Richtlinie: „jede kommerzielle Kommunikation, die die Merkmale des Produktes und den Preis in einer Weise angibt, die den Mitteln der verwendeten kommerziellen Kommunikation angemessen ist und den Verbraucher dadurch in die Lage versetzt, einen Kauf zu tätigen".

620 Eingehend *Alexander*, WRP 2012, 125 ff. zu § 5a Abs. 3 UWG a. F.; *Ritlewski*, in: BeckOK UWG, 21. Edt. Stand: 1.7.2023, § 5b UWG Rn. 22.

öffentlichen Berichterstattung nach der KM-VO Preise für die Mineralien oder Metalle genannt werden.

Die Informationen, die nach Art. 4 lit. a), 7 KM-VO offenzulegen sind, stellen folglich keine wesentlichen Informationen i. S. d § 5b UWG dar.

(ii) Wesentlichkeit nach der Generalklausel § 5a Abs. 1 UWG

Die Informationen, die nach der KM-VO offenzulegen sind, könnten allenfalls wesentliche Informationen nach § 5a Abs. 1 UWG sein. Die Vorschrift geht auf Art. 7 Abs. 1, 2 UGP-Richtlinie zurück.[621] Nach der Rechtsprechung des EuGH sind Informationen i. S. d. Vorschrift wesentlich, „die der durchschnittliche Verbraucher je nach den Umständen benötigt, um eine informierte geschäftliche Entscheidung zu treffen, und deren Vorenthaltung diesen daher zu einer geschäftlichen Entscheidung veranlassen kann, die er sonst nicht getroffen hätte."[622] Der Tatbestand des § 5a Abs. 1 UWG ist entsprechend gestaltet; die 2022 neu gefasste Vorschrift ist jedoch im Gegensatz zu § 5a Abs. 2 UWG a. F. und Art. 7 UGP-Richtlinie nicht nur auf das Vorenthalten wesentlicher Informationen gegenüber Verbrauchern, sondern auch gegenüber einem sonstigen Marktteilnehmer anwendbar.[623]

Problematisch ist die Bestimmung des Begriffs der Wesentlichkeit.[624] Nach der Rechtsprechung des BGH zu § 5a Abs. 2 UWG a. F. sind nicht alle Informationen, die für eine geschäftliche Entscheidung eines Verbrauchers interessant sind, wesentliche Informationen i. S. d. Vorschrift.[625] Wesentlich

---

621 *Ritlewski*, in: BeckOK UWG, 21. Edt. Stand: 1.7.2023, § 5a UWG Rn. 82.

622 So wörtlich EuGH, Urt. v. 8.2.2017 – Rs. C-562/15, *Carrefour Hypermarchés SAS ./. ITM Alimentaire International SASU*, ELCI:EU:C:2017:95, Rn. 30.

623 Hierzu *Dreyer*, in: Harte-Bavendamm/Henning-Bodewig, 5. Aufl. 2021, § 5a UWG 2022 Rn. 2.

624 Eine strenge Einzelfallentscheidung befürwortend *Obergfell*, in: Fezer/Büscher/Obergfell, Lauterkeitsrecht, 3. Aufl. 2016, § 5a UWG Rn. 75 ff. zu § 5a UWG a. F. Für ein eher weites Verständnis des Begriffs der Wesentlichkeit *Dreyer*, in: Harte-Bavendamm/Henning-Bodewig, 5. Aufl. 2021, § 5a UWG Rn. 86 zu § 5a UWG a. F., die die Informationen, die für eine „informierte" Entscheidung unter Abwägung des Für und Wider benötigt werden für wesentlich erachtet. *Sosnitza*, in: Ohly/Sosnitza, UWG, 8. Aufl. 2023, § 5a UWG Rn. 25, § 5b UWG Rn. 5 hält solche Informationen für wesentlich, hinsichtlich derer eine Aufklärungspflicht besteht. Dies als zirkulär ablehnend und zum Streitstand in der Literatur *Ritlewski*, in: BeckOK UWG, 21. Edt. Stand: 1.7.2023, § 5a UWG Rn. 125 ff.

625 BGH, Urt. v. 16.5.2012 – I ZR 74/11, GRUR 2012, 1275, 1277 (Rn. 36); BGH, Urt. v. 21.7.2016 – I ZR 26/15, GRUR 2016, 1076, 1078 (Rn. 31); BGH, Beschl. v. 15.12.2016

sind nur die Informationen, denen ein erhebliches Gewicht für die Entscheidung eines Verbrauchers zukommt, sodass bei einer Abwägung der gegenseitigen Interessen eine Information erwartet werden kann.[626] Hierzu ist eine „typisierende[] Bewertung aus Sicht des durchschnittlichen Verbrauchers unter Berücksichtigung seines Erwartungshorizonts" anzustellen.[627] Somit ist eine Einzelfallentscheidung maßgeblich.[628] Bei typisierender Bewertung aus Sicht des durchschnittlichen Verbrauchers unter Berücksichtigung seines Erwartungshorizonts ist aber wohl nicht davon auszugehen, dass Informationen zur Erfüllung von Sorgfaltspflichten bezüglich der Lieferkette von Mineralien und Metallen im Rahmen einer geschäftlichen Handlung, also bspw. einer Werbung für ein Produkt, in dem Metalle verwendet wurden, erwartet werden.

Welche Maßstäbe an die Bewertung der Wesentlichkeit einer Information gegenüber einem sonstigen Marktteilnehmer anzulegen sind, ist derzeit auch mangels einschlägiger Rechtsprechung noch offen.[629] Nach dem Tatbestand des § 5a Abs. 1 UWG müssen die Informationen jedoch für eine informierte Entscheidung erforderlich sein; ein Vorenthalten der Informationen muss geeignet sein, die Akteure zu einer geschäftlichen Entscheidung zu veranlassen, die sie anderenfalls nicht getroffen hätten. Eine Wesentlichkeit der nach der KM-VO offenzulegenden Informationen für sonstige Marktteilnehmer ist nach Maßgabe der soeben gemachten Ausführungen wohl ebenfalls abzulehnen. Im Einzelfall kann jedoch in beiden Konstellationen eine andere Bewertung erforderlich sein. Sollte ein Unternehmen etwa Werbung mit der Einhaltung der Standards der KM-VO machen, ist auch eine umfassende Information der Verbraucher oder sonstigen Marktteilnehmer nach Art. 5a Abs. 1 UWG erforderlich.[630] Überzeugenderweise

---

- I ZR 241/15, GRUR 2017, 295, 296 (Rn. 17); *Ritlewski*, in: BeckOK UWG, 21. Edt. Stand: 1.7.2023, § 5a UWG Rn. 121.

626 BGH, Urt. v. 16.5.2012 – I ZR 74/11, GRUR 2012, 1275, 1277 (Rn. 36); BGH, Urt. v. 21.7.2016 – I ZR 26/15, GRUR 2016, 1076, 1078 (Rn. 31); BGH, Beschl. v. 15.12.2016 – I ZR 241/15, GRUR 2017, 295, 296 (Rn. 17); *Ritlewski*, in: BeckOK UWG, 21. Edt. Stand: 1.7.2023, § 5a UWG Rn. 121.

627 So auch wörtlich *Ritlewski*, in: BeckOK UWG, 21. Edt. Stand: 1.7.2023, § 5a UWG Rn. 121 unter Hinweis auf BGH, Urt. v. 19.2.2014 – I ZR 17/13, GRUR 2014, 584, 585 (Rn. 14).

628 *Ritlewski*, in: BeckOK UWG, 21. Edt. Stand: 1.7.2023, § 5a UWG Rn. 121.

629 *Ritlewski*, in: BeckOK UWG, 21. Edt. Stand: 1.7.2023, § 5a UWG Rn. 115, 132.

630 So zur freiwilligen Werbung mit der Einhaltung eines CSR-Codes auch *Augsburger*, MMR 2014, 427, 430; *v. Walter*, in: Hilty/Henning-Bodewig, Corporate Social Responsibility, 2014, 187, 194. Restriktiv hingegen noch zum § 5 Abs. 2 S. 2 UWG

muss dann über den Umfang der ergriffenen Sorgfaltspflichtmaßnahmen informiert werden.[631] *V. Walter* bezeichnet dies treffend als „eigenveranlasste Aufklärungspflicht".[632]

(iii) Zwischenergebnis

Typischerweise sind die Informationen, die nach Art. 4 lit. a), 7 KM-VO offenzulegen sind, keine wesentlichen Informationen i. S. d. § 5a Abs. 1 UWG. Dann ist auch ein Irreführen durch Unterlassen i. S. d. § 5a Abs. 1 UWG abzulehnen, soweit ein Unionseinführer seinen Offenlegungspflichten nicht nachkommt. Im Einzelfall kann eine andere Entscheidung angezeigt sein.

c) Generalklausel § 3 UWG

Im Übrigen bliebe nur ein Rückgriff auf die lauterkeitsrechtliche Generalklausel des § 3 UWG.[633] Allerdings ist nach der wohl herrschenden Meinung bei einem Gesetzesverstoß, der den Anforderungen des § 3a UWG nicht genügt, ein Rückgriff auf die Generalklausel des § 3 UWG versperrt, sodass ebendieser Gesetzesverstoß keine unlautere Handlung nach § 3 UWG darstellt.[634] Da die Offenlegungspflichten der KM-VO keine

---

(2008) BGH, Urt. v. 26.10.2006 – I ZR 33/04, GRUR 2007, 247, 250 (Rn. 24): „Nach der Rechtsprechung des *Senats* zu den missbräuchlichen Kopplungsangeboten kann eine Irreführung anzunehmen sein, wenn über den Inhalt der zusätzlichen Leistung nur unzureichend informiert wird. [...] Hieraus folgt aber keine Pflicht zu einer umfassenden Aufklärung; eine solche wird von einem verständigen Verbraucher auch nicht erwartet. Die Verpflichtung zu aufklärenden Angaben besteht nur dann, wenn anderenfalls die Gefahr einer unlauteren Beeinflussung des Verbrauchers durch Täuschung über den tatsächlichen Wert des Angebots, insbesondere über den Wert einer angebotenen Zusatzleistung, gegeben ist." Sowie BGH, Urt. v. 26.10.2006 – I ZR 97/04, GRUR 2007, 251, 252 (Rn. 21).

631 Vgl. entsprechend *Augsburger*, MMR 2014, 427, 430 f.

632 *v. Walter*, in: Hilty/Henning-Bodewig, Corporate Social Responsibility, 2014, 187, 194.

633 S. *supra* Kapitel 4 C. I.

634 BGH, Urt. v. 9.9.2010 – I ZR 157/08, GRUR 2011, 431, 432 (Rn. 11); BGH, Urt. v. 8.10.2015 – ZR 225/13, NJOZ 2016, 1618, 1622 (Rn. 35) zu § 4 Nr. 11 UWG a. F.; *Birk*, GRUR 2022, 361, 363; *Ohly*, in: Ohly/Sosnitza, UWG, 8. Aufl. 2023, § 3a UWG Rn. 8; einschränkend, um das Ausnutzen gesetzlicher Lücken zu unterbinden *Götting/Hetmark*, in: Fezer/Büscher/Obergfell, Lauterkeitsrecht, 3. Aufl. 2016, § 3a UWG Rn. 47a.

Marktverhaltensregelungen statuieren, ist mit der herrschenden Meinung ein Rückgriff auf die Generalklausel versperrt. Ein Verstoß gegen die Art. 4-6 KM-VO stellt keine geschäftliche Handlung dar, sodass keine lauterkeitsrechtliche Relevanz gegeben ist.[635] Allenfalls hinsichtlich einer falschen öffentlichen Berichterstattung erscheint ein Rückgriff auf die Generalklausel möglich.

IV. Ergebnis: Keine wesentliche Veränderung der Rechtslage durch die Sorgfaltspflichten der KM-VO

Eine lauterkeitsrechtliche Durchsetzung der Sorgfaltspflichten der KM-VO verspricht wenig Erfolg. Zunächst ist jeweils im Einzelfall zu ermitteln, ob überhaupt eine geschäftliche Handlung gegeben ist, was der Fall sein kann, wenn ein Unionseinführer mit der Einhaltung der Sorgfaltspflichten Werbung macht. Anderenfalls ist schon der Anwendungsbereich des UWG nicht eröffnet.

Die Vorschriften der KM-VO, die Sorgfaltspflichten für die Unionseinführer statuieren, stellen keine Marktverhaltensregelungen i. S. d. § 3a UWG dar.

Im Übrigen ist im Einzelfall zu ermitteln, ob eine falsche öffentliche Berichterstattung oder eine unterlassene öffentliche Berichterstattung eine unlautere Handlung und somit eine Unzulässigkeit i. S. d. UWG darstellt. Maßgeblich sind hierbei indes nicht die Pflichten der KM-VO; vielmehr ergibt sich eine Unlauterkeit allenfalls aus der Unwahrheit der öffentlichen Berichterstattung oder dem Vorenthalten der Informationen, wobei die Offenlegungspflichten der KM-VO jedoch nicht ausschlaggebend sind. Die Konstellation ist mit der falschen öffentlichen Äußerung im Mängelgewährleistungsrecht vergleichbar.[636] Aus den verbindlichen Pflichten der KM-VO ergibt sich auch im Lauterkeitsrecht kein wesentlicher Unterschied im Vergleich zu einer freiwilligen öffentlichen Berichterstattung.

---

635 S. *supra* Kapitel 4 C. II. Entsprechend zu den Sorgfaltspflichten des LkSG *Birk*, GRUR 2022, 361, 363.
636 S. *supra* Kapitel 4 B. II.

D. Die Haftung des Vorstands für Verstöße gegen die Sorgfaltspflichten der KM-VO nach § 93 Abs. 2 S. 1 AktG

Die Sorgfaltspflichten der KM-VO könnten jedoch Einfluss auf die Pflichten der Unternehmensführung haben, soweit es sich bei einem Unionseinführer um ein Unternehmen handelt, sodass ein Verstoß eine Haftung nach sich ziehen könnte.[637] Die folgenden Ausführungen nehmen exemplarisch insbesondere die Innenhaftung des Vorstands einer AG in den Blick.

Eine AG hat einen Anspruch auf Schadensersatz nach § 93 Abs. 2 S. 1 AktG gegen ihren Vorstand, soweit dieser schuldhaft eine ihm obliegende Pflicht verletzt hat und hieraus ein kausaler Schaden entstanden ist.[638] Die Mitglieder des Vorstands, die pflichtwidrig gehandelt haben, haften gesamtschuldnerisch nach §§ 421 ff. BGB.[639] Durchzusetzen ist dieser Schadensersatzanspruch durch den Aufsichtsrat.[640] Die Aufsichtsratsmitglieder sind aufgrund ihrer Pflicht zur Überwachung und Kontrolle des Vorstands nach § 111 Abs. 1 AktG zur Prüfung des Bestehens von Schadensersatzansprüchen der Gesellschaft gegen den Vorstand und ggf. auch zur Erhebung von entsprechenden Klagen verpflichtet.[641]

---

637 Vgl. bereits *Walden*, NZG 2020, 50, 54; vgl. auch entsprechend zum LkSG *Brunk*, Menschenrechtscompliance, 2022, S. 528; sowie *Spindler*, ZHR 186 (2022), 67, 106; Begründung über eine deliktische Verkehrspflicht entsprechend den Vorgaben des LkSG *Paefgen*, ZIP 2021, 2006, 2013.

638 Statt vieler *Fleischer*, in: BeckOGK, Stand: 1.7.2023, § 93 AktG Rn. 218. In einer GmbH ergibt sich ein entsprechender Innenanspruch gegen den Geschäftsführer aus § 43 Abs. 2 GmbHG, vgl. nur *Altmeppen*, in: Altmeppen, GmbHG, 11. Aufl. 2023, § 43 GmbHG Rn. 46; *Fleischer*, in: MüKo GmbHG, 4. Aufl. 2023, § 43 GmbHG Rn. 266.

639 Siehe nur *J. Koch*, AktG, 17. Aufl. 2023, § 93 AktG Rn. 116; *Nordhues*, Die Haftung der Muttergesellschaft und ihres Vorstands für Menschenrechtsverletzungen im Konzern, 2019, S. 175; *U. Schmidt*, in: Heidel, Aktienrecht, 5. Aufl. 2020, § 93 AktG Rn. 115; *Spindler*, in: MüKo AktG, 6. Aufl. 2023, § 93 AktG Rn. 177.

640 Statt vieler *Hübner*, Unternehmenshaftung für Menschenrechtsverletzungen, 2022, S. 334; *Fleischer*, in: BeckOGK, Stand: 1.7.2023, § 93 AktG Rn. 354; *U. Schmidt*, in: Heidel, Aktienrecht, 5. Aufl. 2020, § 93 AktG Rn. 147. Gesellschaftsgläubiger können nur nach Maßgabe des § 93 Abs. 5 AktG zur Geltendmachung des Ersatzanspruchs berechtigt sein, hierzu eingehend *Fleischer*, in: BeckOGK, Stand: 1.7.2023, § 93 AktG, Rn. 356 ff.

641 BGH, Urt. v. 21.4.1997 – II ZR 175/95, NJW 1997, 1926 ff.; *Fleischer*, in: BeckOGK, Stand: 1.7.2023, § 93 AktG Rn. 7; *Hübner*, Unternehmenshaftung für Menschenrechtsverletzungen, 2022, S. 334.; *J. Koch*, AktG, 17. Aufl. 2023, § 93 AktG Rn. 2; *Spindler*, in: BeckOGK, Stand: 1.7.2022, § 111 AktG Rn. 30.

Soweit eine Gesellschaft, wie vorliegend unterstellt, nach deutschem Recht gegründet ist und ihren effektiven Verwaltungssitz in Deutschland hat, kommt grundsätzlich deutsches Recht zur Anwendung. Die Organpflichten der Unternehmensleitung und eine aus deren Verletzung resultierende Innenhaftung sind gesellschaftsrechtlich zu qualifizieren.[642] Das anwendbare Sachrecht bestimmt sich nach dem autonomen deutschen Gesellschaftskollisionsrecht.[643] Hiernach ist gewohnheitsrechtlich anerkannt, dass grundsätzlich das Recht des Staats anwendbar ist, in dem sich der Verwaltungssitz der Gesellschaft befindet (Sitztheorie).[644] Soweit es sich allerdings um eine EU-Auslandsgesellschaft handelt, ist den Anforderungen an die Niederlassungsfreiheit nach Art. 49, 54 AEUV zu entsprechen, sodass der Satzungssitz für die Bestimmung des anwendbaren Rechts entscheidend ist (Gründungstheorie).[645]

Vorliegend stellt sich insbesondere die Frage, ob die Sorgfaltspflichten der KM-VO Auswirkungen auf die Pflichten des Vorstands haben (I.) und ob der Gesellschaft im jeweiligen Einzelfall aus einer Pflichtverletzung ein kausaler Schaden erwächst (II.).

I. Pflichtwidrigkeit eines Verstoßes gegen die Sorgfaltspflichten der KM-VO

1. Grundlagen zur Legalitäts- und Legalitätskontrollpflicht

Den Vorstand trifft bei der Erfüllung seiner Geschäftsleitungsaufgaben eine Vielzahl von Pflichten, deren Verletzung eine Haftung nach § 93 Abs. 2 S. 1 AktG auslösen kann und die im AktG nicht abschließend

---

642 Statt vieler *Hübner*, Unternehmenshaftung für Menschenrechtsverletzungen, 2022, S. 339; *Junker*, in: MüKo BGB, 8. Aufl. 2021, Art. 1 Rom II-VO Rn. 36; *Lieberknecht*, Die internationale Legalitätspflicht, 2021, S. 108; *Thomale/Hübner*, JZ 2017, 385, 391; *Weller/Kaller/Schulz*, AcP 216 (2016), 387, 397.

643 Außervertragliche Schuldverhältnisse, die sich aus dem Gesellschaftsrecht ergeben, sind nach Art. 1 Abs. 2 lit. d) Rom II-VO aus dem Anwendungsbereich der Rom II-VO ausgenommen, hierzu *Junker*, in: MüKo BGB, 8. Aufl. 2021, Art. 1 Rom II-VO Rn. 36; *Lieberknecht*, Die internationale Legalitätspflicht, 2021, S. 109; *Thomale/Hübner*, JZ 2017, 385, 390.

644 *Lieberknecht*, Die internationale Legalitätspflicht, 2021, S. 109; *Weller*, in: MüKo GmbHG, 4. Aufl. 2022, Einl. Rn. 360, 403 ff.

645 *Lieberknecht*, Die internationale Legalitätspflicht, 2021, S. 109; *Weller*, in: MüKo GmbHG, 4. Aufl. 2022, Einl. Rn. 361, 371 ff.

normiert sind.[646] Im Ausgangspunkt ist § 76 Abs. 1 AktG zu beachten, wonach der Vorstand die Befugnis und Verpflichtung zur Leitung der Gesellschaft hat.[647] Dabei haben die Vorstandsmitglieder nach § 93 Abs. 1 S. 1 AktG „bei ihrer Geschäftsführung die Sorgfalt eines ordentlichen und gewissenhaften Geschäftsleiters anzuwenden".[648] Diese allgemeine Sorgfaltspflicht der Vorstandsmitglieder nach § 93 Abs. 1 S. 1 AktG beinhaltet einen Sorgfaltsmaßstab für die Haftung aus § 93 Abs. 2 S. 1 AktG.[649] Zudem lassen sich nach der ganz herrschenden Meinung aber auch Verhaltenspflichten des Vorstands aus § 93 Abs. 1 S. 1 AktG ableiten.[650] Die allgemeine Sorgfaltspflicht beinhaltet u. a. die in der vorliegenden Konstellation relevante *Legalitätspflicht*, also die Pflicht des Vorstands, gesetzliche Bestimmungen zu beachten.[651]

Im Aktienrecht ist die Legalitätspflicht gesetzlich nicht eindeutig verankert.[652] Es besteht jedoch Einigkeit, dass sie aus § 76 Abs. 1 AktG und § 93 Abs. 1 S. 1 AktG herzuleiten ist.[653] Sie verpflichtet die Mitglieder des Vorstands dazu, sich bei ihrer Geschäftsleitertätigkeit rechtskonform zu verhalten.[654] Von dieser Pflicht sind zunächst Vorgaben des Aktienrechts,

---

646 Siehe jeweils mit Aufzählungen von Pflichtenquellen *Dauner-Lieb*, in: Henssler/ Strohn, Gesellschaftsrecht, 5. Aufl. 2021, § 93 AktG Rn. 29; *Fleischer*, BeckOGK, Stand: 1.7.2023, § 93 AktG Rn. 242; *Spindler*, in: MüKo AktG, 6. Aufl. 2023, § 93 AktG Rn. 181.

647 Statt vieler *Burgard*, in: Nietsch, Corporate Social Responsibility Compliance, 2021, § 13 Rn. 6.

648 Statt vieler *Burgard*, in: Nietsch, Corporate Social Responsibility Compliance, 2021, § 13 Rn. 6.

649 Statt vieler *Fleischer*, in: BeckOGK, Stand: 1.7.2023, § 93 AktG Rn. 15; *J. Koch*, AktG, 17. Aufl. 2023, § 93 AktG Rn. 7; *U. Schmidt*, in: Heidel, Aktienrecht, 5. Aufl. 2020, § 93 AktG Rn. 73.

650 So *Dauner-Lieb*, in: Henssler/Strohn, Gesellschaftsrecht, 5. Aufl. 2021, § 93 AktG Rn. 6; *Fleischer*, in: BeckOGK, Stand: 1.7.2023, § 93 AktG Rn. 15; *J. Koch*, AktG, 17. Aufl. 2023, § 93 AktG Rn. 7; *U. Schmidt*, in: Heidel, Aktienrecht, 5. Aufl. 2020, § 93 AktG Rn. 73; *Spindler*, in: MüKo AktG, 6. Aufl. 2023, § 93 AktG Rn. 21.

651 Statt vieler BGH, Urt. v. 27.8.2010 – 2 StR 111/09, NJW 2010, 3458, 3460 (Rn. 29); *Brunk*, Menschenrechtscompliance, 2022, S. 93; *J. Koch*, AktG, 17. Aufl. 2023, § 93 AktG Rn. 9; *U. Schmidt*, in: Heidel, Aktienrecht, 5. Aufl. 2020, § 93 AktG Rn. 6.

652 Statt vieler *Lieberknecht*, Die internationale Legalitätspflicht, 2021, S. 15 f.; *Weller/Thomale*, ZGR 2017, 509, 519.

653 Statt vieler *Fleischer*, ZIP 2005, 141, 142; eingehend *Lieberknecht*, Die internationale Legalitätspflicht, 2021, S. 15 ff.; *Weller/Thomale*, ZGR 2017, 509, 519.

654 So die ganz h. M., vgl. nur BGH, Beschl. v. 13.9.2010 – 1 StR 220/09, NJW 2011, 88, 92 (Rn. 37); BGH, Urt. v. 10.7.2012 – VI ZR 341/10, NJW 2012, 3439, 3441 (Rn. 22); *Brunk*, Menschenrechtscompliance, 2022, S. 94; *J. Koch*, AktG, 17. Aufl.

der Satzung der Gesellschaft und der Geschäftsordnung des Vorstands erfasst (sog. interne Pflichtenbindung).[655]

Zudem ist die AG als juristische Person an das geltende Recht gebunden, selbst jedoch nicht handlungsfähig.[656] Vielmehr wird sie durch ihren Vorstand vertreten, der bei Erfüllung der organschaftlichen Pflichten die Gesetze zu beachten hat.[657] Der Vorstand ist im Innenverhältnis gegenüber der Gesellschaft verpflichtet, diejenigen Gesetze einzuhalten, welche die Gesellschaft im Außenverhältnis treffen (sog. externe Pflichtenbindung).[658]

2023, § 93 AktG Rn. 9; *Lieberknecht*, Die internationale Legalitätsflicht, 2021, S. 9; *Spindler*, in: MüKo AktG, 6. Aufl. 2023, § 93 AktG Rn. 89 f.

655   *Fleischer*, ZIP 2005, 141, 142 f.; *ders.* in: BeckOGK, Stand: 1.7.2023, § 93 AktG Rn. 20 ff.; *Nordhues*, Die Haftung der Muttergesellschaft und ihres Vorstands für Menschenrechtsverletzungen im Konzern, 2019, S. 186; *Spindler*, in: MüKo AktG, 6. Aufl. 2023, § 93 AktG Rn. 89 f.

656   *Burgard*, in: Nietsch, Corporate Social Responsibility Compliance, 2021, § 13 Rn. 18; *Spindler*, in: MüKo AktG, 6. Aufl. 2023, § 93 AktG Rn. 89; *Nordhues*, Die Haftung der Muttergesellschaft und ihres Vorstands für Menschenrechtsverletzungen im Konzern, 2019, S. 186.

657   BGH, Beschl. v. 13.9.2010 – 1 StR 220/09, NJW 2011, 88, 92 (Rn. 37); BGH, Urt. v. 10.7.2012 – VI ZR 341/10, NJW 2012, 3439, 3441 (Rn. 22); *Burgard*, in: Nietsch, Corporate Social Responsibility Compliance, 2021, § 13 Rn. 18; *Spindler*, in: MüKo AktG, 6. Aufl. 2023, § 93 AktG Rn. 89.

658   Vgl. nur *Fleischer*, ZIP 2005, 141, 144; *ders.*, in: BeckOGK, Stand: 1.7.2023, § 93 AktG Rn. 28 f.; *Weller/Kaller/Schulz*, AcP 216 (2016), 387, 413. Die Begründung ist umstritten, vgl. zum Streitstand statt vieler *Lieberknecht*, Die internationale Legalitätspflicht, 2021, S. 15 ff.; *Nordhues*, Die Haftung der Muttergesellschaft und ihres Vorstands für Menschenrechtsverletzungen im Konzern, 2019, S. 186 ff. Im Einzelnen stellt etwa *Fleischer*, in: BeckOGK, Stand: 1.7.2023, § 93 AktG Rn. 29 auf einen Geltungsvorrang der staatlichen Rechtsordnung ab; *Habersack*, FS U. Schneider, 2011, 429, 435, stellt auf das Allgemeininteresse ab, das daran besteht, dass eine juristische Person und ihre Organe die Gesetze einhalten und auf Überlegungen „generalpräventiver Art"; ebenso *Harbarth*, ZHR 179 (2015), 136, 147. Ähnlich begründet *Nordhues*, Die Haftung der Muttergesellschaft und ihres Vorstands für Menschenrechtsverletzungen im Konzern, 2019, S. 186 ff., 190 die externe Legalitätspflicht mit einem allgemeinen Interesse an der Gesetzesbefolgung. *J. Koch*, AktG, 17. Aufl. 2023, § 93 AktG Rn. 12 leitet die Legalitätspflicht aus dem „allgemeinen Geltungsanspruch der Rechtsordnung" ab. Die präventiven Zwecke betonend *Lieberknecht*, Die internationale Legalitätspflicht, 2021, S. 37 ff. Andere begründen die externe Pflichtenbindung mit einer Schadensabwendungspflicht des Vorstands gegenüber dem Unternehmen und der Annahme, dass aus einem Gesetzesverstoß etwa Schadensersatzansprüche, Geldbußen oder Rufschädigungen resultieren können. Vgl. hierzu etwa *Raiser/Veil*, Kapitalgesellschaftsrecht, 6. Aufl. 2015, § 14 Rn. 81. Diese Ansicht kommt jedoch an ihre Grenzen, soweit sich der Gesetzesverstoß als ökonomisch „nützlich" erweist. So auch *Fleischer*, in: BeckOGK, Stand: 1.7.2023, § 93 AktG Rn. 29. Vgl. zu „nützlichen" Pflichtverletzungen *infra* Kapitel 4 D. I. 4.

Diese können grundsätzlich aus allen Rechtsbereichen stammen, bspw. dem Verwaltungs-, Zivil- oder Arbeitsrecht.[659] Handelt die Gesellschaft im Außenverhältnis rechtswidrig, kann dies nach der herrschenden Meinung eine Pflichtverletzung im Innenverhältnis darstellen.[660]

Nach der sog. Legalitätskontrollpflicht ist der Vorstand außerdem verpflichtet, Sorge dafür zu tragen, dass die Gesetze auch von den Personen eingehalten werden, die für das Unternehmen arbeiten.[661] Soweit der Vorstand Aufgaben nicht selbst wahrnimmt, sondern delegiert, wandelt sich die ihm obliegende Legalitätspflicht in die Pflicht zur sorgfältigen Auswahl, Einweisung und Überwachung der mit den Aufgaben betrauten Person(en).[662] Die Legalitätskontrollpflicht verlängert folglich die Legalitätspflicht, soweit der Vorstand seine Aufgaben delegiert hat.[663]

Die Reichweite der Legalitätskontrollpflicht in Konzernkonstellationen ist umstritten: Es stellt sich die Frage, ob sich die Legalitätskontrollpflicht des Vorstands der Muttergesellschaft auch auf Tochterunternehmen erstreckt.[664] Dies ist jedenfalls zu bejahen, soweit Sondervorschriften wie § 25a Abs. 3 KWG Vorgaben zur konzernweiten Compliance-Organisation machen.[665] Unter Bezugnahme auf die Pflicht des Vorstands, Schäden von der Gesellschaft abzuwenden oder zu mindern, vertritt die herrschende Meinung im Übrigen, dass grundsätzlich eine konzernweite Pflicht zur Errichtung eines Compliance-Systems besteht („*Ob*").[666] Gestützt wird dies

---

Andere wollen mithilfe von § 93 Abs. 4 AktG eine umfassende externe Pflichtenbindung des Vorstands stützen, vgl. *Dreher*, FS Konzen 2006, 85, 92; *Spindler*, FS Canaris 2007, Band II, 403, 412; *ders.*, in: MüKo AktG, 6. Aufl. 2023, § 93 AktG Rn. 90; ähnlich *Paefgen*, AG 2014, 554, 556.

659 *Fleischer*, in: BeckOGK, Stand: 1.7.2023, § 93 AktG Rn. 28; *J. Koch*, AktG, 17. Aufl. 2023, § 93 AktG Rn. 10; *Reichert*, FS Hoffmann-Becking 2013, 943, 945.

660 Statt vieler BGH, Beschl. v. 13.9.2010 – 1 StR 220/09, NJW 2011, 88, 92 (Rn. 37); *Fleischer*, in: BeckOGK, Stand: 1.7.2023, § 93 AktG Rn. 29.

661 Statt vieler *Verse*, ZHR 175 (2011), 401, 403.

662 *Verse*, ZHR 175 (2011), 401, 404; *Reichert*, FS Hoffmann-Becking, 2013, 943, 945; *Weller/Kaller/Schulz*, AcP 216 (2016), 387, 414.

663 *Verse*, ZHR 175 (2011), 401, 404; *Lieberknecht*, Die internationale Legalitätspflicht, 2021, S. 10 (Fn. 46); *Nordhues*, Die Haftung der Muttergesellschaft und ihres Vorstands für Menschenrechtsverletzungen im Konzern, 2019, S. 192.

664 Vgl. hierzu eingehend *Brunk*, Menschenrechtscompliance, 2022, S. 119; *Hübner*, Unternehmenshaftung für Menschenrechtsverletzungen, 2022, S. 324 f. Eine umfassende Konzernleitungspflicht befürwortend *Hommelhoff*, Die Konzernleitungspflicht, 1982, S. 43 ff., 165 ff.

665 *Brunk*, Menschenrechtscompliance, 2022, S. 119 f.; *Verse*, ZHR 175 (2011), 401, 409.

666 Vgl. nur *Brunk*, Menschenrechtscompliance, 2022, S. 126; *Burgard*, in: Nietsch, Corporate Social Responsibility Compliance, 2022, § 13 Rn. 21; *Hübner*, Unternehmens-

durch Ziffer 4.1.3. DCGK, wonach der Vorstand u. a. auf „die Einhaltung der gesetzlichen Bestimmungen [...] durch die Konzernunternehmen" hinzuwirken hat und der zumindest für börsennotierte Gesellschaften nach § 161 AktG Wirkung entfaltet.[667] Zudem kann die Rechtsprechung des LG München I im zentralen Siemens./.Neubürger-Fall angeführt werden: Der ehemalige Finanzvorstand Neubürger der Siemens AG wurde vom LG München I zum Schadensersatz verurteilt, da er die Etablierung korrupter Praktiken bei einer nigerianischen Tochter nicht verhindert habe.[668] Der Beklagte sei seiner Legalitäts- bzw. Legalitätskontrollpflicht nicht hinreichend nachgekommen, da er kein wirksames Compliance-System errichtet und überwacht habe.[669] Das Gericht hat also die Legalitätspflicht in Form einer Legalitätskontrollpflicht auf die Kontrolle von Unternehmensangehörigen eines Tochterunternehmens erstreckt.[670]

Wie dieses Compliance-System auszugestalten ist, soll nach der herrschenden Meinung hingegen grundsätzlich im unternehmerischen Ermessen des Vorstands der Konzernmutter liegen.[671] Es bestehe keine Pflicht, jeden Rechtsverstoß zu verhindern, vielmehr seien hinsichtlich des Umfangs des Compliance-Systems im Einzelnen „Art, Größe und Organisation des Unternehmens, die zu beachtenden Vorschriften, die geografische Präsenz wie auch Verdachtsfälle aus der Vergangenheit" zu berücksichtigen.[672]

---

haftung für Menschenrechtsverletzungen, 2022, S. 324 f.; *Verse*, ZHR 175 (2011), 401, 407 ff.; *Weller/Kaller/Schulz*, AcP 216 (2016), 387, 415.

667 *Hübner*, Unternehmenshaftung für Menschenrechtsverletzungen, 2022, S. 325; *Weller/Kaller/Schulz*, AcP 216 (2016), 387, 415.

668 LG München I, Urt. v. 10.12.2013 – 5 HK O 1387/10, BeckRS 2014, 1998; *Weller/Kaller/Schulz*, AcP 216 (2016), 387, 415; *Weller/Thomale*, JZ 2017, 509, 519; eingehend *Hübner*, Unternehmenshaftung für Menschenrechtsverletzungen, 2022, S. 329 f.

669 LG München I, Urt. v. 10.12.2013 – 5 HK O 1387/10, BeckRS 2014, 1998; statt vieler *Nordhues*, Die Haftung der Muttergesellschaft und ihres Vorstands für Menschenrechtsverletzungen im Konzern, 2019, S. 202.

670 LG München I, Urt. v. 10.12.2013 – 5 HK O 1387/10, BeckRS 2014, 1998; *Hübner*, Unternehmenshaftung für Menschenrechtsverletzungen, 2022, S. 332; *Nordhues*, Die Haftung der Muttergesellschaft und ihres Vorstands für Menschenrechtsverletzungen im Konzern, 2019, S. 202; *Weller/Kaller/Schulz*, AcP 216 (2016), 387, 415.

671 Siehe nur *Holle*, Legalitätskontrolle im Kapitalgesellschafts- und Konzernrecht, 2014, S. 110 f.; *Hübner*, Unternehmenshaftung für Menschenrechtsverletzungen, 2022, S. 325 f.; *J. Koch*, AktG, 17. Aufl. 2023, § 76 AktG Rn. 15; *Seibt/Cziupka*, DB 2014, 1598, 1599; *Verse*, ZHR 175 (2011), 401, 415.

672 So auch wörtlich LG München I, Urt. v. 10.12.2013 – 5 HK O 1387/10, BeckRS 2014, 1998; vgl. dazu auch *Hübner*, Unternehmenshaftung für Menschenrechtsverletzungen, 2022, S. 326.

Auf Grundlage der Pflicht zur Errichtung eines konzernweiten Compliance-Systems wurde bereits vor dem Erlass von gesetzlichen Pflichten (bspw. im LkSG) eine Pflicht des Vorstands zur sog. Menschenrechts-Compliance diskutiert.[673] Schließlich kann etwa eine Beeinträchtigung von Menschenrechten durch ein Tochterunternehmen bzw. die Nichtbeachtung von *soft law*-Standards ein erhebliches Reputationsrisiko für das Mutterunternehmen bergen; zudem sind zivilrechtliche Haftungsrisiken für die Gesellschaft möglich.[674]

2. Pflichten aus der KM-VO

In der vorliegenden Konstellation stellt sich indes die Frage, ob die Legalitätspflicht bzw. Legalitätskontrollpflicht die Einhaltung der Sorgfaltspflichten der KM-VO umfasst.[675]

a) Externe Pflichtenbindung der Unternehmen

Die Sorgfaltspflichten der Art. 4-7 KM-VO adressieren den Unionseinführer und somit das Unternehmen im Außenverhältnis.[676] Die Sorgfaltspflichten der KM-VO entfalten eine externe Pflichtenbindung im Innenverhältnis gegenüber dem Vorstand und sind insoweit grundsätzlich von der Legalitätspflicht erfasst.[677] Soweit der Vorstand die Erfüllung der Vorschriften der KM-VO delegiert, wandelt sich die Legalitätspflicht in eine Legalitätskon-

---

673 *Brunk*, Menschenrechtscompliance, 2022, S. 119; *Hübner*, Unternehmenshaftung für Menschenrechtsverletzungen, 2022, S. 324 f.; *Nordhues*, Die Haftung der Muttergesellschaft und ihres Vorstands für Menschenrechtverletzungen im Konzern, 2019, S. 207 f.; *Weller/Kaller/Schulz*, AcP 216 (2016), 387, 413 ff.; *Weller/Thomale*, ZGR 2017, 509, 519; kritisch hingegen *Thomale/Hübner*, JZ 2017, 385, 396; *Thomale/Murko*, EuZA 2021, 40, 50.
674 Eingehend *Hübner*, Unternehmenshaftung für Menschenrechtsverletzungen, 2022, S. 340 ff.; ähnlich *Brunk*, Menschenrechtscompliance, 2022, S. 152 f.; *Nordhues*, Die Haftung der Muttergesellschaft und ihres Vorstands für Menschenrechtsverletzungen im Konzern, 2019, S. 208; vgl. auch *Saage-Maaß/Leifker*, BB 2015, 2499, 2500.
675 Hierzu auch bereits *Walden*, NZG 2020, 50, 54.
676 S. *supra* Kapitel 3 B. II. 2.
677 So auch *Walden*, NZG 2020, 50, 54; allgemeiner hinsichtlich der „Pflichten aus dem LkSG und vergleichbare[n] ausländischen Gesetzen" *Grabosch/Schönfelder*, in: Grabosch, Das neue Lieferkettensorgfaltspflichtengesetz, 2021, § 9 Rn. 4; entsprechend für die Pflichten aus dem LkSG *Fleischer*, DB 2022, 920, 927; *Spindler*, ZHR 186 (2022), 67, 106.

trollpflicht. Es obliegt dem Vorstand, die Person, an die die entsprechenden Verpflichtungen delegiert werden, sorgfältig auszuwählen, einzuweisen und zu überwachen.

b) Keine Außenpflichten des Vorstands

Art. 4 lit. c), 5 Abs. 1 lit. b) i), iii), Abs. 5 KM-VO fordern, dass ein Mitglied des gehobenen Managements mit bestimmten Aufgaben zu betrauen ist, adressieren indes nicht die Geschäftsleitungsorgane – etwa den Vorstand – unmittelbar.[678] Stattdessen wird auch hier das Unternehmen im Außenverhältnis adressiert. Hierfür spricht der Wortlaut der Vorschriften, welcher die Unionseinführer und damit die Gesellschaften verpflichtet, Mitglieder des gehobenen Managements mit der Überwachung der Prozesse zur Erfüllung der Sorgfaltspflicht in der Lieferkette zu betrauen (Art. 4 lit. c) KM-VO), oder eine Mitteilungspflicht gegenüber diesen Personen begründet (Art. 5 Abs. 1 lit. b) i), iii), Abs. 5 KM-VO). Die zu benennenden Mitglieder des gehobenen Managements müssen nach hier vertretener Auffassung nicht zwingend die Leitungsorgane der Gesellschaft sein.[679] Die genannten Aufgaben müssen in einer AG also nicht zwingend vom Vorstand wahrgenommen werden.

Eine Außenhaftung des Vorstands gegenüber Dritten, also etwa durch den Abbau der Mineralien Geschädigten, lässt sich aus diesen Pflichten nicht herleiten.[680] § 93 Abs. 2 S. 1 AktG statuiert im Übrigen eine Innenhaftung des Vorstands gegenüber der Gesellschaft; eine Außenhaftung aus der aktienrechtlichen Pflichtenbindung des Vorstands lässt sich hingegen nach überzeugender Auffassung nicht begründen (Grundsatz der Haftungskonzentration).[681] Die Legalitäts- und Legalitätskontrollpflicht des

---

678 S. *supra* Kapitel 3 B. II. 2. a) bb).

679 S. *supra* Kapitel 3 B. II. 2. a) bb).

680 Vgl. entsprechend zum LkSG *Fleischer*, DB 2022, 920, 928; vgl. allgemein zur Haftung der Gesellschaftsorgane wegen der Verletzung an sie adressierter Schutzgesetze nach § 823 Abs. 2 BGB *Wagner*, in: MüKo BGB, 8. Aufl. 2020, § 823 BGB Rn. 154 ff.; hierzu auch *Schirmer*, Das Körperschaftsdelikt, 2015, S. 19 f.; *B. Schneider*, Schutzgesetzhaftung für fehlerhafte Rechnungslegung, 2021, S. 71 ff.

681 Gegenteilig entschied der VI. Zivilsenats des BGH im sog. Baustoff-Urteil, vgl. BGH, Urt. v. 5.12.1989 – VI ZR 335/88, NJW 1990, 976, 978; jedoch korrigierend BGH, Urt. v. 10.7.2012 – VI ZR 341/10, NJW 2012, 3439, 3441 (Rn. 23); vgl. eingehend *Brunk*, Menschenrechtscompliance, 2022, S. 112 ff.; *Fleischer*, in: BeckOGK, Stand: 1.7.2023, § 93 AktG Rn. 384; *W. Hölters/T. Hölters*, in: W. Hölters/Weber,

Vorstands resultieren aus dessen Organstellung und begründen grundsätzlich lediglich eine Pflichtenbindung gegenüber der Gesellschaft.[682] Weder § 93 Abs. 2 S. 1 AktG noch § 93 Abs. 1 S. 1 AktG stellen ein Schutzgesetz i. S. d. § 823 Abs. 2 BGB dar.[683]

3. Compliance-Pflichten für die Lieferkette in der KM-VO

Die KM-VO statuiert spezialgesetzliche Organisationspflichten, indem Art. 4, 5 KM-VO konkrete Vorgaben hinsichtlich des zu errichtenden Management- und Risikomanagementsystems treffen.[684] Dabei betrifft Art. 4 lit. c) KM-VO, der die Unionseinführer zur Benennung eines Mitglieds des gehobenen Managements zur Unterstützung der Erfüllung der Sorgfaltspflichten verpflichtet, lediglich die innerbetriebliche Organisation. Hingegen verpflichtet Art. 5 Abs. 1, 2 KM-VO die Unionseinführer von Mineralien, Risiken in ihrer Lieferkette, und damit außerhalb des eigenen Geschäftsbereichs, zu ermitteln und zu bewerten.[685] Zudem sind sie verpflichtet, Strategien zur Verhinderung oder Milderung der Risiken durchzusetzen, vgl. Art. 5 Abs. 1 lit. b) KM-VO.[686] Die Einführer von Metallen haben ebenfalls entsprechende Risikomanagementmaßnahmen zu ergreifen, soweit sie nicht auf Überprüfungen von Hütten und Raffinerien durch Dritte zurückgreifen können, vgl. Art. 5 Abs. 4, 5 KM-VO. Die KM-VO statuiert damit eine Pflicht zur rechtsträgerübergreifenden Risikoermittlung und -verhinderung bzw. -minderung.

AktG, 4. Aufl. 2022, § 93 AktG Rn. 354; *J. Koch*, AktG, 17. Aufl. 2023, § 93 AktG Rn. 141; *Weller/Kaller/Schulz*, AcP 216 (2016), 389, 416 f.; *Weller/Thomale*, ZGR 2017, 509, 519 f.

682 Nur in Ausnahmefällen lassen sich „verbandsinterne Organisationspflichten" ins Außenverhältnis projizieren, vgl. hierzu *Fleischer*, in: BeckOGK, Stand: 1.7.2023, § 93 AktG Rn. 385, 396; *ders.*, in: MüKo GmbHG, 4. Aufl. 2023, § 43 AktG Rn. 428, 442.

683 BGH, Urt. v. 9.7.1979 – II ZR 211/76, NJW 1979, 1829; BGH, Urt. v. 19.2.1990 – II ZR 268/88, NJW 1990, 1725, 1730 zu § 43 GmbHG; BGH, Urt. v. 10.7.2012 – VI ZR 341/10, NJW 2012, 3439, 3441 (Rn. 23); *Fleischer*, in: BeckOGK, Stand: 1.7.2023, § 93 AktG Rn. 385; *J. Koch*, AktG, 17. Aufl. 2023, § 93 AktG Rn. 141; *Weller/Kaller/ Schulz*, AcP 216 (2016), 389, 417; *Weller/Thomale*, ZGR 2017, 509, 520.

684 Insoweit unterscheidet sich die KM-VO auch vom LkSG. Nach § 4 Abs. 3 LkSG liegt die Ausgestaltung der innerbetrieblichen Organisation im Ermessen des Vorstands. Vgl. hierzu *Brunk*, Menschenrechtscompliance, 2022, S. 509.

685 S. *supra* Kapitel 3 B. II. 2. b) aa) (i); ähnlich auch *Teicke/Rust*, CCZ 2018, 39, 40 f.

686 S. *supra* Kapitel 3 B. II. 2. b) aa) (ii).

a) Eröffnung unternehmerischen Ermessens?

Dabei stellt sich die Frage, ob sich die Mitglieder des Vorstands im Anwendungsbereich der KM-VO auf ein unternehmerisches Ermessen berufen können, wie dies hinsichtlich der Ausgestaltung des Compliance-Systems jenseits einer gesetzlichen Verpflichtung grundsätzlich der Fall ist.[687]

aa) Grundlagen zum unternehmerischen Ermessen

Da unternehmerische Entscheidungen zukunftsgerichtet sind, auf Prognosen beruhen und regelmäßig mit einem Risiko einhergehen, benötigt der Vorstand bei der Leitung des Unternehmens einen Ermessensspielraum.[688] Zudem ist aus einer *ex post*-Perspektive eine Bewertung der Entscheidung als „richtig" oder „falsch" häufig unmöglich.[689] Gerichte könnten in Kenntnis der letztlich eingetretenen Ereignisse einem Rückschaufehler (sog. *„hindsight bias"*) unterliegen.[690] Eine drohende Haftung könnte den Vorstand auch davon abhalten, risikogeneigte Entscheidungen zu treffen, und zu einer der Wirtschaft im Ergebnis schädlichen, risikoaversen Unternehmensführung beitragen.[691] Der als *Business Judgement Rule* bezeichnete Ermessensspielraum fand durch das UMAG[692] aus dem Jahr 2005

---

687 S. *supra* Kapitel 4 D. I. 1.

688 Siehe nur *Dauner-Lieb*, in: Henssler/Strohn, Gesellschaftsrecht, 5. Aufl. 2021, § 93 AktG Rn. 17, die jedoch den Ermessensbegriff ablehnt (Rn. 18); *Fleischer*, in: ders., Handbuch des Vorstandsrechts, 2006, § 7 Rn. 3; *Grigoleit/Tomasic*, in: Grigoleit, AktG, 2. Aufl. 2020, § 93 AktG Rn. 35; *Spindler*, in: MüKo AktG, 6. Aufl. 2023, § 93 AktG Rn. 43.

689 *Grigoleit/Tomasic*, in: Grigoleit, AktG, 2. Aufl. 2020, § 93 AktG Rn. 36; *Fleischer*, in: BeckOGK, Stand: 1.7.2023, § 93 AktG Rn. 80; *Scholl*, Vorstandshaftung und Vorstandsermessen, 2015, S. 171.

690 *Fleischer*, in: BeckOGK, Stand: 1.7.2023, § 93 AktG Rn. 80; eingehend zum *„hindsight bias"* etwa *Ott/Klein*, AG 2017, 209 ff.; *Scholl*, Vorstandshaftung und Vorstandsermessen, 2015, S. 171.

691 *Brock*, Legalitätsprinzip und Nützlichkeitserwägungen, 2017, S. 198; *Fleischer*, in: BeckOGK, Stand: 1.7.2023, § 93 AktG Rn. 80; *Grigoleit/Tomasic*, in: Grigoleit, AktG, 2. Aufl. 2020, § 93 AktG Rn. 36; *Harnos*, Geschäftsleiterhaftung bei unklarer Rechtslage, 2013, S. 127; *Scholl*, Vorstandshaftung und Vorstandsermessen, 2015, S. 173 ff.

692 Gesetz zur Unternehmensintegrität und Modernisierung des Anfechtungsrechts vom 22.9.2005, BGBl. I, S. 2802.

in § 93 Abs. 1 S. 2 AktG Eingang,[693] war jedoch bereits zuvor von Rechtsprechung und Literatur anerkannt.[694] Vorbild war die *Business Judgement Rule* im US-amerikanischen Recht.[695] Nach der gesetzlichen Regelung des § 93 Abs. 1 S. 2 AktG verstößt der Vorstand nicht gegen die ihm obliegende Sorgfaltspflicht, soweit er „bei einer unternehmerischen Entscheidung vernünftigerweise annehmen durfte, auf der Grundlage angemessener Information zum Wohl der Gesellschaft zu handeln".[696]

bb) Verhältnis von *Business Judgement Rule* und Legalitätspflicht

Die *Business Judgement Rule* setzt eine unternehmerische Entscheidung voraus, die gerade im Gegensatz zu einer rechtlich gebundenen Entscheidung steht.[697] Die *Business Judgement Rule* kann also nur dann eingreifen, wenn der Vorstand der Legalitätspflicht entsprochen hat, denn ein rechtswidriges Verhalten ist nicht von dem unternehmerischen Ermessen erfasst.[698] Soweit eine abschließende gesetzliche Regelung besteht, bleibt kein Raum für die *Business Judgement Rule*.[699]

---

693 Ausführlich hierzu etwa *Fleischer*, in: BeckOGK, Stand: 1.7.2023, § 93 AktG Rn. 82 ff.; vgl. zudem *Dauner-Lieb*, in: Henssler/Strohn, Gesellschaftsrecht, 5. Aufl. 2021, § 93 AktG Rn. 17.

694 BGH, Urt. v. 21.4.1997 – II ZR 175/95, NJW 1997, 1926, 1927 f.; BGH, Urt. v. 23.6.1997 – II ZR 132/93, NJW 1997, 2815, 2817; BGH, Urt. v. 4.11.2002 – II ZR 224/00, DStR 2003, 124, 125 für die Sorgfaltspflicht des GmbH-Geschäftsleiters nach § 43 GmbHG; vgl. nur statt vieler *Fleischer*, in: BeckOGK, Stand: 1.7.2023, § 93 AktG Rn. 81; *Grigoleit/Tomasic*, in: Grigoleit, AktG, 2. Aufl. 2020, § 93 AktG Rn. 37; *Kindler*, ZHR 162 (1998), 101, 103; *Scholl*, Vorstandshaftung und Vorstandsermessen, 2015, S. 149 ff.; *Spindler*, in: MüKo AktG, 6. Aufl. 2023, § 93 AktG Rn. 43.

695 Hierzu *Scholl*, Vorstandshaftung und Vorstandsermessen, 2015, S. 149 ff; *Spindler*, in: MüKo AktG, 6. Aufl. 2023, § 93 AktG Rn. 44.

696 Vgl. § 93 Abs. 1 S. 2 AktG; siehe hierzu auch statt vieler *Fleischer*, in: BeckOGK, Stand: 1.7.2023, § 93 AktG Rn. 79; *Dauner-Lieb*, in: Henssler/Strohn, Gesellschaftsrecht, 5. Aufl. 2021, § 93 AktG Rn. 1, 17.

697 BT-Drs. 15/5092, 14.3.2005, S. 11; *Dauner-Lieb*, in: Henssler/Strohn, Gesellschaftsrecht, 5. Aufl. 2021, § 93 AktG Rn. 21; *Fleischer*, in: BeckOGK, Stand: 1.7.2023, § 93 AktG Rn. 88; *Thole*, ZHR 173 (2009), 504, 521 f.; *Paefgen*, AG 2004, 245, 251.

698 Statt vieler *Dauner-Lieb*, in: Henssler/Strohn, Gesellschaftsrecht, 5. Aufl. 2021, § 93 AktG Rn. 20; *Spindler*, in: MüKo AktG, 6. Aufl. 2023, § 93 AktG Rn. 52.

699 *Armbrüster*, VersR 2009, 1293, 1296.

cc) Ermessensspielraum im Rahmen der Sorgfaltspflichten der KM-VO

Wie bei der Auseinandersetzung mit den Sorgfaltspflichten der KM-VO bereits dargelegt, räumt die KM-VO den Unionseinführern an einzelnen Stellen zumindest einen geringen Ermessensspielraum ein.[700] Es stellt sich die Frage, ob dieser Ermessensspielraum von der *Business Judgement Rule* erfasst wird, sodass die Entscheidung des Vorstands, soweit sie sich im Rahmen des unternehmerischen Ermessens bewegt, einer gerichtlichen Überprüfung entzogen wäre.[701]

Eine vergleichbare Diskussion adressiert die aufsichts- und versicherungsrechtlichen Vorschriften der §§ 25a, 25b KWG bzw. § 23 ff. VAG (§ 64a VAG a. F.).[702] Vielfach wird vertreten, dass die Vorschriften den Vorstandsmitgliedern einen Ermessensspielraum i. S. d. § 93 Abs. 1 S. 2 AktG hinsichtlich der Ausgestaltung des Risikomanagementsystems zubilligen.[703] Eine Pflichtverletzung kommt hiernach nur in Frage, wenn der Vorstand nicht mehr annehmen konnte, auf der Grundlage angemessener Informationen zum Wohl der Gesellschaft zu handeln.[704]

Überzeugend wird einer Anwendung der *Business Judgement Rule* auf gesetzliche Entscheidungsspielräume jedoch entgegengehalten, dass ein

---

700 S. *supra* Kapitel 3 B. II. 2. b) aa).

701 Siehe entsprechend zu Rechtsvorschriften mit Beurteilungs- oder Ermessensspielraum *Borck*, Legalitätsprinzip und Nützlichkeitserwägungen, 2017, S. 195; *Holle*, Legalitätskontrolle im Kapitalgesellschafts- und Konzernrecht, 2014, S. 63; so wohl hinsichtlich des LkSG *Spindler*, ZHR 186 (2022), 67, 106.

702 Siehe nur *Fleischer*, in: BeckOGK, Stand: 1.7.2023, § 91 AktG Rn. 43; *Ott*, ZGR 2017, 149, 168; zu §§ 25a, 25b KWG *Spindler*, in: MüKo AktG, 6. Aufl. 2023, § 91 AktG Rn. 42; *Borck*, Legalitätsprinzip und Nützlichkeitserwägungen, 2017, S. 195 m. w. N.; *Armbrüster*, VersR 2009, 1293 ff. zu § 64a VAG a. F.

703 OLG Frankfurt, 12.12.2007 – 12 U 111/07, AG 2008, 453, 454 f. zur Anwendbarkeit des unternehmerischen Ermessens hinsichtlich der Ausgestaltung der Compliance-Organisation i. R. v. § 25a KWG; vgl. statt vieler *Hopt/M. Roth*, in: Großkommentar AktG, § 93 Rn. 75 ff.; *Nietsch*, ZGR 2015, 631, 648, der den Detaillierungsgrad der Vorschriften für entscheidend erachtet; *Ott*, ZGR 2017, 149, 168; *Spindler*, in: MüKo AktG, 6. Aufl. 2023, § 91 AktG Rn. 44, der jedoch einen „latenten Konflikt mit dem Charakter des § 25a KWG als zwingender öffentlich-rechtlicher Norm" zugesteht. Im Ergebnis wohl auch *Thole*, ZHR 173 (2009), 504, 523. Vgl. für einen Überblick zum Streitstand *Borck*, Legalitätsprinzip und Nützlichkeitserwägungen, 2017, S. 195 ff.; zum Streitstand auch *Holle*, Legalitätskontrolle im Kapitelgesellschafts- und Konzernrecht, 2014, S. 67 ff. m. w. N.

704 S. *supra* Kapitel 4 D. I. 3. a) aa); vgl. auch *Holle*, Legalitätskontrolle im Kapitelgesellschafts- und Konzernrecht, 2014, S. 63, der die Anwendung der *Business Judgement Rule* auf gesetzliche Ermessensspielräume i. E. jedoch ablehnt.

Spielraum in rechtlich vorgezeichneten Entscheidungen nicht mit dem Entscheidungsspielraum des § 93 Abs. 1 S. 2 AktG zu vergleichen sei.[705] Ein gesetzlich eingeräumter Beurteilungs- oder Ermessensspielraum ist unter Berücksichtigung der gesetzlichen Zielsetzung zu bestimmen.[706] Der Vorstand hat folglich im Rahmen gesetzlicher Beurteilungs- oder Ermessensspielräume nicht nur die Maßstäbe des Gesellschaftswohls anzulegen, sondern muss auch die gesetzlichen Wertungen in die Ermessensentscheidung einfließen lassen.[707] Konkret bedeutet dies, dass der Vorstand bei den nach den Sorgfaltspflichten der KM-VO zu ergreifenden Maßnahmen nicht nur im Interesse der Gesellschaft eine ökonomisch möglichst sinnvolle Entscheidung zu treffen, sondern auch die Ziele der KM-VO in die Ermessensentscheidung einzubeziehen hat.

b) Zwischenergebnis

Im Rahmen der Bestimmungen der KM-VO verbleibt nach hier vertretener Auffassung kein Raum für die *Business Judgement Rule*. Der Vorstand kann sich nicht auf den „sicheren Hafen" des § 93 Abs. 1 S. 2 AktG berufen.

4. Keine Privilegierung „nützlicher" Pflichtverletzungen

Die Einhaltung der Sorgfaltspflichten der KM-VO kann jedoch mit erheblichen Kosten für die Gesellschaft einhergehen: Bspw. kann die Erfüllung der Risikomanagementpflichten einen signifikanten finanziellen Aufwand mit sich bringen. Bei ökonomischer Betrachtung könnten die Kosten der

---

705 *Brock*, Legalitätsprinzip und Nützlichkeitserwägungen, 2017, S. 197 ff.; *Holle*, Legalitätskontrolle im Kapitalgesellschafts- und Konzernrecht, 2014, S. 71 ff.; *Fleischer*, in: BeckOGK, Stand: 1.7.2023, § 93 AktG Rn. 91; *J. Koch*, AktG, 17. Aufl. 2023, § 93 AktG Rn. 29; entsprechend zu unbestimmten Rechtsbegriffen *Harnos*, Geschäftsleiterhaftung bei unklarer Rechtslage, 2013, S. 127 ff.

706 *Brock*, Legalitätsprinzip und Nützlichkeitserwägungen, 2017, S. 199; *J. Koch*, AktG, 17. Aufl. 2023, § 93 AktG Rn. 29; so wohl auch zum LkSG, allerdings unter Bezugnahme auf deliktische Verkehrspflichten *Paefgen*, ZIP 2021, 2006, 2013.

707 *Brock*, Legalitätsprinzip und Nützlichkeitserwägungen, 2017, S. 199; *Harnos*, Gerichtliche Kontrolldichte im Gesellschaftsrecht, 2021, S. 347 ff.; *J. Koch*, AktG, 17. Aufl. 2023, § 93 AktG Rn. 29. Dagegen hält *Brunk*, Menschenrechtscompliance, 2022, S. 509 dies wohl hinsichtlich der Sorgfaltspflichten des LkSG für ein „Scheinproblem", da die Risiken, die nach dem LkSG zu priorisieren seien, auch aus Sicht der Gesellschaft zu priorisieren seien.

Einhaltung der Sorgfaltspflichten höher sein als die Kosten eines Verstoßes: Die KM-VO sieht keine Geldstrafen bei Verstoß gegen die Sorgfaltspflichten vor.[708] Es ließe sich daher erwägen, ob sich der Vorstand gegenüber der Gesellschaft darauf berufen kann, dass die Verletzung der Sorgfaltspflichten für die Gesellschaft wirtschaftlich „nützlich" war, sodass ihm keine Pflichtverletzung im Innenverhältnis vorzuwerfen wäre.[709] Allerdings ist dem Interesse an der Durchsetzung der staatlichen Rechtsordnung Vorrang gegenüber Profitabilitätserwägungen einer Gesellschaft zu gewähren.[710] Nach überzeugender und überwiegender Meinung hat die Legalitätspflicht folglich Vorrang gegenüber Nützlichkeitserwägungen.[711]

5. Zwischenergebnis

Die Sorgfaltspflichten der Art. 4-7 KM-VO verpflichten den Unionseinführer, der eine juristische Person ist, im Außenverhältnis. Hieraus erwächst in einer AG eine externe Pflichtbindung des Vorstands als Leitungsorgan der AG im Innenverhältnis. Die Legalitätspflicht erfasst die Bestimmungen der KM-VO. Nach hier vertretener Auffassung bleibt kein Anwendungsspielraum für die *Business Judgement Rule*.

---

708 S. *supra* Kapitel 3 C.

709 Grundsätzlich zur Innenhaftung des Vorstandes bei „nützlicher" Pflichtverletzung statt vieler *Fleischer*, in: BeckOGK, Stand: 1.7.2023, § 93 AktG Rn. 29, 52 ff.; *ders.*, ZIP 2005, 141, 145 f.; *Verse*, ZHR 175 (2011), 401, 405 f.; monografisch *Brock*, Legalitätsprinzip und Nützlichkeitserwägungen, 2017.

710 BGH, Beschl. v. 13.9.2010 – 1 StR 220/09, NJW 2011, 88, 92 (Rn. 37); BGH, Urt. v. 27.8.2020 – 2 StR 111/09, NJW 2010, 3458, 3460 (Rn. 28); *Habersack*, FS U. Schneider 2011, 429, 435; *Hoffmann-Becking*, in: Münchner Handbuch des Gesellschaftsrechts Band 4, 5. Aufl. 2020, § 25 Rn. 37; *Fleischer*, in: BeckOGK, Stand: 1.7.2023, § 93 AktG Rn. 29, 52; *Verse*, ZHR 175 (2011), 401, 406.

711 Statt vieler BGH, Beschl. v. 13.9.2010 – 1 StR 220/09, NJW 2011, 88, 92 (Rn. 37); BGH, Urt. v. 27.8.2020 – 2 StR 111/09, NJW 2010, 3458, 3460 (Rn. 28); *Dauner-Lieb*, in: Henssler/Strohn, Gesellschaftsrecht, 5. Aufl. 2021, § 93 AktG Rn. 7a; *Hoffmann-Becking*, in: Münchner Handbuch des Gesellschaftsrechts Band. 4, 5. Aufl. 2020, § 25 Rn. 37; *Fleischer*, in: BeckOGK, Stand: 1.7.2023, § 93 AktG Rn. 52; *ders.*, ZIP 2005, 141, 145; *Lieberknecht*, Die internationale Legalitätspflicht, 2021, S. 20; *Thole*, ZHR 173 (2009), 504, 512 ff.; *Verse*, ZHR 175 (2011), 401, 405.

II. Schaden der Gesellschaft infolge eines Pflichtenverstoßes

Verstößt der Vorstand gegen die Legalitätspflicht, indem bspw. keine Maßnahmen zur Errichtung eines Management- und Risikomanagementsystems ergriffen werden oder die Aufgaben an offenkundig ungeeignete Mitarbeiter delegiert werden, haftet der Vorstand gegenüber der Gesellschaft nach § 93 Abs. 2 S. 1 AktG nur, wenn der Gesellschaft durch die schuldhafte Pflichtverletzung ein adäquat-kausaler Schaden entstanden ist.[712] Der Schaden berechnet sich nach der Differenzhypothese, §§ 249 ff. BGB.[713] Gemäß § 249 BGB ist der Zustand herzustellen, der bestünde, wenn der zum Ersatz verpflichtende Umstand nicht eingetreten wäre.[714] Ersatzfähig ist dabei auch der entgangene Gewinn gemäß § 252 BGB, der nach regelmäßigen Umständen zu erwarten wäre.[715]

1. Vorteilsausgleichung

Grundsätzlich sind bei der Berechnung des Schadens der Gesellschaft finanzielle Vorteile, die mit der Pflichtverletzung einhergehen, zu berücksichtigen.[716] Entsprechend dem allgemeinen schadensrechtlichen Bereiche-

---

712 Statt vieler *Fleischer*, in: BeckOGK, Stand: 1.7.2023, § 93 AktG Rn. 254; *J. Koch*, AktG, 17. Aufl. 2023, § 93 AktG Rn. 86.

713 Ständige Rspr. BGH, Urt. v. 18.1.2011 – VI ZR 325/09, NJW 2011, 1962, 1963 (Rn. 8); BGH, Urt. v 15.1.2013 – II ZR 90/11, NJW 2013, 1958, 1960 (Rn. 21); jeweils m. w. N.; *Fleischer*, in: BeckOGK, Stand: 1.7.2023, § 93 AktG Rn. 254; *Spindler*, in: MüKo AktG, 6. Aufl. 2023, § 93 AktG, Rn. 209.

714 Statt vieler *Grüneberg*, in: ders., 82. Aufl. 2023, § 249 BGB, Rn. 1; *Spindler*, in: MüKo AktG, 6. Aufl. 2023, § 93 AktG, Rn. 209.

715 Zur lediglich klarstellenden Bedeutung des § 252 S. 1 BGB, da der entgangene Gewinn bereits nach § 249 Abs. 1 BGB zu ersetzen ist, *Grüneberg*, in: ders., 82. Aufl. 2023, § 252 BGB Rn. 1; vgl. auch *Fleischer*, in: BeckOGK, Stand: 1.7.2023, § 93 AktG Rn. 256.

716 BGH, Urt. v. 20.9.2011 – II ZR 234/09, NJW-RR 2011, 1670, 1673 (Rn. 31); BGH, Urt. v. 15.1.2013 – 2 ZR 90/11, NJW 2013, 1958, 1961 (Rn. 26); OLG Hamburg, Urt. v. 18.9.2009 – 11 U 183/07, NZG 2010, 309, 310; OLG Saarbrücken, Urt. v. 6.10.2009 – 8 U 75/08, BeckRS 2009, 88978; *Fleischer*, in: BeckOGK, Stand: 1.7.2023, § 93 AktG Rn. 266; *Habersack*, FS U. Schneider 2011, 429, 440; *J. Koch*, AktG, 17. Aufl. 2023, § 93 AktG Rn. 90; *Spindler*, in: MüKo AktG, 6. Aufl. 2023, § 93 AktG Rn. 209; eingehend *Brock*, Legalitätsprinzip und Nützlichkeitserwägungen, 2017, S. 312 ff.; ablehnend hingegen aus Präventionsgesichtspunkten *Thole*, ZHR 172 (2009), 504, 527 ff., der vielmehr für eine Abschöpfung bei der Gesellschaft plädiert; bezüglich Gewinnen der Gesellschaft aus Kartellrechtsverstößen *Casper*, ZHR 176 (2012), 617, 626 f.

rungsverbot sind Vorteile im Rahmen der Schadensbilanz grundsätzlich abzuziehen. Anderenfalls würde der Geschädigte im Ergebnis bessergestellt. Ihm stünde neben den erlangten Vorteilen ein Schadensersatzanspruch in voller Höhe zu.[717] Eine Ausnahme hiervon macht die Rechtsprechung jedoch, soweit anderenfalls der Sinn und Zweck der Ersatzpflicht unterlaufen und der Schädiger unbillig entlastet würde.[718]

Bevor sogleich potenzielle Schadenspositionen dargestellt werden, stellt sich die Frage, ob bei einer Innenhaftung des Vorstands nach § 93 Abs. 2 S. 1 AktG solche Vorteile abzugsfähig sind, die aus einer sog. „nützlichen" Pflichtverletzung resultieren.[719] Ein Unternehmen könnte bspw. Kosten sparen, indem es die Sorgfaltspflichten nicht erfüllt.

Grundsätzlich stellt eine Vorteilsausgleichung keine unbillige Besserstellung des Vorstands dar, da der Gesellschaft bei einer Pflichtverletzung auch andere Rechtsmittel, bspw. die Abberufung des Vorstands, offenstehen.[720] Der Schadensersatzanspruch des § 93 Abs. 2 AktG hat zwar neben der kompensatorischen auch eine präventive Funktion, dem wird jedoch, neben sonstigen Rechtsmitteln, durch die Beweislastverteilung zulasten der Vorstandsmitglieder hinreichend entsprochen.[721] Folglich sind solche Vorteile abzugsfähig, die aus einer „nützlichen" Pflichtverletzung resultieren, was es bei der Schadensberechnung im jeweiligen Einzelfall zu berücksichtigen gilt.

---

717 Siehe hierzu auch bereits Motive zu dem Entwurfe eines Bürgerlichen Gesetzbuches, Band II, 2. Aufl. 1896, S. 19; sowie statt vieler *Brand*, in: BeckOGK, Stand: 1.3.2022, § 249 BGB Rn. 290; *Brock*, Legalitätsprinzip und Nützlichkeitserwägungen, 2017, S. 310.

718 So die ständige Rspr. des BGH, siehe nur BGH, Urt. v. 11.2.2014 – II ZR 276/12, NJW-RR 2014, 469 (Rn. 13); BGH, Urt. v. 30.9.2014 – X ZR 126/13, NJW 2015, 553, 554 (Rn. 14) jeweils m. w. N.; für einen Überblick über die Fallgruppen *Brand*, in: BeckOGK, Stand: 1.3.2022, § 249 BGB Rn. 306 ff.; vgl. auch *Thole*, ZHR 157 (2009), 504, 526.

719 *Fleischer*, in: BeckOGK, Stand: 1.7.2023, § 93 AktG Rn. 266; sowie zur „nützlichen" Pflichtverletzung bereits *supra* Kapitel 4 D. I. 4.

720 *Fleischer*, in: BeckOGK, Stand: 1.7.2023, § 93 AktG Rn. 266; *Hopt/Roth*, in: Großkommentar AktG, 5. Aufl. 2015, § 93 AktG Rn. 411; *J. Koch*, AktG, 17. Aufl. 2023, § 93 AktG Rn. 91.

721 *Brock*, Legalitätsprinzip und Nützlichkeitserwägungen, 2017, S. 315; *J. Koch*, AktG, 17. Aufl. 2023, § 93 AktG Rn. 91.

2. Kosten des Unionseinführers nach dem MinRohSorgG als Schaden

Soweit ein Unionseinführer die Sorgfaltspflichten der KM-VO nicht erfüllt, kann die zuständige mitgliedstaatliche Behörde das Ergreifen von Abhilfemaßnahmen anordnen, vgl. Art. 16 Abs. 3 KM-VO.[722] Dies wird im deutschen Recht im MinRohSorgG konkreter ausgestaltet.[723] Einem Unionseinführer können dabei auf verschiedenen Wegen Kosten entstehen: Bspw. kann die Behörde dem Unionseinführer aufgeben, auf eigene Kosten eine erneute Prüfung durch einen unabhängigen Dritten nach Art. 6 KM-VO durchführen zu lassen, vgl. § 3 Abs. 3 Nr. 6 a) MinRohSorgG. Zudem kann die Behörde ein Zwangsgeld in Höhe von 50.000 EUR als Beugemittel verhängen, vgl. § 9 MinRohSorgG. Einen kausalen Schaden statuieren die dem Unionseinführer entstandenen Kosten jedoch nur, wenn sie nicht eingetreten wären, soweit der zum Ersatz verpflichtende Umstand wegfallen würde.[724] Ordnet die Behörde bspw. das Ergreifen von Maßnahmen an, die ein Unionseinführer ohnehin nach der KM-VO zu ergreifen verpflichtet wäre, bestünde grundsätzlich kein kausaler Schaden. Es gilt folglich stets im Einzelfall zu ermitteln, ob die Kosten auch bei einer pflichtgemäßen Erfüllung der Vorschriften der KM-VO entstanden wären. Ist dies der Fall, liegt kein ersatzfähiger Schaden vor.

3. Reputationsschaden der Gesellschaft

Eine höhere Schadenssumme könnte sich aus einem Reputationsschaden der Gesellschaft ergeben.[725] Die KM-VO statuiert Sorgfaltspflichten zur Verhinderung bzw. Milderung des Risikos der Konfliktfinanzierung und von Menschenrechtsverletzungen beim Abbau von und Handel mit 3TG-Mineralien oder -Metallen.[726] Missstände beim Abbau und Handel in diesem Sektor können zur medialen Katastrophe werden. Es erscheint naheliegend, dass die öffentliche Aufmerksamkeit durch eine gesetzliche

---

722 S. *supra* Kapitel 3 C. I. 1.
723 S. *supra* Kapitel 3 C. I. 1.
724 S. *supra* Kapitel 4 D. II.
725 Zur Ersatzfähigkeit von Reputationsschäden i. R. v. § 93 Abs. 2 S. 1 AktG bereits ausführlich *Hübner*, Unternehmenshaftung für Menschenrechtsverletzungen, 2022, S. 335; ferner *Nordhues*, Die Haftung der Muttergesellschaft und ihres Vorstands für Menschenrechtsverletzungen im Konzern, 2019, S. 248 ff.; *Weller/Kaller/Schulz*, AcP 216 (2016), 389, 416.
726 Hierzu bereits ausführlich *supra* Kapitel 3 A. I. II. 1.

Regelung noch verstärkt wird. Ein Reputationsschaden stellt jedoch nur einen ersatzfähigen Schaden nach § 93 Abs. 2 S. 1 AktG dar, soweit er sich im Vermögen der Gesellschaft widerspiegelt.[727]

Das deutsche Durchführungsgesetz (MinRohSorgG) sieht indes nicht vor, dass die BGR festgestellte Verordnungsverstöße veröffentlicht.[728] In anderen Mitgliedstaaten der EU wird dies anders gehandhabt.[729] So veröffentlicht bspw. die zuständige Behörde in Tschechien am Ende eines Jahres die Namen aller Unionseinführer, die durch die Behörde überprüft wurden, sowie die Namen derer, bei denen Verstöße gegen die Verpflichtungen der KM-VO festgestellt wurden.[730] Neben Transparenz schafft die behördliche Veröffentlichung eines Verordnungsverstoßes eine erhebliche Gefahr eines Reputationsschadens des betreffenden Unionseinführers.

Nach den Bestimmungen der KM-VO müssen die Unionseinführer jedoch selbst öffentlich über ihre Lieferkettenpolitik (Art. 4 lit. a) KM-VO) und ihre Strategien zur Erfüllung der Sorgfaltspflicht (Art. 7 Abs. 3 KM-VO) berichten.[731] Dies dient vorwiegend der Schaffung von Transparenz.[732] Dennoch kann auch aus diesen Berichten ein Reputationsschaden entstehen, wobei die öffentliche Aufmerksamkeit jedoch geringer sein dürfte als bei einem behördlichen *„naming and shaming".*[733]

Schließlich kann die Berechnung eines Reputationsschadens eine erhebliche Haftungshürde statuieren.[734] Der Reputationsschaden, der in aller Regel ein Vermögensschaden ist, lässt sich für eine börsennotierte Gesell-

---

727 *Fleischer*, in: BeckOGK, Stand: 1.7.2023, § 93 AktG Rn. 256; *Hübner*, Unternehmenshaftung für Menschenrechtsverletzungen, 2022, S. 334 f.; eingehend *Kröger*, Korruptionsschäden, Unternehmensgeldbußen und Imageschäden, 2013, S. 273 ff.; *Nordhues*, Die Haftung der Muttergesellschaft und ihres Vorstands für Menschenrechtsverletzungen im Konzern, 2019, S. 251 ff.; dazu, dass Reputationsschäden Vermögensschäden darstellen können, *Klöhn/Schmolke*, NZG 2015, 689, 692; daher kritisch *Weller/Benz*, ZGR 2022 563, 583.

728 S. *supra* Kapitel 3 C. I. 3.

729 S. *supra* Kapitel 3 C. II.

730 S. *supra* Kapitel 3 C. II.

731 Hierzu auch bereits *Nowrot*, in: Feichtner/Krajewski/Roesch, Human Rights in the Extractive Industries, 2019, 51, 71 f.

732 *Nowrot*, in: Feichtner/Krajewski/Roesch, Human Rights in the Extractive Industries, 2019, 51, 71 f.; s. *supra* Kapitel 3 B. II. 2. d).

733 S. *supra* Kapitel 3 C. II.

734 So *Klöhn/Schmolke*, NZG 2015, 689, 692; *Fleischer*, in: BeckOGK, Stand: 1.7.2023, § 93 AktG Rn. 256; *Hübner*, Unternehmenshaftung für Menschenrechtsverletzungen, 2022, S. 335; *Nordhues*, Die Haftung der Muttergesellschaft und ihres Vorstands für Menschenrechtsverletzungen im Konzern, 2019, S. 252.

schaft nach *Klöhn/Schmolke* durch eine Ereignisstudie bestimmen, wonach der bereinigte Aktienkurs der Gesellschaft nach einem reputationsschädigenden Ereignis beobachtet wird.[735] Allerdings ist das Vermögen der Gesellschaft hinsichtlich des Schadens maßgeblich; eine Minderung des Werts der Aktien, die von Aktionären gehalten werden, ist grundsätzlich unerheblich, da das Vermögen von Gesellschaft und Aktionären strikt zu trennen ist.[736]

Im Ergebnis können Reputationsschäden infolge eines Verstoßes gegen die Sorgfaltspflichten der KM-VO zwar grundsätzlich eintreten; die Durchführung der KM-VO in Deutschland schöpft jedoch, mangels öffentlichen Berichts über Verordnungsverstöße, die regulierende Wirkung der Öffentlichkeit nicht voll aus. Hinzu treten erhebliche Schwierigkeiten bei der Berechnung eines Schadens der Gesellschaft infolge einer Reputationsschädigung.

4. Schäden wegen interner Aufklärung oder Rechtsverfolgung

Einen ersatzfähigen Schaden können weiterhin Kosten für eine interne Aufklärung oder Rechtsverfolgung statuieren, wie sie im Siemens./.Neubürger-Fall erfolgreich geltend gemacht wurden.[737] Das LG München I gestand der Siemens AG den geltend gemachten Anspruch auf Ersatz von Anwaltskosten zu; zu ersetzen sind die Kosten, die aus Sicht des Geschädigten erforderlich und zweckmäßig waren, um seine Rechte wahrzunehmen.[738] Hinsichtlich der Schäden wegen interner Aufklärung oder Rechtsverfolgung trifft die Gesellschaft jedoch eine Schadensminderungspflicht.[739]

---

735 *Klöhn/Schmolke*, NZG 2015, 689, 692; vgl. auch *Fleischer*, in: BeckOGK, Stand: 1.7.2023, § 93 AktG Rn. 256; *Hübner*, Unternehmenshaftung für Menschenrechtsverletzungen, 2022, S. 335; *Nordhues*, Die Haftung der Muttergesellschaft und ihres Vorstands für Menschenrechtsverletzungen im Konzern, 2019, S. 253.

736 *Spindler*, in: MüKo AktG, 6. Aufl. 2023, § 93 AktG Rn. 209; *Weller/Benz*, ZGR 2022 563, 583.

737 LG München I, Urt. v. 10.12.2013 – 5 HK O 1387/10, BeckRS 2014, 1998; vgl. zudem statt vieler *Hübner*, Unternehmenshaftung für Menschenrechtsverletzungen, 2022, S. 335; *J. Koch*, AktG, 17. Aufl. 2023, § 93 Rn. 89; *Spindler*, in: MüKo AktG, 6. Aufl. 2023, § 93 AktG Rn. 210; *Weller/Benz*, ZGR 2022 563, 583.

738 LG München I, Urt. v. 10.12.2013 – 5 HK O 1387/10, BeckRS 2014, 1998; *Fleischer*, NZG 2014, 321, 327.

739 *Spindler*, in: MüKo AktG, 6. Aufl. 2023, § 93 AktG Rn. 210.

5. Haftungsschäden

Ersatzfähig sind auch solche Schäden, die dem Unternehmen adäquat-kausal durch die Haftung im Außenverhältnis gegenüber Dritten für das zurechenbare Fehlverhalten des Vorstands entstehen.[740] Ein ersatzfähiger Schaden kann der Gesellschaft insbesondere entstehen, soweit diese für eine unerlaubte Handlung eines Organmitglieds nach § 31 BGB einzustehen hat.[741] Ob eine deliktische Haftung des Unionseinführers wegen Verstoßes gegen die Sorgfaltspflichten der KM-VO in Frage kommt, ist Gegenstand von Kapitel 5. An dieser Stelle bleibt festzuhalten, dass ein der Gesellschaft aus einer solchen Haftung entstehender Schaden jedenfalls i. R. v. § 93 Abs. 2 S. 1 AktG ersatzfähig wäre, soweit er auf einer Pflichtverletzung eines Vorstandsmitglieds beruht.

6. Zwischenergebnis

Die in der Verwaltungsvollstreckung entstehenden Kosten oder ein im Zuge dessen verhängtes Zwangsgeld sind potenzielle Schäden, die die Gesellschaft gegenüber ihrem Vorstand geltend machen könnte, der schuldhaft die von der Legalitätspflicht erfassten Sorgfaltspflichten der KM-VO verletzt. Reputationsschäden werden wohl nur selten eintreten. Schäden wegen interner Kosten für die Aufklärung könnten dagegen ebenso geltend gemacht werden wie Schäden, die entstehen, weil die Gesellschaft aufgrund der Pflichtverletzung des Vorstands gegenüber Dritten haftet.

III. Ergebnis

Die Legalitätspflicht des Vorstands einer Aktiengesellschaft erfasst die Sorgfaltspflichten der KM-VO. Ein schuldhafter Verstoß kann folglich zu einer Innenhaftung führen, soweit der Gesellschaft durch ihn ein adäquat-kausaler Schaden entstanden ist.

---

740 Statt vieler *Fleischer*, in: BeckOGK, Stand: 1.7.2023, § 93 AktG Rn. 257; *J. Koch*, AktG, 17. Aufl. 2023, § 93 AktG Rn. 87; *Weller/Benz*, ZGR 2022, 563, 583.

741 Zur Anwendung des § 31 BGB auf andere juristische Personen, u. a. die AG, vgl. statt vieler *Ellenberger*, in: Grüneberg, 82. Aufl. 2023, § 31 BGB, Rn. 3; *Offenloch*, in: BeckOGK, Stand: 1.2.2023, § 31 BGB Rn. 9; vgl. zur Einstandspflicht der Gesellschaft statt vieler *Paefgen*, ZIP 2021, 2006, 2013; eingehend *Schirmer*, Das Körperschaftsdelikt, 2015, S. 5 ff.; *Weller/Kaller/Schulz*, AcP 216 (2016), 387, 401.

E. Ergebnisse in Thesenform

(1) Kaufrechtliche Mängelgewährleistungsansprüche wegen Verstoßes gegen die Sorgfaltspflichten der KM-VO kommen nicht in Betracht, es sei denn, ein Unionseinführer und ein Käufer haben eine individuelle Beschaffenheitsvereinbarung getroffen. Das Einhalten der Sorgfaltspflichten der KM-VO stellt zwar einen Faktor der Beschaffenheit der Sache dar, allerdings kann eine Gesetzesbindung weder eine Beschaffenheitsvereinbarung ersetzen noch ist sie im vorliegenden Fall geeignet, eine übliche Beschaffenheit der Sache zu begründen.

(2) Falsche öffentliche Äußerungen eines Unionseinführers hinsichtlich der Erfüllung der Sorgfaltspflichten können einen Mangel nach § 434 Abs. 3 S. 1 Nr. 2 lit. b) BGB begründen, wobei jedoch nicht der Verstoß gegen die Pflichten der KM-VO mangelbegründend ist, sondern die Unwahrheit der Angaben.

(3) Das Verhalten, mit welchem die Pflicht zur öffentlichen Berichterstattung nach Art. 4 lit. a), 7 KM-VO erfüllt wird, kann im Einzelfall eine geschäftliche Handlung i. S. d. § 2 Abs. 1 Nr. 2 UWG darstellen.

(4) Eine Unlauterkeit eines Verhaltens, welches gegen die Sorgfaltspflichten der KM-VO verstößt, ergibt sich nicht aus § 3a UWG, denn die Normen der KM-VO statuieren keine Marktverhaltensregelungen. Art. 4 lit. a), 7 KM-VO fehlt es an einem hinreichenden Marktbezug, zudem bezwecken sie nicht den Schutz der Marktteilnehmer.

(5) Im Einzelfall kann eine falsche öffentliche Berichterstattung oder eine unterlassene öffentliche Berichterstattung eine unlautere Handlung nach §§ 5, 5a UWG und somit eine Unzulässigkeit i. S. d. UWG darstellen. Maßgeblich sind jedoch nicht die Pflichten der KM-VO; stattdessen ergibt sich eine Unlauterkeit allenfalls aus der Unwahrheit der öffentlichen Berichterstattung oder dem Vorenthalten der Informationen.

(6) Handelt es sich bei einem Unionseinführer um eine AG, stellt die Organhaftung eine weitere Durchsetzungsmöglichkeit der Sorgfaltspflichten der KM-VO dar. Die Legalitätspflicht des Vorstands erstreckt sich auf die Sorgfaltspflichten der KM-VO. Raum für die *Business Judgement Rule* verbleibt nicht. Gesetzlich eingeräumte Ermessensspielräume richten sich nach hier vertretener Meinung nicht nach dem unternehmerischen Ermessen, sondern sind durch die gesetzliche Zielsetzung näher zu bestimmen.

(7) Im Einzelfall ist das Vorliegen eines adäquat-kausalen Schadens der Gesellschaft nach § 93 Abs. 2 S. 1 AktG problematisch. Die schwachen Durchsetzungsmechanismen der KM-VO spiegeln sich in einem relativ geringen Schadensrisiko wider.

Kapitel 5: Zweiseitige Haftungsmodelle – deliktische Haftung der Unionseinführer bei Verstößen gegen die Sorgfaltspflichten der KM-VO?

A. Einführung

In Deutschland wird seit einigen Jahren eine kontroverse Debatte um die deliktische Haftung von Unternehmen für Menschenrechtsverletzungen geführt.[742] In ihrem Mittelpunkt steht die Haftung von transnational tätigen Unternehmen, die entweder durch Tochterunternehmen Produktionsschritte ins Ausland verlagern oder deren Lieferketten ins Ausland reichen.[743] Kommt es bei einem Tochterunternehmen oder einem Zulieferer des Mutter- oder Auftraggeberunternehmens zu Menschenrechtsverletzungen, stellt sich die Frage nach Schadensersatzansprüchen der Betroffenen.[744]

Als Anspruchsgegner kommt primär der Arbeitgeber der Betroffenen in Betracht, d. h. das Tochterunternehmen bzw. der Zulieferer des Mutter- oder Auftraggeberunternehmens. In aller Regel unterhält dieses Unternehmen als Arbeitgeber eine vertragliche Beziehung zu den Arbeitnehmern und somit zu von Menschenrechtsverletzungen potenziell Betroffenen.[745] In Konstellationen, in denen Menschenrechtsverletzungen außerhalb eines

---

742 Grundlegend monografisch *Hübner*, Unternehmenshaftung für Menschenrechtsverletzungen, 2022, S. 177 ff.; vgl. auch statt vieler *v. Falkenhausen*, Menschenrechtsschutz durch Deliktsrecht, 2021; *Güngör*, Sorgfaltspflichten für Unternehmen in transnationalen Menschenrechtsfällen, 2016, S. 191 ff.; *Osieka*, Zivilrechtliche Haftung deutscher Unternehmen für menschenrechtsbeeinträchtigende Handlungen ihrer Zulieferer, 2013; *Saage-Maaß*, Arbeitsbedingungen in der globalen Zuliefererkette, FES 2011, S. 7 ff.; *Saage-Maaß/Leifker*, BB 2015, 2499, 2501 ff.; *Wagner*, RabelsZ 80 (2016), 717, 750 ff.; *Weller/Kaller/Schulz*, AcP 216 (2016), 387, 399 ff.

743 Vgl. nur *v. Falkenhausen*, Menschenrechtsschutz durch Deliktsrecht, 2020, S. 1; *Hübner*, Unternehmenshaftung für Menschenrechtsverletzungen, 2022, S. 1 f.; *Mansel*, ZGR 2018, 439, 442.

744 So auch *Wagner*, RabelsZ 80 (2016), 717, 719; *Hübner*, Unternehmenshaftung für Menschenrechtsverletzungen, 2022, S. 96.

745 *Görgen*, Unternehmerische Haftung in transnationalen Menschenrechtsfällen, 2019, S. 144; *Güngör*, Sorgfaltspflichten für Unternehmen in transnationalen Menschenrechtsfällen, 2016, S. 165; *Nordhues*, Die Haftung der Muttergesellschaft und ihres Vorstands für Menschenrechtsverletzungen im Konzern, 2019, S. 35.

Arbeitsverhältnisses geltend gemacht werden, etwa resultierend aus einem Ölleck in einer Pipeline, wäre das Tochter- oder Zuliefererunternehmen in der Regel der unmittelbare Schädiger.[746] Attraktiver Klagegegner ist jedoch, wie bereits festgestellt, häufig das Mutter- oder Auftraggeberunternehmen.[747] Soweit der Anspruch gegen das Mutter- oder Auftraggeberunternehmen gerichtet ist, sind in der Regel mangels vertraglicher Beziehungen zu den Betroffenen deliktische Ansprüche ausschlaggebend.[748]

Nachdem Menschenrechtsklagen gegen Unternehmen langjährig vorwiegend unter dem *Alien Torts Statute* (ATS) aus dem Jahr 1789 vor US-amerikanischen Bundesgerichten verhandelt wurden, haben sich die USA zunehmend aus ihrer Rolle als „Rechtsweltmacht" zurückgezogen.[749] Im Verfahren *Kiobel v. Royal Dutch Petroleum Co.* hat der US Supreme Court im Jahr 2013 der bis dato vorherrschenden weiten Auslegung des ATS unter Verweis auf die *„presumption against extraterritoriality doctrine"* ein Ende gesetzt.[750] US-Bundesgerichte können ihre Zuständigkeit in ATS-Verfahren nur dann begründen, wenn der in Rede stehende Sachverhalt nach dem sog. *touch and concern*-Standard einen gewichtigen Bezug zum amerikanischen Territorium

---

746 Vgl. auch *Hübner*, Unternehmenshaftung für Menschenrechtsverletzungen, 2022, S. 29.

747 S. *supra* Einleitung A. III.

748 Ein Schadensersatzanspruch aus einem Vertrag mit Schutzwirkung zugunsten Dritter stellt kein taugliches Vehikel der Haftung dar, da ein Vertrag zwischen dem Mutter- bzw. Auftraggeberunternehmen und dem Tochterunternehmen bzw. Zulieferer keine Schutzpflicht des Mutter- bzw. Auftraggeberunternehmens bezüglich der betroffenen Rechtsgüter beinhaltet, sodass die Leistungsnähe fehlt, welche Voraussetzung einer Haftung ist, vgl. LG Dortmund, Urt. v. 10.1.2019 – 7 O 95/15, BeckRS 2019, 388, Rn. 34; *Görgen*, Unternehmerische Haftung in transnationalen Menschenrechtsfällen, 2019, S. 149; *Hübner*, Unternehmenshaftung für Menschenrechtsverletzung, 2022, S. 178 ff.; *Habersack/Ehrl*; AcP 219 (2019), 155, 191 f.; a. A. *Güngör*, Sorgfaltspflichten für Unternehmen in transnationalen Menschenrechtsfällen, 2016, S. 174 f.; *Paefgen*, ZIP 2021, 2006, 2012 f.; *ders.*, FS K. Schmidt 2019, Band II, 105, 110 f.

749 Zum „Rückzug der Rechtsweltmacht" *Reimann*, FS R. Stürner, 2013, 1779, 1800; vgl. auch im Kontext des ATS *Dutta*, in: Reinisch et al., Unternehmensverantwortung und Internationales Recht, 2020, 39, 44, 49 f.

750 Supreme Court of the United States, *Kiobel v. Royal Dutch Petroleum*, Urt. v. 17.4.2013, 569 U.S. 108; vgl. auch *Bradley*, International Law in the U.S. Legal System, 3. Aufl. 2021, S. 230; *Brunk*, Menschenrechtscompliance, 2022, S. 314; *v. Falkenhausen*, Menschenrechtsschutz durch Deliktsrecht 2020, S. 217; *Felz*, Das Alien Tort Statute, 2017, S. 388; *Weller/Kaller/Schulz*, AcP 216 (2016), 387, 391.

aufweist.[751] Wann ein solcher gegeben ist, hat der US Supreme Court in der *Kiobel*-Entscheidung nicht genauer definiert.[752] Die bloße Firmenpräsenz („*mere corporate presence*") eines Unternehmens in den USA wird allerdings nicht für hinreichend erachtet.[753] Besteht kein Anknüpfungspunkt von Gewicht, greift eine Vermutung gegen die extraterritoriale Zuständigkeit ein.[754] Im Jahr 2018 wurde im Verfahren *Jesner v. Arab Bank* sodann die Zulässigkeit von Klagen unter dem ATS gegen ausländische Unternehmen generell verneint.[755] Der US Supreme Court stellte im Verfahren *Nestlé USA Inc. v. Doe et al.* aus dem Jahr 2021 hohe Anforderungen an eine Widerlegung der Vermutung gegen die extraterritoriale Zuständigkeit.[756] Das Verfahren gegen ein amerikanisches Tochterunternehmen von *Nestlé*, dem Kindersklaverei vorgeworfen wurde, wurde mangels Zuständigkeit abgewiesen, da es nach Ansicht des Supreme Court an einem hinreichenden Bezug zum amerikanischen Territorium fehlte.[757] Infolge des Rückzugs der US-amerikanischen Gerichte verlagerten sich Menschenrechtsklagen gegen Unternehmen zunehmend vor Gerichte in Europa.[758] Exemplarisch hierfür steht das Verfahren gegen *KiK* vor dem LG Dortmund.[759]

---

751 Supreme Court of the United States, *Kiobel v. Royal Dutch Petroleum*, Urt. v. 17.4.2013, 569 U.S. 108, 124 f.; vgl. auch *Bradley*, International Law in the U.S. Legal System, 3. Aufl. 2021, S. 228 ff.; *Brunk*, Menschenrechtscompliance, 2022, S. 314; *v. Falkenhausen*, Menschenrechtsschutz durch Deliktsrecht, 2020, S. 218; *Felz*, Das Alien Tort Statute, 2017, S. 392.

752 *Bradley*, International Law in the U.S. Legal System, 3. Aufl. 2021, S. 230; *Felz*, Das Alien Tort Statute, 2017, S. 392.

753 Supreme Court of the United States, *Kiobel v. Royal Dutch Petroleum*, Urt. v. 17.4.2013, 569 U.S. 108, 125; *Felz*, Das Alien Tort Statute 2017, S. 392.

754 Supreme Court of the United States, *Kiobel v. Royal Dutch Petroleum*, Urt. v. 17.4.2013, 569 U.S. 108, 124; *v. Falkenhausen*, Menschenrechtsschutz durch Deliktsrecht, 2020, S. 218; *Weller/Kaller/Schulz*, AcP 216 (2016), 387, 391.

755 Supreme Court of the United States, *Jesner v. Arab Bank*, Urt. v. 24.4.2014, 584 U.S._; vgl. hierzu auch *Brunk*, RIW 2018, 503 ff.; *ders.*, Menschenrechtscompliance, 2022, S. 315; *v. Falkenhausen*, Menschenrechtsschutz durch Deliktsrecht, 2020, S. 218.

756 Supreme Court of the United States, *Nestlé USA Inc. v. Doe et al.*, Urt. v. 17.6.2021, 593 U.S._; hierzu *Brunk*, Menschenrechtscompliance, 2022, S. 317.

757 Supreme Court of the United States, *Nestlé USA Inc. v. Doe et al.*, Urt. v. 17.6.2021, 593 U.S._; hierzu *Brunk*, Menschenrechtscompliance, 2022, S. 317.

758 So auch bereits *Weller/Kaller/Schulz*, AcP 216 (2016), 387, 391 f.; vgl. auch *Brunk*, Menschenrechtscompliance, 2022, S. 317; *Habersack/Ehrl*, AcP 219 (2019), 155, 169; *Kieninger*, IPRax 2020, 60, 61.

759 Vgl. LG Dortmund, Urt. v. 10.1.2019 – 7 O 95/15, BeckRS 2019, 388; vgl. auch OLG Hamm, Beschl. v. 21.5.2019 – I-9 U 44/19, NJW 2019, 3527; sowie *supra* Einleitung A. III.

B. Deliktsrechtliche Anspruchsgrundlagen

Im Folgenden wird ein kurzer Abriss der bisherigen Debatte zur deliktsrechtlichen Haftung von Unternehmen für Menschenrechtsverletzungen in der Lieferkette oder bei Zulieferern in Deutschland geboten (I.), um anschließend Haftungskonstellationen unter der KM-VO auszuloten (II.). Der Schwerpunkt liegt auf der Frage, ob die kodifizierten Sorgfaltspflichten Neues zu dem Diskurs um die Haftung von Unternehmen für Menschenrechtsverletzungen beitragen können bzw. ob sich neue Haftungskonstellationen im Deliktsrecht ergeben. Daher bietet sich ein Fokus auf § 823 Abs. 2 BGB an.

I. Deliktsrechtliche Haftung von Unternehmen für Menschenrechtsverletzungen durch Zulieferer oder Tochterunternehmen

1. § 823 Abs. 1 BGB

Ein Schwerpunkt des bisherigen Diskurses liegt auf einem Anspruch Betroffener von Menschenrechtsverletzungen gegen Unternehmen aus § 823 Abs. 1 BGB.[760] § 823 Abs. 1 BGB ist eine der drei kleinen deliktischen Generalklauseln neben §§ 823 Abs. 2, 826 BGB.[761] Ein Anspruch aus § 823 Abs. 1 BGB, welcher Schadensersatzansprüche bei der Verletzung der geschützten Rechte und Rechtsgüter gewährt, steht jedoch vor der zentralen dogmatischen Herausforderungen, ob die Rechtsgutverletzung dem

---

760 Hierzu *v. Falkenhausen*, Menschenrechtsschutz durch Deliktsrecht, 2020, S. 81 ff.; *Fleischer/Korch*, ZIP 2021, 709, 712; *Güngör*, Sorgfaltspflichten für Unternehmen in transnationalen Menschenrechtsfällen, 2016, S. 234 ff.; *Habersack/Ehrl*, AcP 219 (2019), 155, 194 ff.; *Haider*, Haftung von transnationalen Unternehmen und Staaten für Menschenrechtsverletzungen, 2019, S. 362 ff.; *Hübner*, Unternehmenshaftung für Menschenrechtsverletzungen, 2022, S. 181 ff.; *Nordhues*, Die Haftung der Muttergesellschaft und ihres Vorstands für Menschenrechtsverletzungen im Konzern, 2019, S. 105 ff.; *Osieka*, Zivilrechtliche Haftung deutscher Unternehmen für menschenrechtsbeeinträchtigende Handlungen ihrer Zulieferer, 2014, S. 182 ff.; *Thomale/Hübner*, JZ 2017, 385, 395 f.; *Wagner*, RabelsZ 80 (2016), 717, 752 ff.; *Weller/Kaller/Schulz*, AcP 216 (2016), 387, 400 ff.; *Weller/Nasse*, FS Ebke, 2021, 1071, 1076 ff.; *Weller/Thomale*, ZGR 2017, 509, 520 ff.
761 *Förster*, in: BeckOK BGB, 67. Edt. Stand: 1.8.2023, § 823 BGB Rn. 2; *Spickhoff*, in: Soergel, BGB, 13. Aufl. 2005, Vorbem. § 823 BGB Rn. 12 ff.

Mutter- oder Auftraggeberunternehmen zugerechnet werden kann.[762] Die Rechtsgutverletzung ist in der Regel unmittelbar auf das Tochterunternehmen bzw. den Zulieferer zurückzuführen, dem Mutter- oder Auftraggeberunternehmen ist dagegen meist nur ein Unterlassen oder ein mittelbares Handeln vorwerfbar.[763] Eine deliktische Verantwortlichkeit des Mutter- oder Auftraggeberunternehmens kann dann nur begründet werden, wenn eine Verkehrspflicht verletzt wurde.[764]

a) Diskurs zur menschenrechtlichen Verkehrspflicht

Die deutsche Rechtsprechung hat noch nicht über die Existenz einer menschenrechtlichen Verkehrspflicht entschieden. Bislang wurde erst ein Fall einer deliktsrechtlichen Menschenrechtsklage vor einem deutschen Gericht verhandelt, nämlich der *KiK*-Fall vor dem LG Dortmund, auf den bereits in der Einleitung eingegangen wurde.[765] In der Fabrik *Ali Enterprises* in Pakistan kam es zu einem Feuer mit einer hohen Zahl von Toten und Verletzten.[766] Betroffene und Hinterbliebene verklagten die Hauptabnehmergesellschaft *KiK* auf immateriellen Schadensersatz.[767] Das LG Dortmund kam allerdings zu der Anwendbarkeit pakistanischen Rechts.[768] Potenzielle Schadensersatzansprüche nach pakistanischem Recht waren verjährt.[769]

---

762 Eingehend *Hübner*, Unternehmenshaftung für Menschenrechtsverletzungen, 2022, S. 181; *Wagner*, FS Singer 2021, 693, 695. Zudem stellt sich die Frage, ob die menschenrechtlich geschützten Interessen mit dem Rechtsgüterschutz des § 823 Abs. 1 BGB übereinstimmen oder ob die Menschenrechte als ein sonstiges Recht i. S. d. § 823 Abs. 1 BGB qualifiziert werden können. Vgl. eingehend *Hübner*, Unternehmenshaftung für Menschenrechtsverletzungen, 2022, S. 181; *Habersack/Ehrl*, AcP 219 (2019), 155, 195 f.; die Menschenrechte als sonstiges Recht ablehnend etwa *Spindler*, ZHR 186 (2022), 67, 95; *Weller/Kaller/Schulz*, AcP 216 (2016), 387, 400; dies befürwortend *Schall*, ZGR 2018, 479, 481.

763 *v. Falkenhausen*, Menschenrechtsschutz durch Deliktsrecht, 2020, S. 85 f.

764 *v. Falkenhausen*, Menschenrechtsschutz durch Deliktsrecht, 2020, S. 88.

765 LG Dortmund, Urt. v. 10.1.2019 – 7 O 95/15, BeckRS 2019, 388.

766 S. *supra* Einleitung A. III.

767 S. *supra* Einleitung A. III.

768 LG Dortmund, Urt. v. 10.1.2019 – 7 O 95/15, BeckRS 2019, 388, Rn. 22, 30 f. Vgl. ausführlich *Hübner*, Unternehmenshaftung für Menschenrechtsverletzungen, 2022, S. 93 ff.; *Johnson*, CCZ 2020, 103 ff.

769 LG Dortmund, Urt. v. 10.1.2019 – 7 O 95/15, BeckRS 2019, 388, Rn. 22 ff. Das angerufene Berufungsgericht sah darüber hinaus im vorliegenden Fall keinen Verstoß gegen den *ordre public* i. S. d. Art. 26 Rom II-VO wegen Verletzung des Rechts auf ein faires Verfahren, indem das pakistanische Recht kurze Verjährungsfristen

In der Literatur ist vor dem Erlass des LkSG eine intensive Diskussion über die Existenz und Reichweite einer deliktischen Verkehrspflicht entstanden, nach welcher, die Anwendbarkeit deutschen Rechts vorausgesetzt, eine deliktsrechtliche Haftung des Mutter- oder Auftraggeberunternehmens in Betracht käme. Da der Fokus dieser Arbeit auf § 823 Abs. 2 BGB liegt, begnügt sich die folgende Darstellung damit, die Grundzüge der Debatte nachzuzeichnen.

Wagner hält die Existenz einer deliktischen Verkehrspflicht grundsätzlich für ausgeschlossen.[770] Anderes gelte nur für den Fall, dass sich die Konzernmutter verkehrspflichtbegründend in das Gefahrmanagement der Tochtergesellschaft einmischt.[771] Ähnlich nehmen *Fleischer/Korch* eine deliktische Verkehrspflicht dann an, wenn eine verkehrspflichtbegründende Herrschaft über eine Gefahrenquelle des Unternehmens besteht, bspw. wenn ein Tochterunternehmen oder ein Zulieferer wie eine unselbstständige Betriebseinheit geführt oder ein gesteigerter Einfluss auf das Risikomanagement in dem Tochterunternehmen ausgeübt würde.[772] Hierbei erkennen die Autoren jedoch die Gefahr, dass sich die Unternehmen grundsätzlich der deliktsrechtlichen Verantwortung entziehen könnten, indem sie keine Kontrolle über das Tochterunternehmen bzw. den Zulieferer ausübten.[773] Den negativen Anreizen für eine Kontrolle über die eigenen Zulieferer bzw. Tochterunternehmen könne jedoch auf gesellschaftsrechtlicher Ebene mittels Compliance-Pflichten und entsprechender Ausgestaltung der deliktischen Verkehrspflichten entgegengewirkt werden.[774] *Wagner/Asmussen* bezeichnen dies mit Bezugnahme auf den britischen Diskurs als „*Dilemma of Control*".[775] Auch nach *Hübner* kommt eine deliktische Verkehrspflicht nur ausnahmsweise in Betracht. Dafür muss die Tochtergesellschaft *de facto* als unselbstständige Betriebsabteilung geführt werden oder die Muttergesellschaft konkrete Weisungen im Risikomanagement

---

statuiert, welche kenntnisunabhängig zu laufen beginnen, da die Kläger hinreichend rechtlich beraten waren, vgl. OLG Hamm, Beschluss v. 21.5.2019 – I-9 U 44/19, NJW 2019, 3527, 3528 f. (Rn. 30 ff.); *Hübner*, Unternehmenshaftung für Menschenrechtsverletzungen, 2022, S. 93.

770 *Wagner*, RabelsZ 80 (2016), 717, 757 ff., 779.
771 *Wagner*, RabelsZ 80 (2016), 717, 779.
772 *Fleischer/Korch*, DB 2019, 1944, 1951; *dies.*, ZIP 2021, 709, 715.
773 *Fleischer/Korch*, ZIP 2019, 2181, 2190; *dies.*, ZIP 2021, 709, 716 f.
774 *Fleischer/Korch*, ZIP 2021, 709, 717.
775 *Asmussen/Wagner*, ZEuP 2020, 979, 997.

oder „engmaschige Produktionsvorgaben" gemacht haben.[776] Besonders problematisch ist nach *Hübner* die Begründung von Verkehrspflichten in einer vertraglichen Lieferkettenkonstellation.[777]

Habersack/Ehrl vertreten hingegen, dass eine Verkehrspflicht sowohl durch eine aktive Einflussnahme der Konzernmutter auf die Tochter als auch durch positive Kenntnis eines Unternehmens von den Menschenrechtsverletzungen in der Lieferkette entstehen kann.[778]

Weller/Thomale sehen in einem Konglomerat von rechtlichen Entwicklungen zur „Governance" eine hinreichende Verdichtung der Verkehrserwartung zu einer „menschenrechtskonforme[n] Konzern- und Zuliefererorganisation".[779] Als Argument für eine deliktische Verkehrspflicht wird von *Weller/Nasse* darüber hinaus treffend angeführt, dass Unternehmen, die ihre Produktion über Kettenrechtsverhältnisse bewusst ins Ausland verlagern, eine Gefahrenquelle, sog. „Menschenrechtsarbitrage", begründen können, welche durch eine Kombination aus *„defizitärem ausländischem Sachrecht"* und *„defizitärem inländischem Kollisionsrecht"* entstünde.[780]

b) Keine Klarstellung durch das LkSG

Der Erlass des deutschen LkSG hat keine Klarheit hinsichtlich der Existenz einer deliktischen Verkehrspflicht gebracht. Das Gesetz sieht keine eigene zivilrechtliche Haftung vor, sondern schließt sie im Gegenteil in § 3 Abs. 3 S. 1 LkSG aus.[781] Danach begründet eine Verletzung der Pflichten aus dem LkSG keine zivilrechtliche Haftung. Allerdings soll nach § 3 Abs. 3 S. 2 LkSG eine „unabhängig von diesem Gesetz begründete Haftung" unberührt bleiben. Die Formulierung des § 3 Abs. 3 S. 1 LkSG schließt zumindest die Schutzgesetzqualität i. S. d. § 823 Abs. 2 BGB aus.[782]

---

776 So auch wörtlich *Hübner*, Unternehmenshaftung für Menschenrechtsverletzungen, 2022, S. 248 ff.

777 *Hübner*, Unternehmenshaftung für Menschenrechtsverletzungen, 2022, S. 261.

778 So *Habersack/Ehrl*, AcP 219 (2019), 155, 199, 202; mit Verweis auf *Habersack/Zickgraf*, ZHR 182 (2018), 252, 279 ff.

779 *Weller/Thomale*, ZGR 2017, 507, 521 f.

780 So auch wörtlich *Weller/Nasse*, ZGR Sonderheft 22 (2020), 107, 129.

781 Vgl. § 3 Abs. 3 LkSG; statt vieler *Paefgen*, ZIP 2021, 2006, 2010.

782 BT- Drs. 19/30505, S. 39; *Rühl/Knauer*, JZ 2022, 105, 108; *Spindler*, ZHR 186 (2022), 67, 94 f.; *Wagner*, FS Singer 2021, 693, 707.

Wagner stellt überzeugend fest, dass § 3 Abs. 3 S. 1 LkSG es auch verhindere, die Sorgfaltspflichten des LkSG „in § 823 Abs. 1 BGB zu spiegeln".[783]

c) Zwischenergebnis: Unklarheiten bezüglich der Existenz menschenrechtlicher Verkehrspflichten

In der Literatur steht die überwiegende Mehrheit einer deliktischen Verkehrspflicht für Menschenrechtsverletzungen durch Zulieferer oder in Zulieferketten von transnational tätigen Unternehmen noch kritisch gegenüber und erkennt sie allenfalls in eng begrenzten Ausnahmefällen an. Wirkmächtige Stimmen plädieren hingegen auch für die Existenz einer solchen Verkehrspflicht. Der deutsche Gesetzgeber hat sich mit dem LkSG nicht klar positioniert. Auf Ebene des EU-Rechts steht ein Entwurf der Kommission für eine *Corporate Sustainability Due Diligence*-Richtlinie im Raum, der eine zivilrechtliche Haftung vorsieht, vgl. Art. 22.[784] Sollte dieser Entwurf inhaltsgleich erlassen werden, wäre der deutsche Gesetzgeber verpflichtet, entlang der dort statuierten Voraussetzungen eine zivilrechtliche Haftung im deutschen Recht zu verankern.

2. § 831 BGB

Ein zweiter Schwerpunkt des deutschen Diskurses liegt auf der Frage nach einem Anspruch der Betroffenen gegen die Mutter- bzw. Auftraggeberunternehmen aus § 831 BGB.[785] Die sog. Geschäftsherrenhaftung begründet eine Haftung für eigenes Verschulden bei der Auswahl und Überwachung

---

783 *Wagner*, FS Singer 2021, 693, 708.

784 S. *infra* Kapitel 6 G. IV.

785 Siehe etwa *Beckers*, ZfPW 2021, 220, 240 f.; *Fleischer/Korch*, DB 2019, 1944 ff.; *Görgen*, Unternehmerische Haftung in transnationalen Menschenrechtsfällen, 2019, S. 339; *Güngör*, Sorgfaltspflichten für Unternehmen in transnationalen Menschenrechtsfällen, 2016, S. 192 f.; *Habersack/Ehrl*, AcP 219 (2019), 155, 193 f.; *Haider*, Haftung von transnationalen Unternehmen und Staaten für Menschenrechtsverletzungen, 2019, S. 430. *Hübner*, Unternehmenshaftung für Menschenrechtsverletzungen, 2022, S. 273 ff.; *Osieka*, Zivilrechtliche Haftung deutscher Unternehmen für menschenrechtsbeeinträchtigende Handlungen ihrer Zulieferer, 2014, S. 180 f.; *Pordzik*, Transsubjektive Deliktsverantwortlichkeit, 2022, S. 90 ff.

von Verrichtungsgehilfen.[786] Tochter- bzw. Zulieferunternehmen in internationalen Lieferketten sind jedoch nur in Ausnahmefällen weisungsabhängig und somit regelmäßig keine Verrichtungsgehilfen i. S. d. § 831 BGB.[787] Eine Verrichtungsgehilfenstellung im Konzern bzw. in der Lieferkette würde erfordern, dass das Tochterunternehmen bzw. der Zulieferer derart in die Organisation des Geschäftsherren eingebunden ist, dass es oder er in dem konkreten Einzelfall als weisungsgebunden zu qualifizieren ist.[788] Dies ist in der Regel selbst in der stark organisierten Textilindustrie nicht der Fall,[789] geschweige denn in der Mineralienindustrie, deren Lieferketten häufig nur lose vertraglich organisiert sind.[790]

3. § 826 BGB

Ein Anspruch wegen vorsätzlicher sittenwidriger Schädigung aus § 826 BGB ist grundsätzlich denkbar, soweit Sittenstandards verletzt wurden.[791] Die Menschenrechte könnten Sittenstandards darstellen.[792] Ein Unternehmen, welches seine Produktion ins Ausland verlagert, um Kosten zu sparen, und damit bewusst Rechtsschutzlücken im ausländischen Recht in

---

786 *Fleischer/Korch*, DB 2019, 1944; *Hübner*, Unternehmenshaftung für Menschenrechtsverletzungen, 2022, S. 273; *Sprau*, in: Grüneberg, 82. Aufl. 2023, § 831 BGB Rn. 1; *Wagner*, in: MüKo BGB, 8. Aufl. 2020, § 831 BGB Rn. 11.

787 Verrichtungsgehilfe ist nach der Rechtsprechung des BGH derjenige, der mit dem Wissen und Wollen des Geschäftsherrn weisungsabhängig in dessen Interessenkreis tätig wird. Vgl. nur BGH, Urt. v. 12.6.1997 – I ZR 36-95, NJW-RR 1998, 250, 151; BGH, Urt. v. 25.4.2012 – I ZR 105/10, BeckRS 2012, 22158, Rn. 44; BGH, Urt. v. 2.12.2014 – VI ZR 520/13, BeckRS 2015, 555, Rn. 11; *Spindler*, in: BeckOGK, Stand: 1.8.2023, § 831 BGB Rn. 15; *Sprau*, in: Grüneberg, 82. Aufl. 2023, § 831 BGB Rn. 5. Zur mangelnden Weisungsabhängigkeit von Lieferanten und Tochterunternehmen *Beckers*, ZfPW 2021, 220, 240; *Rudowski*, CCZ 2020, 352, 354; *Wagner*, FS Singer, 2021, 693, 696; differenziert *Hübner*, Unternehmenshaftung für Menschenrechtsverletzungen, 2022, S. 282 ff., 293 f.

788 *Beckers*, ZfPW 2021, 220, 241; *Hübner*, Unternehmenshaftung für Menschenrechtsverletzungen, 2022, S. 273 f.; *Osieka*, Zivilrechtliche Haftung deutscher Unternehmen für menschenrechtsbeeinträchtigende Handlungen ihrer Zulieferer, 2014, S. 180 f.

789 *Osieka*, Zivilrechtliche Haftung deutscher Unternehmen für menschenrechtsbeeinträchtigende Handlungen ihrer Zulieferer, 2014, S. 181.

790 S. *supra* Kapitel 1 B. II.

791 *Hübner*, Unternehmenshaftung für Menschenrechtsverletzungen, 2022, S. 307 ff.; vgl. auch *v. Falkenhausen*, Menschenrechtsschutz durch Deliktsrecht, 2020, S. 78.

792 *v. Falkenhausen*, Menschenrechtsschutz durch Deliktsrecht, 2020, S. 78.

Kauf nimmt, könnte sittenwidrig handeln.[793] Allerdings setzt § 826 BGB einen Schädigungsvorsatz voraus, welcher wohl nur in seltenen Fällen vorliegt bzw. nachgewiesen werden kann.[794]

4. § 823 Abs. 2 BGB

§ 823 Abs. 2 BGB gewährt einen Schadensersatzanspruch bei einem schuldhaften Verstoß gegen ein Schutzgesetz. Ein Schutzgesetz ist eine Norm, die ein Gebot oder Verbot statuiert und einen individualschützenden Gehalt hat.[795] Bislang hat die Anspruchsgrundlage in der Debatte um eine Haftung für Menschenrechtsverletzungen eine kleinere Rolle eingenommen.[796] Dies liegt daran, dass den bisher zumeist diskutierten Normen in aller Regel die Schutzgesetzqualität abgesprochen wurde.

a) Menschenrechtspakte

Die Menschenrechtsgarantien, bspw. aus der EMRK, dem IPBürgR oder dem IPwirtR, stellen keine tauglichen Schutzgesetze i. S. d. § 823 Abs. 2 BGB dar.[797] Die völkervertragsrechtlich gewährleisteten Menschenrechte dienen zwar ohne Zweifel dem Individualschutz,[798] sie legen

---

793 Eingehend hierzu *Hübner*, Unternehmenshaftung für Menschenrechtsverletzungen, 2022, S. 309.

794 *v. Falkenhausen*, Menschenrechtsschutz durch Deliktsrecht, 2020, S. 78; *Hübner*, Unternehmenshaftung für Menschenrechtsverletzungen, 2022, S. 310 ff.; *Weller/Kaller/Schulz*, AcP 216 (2016), 387, 407.

795 *Wagner*, Deliktsrecht, 14. Aufl. 2021, S. 93; eingehend *infra* Kapitel 6 C. IV.

796 Vgl. jedoch bereits *Nordhues*, Die Haftung der Muttergesellschaft und ihres Vorstands für Menschenrechtsverletzungen im Konzern, 2019, S. 36 ff.

797 So jedenfalls die h. M., vgl. *v. Falkenhausen*, Menschenrechtsschutz durch Deliktsrecht, 2020, S. 74 f.; *Habersack/Ehrl*, AcP 219 (2019), 155, 170, 194; *Hübner*, Unternehmenshaftung für Menschenrechtsverletzungen, 2022, S. 271; *Osieka*, Zivilrechtliche Haftung deutscher Unternehmen für menschenrechtsbeeinträchtigende Handlungen ihrer Zulieferer, 2014, S. 141 ff.; *Wagner*, RabelsZ 80 (2016), 717, 754 ff.; *Weller/Kaller/Schulz*, AcP 216 (2016), 387, 406; ebenso, jedoch mit einer Ausnahme für zwingendes Völkerrecht *Nordhues*, Die Haftung der Muttergesellschaft und ihres Vorstands für Menschenrechtsverletzungen im Konzern, 2019, S. 36 ff., 96.

798 *Hübner*, Unternehmenshaftung für Menschenrechtsverletzungen, 2022, S. 271; *Wagner*, RabelsZ 80 (2016), 717, 755 f.

Unternehmen nach herrschender Meinung jedoch keine unmittelbaren Pflichten auf, sondern verpflichten ausschließlich die Vertragsstaaten.[799]

b) *Soft law*

Soft law-Dokumente, wie bspw. die OECD-Leitsätze für multinationale Unternehmen oder die UN-Leitprinzipien, adressieren zwar die Unternehmen direkt, beinhalten jedoch keine verbindlichen Regelungen, sodass auch sie keine tauglichen Schutzgesetze i. S. d. § 823 Abs. 2 BGB darstellen.[800] Gleiches gilt für die sektorenspezifischen Leitsätze der OECD.

c) Sorgfaltspflichten des LkSG

Ein kurzes Aufleben erfuhr die Debatte um eine Haftung nach § 823 Abs. 2 BGB nach der Vorstellung eines Referentenentwurfs zum deutschen SorgfaltspflichtenG (nunmehr LkSG), dessen Vorschriften hinsichtlich ihrer Schutzgesetzqualität untersucht wurden.[801] Allerdings schloss der Gesetzgeber die zivilrechtliche Haftung bei einem Verstoß gegen das Gesetz und somit auch die Schutzgesetzqualität der Vorschriften letztlich aus.[802]

d) Nichtfinanzielle Erklärung, §§ 289b ff. HGB

Auch die Pflicht großer Unternehmen zur nichtfinanziellen Erklärung über Nachhaltigkeitsaspekte im Lagebericht nach §§ 289b ff. HGB, womit die

---

799 *v. Arnauld*, Völkerrecht, 5. Aufl. 2023, Rn. 637; *Hübner*, Unternehmenshaftung für Menschenrechtsverletzungen, 2022, S. 186 ff., 271; *Peters*, Jenseits der Menschenrechte, 2014, S. 91; *Pordzik*, Transsubjektive Deliktsverantwortlichkeit, 2022, S. 161 ff.; *Wagner*, RabelsZ 80 (2016), 717, 756.

800 *v. Falkenhausen*, Menschenrechtsschutz durch Deliktsrecht, 2020, S. 77.

801 Vgl. Gesetzesentwurf der Bundesregierung, Entwurf eines Gesetzes über die unternehmerischen Sorgfaltspflichten in Lieferketten vom 1.3.2021, online abrufbar unter: https://www.bmas.de/SharedDocs/Downloads/DE/Gesetze/Regierungsentwuer fe/reg-sorgfaltspflichtengesetz.pdf;jsessionid=CF02C0E7DCB6A245898CDE70 12764BE2.delivery1-replication?__blob=publicationFile&v=2 (zuletzt abgerufen: 29.8.2022); *Ehmann*, ZVertriebsR 2021, 141, 146; *Kieninger*, ZfPW 2021, 252, 254; ablehnend *Wagner*, ZIP 2021, 1095, 1102 f.

802 S. *supra* Einleitung A. II.

CSR-Richtlinie umgesetzt wird,[803] eignet sich nicht als Schutzgesetz, um eine deliktische Haftung für Menschenrechtsverletzungen zu begründen. §§ 289b f. HGB legt Unternehmen nur eine Pflicht auf, über nichtfinanzielle Belange, u. a. menschenrechtliche Aspekte, zu berichten.[804] Somit wird ein Anreiz zu nachhaltigem Handeln geschaffen, nicht hingegen konkrete Verhaltensgebote oder -verbote hinsichtlich Risiken in der Lieferkette.[805] Eine deliktische Haftung gegenüber den „Benefizianten" der Veröffentlichungspflichten, also u. a. den Betroffenen von Menschenrechtsverletzungen, kann somit nicht begründet werden.[806] Dies gilt selbst dann, wenn eine unzutreffende Erklärung abgegeben wird, in der etwa fälschlicherweise erklärt wird, dass menschenrechtliche Standards in der Lieferkette beachtet werden.[807]

e) Section 1502 Dodd-Frank Act

Gleiches gilt letztlich auch für Sec. 1502 Dodd-Frank Act. Die Vorschrift statuiert keine Verhaltensgebote bzw. -verbote hinsichtlich der Beschaffungspraxis der Unternehmen, sondern nur Sorgfaltspflichtenprüfungen hinsichtlich der Herkunft der Mineralien oder Metalle und Berichtspflichten über die in der Lieferkette ergriffenen Maßnahmen.[808] Folglich kann

---

803 Die CSR-Richtlinie wurde durch die CSRD aus dem Jahr 2022 geändert. Die Mitgliedstaaten haben die Richtlinie ins nationale Recht umzusetzen, deren Vorgaben bis spätestens zum 6.7.2024 nachgekommen werden muss, Art. 5 Abs. 1 CSRD.

804 *Segger*, in: Krajewski/Saage-Maaß, Die Durchsetzung menschenrechtlicher Sorgfaltspflichten von Unternehmen, 2018, 21, 24, 33; *Wagner*, RabelsZ 80 (2016), 717, 777.

805 Vgl. *Mock*, in: Hachmeister et al., Bilanzrecht, 3. Aufl. 2022, § 289b HGB Rn. 91; *Haider*, Haftung von Transnationalen Staaten und Unternehmen für Menschenrechtsverletzungen, 2019, S. 429.

806 So auch wörtlich und eine Haftung auch ablehnend, da dies für Unternehmen einen Anreiz liefern würde, keine CSR-Maßnahmen durchzuführen, *Wagner/Asmussen*, ZEuP 2021, 979, 996 f.; eine Bindungswirkung gegenüber den „Benefiziaten" ablehnend *Bachmann*, ZGR 2018, 231, 234; *Mock*, in: Hachmeister et al., Bilanzrecht, 3. Aufl. 2022, § 289b HGB Rn. 91; *Haider*, Haftung von Transnationalen Staaten und Unternehmen für Menschenrechtsverletzungen, 2019, S. 429; *Wagner*, RabelsZ 80 (2016), 717, 777 f.; eine Haftung befürwortend hingegen *Segger*, in: Krajewski/Saage-Maaß, Die Durchsetzung menschenrechtlicher Sorgfaltspflichten von Unternehmen, 2018, 21, 53.

807 *Wagner*, RabelsZ 80 (2016), 717, 777 f.

808 S. *supra* Kapitel 2 III. 3.

dahinstehen, ob und unter welchen Voraussetzungen eine ausländische Rechtsnorm ein Schutzgesetz i. S. d. § 823 Abs. 2 BGB sein kann.[809]

f) Resolutionen des UN-Sicherheitsrates

In Resolution 1952 (2010) hat der Sicherheitsrat, wie bereits in der Einleitung aufgezeigt, die Rolle von Wirtschaftsakteuren in der DRK adressiert.[810] Ob Sicherheitsratsresolutionen Schutzgesetzqualität i. S. v. § 823 Abs. 2 BGB aufweisen können, wurde in der Debatte um die Unternehmenshaftung wegen Menschenrechtsverletzungen bislang noch nicht thematisiert.[811] Diese Frage stellt sich umso mehr, als der UN-Sicherheitsrat in den letzten Jahren Resolutionen erließ, die nicht konkrete, sondern abstrakt-generelle Situationen adressieren.[812] Diesen Resolutionen wurde quasi-legislativer (englisch: *„quasi-legislative"*[813]) Charakter zugesprochen, sodass erwogen werden könnte, ob der UN-Sicherheitsrat „Gesetze" i. S. d. § 823 Abs. 2 BGB geschaffen hat. Diese Praxis des UN-Sicherheitsrates beschränkt sich jedoch auf die Terrorismusbekämpfung und die Verhinderung der weiteren Verbreitung von nuklearen, chemischen und biologischen Waffen.[814] Darüber hinaus mangelt es in der Regel an einer Pflichtenbindung nichtstaatlicher Akteure durch den UN-Sicherheitsrat.[815] Soweit der UN-Sicherheitsrat neben den Staaten und damit grundsätzlich abweichend von Art. 25 UN-Charta nichtstaatliche Akteure adressiert hat,

---

809 Vgl. jedoch zum russischen Markenrecht BGH, Urt. v. 25.4.2012 – I ZR 235/10, GRUR 2012, 1263, 1264 Rn. 17: „Russisches Markenrecht kommt als Schutzgesetz nach § 823 II BGB nicht in Betracht. Unter den Begriff des Gesetzes im Sinne des BGB fallen allein nationale sowie solche internationalen Rechtsnormen, die für den Bürger unmittelbar im Inland gelten." Ausführlich zur Eignung ausländischen Rechts als Schutzgesetz *Spickhoff*, Gesetzesverstoß und Haftung, 1998, S. 106 ff.

810 S. *supra* Einleitung A. I.

811 Jedoch zu Individualpflichten aus UN-Sicherheitsratsresolutionen bereits *Peters*, Jenseits der Menschenrechte, 2014, S. 84 ff.

812 *Aston*, Sekundärgesetzgebung internationaler Organisationen zwischen mitgliedstaatlicher Souveränität und Gemeinschaftsdisziplin, 2005, S. 69.

813 Wörtlich *Borlini*, Virginia Journal of International Law 61:3 (2021), 489, 546; vgl. auch *Aston*, ZaöRV 2002, 257 ff.; *Szaz*, American Journal of International Law 96:4 (2002), 901 ff.

814 *Borlini*, Virginia Journal of International Law 61:3 (2021), 489, 546 f.

815 *Peters*, Jenseits der Menschenrechte, 2014, S. 84 ff.

handelte es sich weitgehend um bewaffnete Gruppen in innerstaatlichen Konflikten.[816]

Zudem hat der UN-Sicherheitsrat in Resolution 1952 (2010) *die Mitgliedstaaten der UN* aufgerufen, Wirtschaftsakteuren Sorgfaltspflichten aufzuerlegen.[817] Hieraus resultiert jedoch keine unmittelbare Pflichtenbindung der Wirtschaftsakteure, wie sie zur Qualifizierung der Resolution als Schutzgesetz notwendig wäre. Im Ergebnis eignet sich Resolution 1952 (2010) des UN-Sicherheitsrates also nicht als Schutzgesetz.

II. Fokus dieser Arbeit auf § 823 Abs. 2 BGB vor dem Hintergrund der *legislativen* Sorgfaltspflichten der KM-VO

Noch nicht hinreichend untersucht wurde hingegen, ob die Sorgfaltspflichten der KM-VO Einfluss auf die deliktsrechtlichen Haftungskonstellationen für Missstände in der Lieferkette oder bei Tochterunternehmen haben kön-

---

816 Bspw. *UN-Sicherheitsrat*, Res. 1127 (1997) Nr. 2, 3, in welcher UNITA, eine antikoloniale Bewegung in Angola, unmittelbar adressiert wird: „*demands* [...] that UNITA"; *UN-Sicherheitsrat*, Res. 2078 (2012) Nr. 7, worin bewaffnete Gruppen in der DRK unmittelbar adressiert werden: „*Demands* that the M23 and other armed groups, including the Democratic Forces for the Liberation of Rwanda (FDLR), the Lord's Resistance Army (LRA), Mai Mai militas, the Forces Nationales de Liberation (FNL) and the Allied Democratic Forces (ADF) cease immediatly all forms of violence and other destabilizing activities and release immediatly all child soldiers and permanently lay down their arms"; für einen Überblick hierzu in der Praxis des UN-Sicherheitsrates zwischen 1990 und 2019 vgl. *Borlini*, Virginia Journal of International Law 61:3 (2021), 489, 529 f.; vgl. auch *Peters*, Jenseits der Menschenrechte, 2014, S. 87.

817 Vgl. *UN-Sicherheitsrat*, Res. 1952 (2010) Nr. 8; hingegen *Elsholz*, Beiträge zum Transnationalen Wirtschaftsrecht 148 (2017), S. 17: „Außerdem ruft er [der UN-Sicherheitsrat] in Nummer 8 der Resolution sowohl die Staaten zur Verbreitung der Leitlinien, als auch die Wirtschaftsbeteiligten, die Mineralien aus der DR Kongo beziehen, zu deren Anwendung auf." Die nicht näher begründete Annahme einer Adressatenstellung der Wirtschaftsbeteiligten ist wohl auf einen Übersetzungsfehler in der offiziellen deutschen Sprachfassung zurückzuführen. Siehe *Vereinte Nationen*, Resolutionen und Beschlüsse des Sicherheitsrats 1. August 2010 – 31. Juli 2011, S. 151: „*fordert* alle Staaten *auf*, die genannten Leitlinien für die Beachtung der gebotenen Sorgfalt durch entsprechende Maßnahmen besser bekannt zu machen, und *legt* Importeuren, Verarbeitungsbetrieben und Verbrauchern kongolesischer mineralischer Rohstoffe eindringlich nahe, Sorgfaltsmaßnahmen zu ergreifen, indem sie die genannten oder gleichwertige Leitlinien anwenden, die die folgenden, im Schlussbericht der Sachverständigengruppe beschriebenen Schritte enthalten" [Hervorhebung durch die Verfasserin].

nen.[818] Es könnte sich eine deliktsrechtliche Haftung nach § 823 Abs. 1 BGB ergeben, soweit die Sorgfaltspflichten der Verordnung ein Pendant in den deliktischen Verkehrspflichten hätten.[819] Daneben könnten die Normen der KM-VO auch Schutzgesetze i. S. d. § 823 Abs. 2 BGB darstellen. Aus drei Gesichtspunkten bietet sich eine Konzentration auf § 823 Abs. 2 BGB an.

1. § 823 Abs. 2 BGB als „Transmissionsriemen" der Wertungen aus anderen Vorschriften

§ 823 Abs. 2 BGB fungiert als „Transmissionsriemen", indem er eine Haftung für Verstöße gegen Vorschriften außerhalb des Deliktsrechts ermöglicht.[820] Die Vorschrift stellt den „allgemeinen rechtlichen Rahmen für die Verzahnung von öffentlichem Recht und Privatrecht" zur Verfügung.[821] Im Mittelpunkt dieses Teils der Arbeit steht die Frage nach einer Haftung für einen Verstoß gegen die Vorschriften der KM-VO. Da dies eine Haftung wegen Verstoßes gegen eine Verordnung, d. h. einen legislativen Akt, darstellt, ist insbesondere die Anspruchsgrundlage § 823 Abs. 2 BGB relevant.

---

818 Hierzu nur *Brunk*, Menschenrechtscompliance 2022, S. 445, 448, der eine Schutzgesetzqualität mangels Individualschutz der KM-VO ebenso ablehnt wie eine Schutzgesetzqualität der Holzhandels-VO (Verordnung (EU) Nr. 995/2010 des Europäischen Parlaments und des Rates vom 20.10.2010 über die Verpflichtung von Marktteilnehmern, die Holz und Holzerzeugnisse in Verkehr bringen, ABl. EU L 295/23, 12.11.2010) und nur auf die Möglichkeit hinweist, die jeweiligen Sorgfaltspflichten zu einer Konkretisierung der Verkehrspflichten nach § 823 Abs. 1 BGB heranzuziehen; sowie *B. Schneider*, ZIP 2022, 407, 413, der das Fehlen einer entsprechenden Debatte als „pragmatisch-indizielles Argument" gegen eine deliktsrechtliche Haftung bei Verstößen gegen das LkSG anführt, da die Sorgfaltspflichten beider Rechtsakte vergleichbar seien. Ferner die Schutzgesetzqualität der Vorschriften des MinRohSorgG ablehnend, ohne auf die KM-VO einzugehen, *Gasche*, Responsible Trading in Raw Materials, 2023, S. 356

819 Vgl. entsprechend zu den Sorgfaltspflichten des LkSG *Wagner*, FS Singer, 2021, 693, 707.

820 Vgl. *Deutsch*, JZ 1963, 385, 389; *Hager*, in: Staudinger, 2021, § 823 BGB Rn. G3; *Hübner*, Unternehmenshaftung für Menschenrechtsverletzungen, 2022, S. 270; *Wagner*, in: MüKo BGB, 8. Aufl. 2020, § 823 BGB Rn. 532.

821 *Wagner*, ZEuP 2023, 517, 522,

2. Kodifizierte Sorgfaltspflicht als Schutzgesetz i. S. d. § 823 Abs. 2 BGB bislang (verhältnismäßig) wenig erforscht

Zudem ist die Literatur, welche die Schutzgesetzeigenschaft einer kodifizierten Sorgfaltspflicht im Themenkomplex der Haftung für Menschenrechtsverletzungen untersucht, im Gegensatz zu der Literatur zu einer entsprechenden Verkehrspflicht verhältnismäßig gering.[822] Wie erläutert, mangelte es den bisher schwerpunktmäßig untersuchten Normen an der Schutzgesetzeigenschaft. Insoweit und auch im Hinblick auf eine potenziell in Zukunft notwendig werdende Umsetzung einer *Corporate Sustainability Due Diligence*-Richtlinie, die sich derzeit noch im Entwurfsstadium befindet, erscheint eine eingehende Auseinandersetzung mit der Schutzgesetzeigenschaft von kodifizierten Sorgfaltspflichten von besonderem Interesse.

3. Verhältnis von § 823 Abs. 1 und Abs. 2 BGB

Fraglich ist jedoch, in welchem Verhältnis ein Anspruch aus § 823 Abs. 2 BGB i. V. m. einem Schutzgesetz zu einem Anspruch aus § 823 Abs. 1 BGB steht. Grundsätzlich können nach herrschender Meinung Ansprüche aus beiden Anspruchsgrundlagen nebeneinander bestehen, soweit die jeweiligen Voraussetzungen erfüllt sind.[823] Dann besteht eine Anspruchskonkurrenz zwischen § 823 Abs. 1 und Abs. 2 BGB.[824]

Dabei unterscheiden sich die Tatbestände wie folgt: Der Haftungstatbestand des § 823 Abs. 1 BGB ist rechtsgüterorientiert.[825] Dies zeigt sich daran, dass die Norm die als besonders schützenswert empfundenen Rechtsgüter hervorhebt.[826] Hingegen statuiert § 823 Abs. 2 BGB den Schutz bei Verstö-

---

822 Vgl. jedoch *Nordhues*, Die Haftung der Muttergesellschaft und ihres Vorstands für Menschenrechtsverletzungen im Konzern, 2019, S. 36 ff. Zum Diskurs um eine Haftung nach § 823 Abs. 1 BGB hingegen *supra* Kapitel 5 B. I. 1.

823 Statt vieler *Deutsch*, Allgemeines Haftungsrecht, 2. Aufl. 1996, Rn. 81; *Mansel*, in: Staudinger, 2017, § 823 BGB A7.

824 So auch *Deutsch*, Allgemeines Haftungsrecht, 2. Aufl. 1996, Rn. 81; *Karollus*, Funktion und Dogmatik der Haftung aus Schutzgesetzverletzung, 1992, S. 124; *Spickhoff*, Gesetzesverstoß und Haftung, 1998, S. 57 f.

825 Statt vieler *Hager*, in: Staudinger, 2017, § 823 BGB A7; *Wagner*, in MüKo BGB, 8. Aufl. 2020, § 823 BGB Rn. 3; *Wilhelmi*, in: Ermann, BGB, 17. Aufl. 2023, § 823 BGB Rn. 1.

826 Statt vieler *Larenz/Canaris*, Schuldrecht BT II/2, 13. Aufl. 1994, S. 355; *Wagner*, in MüKo BGB, 8. Aufl. 2020, § 823 BGB Rn. 3; *Wilhelmi*, in: Ermann, BGB, 17. Aufl.

ßen gegen legislative Verhaltensgebote.[827] Rechtsnormen kommt i. R. v. § 823 Abs. 2 BGB eine unmittelbare Wirkung zu, wogegen sie i. R. v. § 823 Abs. 1 BGB geeignet sind, Verkehrspflichten zu konkretisieren, indem sie die Verkehrserwartung näher bestimmen können.[828] Darüber hinaus ermöglicht § 823 Abs. 2 BGB, dass andere als die nach § 823 Abs. 1 BGB geschützten Rechte und Rechtsgüter mit einer deliktischen Haftung bewehrt werden; § 823 Abs. 2 BGB kann somit eine erweiternde Funktion haben.[829] Prominent ist insbesondere die Möglichkeit des Vermögensschutzes als zentrale Erweiterung des Schutzbereichs.[830]

Regelmäßig bieten die legislativen Verhaltensgebote jedoch auch Schutz für die Rechte oder Rechtsgüter, welche auch von § 823 Abs. 1 BGB erfasst sind. In einem solchen Fall ergänzt und präzisiert § 823 Abs. 2 BGB den Tatbestand des § 823 Abs. 1 BGB, indem die Haftung vorverlagert werden und bereits an einer pflichtwidrigen Gefährdung anknüpfen kann, nicht erst an der Rechtsgutsverletzung.[831] Beispielhaft ist insoweit das Schutzgesetz § 231 StGB zu nennen, welches bereits die Teilnahme an einer Schlägerei unter Strafe stellt.[832] Der Eintritt eines Schadens ist für einen Anspruch dennoch erforderlich;[833] allerdings genügt, dass sich das Verschulden des Schädigers auf die Schutzgesetzverletzung bezieht, ein Verschulden hinsichtlich der Rechtsgutsverletzung ist nicht erforderlich.[834]

2023, § 823 BGB Rn. 1. Nicht Teil der aufgezählten Rechtsgüter ist bspw. das Vermögen.

827 *Larenz/Canaris*, Schuldrecht BT II/2, 13. Aufl. 1994, S. 355; *Mansel*, in: Staudinger, 2017, § 823 BGB A7; *Wilhelmi*, in: Ermann, BGB, 17. Aufl. 2023, § 823 BGB Rn. 1. Andere sehen § 823 Abs. 1 BGB als Schutzgesetz bzw. nur als Sonderfall i. S. d. § 823 Abs. 2 BGB, so *Rödig*, Erfüllung des Tatbestandes des § 823 Abs. 1 BGB durch Schutzgesetzverstoß, 1973, S. 56 ff.

828 Entsprechend zur Wirkweise von technischen Normen *Finke*, Die Auswirkungen der europäischen technischen Normen und des Sicherheitsrechts auf das nationale Haftungsrecht, 2001, S. 49.

829 *Förster*, in: BeckOK BGB, 67. Edt. Stand: 1.8.2023, § 823 BGB Rn. 266; *Spindler*, in: BeckOGK, Stand: 1.8.2023, § 823 BGB Rn. 257.

830 Hierzu *Wagner*, in: MüKo BGB, 8. Aufl. 2020, § 823 BGB Rn. 534 f.

831 *Förster*, in: BeckOK BGB, 67. Edt. Stand: 1.8.2023, § 823 BGB Rn. 266; *Wagner*, in: MüKo BGB, 8. Aufl. 2020, § 823 BGB Rn. 533.

832 *Förster*, in: BeckOK BGB, 67. Edt. Stand: 1.8.2023, § 823 BGB Rn. 266.

833 *Förster*, in: BeckOK BGB, 67. Edt. Stand: 1.8.2023, § 823 BGB Rn. 266.

834 So die h. M., siehe nur RGZ 66, 251, 255; BGH, Urt. v. 20.3.1961 – III ZR 9/60, NJW 1961, 1157, 1160; BGH, Urt. v. 2.2.1988 – VI ZR 133/87, NJW 1988, 1383, 1384; *Förster*, in: BeckOK BGB, 67. Edt. Stand: 1.8.2023, § 823 BGB Rn. 266; *Spickhoff*, in: Soergel, BGB, 13. Aufl. 2005, § 823 BGB Rn. 209; *Kern*, in: Jauernig, BGB, 19. Aufl. 2023, § 823 BGB Rn. 59; *Wagner*, in: MüKo BGB, 8. Aufl. 2020, § 823 BGB Rn. 607.

Der Ergänzung- und Erweiterungsfunktion des § 823 Abs. 2 BGB steht im Verhältnis zu § 823 Abs. 1 BGB keine Einschränkungsfunktion gegenüber.[835] Dies bedeutet, dass ein Gesetz, welches ein Schutzgesetz i. S. d. § 823 Abs. 2 BGB ist, keine Höchstanforderungen für Verhaltenspflichten i. R. v. § 823 Abs. 1 BGB festlegt.[836] Es besteht grundsätzlich keine Exkulpationsmöglichkeit, soweit die gesetzlichen Verhaltenspflichten erfüllt wurden, aber dennoch eine kausale und schuldhafte Rechts- bzw. Rechtsgutsverletzung i. S. d. § 823 Abs. 1 BGB gegeben ist.[837] Vorliegend könnte sich ein Unionseinführer also nicht von einer potenziellen Haftung nach § 823 Abs. 1 BGB exkulpieren, indem er darlegt, die Sorgfaltspflichten der KM-VO erfüllt zu haben. Dies soll jedoch nicht Gegenstand der vorliegenden Untersuchung sein, die sich darauf fokussiert, die Rechtsfolgen bei Verstößen gegen die KM-VO zu ermitteln. Da § 823 Abs. 2 BGB zudem Darlegungs- und Beweislasterleichterungen für einen Kläger bietet,[838] gewährt die Vorschrift in wesentlichen Teilen eine Haftungserweiterung bzw. -präzisierung und -erleichterung gegenüber § 823 Abs. 1 BGB. Somit wird die nachfolgende Untersuchung auf § 823 Abs. 2 BGB beschränkt.

C. Die Sorgfaltspflichten der KM-VO als Schutzgesetze i. S. v. § 823 Abs. 2 BGB?

Die Haftung eines Unionseinführers nach § 823 Abs. 2 S. 1 BGB wegen Verstoßes gegen die Sorgfaltspflichten der KM-VO kommt nur in Betracht, wenn diese Schutzgesetzqualität haben. Da kein unionsrechtliches Gebot eines *private enforcement* besteht (I.), bemisst sich die Schutzgesetzqualität der Sorgfaltspflichten der KM-VO allein nach der BGB-Dogmatik. Der

---

A. A. *Stoll*, Kausalzusammenhang und Normzweck im Deliktsrecht, 1968, S. 22 f.; vgl. zudem *Fikentscher/Heinemann*, Schuldrecht, 12. Aufl. 2022, Rn. 1635.

835 *Canaris*, FS Larenz, 1983, 27, 54; *Wagner*, in: MüKo BGB, 8. Aufl. 2020, § 823 BGB Rn. 533.

836 *Canaris*, FS Larenz, 1983, 27, 54; *Wagner*, in: MüKo BGB, 8. Aufl. 2020, § 823 BGB Rn. 533.

837 *Canaris*, FS Larenz, 1983, 27, 55 f.; *Larenz/Canaris*, Schuldrecht II/2, 13. Aufl. 1994, S. 416; *Wagner*, in: MüKo BGB, 8. Aufl. 2020, § 823 BGB Rn. 533, der auch feststellt, dass die entgegenstehende Wildtauben-Entscheidung des BGH, wonach eine deliktische Verkehrspflicht in Ermangelung einer hinreichenden gesetzlichen Konkretisierung nicht gegeben sei, ein Einzelfall geblieben und verfehlt ist, vgl. hierzu BGH, Urt. v. 22.4.1974 – III ZR 21/71, NJW 1974, 1240 f.

838 S. *infra* Kapitel 5 E. I.

Begriff des Schutzgesetzes wird im Wortlaut des § 823 Abs. 2 S. 1 BGB nicht genannt; vielmehr statuiert die Norm eine Haftung für „denjenigen, welcher gegen ein den Schutz eines anderen bezweckendes Gesetz verstößt".[839] Erforderlich ist zunächst, dass die Vorschriften Rechtsnormqualität i. S. d. Art. 2 EGBGB haben (II.). Der Wortlaut des § 823 Abs. 2 S. 1 BGB fordert nur, dass das Gesetz, gegen welches verstoßen wird, den Schutz eines anderen bezweckt. Hiernach kann nur eine Verhaltensnorm, welche ein Ge- oder ein Verbot enthält, Schutzgesetz i. S. d § 823 Abs. 2 S. 1 BGB sein (III.).[840] Zudem muss die Norm den Schutz eines anderen bezwecken: Sie muss also individualschützenden Gehalt haben (IV.).[841]

Im Übrigen erfolgt keine weitere Konkretisierung durch den Wortlaut des Gesetzes, allerdings besteht Einigkeit, dass der individualschützende Gehalt einer Verhaltensnorm kein hinreichendes Kriterium zur Bestimmung von Schutzgesetzen ist (V.).[842]

I. Kein unionrechtliches *Gebot* eines *private enforcement* der KM-VO

Nach der Rechtsprechung des EuGH kann es unter Umständen *erforderlich* sein, dass dem unmittelbar anwendbaren Unionsrecht entstammende Verhaltensgebote durch ein *private enforcement* durchgesetzt werden können.[843] Dies kann etwa ein Gebot einer Schadensersatzhaftung nach

---

839 Daher den Begriff „Schutzgesetz" ablehnend *Schmiedel*, Deliktsobligation nach deutschem Kartellrecht, 1974, S. 114 f.

840 *Schmiedel*, Deliktsobligationen nach deutschem Kartellrecht, 1974, S. 33 f.; *Spickhoff*, Gesetzesverstoß und Haftung, 1998, S. 110.

841 Siehe nur *Canaris*, FS Larenz 1983, 27, 46; *Larenz/Canaris*, Schuldrecht II/2, 13. Aufl. 1994, S. 433; *Spickhoff*, Gesetzesverstoß und Haftung, 1998, S. 111; *Wagner*, in: MüKo BGB 8. Aufl. 2020, § 823 BGB Rn. 562.

842 Vgl. *Canaris*, FS Larenz, 1983, 27, 46 f.; von Seiten der Literatur wurden Versuche der Systematisierung der Anforderungen an den Schutzgesetzcharakter unternommen, vgl. *Knöpfle*, NJW 1967, 697, 700; *Schmiedel*, Deliktsobligationen nach deutschem Kartellrecht, 1974, S. 159 ff.; vgl. dazu *Hager*, in: Staudinger, 2021, § 823 BGB Rn. G16; *B. Schneider*, Schutzgesetzhaftung für fehlerhafte Rechnungslegung, 2021, S. 49; *Verse*, ZHR 170 (2006), 398, 400; *Wagner*, in: MüKo BGB, 8. Aufl. 2020, § 823 BGB Rn. 567.

843 Zu Vorgaben aus dem Primärrecht (ex-Art. 81, 82 EG, jetzt Art. 101, 102 AEUV) EuGH, Urt. v. 20.9.2001 – Rs. C-453/99, *Courage Ltd. ./. Bernard Crehan*, ECLI:EU:C:2001:465, Rn. 26 f. Zum unmittelbar anwendbaren Sekundärrecht EuGH, Urt. v. 17.9.2002 – Rs. C-253/00, *Antonio Muñoz y Cia SA, Superior Fruiticola SA ./. Frumar Ltd, Redbridge Produce Marketing Ltd*, ECLI:EU:C:2002:497, Rn. 30;

§ 823 Abs. 2 BGB zur Folge haben, ohne dass die unionsrechtliche Vorschrift Schutzgesetzqualität nach der BGB-Dogmatik aufweist.[844] Das Gebot eines *private enforcement* wird dabei nicht mit einer schützenswerten Rechtsposition eines Individuums gegenüber privaten Akteuren begründet; vielmehr wird der Einzelne funktionalisiert, um die Einhaltung des Unionsrechts zu kontrollieren (sog. Prinzip der funktionalen Subjektivierung).[845] Der Europäische Gesetzgeber kann im Rahmen seiner Kompetenzen zwar Normen setzen, es obliegt allerdings in der Regel den Mitgliedstaaten, Sanktionen oder Regeln bei Verstößen gegen unmittelbar anwendbares Unionsrecht festzulegen; zudem obliegt den Mitgliedstaaten die Durchsetzung der Vorgaben aus dem Unionsrecht, vgl. Art. 291 Abs. 1 AEUV.[846] Um die Anwendung des Unionsrechts sicherzustellen, muss die mitgliedstaatliche Durchführung und -setzung dem unionsrechtlichen Effektivitätsgebot (Art. 4 Abs. 3 EUV) genügen.[847] Für Zweifel an der effektiven Durchsetzung durch die BGR in Deutschland bestehen keine Anhaltpunkte. Regeln über Verstöße gegen unionsrechtliche Verhaltensvorgaben müssen indes wirksam, verhältnismäßig und abschreckend sein.[848] Die Vorschrift muss die volle praktische Wirksamkeit entfalten.[849]

---

eingehend *Poelzig*, Normdurchsetzung durch Privatrecht, 2012, S. 263 ff.; *Schütt*, Europäische Marktmissbrauchsverordnung und Individualschutz, 2018, S. 147 ff.; *Uhlmann*, Individualschutz im Kapitalmarkt- und Bankenaufsichtsrecht, 2021, S. 113 ff.; *Wagner*, AcP 206 (2006), 352, 410 ff.; *ders.*, in: MüKo BGB, 8. Aufl. 2020, § 823 BGB Rn. 540.

844 *B. Schneider*, Schutzgesetzhaftung für fehlerhafte Rechnungslegung, 2021, S. 50; *Wagner*, in: MüKo BGB, 8. Aufl. 2020, § 823 BGB Rn. 540; vgl. hierzu auch *Hellgardt*, Regulierung und Privatrecht, 2016, S. 194 f.

845 EuGH, Urt. v. 17.9.2002 – Rs. C-253/00, *Antonio Muñoz y Cia SA, Superior Fruiticola SA ./. Frumar Ltd, Redbridge Produce Marketing Ltd*; ECLI:EU:C:2002:497, Rn. 31; *Poelzig*, Normdurchsetzung durch Privatrecht, 2012, S. 264, 273 ff.; *B. Schneider*, Schutzgesetzhaftung für fehlerhafte Rechnungslegung, 2021, S. 46; *Uhlmann*, Individualschutz im Kapitalmarkt- und Bankenaufsichtsrecht, 2021, S. 118 f. Kritisch *Mörsdorf*, RabelsZ 82 (2019), 797, 806 ff.

846 Hierin sieht *Poelzig*, Normdurchsetzung durch Privatrecht, 2012, S. 262 ff. ein „strukturell begründetes Vollzugsdefizit"; *Uhlmann*, Individualschutz im Kapitalmarkt- und Bankenaufsichtsrecht, 2021, S. 115.

847 Statt vieler *Streinz*, in: ders., EUV/AEUV, 3. Aufl. 2018, Art. 4 EUV Rn. 34

848 *Streinz*, in: ders., EUV/AEUV, 3. Aufl. 2018, Art. 4 EUV Rn. 34; *Wagner*, AcP 206 (2006), 352, 412; *ders.*, in: MüKo BGB, 8. Aufl. 2020, § 823 BGB Rn. 540.

849 EuGH, Urt. v. 20.9.2001 – Rs. C453/99, *Courage Ltd. ./. Bernard Crehan*, ECLI:EU:C:2001:465, Rn. 26; EuGH, Urt. v. 17.9.2002 – Rs. C-253/00, *Antonio Muñoz y Cia SA, Superior Fruiticola SA ./. Frumar Ltd, Redbridge Produce Marketing Ltd*; ECLI:EU:C:2002:497, Rn. 30. Umstritten ist hierbei, ob dies die „maximale"

Das MinRohSorgG gewährt zwar nur schwache behördliche Kompetenzen auf der Rechtsfolgenseite.[850] Allerdings werden die Weichen hierfür bereits in der KM-VO gestellt. Wie erläutert sollen die zuständigen mitgliedstaatlichen Behörden nach Art. 17 Abs. 3 KM-VO zumindest vorerst nicht die Befugnis haben, Strafen bei Verstößen gegen die Verordnung zu verhängen.[851] Ein europarechtlich bedingtes Gebot eines *private enforcement* besteht also nicht.

Das Fehlen des *Gebots* eines *private enforcement* steht einem Einfluss der Sorgfaltspflichten auf zivilrechtliche Haftungskonstellationen jedoch nicht entgegen.[852] Vielmehr ist die Eignung als Schutzgesetz der Vorschriften der KM-VO auf Grundlage der BGB-Dogmatik zu untersuchen.[853]

II. Rechtsnormqualität i. S. d. Art. 2 EGBGB von Unionsrechtsakten

Der Begriff des „Gesetzes" in § 823 Abs. 2 S. 1 BGB wird nach allgemein herrschender Auffassung mithilfe der Gesetzesdefinition des Art. 2 EGBGB konkretisiert,[854] wonach ein Gesetz „jede Rechtsnorm" und somit jede abstrakt-generelle Regelung ist, die ein Ge- oder Verbot für menschliches Handeln formuliert. Neben formellen Gesetzen, einschließlich des unmittelbar anwendbaren Unionsrechts, fallen hierunter auch materielle Gesetze, bspw. Rechtsverordnungen und Satzungen.[855] Hinsichtlich des Charakters der Bestimmungen der KM-VO als Rechtnormen i. S. d. § 823 Abs. 2 BGB und des Art. 2 EGBGB bestehen keine Bedenken: Verordnungen, welche

---

praktische Wirksamkeit erfordert, was nach der h. M. nicht der Fall ist. Vgl. eingehend zum Streitstand *Uhlmann*, Individualschutz im Kapitalmarkt- und Bankenaufsichtsrecht, 2021, S. 126 ff.

850 S. *supra* Kapitel 3 C.

851 S. *supra* Kapitel 3 C. I. 2.

852 S. *supra* Kapitel 3 C. III.

853 Vgl. jeweils entsprechend *Hellgardt*, AG 2012, 154, 165 f. passim; *Uhlmann*, Individualschutz im Kapitalmarkt- und Bankenaufsichtsrecht, 2021, S. 153 f.; *Wagner*, in: MüKo BGB, 8. Aufl. 2020, § 823 BGB Rn. 578 f., 576; vgl. auch *Cless*, Unionsrechtliche Vorgaben für eine zivilrechtliche Haftung bei Marktmissbrauch, 2018, S. 167 ff.

854 Statt vieler *Spickhoff*, Gesetzesverstoß und Haftung, 1998, S. 75; *Wagner*, in: MüKo BGB, 8. Aufl. 2020, § 823 BGB Rn. 537.

855 Statt vieler *Sprau*, in: Grüneberg, 82. Aufl. 2023, § 823 BGB Rn. 57; *Wagner*, in: MüKo BGB, 8. Aufl. 2020, § 823 BGB Rn. 537.

unmittelbare Geltung in den Mitgliedstaaten entfalten, sind Rechtsnormen i. S. d. Art. 2 EGBGB.[856]

III. Sorgfaltspflichten als gesetzliche Verhaltensnormen

Schutzgesetze i. S. d. § 823 Abs. 2 BGB können nur die Normen der KM-VO sein, die Verhaltensgebote oder -verbote für nichtstaatliche Akteure statuieren.[857] Art. 3 KM-VO verpflichtet die Unionseinführer dazu, die Sorgfaltspflichten einzuhalten und die entsprechenden Nachweise hierzu aufzubewahren.[858] Konkrete Verhaltensgebote für die Unionseinführer statuieren hingegen Art. 4-7 KM-VO und stellen folglich gesetzliche Verhaltensnormen dar.[859] Somit kommen die Sorgfaltspflichten der Art. 4-7 KM-VO als Schutzgesetze in Betracht.

IV. Individualschützender Gehalt der Sorgfaltspflichten

Es stellt sich die Frage, ob die Sorgfaltspflichten der KM-VO einen individualschützenden Gehalt haben. Denn wie sich aus dem Wortlaut des § 823 Abs. 2 S. 1 BGB ergibt, ist dies eine zwingende Voraussetzung für eine

---

856 Zu Verordnungen der EU vgl. EuGH, Urt. v. 17.9.2002 – Rs. C-253/00, *Antonio Muñoz y Cia SA, Superior Fruiticola SA ./. Frumar Ltd, Redbridge Produce Marketing Ltd*; ECLI:EU:C:2002:497, Rn. 27; *Schütt*, Europäische Marktmissbrauchsverordnung und Individualschutz, 2019, S. 68 f.; sowie *supra* Kapitel 4 C. III. 1. a).

857 Zum Erfordernis eines Verhaltensgebots oder -verbots *Spickhoff*, Gesetzesverstoß und Haftung, 1998, S. 11; *Hager*, in: Staudinger, 2021, § 823 BGB Rn. G19.

858 S. *supra* Kapitel 3 B. II.

859 So im Ergebnis zu den Sorgfaltspflichten des SorgfaltspflichtenG-E wohl auch *Ehmann*, ZVertriebsR 2021, 141, 146. Im SorgfaltspflichtenG-E war die zivilrechtliche Haftung noch nicht ausgeschlossen, vgl. *supra* Fn. 801. In diese Richtung auch *Kieninger*, RIW 2021, 331, 336; *dies.*, ZfPW 2021, 252, 254; *Brunk*, Menschenrechtscompliance, 2022, S. 484, der eine Haftung nach § 823 Abs. 2 BGB wegen Verstoßes gegen die Sorgfaltspflichten des LkSG ohne Ausschluss der zivilrechtlichen Haftung in § 3 Abs. 3 S. 1 LkSG hypothetisch für möglich hält; wohl a. A. zu den Sorgfaltspflichten des SorgfaltspflichtenG-E *Wagner*, ZIP 2021, 1095, 1102, der in den Sorgfaltspflichten der §§ 3 ff. SorgfaltspflichtenG-E keine tauglichen Verhaltensgebote sah, sondern wenn, dann in der Auflistung nach § 2 Abs. 2 SorgfaltspflichtenG-E. So zum LkSG auch *R. Koch*, MDR 2022, 1, 4. Dies überzeugt jedoch nicht, da weder der SorgfaltspflichtenG-E noch das LkSG Erfolgspflichten zur Verhinderung einer Verletzung der Rechte und Rechtsgüter beinhaltet. Entsprechendes gilt für die KM-VO, s. *supra* Kapitel 3 B. II. 4.

Schutzgesetzqualifikation.[860] Nach der Rechtsprechung des BGH ist eine Rechtsnorm:

> „ein Schutzgesetz iSd § 823 II BGB, wenn sie zumindest auch dazu dienen soll, den Einzelnen oder einzelne Personenkreise gegen die Verletzung eines bestimmten Rechtsguts zu schützen. Dafür kommt es nicht auf die Wirkung, sondern auf Inhalt und Zweck des Gesetzes sowie darauf an, ob der Gesetzgeber bei Erlass des Gesetzes gerade einen Rechtsschutz, wie er wegen der behaupteten Verletzung in Anspruch genommen wird, zugunsten von Einzelpersonen oder bestimmten Personenkreisen gewollt oder doch mitgewollt hat. Es genügt, dass die Norm auch das in Frage stehende Interesse des Einzelnen schützen soll, mag sie auch in erster Linie dasjenige der Allgemeinheit im Auge haben. Nicht ausreichend ist aber, dass der Individualschutz durch Befolgung der Norm als ihr Reflex objektiv erreicht wird; er muss vielmehr im Aufgabenbereich der Norm liegen."[861]

Die Sorgfaltspflichten der KM-VO errichten ein „Unionssystem"[862], das darauf gerichtet ist, die Risiken in der Lieferkette zu ermitteln und auf ermittelte Risiken zu reagieren.[863] Als Schutzgesetz i. S. v. § 823 Abs. 2 BGB kommen nur einzelne Normen, nicht aber ein ganzes Gesetz oder eine Mehrzahl von Normen in Betracht.[864] Deshalb sind die in den Art. 4-7 KM-VO statuierten Sorgfaltspflichten einzeln auf ihren Schutzgesetzgehalt zu untersuchen. Während Art. 5 KM-VO individualschützenden Gehalt aufweist und damit als Schutzgesetz i. S. v. § 823 Abs. 2 BGB in Betracht kommt (1.), haben Art. 4, 6 und 7 KM-VO eine solche Qualität nicht (2.).

---

860 Statt vieler *B. Schneider*, Schutzgesetzhaftung für fehlerhafte Rechnungslegung, 2021, S. 47.

861 BGH, Urt. v. 25.5.2020 – VI ZR 252/19, NJW 2020, 1962, 1971 (Rn. 73); vgl. ferner BGH, Urt. v. 14.5.2013 – VI ZR 255/11, NJW 2014, 64 (Rn. 7); BGH, Urt. v. 13.3.2018 – VI ZR 143/17, NJW 2018, 1671, 1673 (Rn. 27), die Definition ist verkürzt auf die an dieser Stelle relevanten Aspekte zum individualschützenden Gehalt; vgl. auch *Förster,* in: BeckOK BGB, 67. Edt. Stand: 1.8.2023, § 823 BGB Rn. 276; *Poelzig*, Normdurchsetzung durch Privatrecht, 2012, S. 488 f.

862 Art. 1 Abs. 1 KM-VO.

863 *Fehse/Markmann*, EuZW 2021, 113, 115.

864 So zu den Bestimmungen des WpHG BGH, Urt. v. 13.12.2011 – XI ZR 51/10, NJW 2012, 1800, 1802 (Rn. 23); allgemein *Wagner*, in: MüKo BGB, 8. Aufl. 2020, § 823 BGB Rn. 562; zu den Bestimmungen des LkSG *ders.*, ZIP 2021, 1095, 1102.

1. Individualschutz des Art. 5 KM-VO

Art. 5 KM-VO verpflichtet die Unionseinführer zur Ermittlung und Bewertung der Risiken schädlicher Auswirkungen in der Lieferkette und zum Ergreifen von Maßnahmen, um die ermittelten Risiken zu verhindern oder zu mildern.[865] Richtete sich die Verpflichtung zur Ermittlung und Bewertung von Risiken schädlicher Auswirkungen allein auf die Verhinderung der Finanzierung bewaffneter Gruppen, wäre ein individualschützender Gehalt der Vorschrift wohl abzulehnen.[866] Nach der Zielsetzung der Verordnung in Art. 1 Abs. 1 KM-VO sollen die Möglichkeiten von bewaffneten Gruppen und Sicherheitskräften zum Handel mit 3TG-Mineralien eingeschränkt werden.[867]

Art. 2 lit. d) KM-VO fasst jedoch das Ziel der Sorgfaltspflichten weiter. Die Unionseinführer haben hiernach „tatsächliche und potenzielle Risiken im Zusammenhang mit Konflikt- und Hochrisikogebieten zu ermitteln und ihnen zu begegnen, um mit ihren Beschaffungstätigkeiten verbundene schädliche Auswirkungen zu verhindern und zu mildern". Die „tatsächlichen und potenziellen Risiken" i. S. d. Vorschrift erfassen, wie bereits dargelegt, auch bestimmte menschenrechtliche Risiken.[868] Zudem ist offenkundig, dass die Menschenrechte dem Schutz des Einzelnen dienen.[869] Dass die Risiken, denen die Unionseinführer zu begegnen haben, auch menschenrechtliche Risiken umfassen, verdeutlichen die Verweisungen des Art. 5 KM-VO auf Anhang II der OECD-Leitsätze zu Konfliktmineralien. Die Unionseinführer haben etwa nach Art. 5 Abs. 1 lit. a) KM-VO die Risiken schädlicher Auswirkungen in der Lieferkette anhand der Standards von Anhang II der OECD-Leitsätze zu Konfliktmineralien zu ermitteln. Darauf aufbauend haben die Unionseinführer Risikomanagementmaßnahmen zu ergreifen, die nach Art. 5 Abs. 1 lit. b) ii) KM-VO ebenfalls im Einklang mit Anhang II der OECD-Leitsätze zu Konfliktmineralien zu stehen haben. Die Musterstrategie nach Anhang II benennt eine Reihe von Missständen und Handlungen, worunter auch menschenrechtliche Risiken fallen, sowie die jeweils zu ergreifenden Maßnahmen, wurde ein solches Risiko ermittelt.[870]

---

865 Hierzu bereits ausführlich *supra* Kapitel 3 B. II. 2. b).
866 So wohl *Brunk*, Menschenrechtscompliance, 2022, S. 448, 445.
867 So fast wörtlich Art. 1 Abs. 1 S. 1 KM-VO; s. bereits *supra* Kapitel 3 B. II. 1.
868 S. bereits *supra* Kapitel 3 B. II. 1.
869 *Wagner*, RabelsZ 80 (2016), 717, 755 f.
870 Daneben werden die direkte und indirekte Unterstützung von nichtstaatlichen bewaffneten Gruppen, direkte und indirekte Unterstützung von öffentlichen oder

Die Unionseinführer werden also verpflichtet, die menschenrechtlichen Risiken nach Anhang II der OECD-Leitsätze zu Konfliktmineralien in ihrer Lieferkette zu ermitteln und auf sie zu reagieren. Dies spricht für einen individualschützenden Gehalt, zumal die OECD-Leitsätze zu Konfliktmineralien zum Ziel haben, Unternehmen bei der Einhaltung von Menschenrechten zu unterstützen.[871]

Zudem muss der Individualschutz nach der Rechtsprechung des BGH nicht das einzige oder vorrangige Ziel der Norm sein, soweit er nicht nur ein reiner Reflex ist, sondern im Aufgabenbereich der Norm liegt.[872] Dies ist vorliegend der Fall. Wie soeben dargelegt, erschöpfen sich die Risikomanagementpflichten nicht in der Pflicht zur Ermittlung und Verhinderung des Risikos der Konfliktfinanzierung. Der Schutz menschenrechtlicher Güter liegt vielmehr ebenfalls im Aufgabenbereich der Risikomanagementpflichten. Dies zeigt sich auch durch folgende Kontrollüberlegung: Wird ein Risiko für die menschenrechtlichen Gewährleistungen des Anhangs II der OECD-Leitsätze zu Konfliktmineralien festgestellt, ohne dass es im Zuge dessen zu einer Finanzierung bewaffneter Gruppen gekommen ist oder diese überhaupt das Risiko für die genannten menschenrechtlichen Gewährleistungen begründeten, ist das Ergreifen von Abhilfemaßnahmen durch die Unionseinführer erforderlich. Anders gesagt: Ein Unionseinführer hat im Anwendungsbereich der Verordnung auch dann Abhilfemaßnahmen zu ergreifen, wenn die Arbeitsbedingungen in den Minen die gelisteten Menschenrechte beeinträchtigen, bspw. Zwangs- oder Kinderarbeit stattfindet, ohne dass eine bewaffnete Gruppe involviert ist. Die Risikomanagementpflichten beziehen sich also auch auf die dritte Gruppe im Rahmen der oben dargelegten Risikokonstellation beim Abbau von und Handel mit

---

privaten Sicherheitskräften, Korruption und arglistige Täuschung bezüglich der Herkunft der Mineralien, Geldwäsche und die ordnungsgemäße Zahlung von Steuern, Abgaben und Lizenzgebühren angeführt. Vgl. OECD Due Diligence Guidance for Responsible Supply Chains of Minerals from Conflict-Affected and High-Risk Areas, 2. Aufl. 2013, S. 20 ff.; sowie *supra* Kapitel 3 B. II. 1.

871 Vgl. OECD Due Diligence Guidance for Responsible Supply Chains of Minerals from Conflict-Affected and High-Risk Areas, 2. Aufl. 2013, S. 3: „Its [der OECD-Leitsätze] objective is to help companies respect human rights and avoid contribution to conflict through their mineral sourcing practices", vgl. zudem S. 8: „The purpose of this Guidance is to help companies respect human rights"; sowie i. R. v. Anhang II, S. 20: „and recognizing that we [die Unternehmen] have the responsibility to respect human rights". Vgl. ferner *Heße/Klimke*, EuZW 2017, 446, 447; *Magallón Elósegui*, Spanish Yearbook of International Law 24 (2020), 155, 160.

872 S. *supra* Kapitel 5 C. IV.

Mineralien oder Metallen, also das Risiko der Menschenrechtsverletzungen beim Abbau und Handel der Mineralien oder Metalle.[873]

Art. 5 KM-VO hat also jedenfalls auch individualschützenden Charakter und kommt somit als Schutzgesetzes i. S. d. § 823 Abs. 2 BGB in Betracht.

2. Mangelnder Individualschutz der Art. 4, 6 und 7 KM-VO

Gemäß Art. 4 KM-VO haben die Unionseinführer ein Managementsystem zu errichten, welches für die Einhaltung der Risikomanagementpflichten des Art. 5 KM-VO erforderlich ist.[874] Soweit der Unionseinführer ein Unternehmen ist, handelt es sich hierbei im Wesentlichen um rein unternehmensinterne Pflichten. Im Hinblick auf einen individualschützenden Gehalt erschöpfen sich die Regelungen des Art. 4 KM-VO darin, die notwendigen Voraussetzungen für die Risikomanagementpflichten des Art. 5 KM-VO zu schaffen.

Keinen originären individualschützenden Gehalt hat Art. 6 KM-VO, der die Unionseinführer im Wesentlichen dazu verpflichtet, Prüfungen der Maßnahmen zur Erfüllung der Sorgfaltspflicht durchführen zu lassen, vgl. Art. 6 Abs. 1 lit. a) KM-VO.[875] Diese Bestimmung dient ausweislich der Zweckbestimmung des Art. 6 Abs. 1 lit. b) KM-VO primär dazu, eine möglichst weitreichende Einhaltung der Art. 4, 5 und 7 KM-VO zu gewährleisten,[876] und sie soll zudem den mitgliedstaatlichen Behörden die nachträglichen Kontrollen der Unionseinführer erleichtern.[877] Art. 6 KM-VO mag somit durchaus positiv auf die Situation der Arbeiter in Minen und der Bevölkerung der Abbaugebiete wirken, indem die Einhaltung der Sorgfaltspflichten gefördert wird; hinsichtlich eines individualschützenden Gehalts tritt die Vorschrift jedoch hinter die Sorgfaltspflichten des Art. 5 KM-VO zurück.

Die Offenlegungspflichten nach Art. 7 KM-VO begründen keine Handlungspflichten hinsichtlich der vorgelagerten Lieferkette und bieten auch

---

873 S. zur Risikokonstellation *supra* Kapitel 1 B. I.

874 Zu den Managementpflichten *supra* Kapitel 3 B. 2. a).

875 Zu der Pflicht zur Prüfung durch Dritte *supra* Kapitel 3 B. 2. c).

876 Erwägungsgrund 12 KM-VO; vgl. hierzu auch *Nowrot*, Rechtswissenschaftliche Beiträge der Hamburger Sozialökonomie 20 (2018), S. 19.

877 Vgl. insoweit auch Art. 7 Abs. 1 KM-VO, wonach die Ergebnisse der Prüfung durch Dritte gemäß Art. 6 KM-VO den zuständigen mitgliedstaatlichen Behörden zur Verfügung zu stellen sind.

keinen originären Individualschutz für die Betroffenen von Menschen-rechtsverletzungen beim Abbau und Handel mit den Mineralien.[878] Erklä-rungen im Rahmen der Berichtspflicht des Art. 7 KM-VO sind nicht etwa an Minenarbeiter oder die Bevölkerung der Abbaugebiete gerichtet und ne-ben Art. 5 KM-VO auch nicht geeignet, eine Haftung der Unionseinführer gegenüber Betroffenen von Menschenrechtsverletzungen zu begründen.[879] Der Schutzgehalt der Berichtspflichten für die Betroffenen von Menschen-rechtsverletzungen geht nicht über den des Art. 5 KM-VO hinaus.

3. Zwischenergebnis

Individualschutz gewährleistet Art. 5 KM-VO, welcher somit grundsätzlich als Schutzgesetz i. S. d. § 823 Abs. 2 BGB in Betracht kommt. Der indivi-dualschützende Gehalt von Art. 4, 6 und 7 KM-VO erschöpft sich darin, die Handlungspflichten des Art. 5 KM-VO vorzubereiten bzw. deren Ein-haltung zu prüfen, sodass die Vorschriften neben Art. 5 KM-VO keine originäre haftungsrechtliche Relevanz haben.

V. Tragbarkeit im Lichte des haftungsrechtlichen Gesamtsystems

Der individualschützende Gehalt einer Vorschrift allein reicht nicht aus, um die Schutzgesetzqualität einer Norm zu begründen.[880] Nach einer vom BGH entwickelten, gängigen Formel muss neben dem Erfordernis eines individualschützenden Gehalts

> „die Schaffung eines individuellen Schadensersatzanspruchs sinnvoll und im Lichte des haftungsrechtlichen Gesamtsystems tragbar erschei-nen, wobei in umfassender Würdigung des gesamten Regelungszusam-menhangs, in den die Norm gestellt ist, zu prüfen ist, ob es in der Tendenz des Gesetzgebers liegen konnte, an die Verletzung des geschütz-ten Interesses die deliktische Einstandspflicht des dagegen Verstoßenden

---

878 Entsprechend zu den Berichtspflichten der CSR-Richtlinie und deren Umsetzung in nationales Recht *Mock*, in: Hachmeister et al., Bilanzrecht, 3. Aufl. 2022, § 289b HGB Rn. 91; zur Offenlegungspflicht *supra* Kapitel 3 B. 2. d).

879 Entsprechend zu den Berichtspflichten der CSR-Richtlinie *Wagner*, RabelsZ 80 (2016), 717, 778.

880 S. *supra* Kapitel 5 C.

mit allen damit zugunsten des Geschädigten gegebenen Haftungs- und Beweiserleichterungen zu knüpfen."[881]

Diese Formel bleibt in erheblichem Maße unbestimmt.[882] Sie bezweckt, eine Ausuferung der deliktischen Haftung über den Tatbestand des § 823 Abs. 2 BGB zu vermeiden.[883] Im Einzelnen haben sich verschiedene Ansätze entwickelt, Selektionskriterien für Schutzgesetze aufzustellen.[884] Unklar ist, in welchem Verhältnis die Kriterien zueinander stehen.[885] Die folgenden Ausführungen widmen sich zuerst den Kriterien, die wenig geeignet erscheinen, die BGH-Formel zu präzisieren (1.). Anschließend widmet sich die Arbeit den überzeugenden Kriterien – und zeigt, dass Art. 5 KM-VO den Anforderungen dieser Ansätze genügt, sodass eine weitere Entscheidung, welche der Kriterien am geeignetsten sind, die Formel des BGH zu präzisieren, hier dahinstehen kann (2.).

1. Ungeeignete Kriterien zur Ausfüllung der Tragbarkeitsformel

a) Ausreichende anderweitige Absicherung des Geschädigten

Teilweise wird angeführt, eine ausreichende anderweitige Absicherung des Geschädigten stünde einer Schutzgesetzqualifikation im Wege.[886] Maßgeblich sei dabei die Schutzbedürftigkeit des Geschädigten.[887] Die dieser Wertung zugrunde liegende Subsidiarität der Haftung aus § 823 Abs. 2 BGB wird vorliegend nicht geteilt.[888] Auch im Übrigen überzeugt das Kriterium

---

881   BGH, Urt. v. 14.5.2013 – VI ZR 255/11, NJW 2014, 64 (Rn. 7); BGH, Urt. v. 13.3.2018 – VI ZR 143/17, NJW 2018, 1671, 1673 (Rn. 27); BGH, Urt. v. 25.5.2020 – VI ZR 252/19, NJW 2020, 1962, 1971 (Rn. 73); vgl. auch *Canaris*, FS Larenz, 1983, 27, 47; *Wagner*, in: MüKo BGB, 8. Aufl. 2020, § 823 BGB Rn. 567.
882   *Spickhoff*, Gesetzesverstoß und Haftung 1998, S. 125; *Uhlmann*, Individualschutz im Kapitalmarkt- und Bankenaufsichtsrecht, 2021, S. 166.
883   Vgl. *Spickhoff*, Gesetzesverstoß und Haftung 1998, S. 125.
884   *Spickhoff*, Gesetzesverstoß und Haftung, 1998, S. 131; vgl. auch *B. Schneider*, Schutzgesetzhaftung für fehlerhafte Rechnungslegung, 2021, S. 53 ff.
885   *Spickhoff*, Gesetzesverstoß und Haftung, 1998, S. 131.
886   BGH, Urt. v. 5.2.1980 – VI ZR 169/79, NJW 1980, 1792; BGH, Urt. v. 13.4.1994 – II ZR 6/93, NJW 1994, 1801, 1803; *Schlosser*, JuS 1982, 657, 659 f.; *A. Staudinge*r, in: Schulze, BGB, 11. Aufl. 2021, § 823 BGB Rn. 147.
887   *Schlosser*, JuS 1982, 657, 659 f.
888   Zum Verhältnis von § 823 Abs. 1 zu § 823 Abs. 2 BGB s. *supra* Kapitel 5 B. II. 3. Vgl. auch *Spickhoff*, Gesetzesverstoß und Haftung, 1998, S. 133, 136; *Uhlmann*, Individualschutz im Kapitalmarkt- und Bankenaufsichtsrecht, 2021, S. 186.

nicht: Eine derartige Selektion der Schutzgesetze würde sich über die Anspruchskonkurrenzen von Schadenersatzansprüchen hinwegsetzen.[889] Zudem würden Regressfragen für den Fall, dass zwei potenzielle Schädiger in Betracht kommen, abgeschnitten.[890] Darüber hinaus zeichnet sich das Kriterium durch eine erhebliche Unbestimmtheit aus.[891]

b) Erfordernis des bezweckten Schadensersatzes

Von Teilen der Literatur wird gefordert, dass ein potenzielles Schutzgesetz einen Schadensersatz des Einzelnen auch bezweckt.[892] Entscheidend sei, „ob der Gesetzgeber an diesen Individualschutz auch eine Haftung nach § 823 Abs. 2 BGB knüpfen wollte".[893]

Gegen das Erfordernis eines bezweckten Schadensersatzes wird jedoch zu Recht vorgebracht, dass ein Gesetzgeber oder Rechtsetzer nur selten prüft, ob öffentlich-rechtliche oder strafrechtliche Normen zivilrechtliche Konsequenzen haben.[894] Es sei gerade typisch für § 823 Abs. 2 BGB, Schadensersatz an die Verletzung außerdeliktischer Normen anzuknüpfen.[895] Nach *Loyal* sei es gar „lebensfremd"[896], wenn gefordert wird, der Gesetzgeber müsse ein Vorgehen des Betroffenen mit Mitteln des Privatrechts vorgesehen haben.[897] Es drohe die Gefahr eines Zirkelschlusses: Die Verletzung eines Schutzgesetzes sei gerade eine Tatbestandsvoraussetzung des

---

889 *Canaris*, FS Larenz, 1983, 27, 63; *Cypionka*, JuS 1983, 23, 24; *Karollus*, Funktion und Dogmatik der Haftung aus Schutzgesetzverletzung, 1992, S. 131; *B. Schneider*, Schutzgesetzhaftung für fehlerhafte Rechnungslegung, 2021, S. 58.

890 *Canaris*, FS Larenz, 1983, 27, 63; *Larenz/Canaris*, Schuldrecht II/2, 13. Aufl. 1994, S. 435 f.; *Karollus*, Funktion und Dogmatik der Haftung aus Schutzgesetzverletzung, 1992, S. 131; *B. Schneider*, Schutzgesetzhaftung für fehlerhafte Rechnungslegung, 2021, S. 58.

891 So *Verse*, ZHR 160 (2006), 398, 406; *Uhlmann,* Individualschutz im Kapitalmarkt- und Bankenaufsichtsrecht, 2021, S. 186.

892 So noch *Schiemann*, in: Ermann, BGB, 9. Aufl. 1993, § 823 BGB Rn. 157. Inzwischen aber a. A. *Schiemann*, in: Ermann, BGB, 14. Aufl. 2014, § 823 BGB Rn. 157; sowie *Wilhelmi*, in: Ermann, BGB, 17. Aufl. 2023, § 823 BGB Rn. 157.

893 *Beneke/Thelen*, BKR 2017, 12, 13.

894 *Spickhoff*, Gesetzesverstoß und Haftung, 1998, S. 123; *Loyal*, JZ 2014, 306 f.

895 *Spickhoff*, Gesetzesverstoß und Haftung, 1998, S. 123.

896 *Loyal*, JZ 2014, 306, 307.

897 *Loyal*, JZ 2014, 306, 307.

Schadensersatzanspruchs.[898] Dies überzeugt. Es steht der Schutzgesetzqualifikation einer Vorschrift folglich nicht entgegen, dass ein Schadensersatz nicht ausdrücklich bezweckt ist.

2. Geeignete Kriterien zur Ausfüllung der Tragbarkeitsformel

a) Kongruenz der geschützten Rechte und Rechtsgüter aus dem Schutzgesetz mit § 823 Abs. 1 BGB

Zweck der Tragbarkeitsformel des BGH ist insbesondere, die Entscheidung des Gesetzgebers gegen eine allgemeine Haftung für Vermögensschäden nicht durch § 823 Abs. 2 BGB i. V. m. einem Schutzgesetz zu unterlaufen.[899]

Canaris fordert eine Differenzierung hinsichtlich der geschützten Rechte oder Rechtsgüter: Eine Schutzgesetzqualifikation von Vorschriften, die Rechte oder Rechtsgüter schützen, die nicht unter § 823 Abs. 1 BGB fallen, solle nur möglich sein, soweit sie strafbewehrt sind.[900] Weite Teile der Literatur haben sich allerdings zu Recht gegen die Auffassung von *Canaris* gestellt.[901] Aus der Gesetzgebungsgeschichte ergibt sich, dass § 823 Abs. 2 BGB gerade nicht ausschließlich auf Strafgesetze anzuwenden ist.[902] Zudem besteht die unterstellte wertungsmäßige Dominanz von §§ 823 Abs. 1, 826 BGB nicht.[903]

---

898 *Hager*, in: Staudinger, 2021, § 823 Rn. G21; *B. Schneider*, Schutzgesetzhaftung für fehlerhafte Rechnungslegung, 2021, S. 55; *Wilhelmi*, in: Ermann BGB, 17. Aufl. 2023, § 823 BGB Rn. 157.

899 *Spickhoff*, Gesetzesverstoß und Haftung, 1998, S. 125; *A. Staudinger*, in: Schulze, BGB, 11. Aufl. 2021, § 823 BGB Rn. 147; *Wagner*, in: MüKo BGB, 8. Aufl. 2020, § 823 BGB Rn. 534.

900 *Canaris*, FS Larenz, 1983, 27, 50; *Larenz/Canaris*, Schuldrecht II/2, 13. Aufl. 1994, S. 436 ff.

901 Vgl. nur *Karollus*, Funktion und Dogmatik der Haftung aus Schutzgesetzverletzung, 1992, S. 128 ff.; *B. Schneider*, Schutzgesetzhaftung für fehlerhafte Rechnungslegung, 2021, S. 55; *Spickhoff*, Gesetzesverstoß und Haftung, 1998, S. 53 f.; *A. Staudinger*, in: Schulze, BGB, 11. Aufl. 2021, § 823 BGB Rn. 141; *Verse*, ZHR 170 (2006), 398, 406 f.; *Wagner*, in: MüKo BGB, 8. Aufl. 2020, § 823 BGB Rn. 535; *Wilhelmi*, in: Erman, BGB, 17. Aufl. 2023, § 823 BGB Rn. 158.

902 *Mugdan*, Band II S. 1076; *Schütt*, Europäische Marktmissbrauchsverordnung und Individualschutz, 2019, S. 75; *Wagner*, in: MüKo BGB, 8. Aufl. 2020, § 823 BGB Rn. 535.

903 *B. Schneider*, Schutzgesetzhaftung für fehlerhafte Rechnungslegung, 2021, S. 55; *Schütt*, Europäische Marktmissbrauchsverordnung und Individualschutz, 2019, S. 75; *Verse*, ZHR 170 (2006), 398, 406.

Dennoch herrscht in der Rechtsprechung und in weiten Teilen der Literatur zumindest Zurückhaltung hinsichtlich einer Schutzgesetzqualifikation von Vorschriften, die dem Vermögensschutz dienen.[904] Das Vermögen ist kein absolutes Recht i. S. d § 823 Abs. 1 BGB.[905] Soweit das Schutzgesetz Rechten dient, die keine absoluten Rechte i. S. d. § 823 Abs. 1 BGB sind, stellt eine Haftung nach § 823 Abs. 2 BGB i. V. m. dem jeweiligen Schutzgesetz eine erhebliche Haftungserweiterung dar.[906] Schützt das potenzielle Schutzgesetz hingegen absolute Rechte oder absolut geschützte Rechtsgüter, die auch § 823 Abs. 1 BGB erfasst, sind nach *Wagner* geringere Anforderungen an die Schutzgesetzqualifikation zu stellen.[907] Die Haftung nach § 823 Abs. 2 BGB habe in diesem Falle im Wesentlichen „Präzisierungs- und darüber hinaus Ergänzungsfunktion".[908] Folglich gilt es zu ermitteln, ob die von Art. 5 KM-VO geschützten Rechte oder Rechtsgüter kongruent zu denen des § 823 Abs. 1 BGB sind.

Art. 5 KM-VO schützt vor Risiken schädlicher Auswirkungen des Abbaus und Handels der Mineralien oder Metalle, die in Anhang II der OECD-Leitsätze zu Konfliktmineralien näher ausgestaltet werden. Menschenrechtliche und individualschützende Bestimmungen beinhaltet Ziffer 1 der Lieferkettenstrategie aus Anhang II der OECD-Leitsätze. Ziffer 1 betrifft Missstände bei der Gewinnung, dem Transport oder dem Handel der Mineralien und lautet wörtlich:

„1. While sourcing from, or operating in, conflict-affected and high-risk areas, we will neither tolerate nor by any means profit from, contribute to, assist with or facilitate the commission by any part of:

i) any forms of torture, cruel, inhuman and degrading treatment;

ii) any forms of forced or compulsory labour, which means work or service which is exacted from any person under the menace of penalty and for which said person has not offered himself voluntarily;

---

904 Vgl. etwa BGH, Urt. v. 13.12.2011 – XI ZR 51/10, NJW 2012, 1800, 1803 (Rn. 26): *Förster,* in: BeckOK BGB, 67. Edt. Stand: 1.8.2023, § 823 BGB Rn. 278; *Poelzig,* Normdurchsetzung durch Privatrecht, 2012, S. 491; *Spindler,* in: BeckOGK, Stand: 1.8.2023, § 823 Rn. 266; *A Staudinger,* in: Schulze BGB, 10. Aufl. 2019, § 823 Rn. 147.

905 Siehe nur *Förster,* in: BeckOK BGB, 67. Edt. Stand: 1.8.2023, § 823 BGB Rn. 3; *A. Staudinger,* in: Schulze BGB, 10. Aufl. 2019, § 823 BGB Rn. 1.

906 So *Förster,* in: BeckOK BGB, 67. Edt. Stand: 1.8.2023, § 823 BGB Rn. 278; *Hager,* in: Staudinger, 2021, § 823 BGB Rn. G4; *Verse,* ZHR 170 (2006), 398, 406 f.

907 *Wagner,* ZIP 2021, 1095, 1102.

908 So wörtlich *Wagner,* in: MüKo BGB, 8. Aufl. 2020, § 823 BGB Rn. 533.

iii)   the worst forms of child labour;

iv)   other gross human rights violations and abuses such as widespread sexual violence;

v)   war crimes or other serious violations of international humanitarian law, crimes against humanity or genocide."[909]

Abgesehen von Ziffer 1. iii) Anhang II, welcher sich explizit auf ILO-Übereinkommen Nr. 182 zu den schlimmsten Formen der Kinderarbeit (1999) bezieht, wird in den Leitsätzen keine Verknüpfung zu Menschenrechtspakten hergestellt. Der Wortlaut von Ziffer 1. i) und 1. ii) Anhang II in offizieller englischer Sprachfassung stimmt jedoch mit dem Wortlaut von Art. 7 bzw. Art. 8 Abs. 3 IPbürgR überein.

Zwar sind die Menschenrechte als solche keine sonstigen Rechte i. S. d. § 823 Abs. 1 BGB: Ihr Schutzbereich ist nicht hinreichend präzise und darüber hinaus beinhalten sie keine „ein sonstiges Recht" kennzeichnende Zurechnungsfunktion.[910] Die aufgelisteten Missstände betreffen jedoch grundsätzlich Rechtsgüter, die i. R. v. § 823 Abs. 1 BGB Schutz genießen, insbesondere die Rechtsgüter Leben, Körper und Gesundheit. Im Einzelnen: Folter ist die schwerste Form der menschenwürdewidrigen Behandlung durch absichtliche Herbeiführung schwerer Schmerzen oder erheblicher körperlicher Leiden.[911] Eine unmenschliche Behandlung ist hingegen eine solche Behandlung, die absichtlich schwere physische oder psychische Leiden hervorruft.[912] Eine Folter wie auch unmenschliche oder erniedrigende Behandlungen stellen somit in aller Regel Körperverletzungen i. S. d. § 823 Abs. 1 Var. 2 BGB als Verletzung der körperlichen Integrität, welche auch Schmerzzufügung erfasst,[913] oder eine Gesundheitsverletzung dar.[914]

---

909   OECD Due Diligence Guidance for Responsible Supply Chains of Minerals from Conflict-Affected and High-Risk Areas, 2. Aufl. 2013, S. 20 f.

910   So *Habersack/Ehrl*, AcP 219 (2019), 155, 195; *Weller/Kaller/Schulz*, AcP 216 (2016), 387, 400.

911   Zu Art. 7 IPbürgR statt vieler *v. Arnauld*, Völkerrecht, 4. Aufl. 2019, Rn. 672; zum Verbot der Folter auch *Schilling*, Internationaler Menschenrechtsschutz, 4. Aufl. 2022, Rn. 192 ff.

912   Statt vieler *v. Arnauld*, Völkerrecht, 4. Aufl. 2019, Rn. 672.

913   Zur Definition der Köperverletzung statt vieler *Spindler*, in: BeckOGK, Stand: 1.8.2023, § 823 BGB Rn. 105.

914   Zur Definition der Gesundheitsverletzung vgl. nur BGH, Urt. v. 14.6.2005 – VI ZR 179/04, NJW 2005, 2614, 2615; sowie statt vieler *Spindler*, in: BeckOGK, Stand: 1.8.2023, § 823 BGB Rn. 105.

Auch Zwangs- oder Pflichtarbeit, wenn also von einer Person unter Strafandrohung oder Androhung eines Nachteils Arbeitsleistungen verlangt werden, welche diese nicht freiwillig erbringt,[915] schlägt sich regelmäßig in einer Rechtsgutsverletzung nach § 823 Abs. 1 BGB nieder. Soweit die entsprechende Handlung auch eine Einschränkung der körperlichen Fortbewegungsfreiheit beinhaltet, bspw. in einer umzäunten Abbaumine und dem Verbot der Arbeiter, den umzäunten Bereich zu verlassen,[916] ist das Rechtsgut der Freiheit i. S. d. § 823 Abs. 1 Var. 3 BGB betroffen.[917] Inwieweit eine psychische Beschränkung der Fortbewegungsfreiheit, etwa durch Drohung, das Rechtsgut der Freiheit nach § 823 Abs. 1 Var. 3 BGB verletzt, ist umstritten.[918] Abhängig von der Ausgestaltung der jeweiligen Tätigkeit überschreitet eine Zwangs- oder Pflichtarbeit auch die Schwelle zur Verletzung des Körpers oder der Gesundheit i. S. d. § 823 Abs. 1 Var. 2 BGB.[919] Zudem kann das allgemeine Persönlichkeitsrecht beeinträchtigt sein, welches nach herrschender Meinung ein sonstiges Recht i. S. d. § 823 Abs. 1 BGB ist.[920]

Kinderarbeit i. S. v. Ziffer 1. iii) Anhang II der OECD-Leitsätze zu Konfliktmineralien kann sich in einer Gesundheits- oder Körperverletzung oder Beeinträchtigung der Freiheit manifestieren.[921] Kinderarbeit kann zudem als Verletzung des allgemeinen Persönlichkeitsrechts zu qualifizieren sein.[922]

---

915 Vgl. statt vieler *Schilling*, Internationaler Menschenrechtsschutz, 4. Aufl. 2022, Rn. 235.

916 Vgl. auch *Heinen*, Deliktische Sorgfaltspflichten in transnationalen Lieferketten, 2022, S. 97.

917 Statt vieler *Kern*, in: Jauernig, BGB, 19. Aufl. 2023, § 823 BGB Rn. 5. Dazu, dass Zwangsarbeit ggf. vom Schutzbereich der „Freiheit" erfasst ist, *v. Falkenhausen*, Menschenrechtsschutz durch Deliktsrecht, 2020, S. 263.

918 Bejahend *Kern*, in: Jauernig, BGB, 19. Aufl. 2023, § 823 BGB Rn. 5; verneinend *Wagner*, in: MüKo BGB, 8. Aufl. 2020, § 823 BGB Rn. 239.

919 *v. Falkenhausen*, Menschenrechtsschutz durch Deliktsrecht, 2020, S. 256.

920 Statt vieler BGH, Urt. v. 18.9.2012 – VI ZR 291/10, NJW 2012, 3645 (Rn. 12); *Förster*, in: BeckOK BGB, 67. Edt. Stand: 1.8.2023, § 823 BGB Rn. 177; *Heinen*, Deliktische Sorgfaltspflichten in transnationalen Lieferketten, 2022, S. 99; *Sprau*, in: Grüneberg, 82. Aufl. 2023, § 823 BGB Rn. 83 ff.; *Wagner*, in: MüKo BGB, 8. Aufl. 2020, § 823 BGB Rn. 417 jeweils m. w. N.

921 *Habersack/Ehrl*, AcP 219 (2019), 155, 195; eine Gesundheitsverletzung ablehnend *Wagner*, RabelsZ 80 (2016), 717, 754.

922 *v. Falkenhausen*, Menschenrechtsschutz durch Deliktsrecht, 2020, S. 294 ff.; *Heinen*, Deliktische Sorgfaltspflichten in transnationalen Lieferketten, 2022, S. 100; kritisch *Habersack/Ehrl*, AcP 219 (2019), 155, 195.

Zudem beinhaltet Ziffer 1. iv) Anhang II der OECD-Leitsätze zu Konfliktmineralien eine Öffnungsklausel für andere schwerwiegende Menschenrechtsverletzungen, sodass auf die Menschenrechtspakte wie bspw. den IPbürgR und den IPwirtR zurückgegriffen werden kann. Diese nach den Menschenrechtspakten zu schützenden Rechte weisen in vielerlei Hinsicht Parallelen zu den von § 823 Abs. 1 BGB geschützten Rechtsgütern auf.[923]

Ziffer 1. v) Anhang II der OECD-Leitsätze zu Konfliktmineralien betrifft Kriegsverbrechen, Verstöße gegen das humanitäre Völkerrecht und Verbrechen gegen die Menschlichkeit sowie Völkermord. Mit Ausnahme der Verstöße gegen humanitäres Völkerrecht spiegeln sich hierin die Kernverbrechen des Völkerstrafrechts wider, vgl. Art. 5 Abs. 1 IStGH-Statut.[924] Hierdurch werden wiederum weitgehend Rechtsgüter geschützt, welche von § 823 Abs. 1 BGB erfasst sind. Völkermord bspw. beeinträchtigt ohne Zweifel das Rechtsgut Leben und die Gesundheit, vgl. Art. 6 IStGH-Statut. Verbrechen gegen die Menschlichkeit sind u. a. vorsätzliche Tötung, Ausrottung, Versklavung, Vertreibung, Freiheitsentzug und Folter, vgl. Art. 7 IStGH-Statut. Sie schlagen sich in der Verletzung von Rechtsgütern nieder, welche in § 823 Abs. 1 BGB geschützt sind. Dies gilt auch für Kriegsverbrechen (u. a. vorsätzliche Tötung, Zerstörung und Aneignung von Eigentum in großem Ausmaß und Geiselnahmen, vgl. Art. 8 Abs. 2 IStGH-Statut). Die Strafbarkeit von Kriegsverbrechen dient der Durchsetzung des humanitären Völkerrechts.[925] Insoweit sei hinsichtlich der geschützten Rechte und Rechtsgüter des humanitären Völkerrechts auf die eben erfolgten Ausführungen verwiesen.

Im Ergebnis bleibt festzuhalten, dass die in Ziffer 1 Anhang II der OECD-Leitsätze zu Konfliktmineralien adressierten Handlungen Rechte oder Rechtsgüter betreffen, welche in weiten Teilen mit den Rechten und Rechtsgütern des § 823 Abs. 1 BGB übereinstimmen. Der Schwerpunkt von Ziffer 1 Anhang II der OECD-Leitsätze zu Konfliktmineralien liegt auf grundlegenden menschlichen Interessen; Arbeitnehmerschutzbestimmun-

---

923 Vgl. auch *Görgen*, Unternehmerische Haftung in transnationalen Menschenrechtsfällen, 2019, S. 204; *Habersack/Ehrl*, AcP 219 (2019), 155, 195; *Wagner*, RabelsZ 80 (2016), 717, 753.

924 Vgl. zu den völkerrechtlichen Kernverbrechen *v. Arnauld*, Völkerrecht, 5. Aufl. 2023, Rn. 1352 ff. Diese umfassen abweichend von Ziffer 1. v) OECD-Leitsätze zu Konfliktmineralien noch das Verbrechen der Aggression, s. Art. 5 Abs. 1 lit. d) IStGH-Statut.

925 *v. Arnauld*, Völkerrecht, 5. Aufl. 2023, Rn. 1358.

gen, bspw. die Koalitions- oder Meinungsfreiheit, sind nicht explizit genannt.[926] Die aufgeführten Menschenrechte eignen sich im Ergebnis für eine haftungsrechtliche Bewehrung. Die von ihnen geschützten Rechte und Rechtsgüter stehen einer Tragbarkeit der Haftung im deliktischen Gesamtsystem nicht entgegen.

b) Vereinbarkeit mit allgemeinen Rechtsprinzipien

Eine Schutzgesetzeigenschaft scheidet nach überzeugender Auffassung aus, wenn ein Schadensersatzanspruch im Gegensatz zu allgemeinen Rechtsprinzipien steht, soweit dies vom Gesetzgeber nicht explizit vorgesehen wurde.[927]

Die Tragbarkeit einer Schutzgesetzqualifikation des Art. 5 KM-VO wäre problematisch, wenn die Anerkennung der Schutzgesetzqualität von Art. 5 KM-VO dazu führen würde, dass der Unionsführer für Handlungen eines Tochterunternehmens oder eines vertraglichen Zulieferers haftbar gemacht werden könnte. In einer Konzernkonstellation könnte bei einer entsprechenden Haftung das gesellschaftsrechtliche Trennungsprinzip betroffen sein.[928] Hiernach bleiben die Unternehmen eines Konzerns selbstständig und werden rechtlich getrennt behandelt.[929] Sie sind jeweils gesondert Träger von Rechten und Pflichten, die Konzernmutter haftet nicht für Verbindlichkeiten eines Tochterunternehmens.[930] Dies folgt aus Wertungen des Gesellschaftsrechts: Grundsätzlich haftet für die Verbindlichkeiten einer juristischen Person nur das Gesellschaftsvermögen, nicht

---

926 Vgl. hierzu entsprechend zum SorgfaltspflichtenG-E *Wagner*, ZIP 2021, 1095, 1103.
927 BGH, Urt. v. 13.4.1994 – II ZR 6/93, NJW 1994, 1801, 1803; *Förster*, in: BeckOK BGB, 67. Edt. Stand: 1.8.2023, § 823 BGB Rn. 278; *A. Staudinger*, in: Schulze, BGB, 11. Aufl. 2021, § 823 BGB Rn. 147.
928 Das Rechtsträgerprinzip als „eigentliche Hürde der Menschenrechtsklagen", siehe *Wagner*, RabelsZ 80 (2016), 717, 761 f.; *ders.*, FS Singer, 2021, 693, 695; vgl. auch *Hübner*, Unternehmenshaftung für Menschenrechtsverletzungen, 2022, S. 237 ff.; *Rühl*, in: Reinisch et al., Unternehmensverantwortung und internationales Recht, 2020, 89, 112.
929 *Hübner*, Unternehmenshaftung für Menschenrechtsverletzungen, 2022, S. 237; *Krieger*, in: Münchner Handbuch des Gesellschaftsrechts Band 4, 5. Aufl. 2020, § 70 Rn. 65; *Pordzik*, Transsubjektive Deliktsverantwortlichkeit, 2022, S. 68 f.; *Weller/Nasse*, ZGR Sonderheft 22 (2020), 107, 122.
930 *Weller/Nasse*, ZGR Sonderheft 22 (2020), 107, 122.

die Gesellschafter, vgl. § 1 Abs. 1 S. 2 AktG, § 13 Abs. 2 GmbHG.[931] Somit haftet eine Konzernmutter grundsätzlich nicht für die Verbindlichkeiten eines Tochterunternehmens.[932]

Soweit die Unionseinführer und ihre Zulieferer in einem Konzern verbunden sind, stellt sich somit die Frage, ob eine Haftung der Unionseinführer für ein Handeln von einem Tochterunternehmen droht, soweit man Art. 5 KM-VO als Schutzgesetz qualifiziert. Schließlich verursacht die unmittelbare Rechts- oder Rechtsgutsverletzung in den paradigmatischen Fällen in aller Regel nicht der Unionseinführer.[933] Vielmehr dürfte in den typischen Fallkonstellationen ein Akteur in der vorgelagerten Lieferkette, in Konzernkonstellationen also ein Tochter- oder Enkelunternehmen, unmittelbar für die Rechts- oder Rechtsgutsverletzungen verantwortlich sein. So kann es bspw. vorkommen, dass Minenbetreiber Kinderarbeit dulden, Folter verüben oder sich im Rahmen eines bewaffneten Konflikts in großem Maße Landflächen zum Mineralienabbau aneignen und dabei die Eigentumsrechte der Anwohner missachten, was sich jeweils in einer Rechts- oder Rechtsgutsverletzung und auch in einem Schaden niederschlagen kann.[934] Pflichtadressat des Art. 5 KM-VO sind allerdings allein die Unionseinführer, sodass ihr eigenes Handeln oder Unterlassen haftungsbegründend wirken würde.[935] So könnte einem Unionseinführer in den soeben skizzierten Fallkonstellationen zwar angelastet werden, keine Maßnahmen zur Verhinderung oder Milderung von Rechts- oder Rechtsgutsverletzungen durch Zulieferer bzw. Tochterunternehmen ergriffen zu haben. Dies würde allerdings allenfalls eine Haftung des Unternehmens für eigenes Fehlverhalten begründen, nicht aber für das von einem Tochter- oder Enkelunternehmen. Wäre Art. 5 KM-VO ein Schutzgesetz, drohte

---

931 Statt vieler *Krieger*, in: Münchner Handbuch des Gesellschaftsrechts Band 4, 5. Aufl. 2020, § 70 Rn. 65, der zudem feststellt, dass das Trennungsprinzip in zunehmendem Maße zurückgedrängt und in manchen Rechtsgebieten eine gesamtschuldnerische Haftung von Konzernmutter und Tochterunternehmen etabliert wird. Vgl. hierzu auch *J. Koch*, AktG, 17. Aufl. 2023, § 1 AktG Rn. 15 ff.

932 *Krieger*, in: Münchner Handbuch des Gesellschaftsrechts Band 4, 5. Aufl. 2020, § 70 Rn. 65.

933 Zu unmittelbaren Rechtsgutsverletzungen bzw. Unterlassen von Abnehmern in Lieferketten vgl. nur *v. Falkenhausen*, Menschenrechtsschutz durch Deliktsrecht, 2020, S. 85 f.; *Wagner*, RabelsZ 80 (2016), 717, 757 f.; *Weller/Kaller/Schulz*, AcP 216 (2016), 387, 401.

934 S. *supra* Kapitel 1 B. I.

935 Ähnlich zu Verkehrspflichten im Rahmen des § 823 Abs. 1 BGB *Fleischer/Korch*, ZIP 2019, 2181, 2188; *Weller/Nasse*, ZGR Sonderheft, 22 (2020), 107, 122.

folglich keine Haftung der Konzernmutter für ein Handeln des Tochter- oder Enkelunternehmens i. R. v. § 823 Abs. 2 BGB.

Nach Maßgabe der soeben gemachten Ausführungen droht auch kein Verstoß gegen den deliktsrechtlichen Grundsatz, dass grundsätzlich nur eigenes Verhalten, nicht jedoch fremdes Verhalten haftungsbegründend wirkt.[936] Denn eine deliktische Haftung wegen Verletzung eines Schutzgesetzes nach § 823 Abs. 2 BGB i. V. m. Art. 5 KM-VO würde, wie soeben festgestellt, eine Haftung für ein eigenes Fehlverhalten begründen. Dies gilt sowohl in einer vertraglich organisierten wie in einer konzernierten Lieferkette.

Eine Haftung nach § 823 Abs. 2 BGB i. V. m. Art. 5 KM-VO würde somit weder gegen das gesellschaftsrechtliche Trennungsprinzip noch gegen den allgemeinen deliktischen Grundsatz, dass nur für eigenes Fehlverhalten gehaftet wird, verstoßen. Eine Schutzgesetzqualität von Art. 5 KM-VO wäre im haftungsrechtlichen Gesamtsystem jedenfalls insoweit tragbar.

c) Tragbarkeit der haftungsrechtlichen Bewehrung einer
   rechtsträgerübergreifenden Sorgfaltspflicht

Ein weiteres Kriterium, das zur genaueren Konturierung der Tragbarkeitsformel diskutiert wird, ist der Normzusammenhang, in dem das potenzielle Schutzgesetz verortet ist.[937] Nach *Spickhoff* ist zu prüfen, ob durch eine Schutzgesetzqualifikation „Widersprüche und Unstimmigkeiten zu anderen, vom Gesetzgeber schon explizit ausformulierten oder gerade im negativen Sinne bewußt nicht normierten, versagten Schadensersatzansprüchen entstehen."[938] Hingegen stellt *Wagner*, soweit eine Vorschrift nicht bereits

---

936 Vgl. entsprechend *Fleischer/Korch*, ZIP 2019, 2181, 2188; *Wagner*, RabelsZ 80 (2016), 717, 758; *ders.*, FS Singer, 2021, 693, 695; *Weller/Kaller/Schulz*, AcP 216 (2016), 387, 401; *Weller/Nasse*, ZGR Sonderheft 22 (2020), 107, 124.

937 *Verse*, ZHR 170 (2006), 398, 400.

938 *Spickhoff*, Gesetzesverstoß und Haftung, 1998, S. 138 der dies allerdings nicht mehr unter der Frage der Tragbarkeit einer Haftung prüft, sondern unter Konkurrenzsituationen; vgl. auch *Uhlmann*, Individualschutz im Kapitalmarkt- und Bankenaufsichtsrecht, 2021, S. 168; dahingehend hält *B. Schneider*, Schutzgesetzhaftung für fehlerhafte Rechnungslegung, 2021, S. 58 ff. dies für die Frage, ob Verstöße gegen das Handelsbilanzrecht zu einer Haftung nach § 823 Abs. 2 BGB führen können, allein nicht für hinreichend und stellt zusätzlich auf eine „Schutzgesetzhaftung als Instrument der Verhaltenssteuerung und wirkungsorientierte Regelungszusammenhangsanalyse" ab, vgl. S. 63 ff.

vom Gesetzgeber als Schutzgesetz geschaffen wurde, auf eine „autonom-deliktsrechtliche" Prüfung ab, um zu ermitteln, ob eine Eignung als Schutzgesetz gegeben ist.[939]

Fraglich mit Blick auf die potenzielle Schutzgesetzqualität des Art. 5 KM-VO ist, ob es dem systematischen und normativen Zusammenhang des Deliktsrechts entgegensteht, dass die Vorschrift Sorgfaltspflichten statuiert, die sich auf die Lieferkette und über den Geschäftsbereich eines Unionseinführers hinaus erstrecken, somit als rechtsträgerübergreifende Sorgfaltspflichten einzustufen sind. Rechtsträgerübergreifende Sorgfaltspflichten sind nun auch im LkSG vorgesehen, dem deutschen Recht aber ansonsten bislang fremd.[940] Dies bringt Unklarheiten hinsichtlich einer haftungsrechtlichen Bewehrung mit sich.

aa) Widerspruch zum expliziten Ausschluss einer deliktsrechtlichen Haftung in § 3 Abs. 3 S. 1 LkSG

Nach der Formel *Spickhoffs* sind einer Schutzgesetzqualifikation entgegenstehende gesetzgeberische Wertungen in den Blick zu nehmen.[941] Konkret stellt sich also die Frage, ob einer Schutzgesetzeigenschaft des Art. 5 KM-VO die explizite Wertung des deutschen Gesetzgebers in § 3 Abs. 3 S. 1 LkSG entgegensteht. Nach § 3 Abs. 3 S. 1 LkSG soll eine Verletzung der Pflichten aus dem LkSG keine zivilrechtliche Haftung begründen.[942] Der deutsche Gesetzgeber hat also entschieden, einen Verstoß gegen die rechtsträgerübergreifenden Sorgfaltspflichten des LkSG nicht mit einem zivilrechtlichen Schadensersatzanspruch zu bewehren. Die Sorgfaltspflichten des LkSG sind mit denen der KM-VO durchaus vergleichbar.[943] Würde Art. 5 KM-VO als Schutzgesetz qualifiziert, könnte dies also im Widerspruch zu dem vom deutschen Gesetzgeber bewusst versagten Schadensersatzanspruch bei Verstößen gegen die Pflichten des LkSG stehen. Hiergegen lässt sich allerdings § 3 Abs. 3 S. 2 LkSG anführen, der besagt: „Eine unabhängig von diesem Gesetz begründete Haftung bleibt

---

939 So auch wörtlich *Wagner*, in: MüKo BGB, 2020, § 823 BGB Rn. 567; zustimmend *Loyal*, JZ 2014, 306, 307.

940 *Rühl/Knauer*, JZ 2022, 105, 106; *Wagner*, RabelsZ 80 (2016), 717, 757 ff.

941 *Spickhoff*, Gesetzesverstoß und Haftung, 1998, S. 138.

942 Dies als „[r]echtspolitische Grundentscheidung gegen ein Private Enforcement" betitelnd *Fleischer*, DB 2022, 920.

943 Zum SorgfaltspflichtenG-E vgl. *Hübner*, Unternehmenshaftung für Menschenrechtsverletzungen, 2022, S. 394.

unberührt." Der deutsche Gesetzgeber wollte also explizit nur eine Haftung für Verstöße gegen das LkSG ausschließen. Eine verallgemeinerungsfähige gesetzgeberische Wertung lässt sich dem Versagen der zivilrechtlichen Haftung für einen Verstoß gegen das LkSG nicht entnehmen. Die Wertungen in § 3 Abs. 3 S. 1 LkSG stehen einer Schutzgesetzqualität des Art. 5 KM-VO also nicht entgegen.

bb) Unterlaufen der Wertungen der Verkehrspflichtendogmatik?

Betrachtet man die potenzielle Schutzgesetzeigenschaft von Art. 5 KM-VO autonom im systematischen Zusammenhang des Deliktsrechts, wie es *Wagner* verlangt,[944] so stellt sich die Frage, ob diese mit der Verkehrspflichtendogmatik vereinbar wäre. Eine Haftung eines Unionseinführers wegen Verletzung des Art. 5 KM-VO beruhte, wie bereits dargestellt, meist nicht auf einer unmittelbaren Rechts- oder Rechtsgutsverletzung des Unionseinführers. Vielmehr wäre dem Unionseinführer anzulasten, er sei seinen Sorgfaltspflichten nicht nachgekommen und habe also Maßnahmen zur Verhinderung oder Milderung von Rechts- oder Rechtsgutsverletzungen unterlassen, die typischerweise von Zulieferern oder Tochterunternehmen unmittelbar verursacht wurden. In solchen Konstellationen wäre ein Anspruch aus § 823 Abs. 1 BGB wegen eines Unterlassens nur gegeben, wenn eine deliktische Handlungspflicht bestand, welche mittels einer Garantenstellung oder Verkehrspflicht begründet werden könnte.[945] Anderenfalls würde es an der Rechtswidrigkeit des Unterlassens mangeln.[946]

Das Unterlassen stellt wohl den typischen Fall eines Verstoßes gegen Art. 5 KM-VO dar. Es sind jedoch auch Fallkonstellationen denkbar, in denen ein Handeln eines Unionseinführers gegen die gesetzlichen Sorgfaltspflichten verstößt. Dies ist bspw. der Fall, wenn ein Unionseinführer aktiv Druck auf einen Zulieferer ausübt, zu besonders günstigen Konditionen Mineralien abzubauen, ohne Wert auf die Einhaltung der Sorgfaltspflich-

---

944 *Wagner*, in: MüKo BGB, 8. Aufl. 2020, § 823 BGB Rn. 567.
945 *Hübner*, Unternehmenshaftung für Menschenrechtsverletzungen, 2022, S. 229 f.; *Kern*, in: Jauernig, BGB, 19. Aufl. 2023, § 823 BGB Rn. 29; *Weller/Kaller/Schulz*, AcP 216 (2016), 387, 401 f.
946 *Hübner*, Unternehmenshaftung für Menschenrechtsverletzungen, 2021, S. 229; *Sprau*, in: Grüneberg, 82. Aufl. 2023, § 823 BGB Rn. 26; a. A. etwa *Wagner*, in: MüKo BGB, 8. Aufl. 2020, § 823 BGB Rn. 444, der die Verkehrspflichten bereits auf Tatbestandsebene verortet.

tenstandards zu legen, oder bekanntermaßen gewalttätige private Sicherheitskräfte mit der Überwachung einer Mine beauftragt. Eine potenzielle Menschenrechtsverletzung beruhte in diesen Fällen jedoch nur mittelbar auf dem Beitrag des Unionseinführers. Das Handeln des Minenbetreibers bzw. der Sicherheitskräfte ist als weiteres menschliches Handeln zwischengeschaltet.[947] Ein mittelbares Handeln kann nur dann zu einer deliktsrechtlichen Haftung führen, wenn ein deliktisch relevantes Risiko einer Rechts- oder Rechtsgutverletzung geschaffen wurde.[948] Anderenfalls ist dem lediglich mittelbar Handelnden der Schaden nicht normativ zuzurechnen.[949] Die Verkehrspflichten stellen dann also ein Zurechnungskriterium dar, soweit ein Anspruch aus § 823 Abs. 1 BGB geltend gemacht wird.[950]

Die Haftung für einen Verstoß gegen Art. 5 KM-VO wäre jedenfalls mit der Verkehrspflichtendogmatik vereinbar, wenn eine den Sorgfaltspflichten des Art. 5 KM-VO entsprechende Verkehrspflicht begründet werden kann (i). In diesem Fall würde eine Schutzgesetzqualität des Art. 5 KM-VO keine Haftungserweiterung darstellen. Anderenfalls stellt sich die Frage, ob ein Schutzgesetz die Haftung für ein Unterlassen oder ein mittelbares Handeln, welches keinen Verkehrspflichtenverstoß darstellt, begründen kann (ii).[951]

(i) Verkehrspflicht

Nach einer früher häufig vertretenen Lehre können sich deliktische Verkehrspflichten aus Gesetz, Vertrag oder vorangegangenem Tun ergeben.[952] Diese Auffassung wurde mittlerweile jedoch weitgehend aufgegeben; nunmehr werden die Kriterien der Gefahrschaffung und der Gefahrerhöhung

---

947 Vgl. entsprechend *v. Falkenhausen*, Menschenrechtsschutz durch Deliktsrecht, 2020, S. 85.

948 *v. Falkenhausen*, Menschenrechtsschutz durch Deliktsrecht, 2020, S. 85; *Medicus/Lorenz*, Schuldrecht BT II, 18. Aufl. 2018, S. 464.

949 *v. Falkenhausen*, Menschenrechtsschutz durch Deliktsrecht, 2020, S. 85; *Medicus/Lorenz*, Schuldrecht BT II, 18. Aufl. 2018, S. 464.

950 *Hübner*, Unternehmenshaftung für Menschenrechtsverletzungen, 2022, S. 229 f.; *Spindler*, in: BeckOGK, Stand: 1.8.2023, § 823 BGB Rn. 96; *Sprau*, in: Grüneberg, 82. Aufl. 2023, § 823 BGB Rn. 45.

951 Hierzu *Wagner*, in: MüKo BGB, 8. Aufl. 2020, § 823 BGB Rn. 586.

952 So *Wagner*, in: MüKo BGB, 8. Aufl. 2020, § 823 BGB Rn. 450. Hingegen hieran weitgehend festhaltend *Larenz*, Schuldrecht AT, 14. Aufl. 1987, S. 458, der neben Vertrag und Gesetz die „Grundpflicht, sein Verhalten im Verkehr so einzurichten, daß andere dadurch nicht gefährdet werden", nennt.

sowie des Vertrauensschutzes und der Vorteilsziehung für die Konkretisierung bzw. als Abwägungsfaktoren von Verkehrspflichten herangezogen.[953]

In vielen Fällen wird ein individualschützendes gesetzliches Verhaltensgebot dennoch ein Pendant in einer deliktischen Verkehrspflicht finden.[954] Beispielhaft sei ein Verhaltensgebot aus der StVO genannt: § 4 Abs. 1 S. 1 StVO bestimmt, dass der Abstand zu einem vorausfahrenden Fahrzeug so groß sein muss, dass ein Autofahrer auch bei einem plötzlichen Bremsvorgang des vorausfahrenden Fahrzeugs hinter diesem anhalten kann. Die Vorschrift ist ein Schutzgesetz i. S. d. § 823 Abs. 2 BGB.[955] Da ein Autofahrer, der gegen dieses Verhaltensgebot verstößt, eine Gefahrenquelle schafft, besteht auch eine deliktische Verkehrspflicht i. S. d. § 823 Abs. 1 BGB. Dem Autofahrer wäre folglich eine aus einem Verstoß resultierende Rechts- oder Rechtsgutsverletzung normativ zuzurechnen. Die Nichtachtung des Abstandsgebots zu einem vorausfahrenden Fahrzeug wäre somit auch ein rechtswidriges Unterlassen, welches bei Vorliegen der übrigen Tatbestandsvoraussetzungen zu einer Haftung nach § 823 Abs. 1 BGB führen könnte.

Die Gerichte orientieren sich in der Praxis zur Konkretisierung von Verkehrspflichten weiterhin häufig an den gesetzlichen Verhaltensgeboten oder -verboten des öffentlichen Rechts.[956] Eine Konkretisierung einer deliktischen Verkehrspflicht entsprechend den legislativen Verhaltensanforderungen der KM-VO läge folglich nahe. Dabei statuieren öffentlich-rechtliche Verhaltensgebote oder -verbote in der Regel ein Mindestmaß, bieten jedoch i. R. v. § 823 Abs. 1 BGB kein Höchstmaß, sodass eine Exkulpation bei Erfüllung der Vorschriften nicht zwingend möglich ist.[957] Eine Haftung

---

953 *v. Bar*, Verkehrspflichten, 1980, S. 112 ff.; vgl. auch eingehend zu den Entstehensgründen *Wagner*, in: MüKo BGB, 8. Aufl. 2020, § 823 BGB Rn. 450 ff.; vgl. ferner *Hübner*, Unternehmenshaftung für Menschenrechtsverletzungen, 2022, S. 231 ff.; *v. Falkenhausen*, Menschenrechtsschutz durch Deliktsrecht, 2020, S. 94 ff., die in der Vorteilsziehung lediglich einen Abwägungsfaktor zugunsten einer deliktischen Verkehrspflicht sieht.

954 Hierzu auch *v. Falkenhausen*, Menschenrechtsschutz durch Deliktsrecht, 2020, S. 89, die jedoch gerade die umgekehrte Situation untersucht, nämlich eine deliktische Verkehrspflicht bei mangelnder gesetzlicher Verhaltenspflicht.

955 BGH, Urt. v. 26.2.2013 – VI ZR 116/12, NJW 2013, 1679 f. (Rn. 8, 13); *Wagner*, in: MüKo BGB, 8. Aufl. 2020, § 823 BGB Rn. 597.

956 *Spindler,* in: BeckOGK, Stand: 1.8.2023, § 823 BGB Rn. 429; *Wagner*, FS Singer, 2021, 693, 708; *ders.*, in: MüKo BGB, 8. Aufl. 2020, § 823 BGB Rn. 497 ff. passim.

957 Vgl. etwa zu Kennzeichenpflichten auf Feuerwerkskörpern BGH, Urt. v. 9.6.1998 – VI ZR 238-97, NJW 1998, 2905, 2906 m. w. N.; *Canaris*, FS Larenz, 1983, 27, 54 ff.; *Spindler,* in: BeckOGK, Stand: 1.8.2023, § 823 BGB Rn. 429; *Wagner*, in: MüKo BGB, 8. Aufl. 2020, § 823 BGB Rn. 498 f. Entgegenstehend jedoch BGH, Urt.

nach § 823 Abs. 1 BGB ist also auch dann möglich, wenn das haftungsbegründende Tun oder Unterlassen in einer Vorschrift adressiert wird, die Schutzgesetzqualität hat und gegen die im Einzelfall nicht verstoßen wurde.[958] Insoweit löst sich die Verkehrspflichtendogmatik von den öffentlichrechtlichen Verhaltensgeboten oder -verboten. Diese Wertung ist vorliegend jedoch irrelevant, da nicht eine überschießende Verkehrspflicht, sondern die gegenteilige Situation in Frage steht: Im Raum steht ein verbindliches Verhaltensgebot, das potenziell kein Pendant in einer Verkehrspflicht hat.

Ob ein Gericht eine Art. 5 KM-VO entsprechende Verkehrspflicht anerkennen würde, ist offen. Die vergleichbare Frage, ob eine menschenrechtliche Verkehrspflicht zur Überwachung der Lieferkette, von Tochterunternehmen oder von beiden besteht, ist, wie oben aufgezeigt, Gegenstand zahlreicher Veröffentlichungen.[959] Maßgebliche Stimmen in der Literatur zeigen jedenfalls auf, dass etwa durch Kenntnis oder die bewusste Verlagerung der Lieferketten ins Ausland in Einzelfällen eine ausschlaggebende Gefahr durch inländische Unternehmen geschaffen werden kann, sodass eine Verkehrspflicht der Unternehmen bestünde.[960]

Zudem lassen sich im europäischen Rechtsraum Tendenzen in diese Richtung feststellen.

Eine rechtsvergleichende Umschau zeigt, dass Gerichte in anderen Jurisdiktionen durchaus Sorgfaltspflichten von Konzernmüttern oder Abnehmergesellschaften bezüglich Beeinträchtigungen von Menschenrechten oder der Umwelt in ihrer Lieferkette annehmen.[961] In einer im Jahr 2021 ergangenen Entscheidung in den Niederlanden im Fall *Milieudefensie et al. v. Royal Dutch Shell PLC* bejahte das erstinstanzliche Gericht in Den Haag eine Reduktionspflicht der Treibhausgasemissionen der Konzernmutter *Royal Dutch Shell PLC* auf Grundlage eines deliktischen Sorgfaltspflichtenmaßstabs.[962] In Großbritannien wurde i. R. v. Entscheidungen zur

---

v. 22.4.1974 – III ZR 21/72, NJW 1974, 1240; ebenso *Marburger*, Die Regeln der Technik im Recht, 1979, S. 437; die Wildtaubenentscheidung des BGH wird jedoch weitreichend als Fehlurteil eingeordnet, vgl. auch statt vieler *Canaris*, FS Larenz, 1983, 27, 56; *Wagner*, in: MüKo BGB, 8. Aufl. 2020, § 823 BGB Rn. 498.

958 Vgl. *Wagner*, in: MüKo BGB, 8. Aufl. 2020, § 823 BGB Rn. 498.

959 S. *supra* Kapitel 5 B. I. 1. a).

960 S. *supra* Kapitel 5 B. I. 1. a).

961 Hierzu etwa *Kieninger*, RIW 2021, 331 ff.; dies., ZfPW 2021, 252, 256; *Rühl*, in: Reinisch et al., Unternehmensverantwortung und Internationales Recht, 2020, 89, 119 ff.; *Rühl/Knauer*, JZ 2022, 105, 108 f.; *Wagner*, FS Singer 2021, 693, 708 f.

962 Rechtsbank Den Haag, Urt. v. 26.5.2021 – Rs. C/09/571932 / HA ZA 19-379, ECLI:NL:RBDHA:2021:5339 (englischsprachige Übersetzung); hierzu *Weller/Tran*,

Zuständigkeit die zivilrechtliche Haftung von Unternehmen für Menschenrechtsverstöße bei Tochterunternehmen oder Vertragspartnern aufgrund von Fahrlässigkeit (*„negligence"*) jedenfalls für möglich gehalten (*„real issues to be tried"*), wobei der Supreme Court jeweils auf die potenzielle Verletzung einer *duty of care* in den Verfahren *Vedanta*[963] und *Okpabi*[964] abstellte. Auch der Court of Appeal verweist im Verfahren *Hamida Begum* auf eine mögliche *„negligence"* der britischen Gesellschaft, die den Verkauf eines schrottreifen Schiffs zu solch günstigen Konditionen vermittelte, dass den Beteiligten klar gewesen sein musste, dass dieses nicht unter sicheren Bedingungen zerlegt werden würde.[965]

Außerdem zeigt der Blick auf den Entwurf der Europäischen Kommission für eine *Corporate Sustainability Due Diligence*-Richtlinie, dass eine Haftung von Unternehmen bald unionsrechtlich vorgegeben sein könnte: Der Entwurf sieht derzeit eine zivilrechtliche Haftung von Unternehmen für Verstöße gegen bestimmte Sorgfaltspflichten vor.[966]

Die Begründung einer den Verhaltensgeboten des Art. 5 KM-VO entsprechenden deliktsrechtlichen Verkehrspflicht erscheint demnach bereits *de lege lata* möglich.

(ii) Verhaltensgebote bzw. -verbote in einem Schutzgesetz ohne korrespondierende Verkehrspflicht?

Eine Entscheidung über die Existenz einer den Verhaltensgeboten des Art. 5 KM-VO entsprechenden Verkehrspflicht kann jedoch dahinstehen,

---

EurUP 2021, 342, 344 f.; *Rühl/Knauer*, JZ 2022, 105, 109; *Wagner*, FS Singer 2021, 693, 708 f.

963 *Vedanta Ressources PLC v. Lugowe*, 10.4.2019 [2019] UKSC 20; das Verfahren endete am 18.1.2021 in einem Vergleich, vgl. *Business & Human Rights Resource Centre*, Vedanta & Konkola Copper Mines settle UK lawsuit brought by Zambian villagers for alleged pollution from mining activities, online abrufbar unter: https://www.business-humanrights.org/de/latest-news/vedanta-konkola-copper-mines-settle-uk-lawsuit-brought-by-zambian-villagers-for-alleged-pollution-from-mining-activities/ (zuletzt abgerufen: 30.9.2023); hierzu auch *Asmussen/Wagner*, ZEuP 2020, 979 ff.; *Brunk*, Menschenrechtscompliance, 2022, S. 367 f.; *Rühl/Knauer*, JZ 2022, 105, 108 f.

964 *Okpabi v. Royal Dutch Shell*, 12.2.2021 [2021] UKCS 3; hierzu auch *Brunk*, Menschenrechtscompliance, 2022, S. 369; *Fleischer/Korch*, ZIP 2021, 709 ff.; *Rühl/Knauer*, JZ 2022, 105, 108 f.

965 *Hamida Begum* [2021] EWCA Civ 326; hierzu auch *Kieninger*, RIW 2021, 331 f.; *Rühl/Knauer*, JZ 2022, 105, 109.

966 Hierzu *infra* Kapitel 6 G. IV.

wenn man der Rechtsprechung des BGH zur Schutzgesetzqualität von § 323c StGB folgt.

§ 323c StGB stellt die unterlassene Hilfeleistung unter Strafe. Es handelt sich um ein Allgemeindelikt, welches jedermann bei einem Unglücksfall, gemeiner Gefahr oder gemeiner Not zur Hilfe verpflichtet.[967] Die Handlungspflicht wird also nicht aufgrund einer Garantenstellung oder eines vorangegangenen gefährlichen Tuns auferlegt.[968] In der Terminologie der Verkehrspflichten besteht die Handlungspflicht also nicht aufgrund einer Gefahrschaffung oder Gefahrerhöhung; sie folgt auch nicht aus Gesichtspunkten des Vertrauensschutzes oder einer Vorteilsziehung. Die Pflichten des § 323c StGB haben folglich kein Pendant in den deliktsrechtlichen Verkehrspflichten.[969]

Dennoch wurde § 323c StGB vom BGH als Schutzgesetz qualifiziert.[970] Das vorinstanzliche OLG Düsseldorf hatte eine Verkehrspflicht i. R. v. § 823 Abs. 1 BGB abgelehnt, dann jedoch eine Schutzgesetzeigenschaft des § 323c StGB angenommen.[971] In seiner Entscheidung bejahte der BGH den individualschützenden Gehalt der Vorschrift, ging aber nicht mehr auf die Frage nach der Existenz einer Verkehrspflicht ein.[972]

Die Erweiterung der Haftung für ein Unterlassen i. R. v. § 823 Abs. 2 BGB gegenüber den für § 823 Abs. 1 BGB von der Rechtsprechung anerkannten Verkehrspflichten blieb nicht ohne Kritik.[973] Einerseits wird der individualschützende Gehalt des § 323c StGB bezweifelt.[974] Andererseits wird eingewandt, § 323c StGB als Schutzgesetz anzuerkennen würde die „Differenzierung zwischen der Unterlassungsdogmatik und der Lehre von den Garantenpflichten [...] einplanier[en]".[975] Da im Haftungsrecht

---

967 Statt vieler *v. Heintschel-Heinegg*, in: BeckOK StGB, 58. Edt. Stand: 1.8.2023, § 323c StGB Rn. 2.

968 *v. Heintschel-Heinegg*, in: BeckOK, StGB 58. Edt. Stand: 1.8.2023, § 323c StGB Rn. 1 ff. passim.

969 Vgl. OLG Düsseldorf, Urt. v. 17.8.2011 – 19 U 6/11, BeckRS 2013, 11112; *Wagner*, in: MüKo BGB, 8. Aufl. 2020, § 823 BGB Rn. 470.

970 BGH, Urt. v. 14.5.2013 – VI ZR 255/11, NJW 2014, 64 (Rn. 6 ff.).

971 OLG Düsseldorf, Urt. v. 17.8.2011 – 19 U 6/11, BeckRS 2013, 11112.

972 BGH, Urt. v. 14.5.2013 – VI ZR 255/11, NJW 2014, 64 (Rn. 6 ff.); vgl. dazu *Loyal*, JZ 2014, 306, 307; *Wagner*, in: MüKo BGB, 8. Aufl. 2020, § 823 BGB Rn. 586.

973 Vgl. *Wagner*, in: MüKo BGB, 8. Aufl. 2020, § 823 BGB Rn. 470, 586.

974 Bejahend BGH, Urt. v. 14.5.2013 – VI ZR 255/11, NJW 2014, 64 (Rn. 6 ff.); *Wagner*, in: MüKo BGB, 8. Aufl. 2020, § 823 BGB Rn. 470; verneinend OLG Frankfurt, Urt. v. 27.10.1988 – 1 U 171/87, NJW-RR 1989, 794, 795.

975 *Wagner*, in: MüKo BGB, 8. Aufl. 2020, § 823 BGB Rn. 471.

im Gegensatz zum Strafrecht keine Milderung der Sanktionen bei einem geringen Unrechtsgehalt möglich ist, würde der Hilfspflichtige für den vollen Schadensumfang haften und somit für einen Schaden verantwortlich gemacht, für den er weder nach § 13 StGB noch nach den Verkehrspflichten des § 823 Abs. 1 BGB verantwortlich sei.[976] Die Garanten- und Verkehrspflichten seien keine Besonderheit des § 823 Abs. 1 BGB, sondern allgemeine deliktsrechtliche Zurechnungsvoraussetzungen.[977] Die Ergänzungs- und Erweiterungsfunktion des § 823 Abs. 2 BGB gegenüber § 823 Abs. 1 BGB solle keine Zurechnung begründen, welche i. R. v. § 823 Abs. 1 BGB nicht bestehe, sondern nur den Verschuldensbezug verkürzen und eine Vorverlagerung in den Gefährdungsbereich ermöglichen.[978]

Dagegen wurde von anderer Seite angeführt, dass die Vorschrift § 323c StGB ein „rechtsethisches Minimum" statuiere und § 823 Abs. 2 BGB in diesem Fall die Funktion einer „Pflichtenerweiterung" zukomme.[979] Ferner sei es für das Schadensersatzrecht nicht erheblich, dass § 323c StGB dem Täter keine Erfolgsabwendungspflicht auferlegt.[980] Es möge für die Strafe relevant sein, ob der Täter wegen eines Erfolgsdelikts (bspw. §§ 212, 13 StGB, Tötung durch Unterlassen) bestraft werde, bezüglich der Einstandspflicht für den Schaden, der aus dem Unterlassen entsteht, sei dies jedoch unerheblich.[981]

Maßgeblich für die vorliegende Konstellation ist insbesondere, dass der BGH wohl eine Pflichtenerweiterung mittels § 823 Abs. 2 BGB i. V. m. einem Schutzgesetz gegenüber § 823 Abs. 1 BGB als grundsätzlich möglich erachtete. Inhaltlich sind § 323c StGB und Art. 5 KM-VO kaum vergleichbar. § 323c StGB statuiert eine allgemeine Handlungspflicht für jedermann in Unglücksfällen, ohne dass eine Beziehung zu den gefährdeten Rechten oder Rechtsgütern bestehen muss.[982] Im Rahmen der KM-VO würde hingegen gerade keine „allgemeine"[983] Haftung drohen, stellte die Vorschrift

---

976 *Wagner*, in: MüKo BGB, 8. Aufl. 2020, § 823 BGB Rn. 471. Vgl. jeweils zu § 330c StGB a. F. *Dütz*, NJW 1970, 1822, 1825 zu § 330c StGB a. F.; *Esser/E. Schmidt*, Schuldrecht I Teilband 2, 7. Aufl. 1993, S. 59; *Ulmer*, JZ 1969, 163, 165 (Fn. 29) zu § 330c StGB a. F.

977 *Loyal*, JZ 2014, 306, 308.

978 *Loyal*, JZ 2014, 306, 308.

979 *Canaris*, FS Larenz 1983, 27, 57; *Larenz/Canaris*, Schuldrecht BT II/2, 13. Aufl. 1994, S. 441.

980 *Larenz/Canaris*, Schuldrecht BT II/2, 13. Aufl. 1994, S. 441.

981 *Larenz/Canaris*, Schuldrecht BT II/2, 13. Aufl. 1994, S. 441.

982 *Loyal*, JZ 2014, 306, 308.

983 *Loyal*, JZ 2014, 306, 308.

ein Schutzgesetz dar. Die Sorgfaltspflichten treffen nur die Unionseinführer von Konfliktmineralien oder -metallen und somit Akteure, die in einem Sektor tätig sind, in dem wirtschaftliche Aktivitäten häufig negative Auswirkungen auf die Bevölkerung in den Abbaugebieten oder die Beschäftigten haben.[984] Die Verknüpfung des Mineralienabbaus und -handels mit Menschenrechtsverletzungen ist hinreichend belegt.[985] Die besondere Gefährlichkeit der wirtschaftlichen Aktivitäten in diesem Sektor spiegelt sich in Resolutionen des UN-Sicherheitsrats, zahlreichen unverbindlichen *soft law*-Dokumenten und in verbindlichen sektorenspezifischen Regelungen in den USA, der EU, der Schweiz und China wider.[986] Bei den Akteuren in der Mineralienlieferkette handelt es sich also gerade nicht um die Allgemeinheit, denn durch die wirtschaftliche Tätigkeit im Mineraliensektor besteht zumindest eine Beziehung zu Gefahren für die Rechte und Rechtsgüter der beim Abbau und Handel der Mineralien bzw. Metalle Tätigen.

Die von der KM-VO adressierten Konstellationen stehen einer Haftung für einen Verkehrspflichtenverstoß nach § 823 Abs. 1 BGB jedenfalls deutlich näher, als dies bei der unterlassenen Hilfeleistung nach § 323c StGB der Fall ist. Wurde vom BGH bereits eine Schutzgesetzeigenschaft des § 323c StGB anerkannt, so ist dies für Art. 5 KM-VO erst recht möglich.

cc) Zwischenergebnis

Eine Schutzgesetzeigenschaft von Art. 5 KM-VO erscheint im Normzusammenhang sinnvoll und tragbar. Einer Schutzgesetzeigenschaft des Art. 5 KM-VO steht keine gegenteilige gesetzgeberische Wertung entgegen. Auch bei einer „autonom-deliktsrechtlichen" Prüfung ist eine Schutzgesetzeigenschaft von Art. 5 KM-VO im haftungsrechtlichen Gesamtsystem sinnvoll und tragbar. Die KM-VO und das mitgliedstaatliche Umsetzungsgesetz MinRohSorgG sehen zwar keinen Schadensersatzanspruch von Betroffenen bei einer Verletzung der kodifizierten Sorgfaltspflichten der KM-VO vor, es entspricht aber der Rolle des § 823 Abs. 2 BGB, als Transmissionsriemen solche Wertungen in das Deliktsrecht zu übersetzen.

---

984 Vgl. zur Adressatenstellung der Unionseinführer nur Art. 1 Abs. 2, Art. 2 lit. l) KM-VO; *Teicke/Rust*, CCZ 2018, 39, 40.

985 Eingehend zu den Risiken *Spohr*, Human Rights Risks in Mining, 2016.

986 S. *supra* Kapitel 1 C.

VI. Haftungsbegründende Kausalität, Rechtswidrigkeit und Verschulden

Die haftungsbegründende Kausalität i. R. v. § 823 Abs. 2 BGB beschränkt sich auf die Kausalität zwischen Handeln bzw. Unterlassen und dem Verstoß gegen das Schutzgesetz.[987] Soweit eine Vorschrift wie Art. 5 KM-VO keinen Verletzungserfolg fordert, ist die Kausalität zwischen der Handlung bzw. dem Unterlassen und einer Rechts- oder Rechtgutsverletzung folglich nicht Teil des Tatbestandes der Haftungsnorm.[988] Dann können sich Probleme, die bei einer Haftung nach § 823 Abs. 1 BGB Teil der haftungsausfüllenden Kausalität sind, allerdings in die haftungsbegründende Kausalität verlagern (hierzu sogleich).[989] Der Verstoß gegen die Vorschrift muss zudem rechtswidrig gewesen sein, was durch die Verletzung der Vorschrift indiziert wird.[990] Der Tatbestand des § 823 Abs. 2 BGB i. V. m. Art. 5 KM-VO setzt darüber hinaus voraus, dass ein Unionseinführer die Sorgfaltspflichten des Art. 5 KM-VO schuldhaft verletzt.[991] Mangels Verschuldenserfordernis in den Vorschriften der KM-VO richtet sich dies nach § 823 Abs. 2 BGB.

VII. Zwischenergebnis

Im Ergebnis eignet sich Art. 5 KM-VO nach hier vertretener Auffassung als Schutzgesetz i. S. d. § 823 Abs. 2 BGB. Art. 5 KM-VO statuiert Verhaltensgebote und hat einen individualschützenden Gehalt. Zudem ist eine deliktsrechtliche Haftung für einen Verstoß wie dargelegt im haftungsrechtlichen Gesamtsystem tragbar.

---

987 *Kern*, in: Jauernig, BGB, 19. Aufl. 2023, § 823 BGB Rn. 41 f. passim; *Wagner*, in: MüKo BGB, 8. Aufl. 2020, § 823 BGB Rn. 620 passim.

988 *Spickhoff*, Gesetzesverstoß und Haftung, 1998, S. 237; *Wagner*, in: MüKo BGB, 8. Aufl. 2020, § 823 BGB Rn. 620.

989 So *Kern*, in: Jauernig, BGB, 19. Aufl. 2023, § 823 BGB Rn. 42, § 249 BGB Rn. 24.

990 Statt vieler BGH, Urt. v. 26.2.1993 – V ZR 74/92, NJW 1993, 1580, 1581; vgl. dazu *Spindler*, in: BeckOGK, Stand: 1.8.2023, § 823 BGB Rn. 273.

991 Zu den Tatbestandsvoraussetzungen des § 823 Abs. 2 BGB vgl. auch statt vieler *Wagner*, Deliktsrecht, 14. Aufl. 2021, S. 92 ff.; *Lorenz*, JuS 2020, 12 ff.

D. Haftungsausfüllende Kausalität

Auf der Rechtsfolgenseite ist erforderlich, dass die Erfüllung des Unrechtstatbestandes, also der schuldhafte und rechtswidrige Verstoß gegen das Schutzgesetz, nach §§ 249 ff. BGB adäquat-kausal den geltend gemachten Schaden hervorgerufen hat.[992] Nach der *conditio sine qua non*-Formel ist das Verhalten des in Anspruch Genommenen kausal, wenn es nicht hinweggedacht werden kann, ohne dass der Schaden entfiele, wobei alle Bedingungen gleichwertig sind (Äquivalenztheorie).[993] Ein Verstoß gegen die Sorgfaltspflichten der KM-VO stellt regelmäßig ein Unterlassen dar.[994] Im Fall eines Unterlassens ist ein hypothetischer Kausalzusammenhang herzustellen: Ein Unterlassen ist ursächlich für einen Schaden, wenn die unterlassene Handlung nicht hinzugedacht werden kann, ohne dass der Erfolg mit an Sicherheit grenzender Wahrscheinlichkeit entfiele.[995] Da die Äquivalenztheorie regelmäßig zu weit greift, wird sie durch die Adäquanztheorie eingeschränkt.[996] Ein adäquat-kausaler Schaden ist gegeben, wenn mit seinem Eintritt nach der allgemeinen Lebenserfahrung zu rechnen war und er nicht völlig außerhalb aller Wahrscheinlichkeit liegt.[997]

Das Vorliegen der haftungsausfüllenden Kausalität soll anhand zweier Fallgruppen geprüft werden: Zunächst wird die Kausalität bei losen vertraglichen Beziehungen in der Lieferkette zwischen dem Unionseinführer und dem Zulieferer geprüft, in dessen Verantwortungsbereich, bspw. bei einem Arbeitnehmer, ein Schaden eingetreten ist (I.). Sodann wird die Kausalität in dem Fall geprüft, dass andauernde vertragliche Beziehungen in der Lieferkette bestehen (II.).

---

992 BGH, Urt. v. 26.9.2005 – II ZR 380/03, NJW 2005, 3721, 3722; *Spickhoff*, Gesetzesverstoß und Haftung, 1998, S. 237.

993 Statt vieler *Grüneberg*, in: ders., 82. Aufl. 2023, Vorbem. § 249 BGB Rn. 25; *Oetker*, in: MüKo BGB, 9. Aufl. 2022, § 249 BGB Rn. 103.

994 S. *supra* Kapitel 5 C. IV. 2. b).

995 Statt vieler *Brand*, in: BeckOGK, Stand: 1.3.2022, § 249 BGB Rn. 235; *Oetker*, in: MüKo BGB, 9. Aufl. 2022, § 249 Rn. 103.

996 Statt vieler *Oetker*, in: MüKo BGB, 2. Aufl. 2022, § 249 Rn. 109; *Kern*, in: Jauernig, BGB, 19. Aufl. 2023, Vorbem. zu § 249 ff. BGB Rn. 27.

997 Statt vieler *Oetker*, in: MüKo BGB, 9. Aufl. 2022, § 249 BGB Rn. 110; *Kern*, in: Jauernig, BGB, 19. Aufl. 2023, Vorbem. zu § 249 ff. BGB Rn. 28.

I. Haftungsausfüllende Kausalität in der Fallgruppe der losen vertraglichen
Beziehungen in der Lieferkette

Grundlage für die erste Fallkonstellation ist folgender Beispielsfall: Zwischen dem Unionseinführer und dem Minenbetreiber bestehen nur lose vertragliche Beziehungen. Der Unionseinführer bezieht die Mineralien von verschiedenen Zwischenhändlern, die ihrerseits keine festen vertraglichen Beziehungen zu den Abbauminen unterhalten. In einer Mine, mit deren Mineralien der Unionseinführer einmalig beliefert wurde, findet Kinder- und Zwangsarbeit statt.

Der Unionseinführer ist nach der KM-VO verpflichtet, die Risiken in seiner Lieferkette zu ermitteln und auf die ermittelten Risiken zu reagieren. Unterlässt er dies, verstößt er gegen die KM-VO. Es stellt sich allerdings die Frage, ob dieses Unterlassen des Unionseinführers auch kausal für die Schäden ist, die in den Minen arbeitende Personen erleiden, weil sie zur Arbeit gezwungen werden oder, im Fall von Minderjährigen, Kinderarbeit verrichten müssen. Erwirbt ein Unionseinführer Mineralien oder Metalle im Rahmen einer einmaligen Geschäftsbeziehung bei einem Zwischenhändler, ist auch dann nicht davon auszugehen, dass die Erfüllung der Sorgfaltspflichten den konkreten Schaden mit an Sicherheit grenzender Wahrscheinlichkeit unterbunden hätte, wenn der Unionseinführer, seine Sorgfaltspflichten verletzend, kein taugliches Risikomanagement etabliert hat.[998] Dies gilt jedenfalls, soweit die Mineralien bzw. Metalle zum Zeitpunkt des Vertragsschlusses bereits abgebaut worden und auf den Markt gelangt sind. In diesem Fall hat die Verletzung der Sorgfaltspflichten durch den Unionseinführer auf die Bedingungen des Abbaus und Handels dieser konkreten Mineralien bzw. Metalle keinen Einfluss und infolgedessen auch nicht auf einen Schaden, der hierbei entsteht. In der Fallgruppe der losen vertraglichen Beziehungen in der Konfliktmineralienlieferkette besteht also regelmäßig kein adäquat-kausaler Zusammenhang zwischen der Schutzgesetzverletzung und dem Schaden. Rückschlüsse aus einer Gesamtbetrachtung des Beitrags am Markt sind nicht geeignet, die Anforderungen an die haftungsausfüllende Kausalität zu erfüllen.

---

998 Die französische *loi de vigilance* erfordert bereits auf Tatbestandsebene eine gefestigte geschäftliche Beziehung (*relation commerciale établie*), vgl. hierzu *Nasse*, Loi de vigilance, 2022, S. 92 ff.; *Rühl*, in: FS Windbichler, 2020, 1413, 1424 f.

II. Haftungsausfüllende Kausalität in der Fallgruppe der andauernden vertraglichen Beziehungen bzw. der konzernierten Lieferkette

Auch der zweiten Konstellation wird ein Beispielsfall zugrunde gelegt: Ein Unionseinführer unterhält gefestigte vertragliche Beziehungen zu einer Mine. Hierbei ist in einer Fallkonstellation der Unionseinführer alleiniger Abnehmer oder zumindest Hauptabnehmer der Mineralien der Mine und in einer Abwandlung ist der Unionseinführer einer von zahlreichen Abnehmern. Unerheblich ist, ob noch Zwischenhändler zwischen der Mine und dem Unionseinführer agieren oder der Unionseinführer und die Mine direkte Vertragspartner sind.

1. Wirtschaftliche Abhängigkeit oder Einbindung in einen Konzern

Ein Unionseinführer, der andauernde vertragliche Beziehungen zu seinen Lieferanten, insbesondere den Abbauminen, unterhält, oder mit diesen als Konzernmutter in eine Konzernstruktur eingebunden ist, kann durch die Durchführung von Risikomanagementmaßnahmen auf seine Lieferanten bzw. Tochterunternehmen einwirken. Die Unionseinführer sind verpflichtet, die Risiken in ihrer Lieferkette zu ermitteln und darauf aufbauend ggf. taugliche Maßnahmen zur messbaren Risikominderung zu ergreifen. Hierunter fallen nach Art. 5 Abs. 1 lit. b) ii) KM-VO u. a. das vorübergehende Aussetzen des Handels oder die Beendigung der Beziehungen zu einem Lieferanten. Sollte in einer vertraglichen Lieferkettenkonstellation eine Mine bzw. ein Zulieferer, gegenüber dem entsprechende Risikomanagementmaßnahmen ergriffen wurden, in großem Umfang Handel mit dem Unionseinführer betreiben, sodass der Unionseinführer der Hauptabnehmer oder zumindest ein relevanter Abnehmer des jeweiligen Zulieferers ist, kann eine wirtschaftliche Abhängigkeit von dem Unionseinführer bestehen. In solchen Konstellationen erscheint es sehr gut möglich, dass ein Zulieferer auf Druck seines wichtigen Abnehmers, des Unionseinführers, reagieren und somit Maßnahmen zur Verhinderung oder Minderung des Risikos ergreifen würde.[999] In Konzernkonstellationen sind die Einflussnahmemöglichkeiten der Konzernmutter noch größer.[1000] Eine Einzelfall-

---

999 Vgl. auch bereits *Osieka*, Zivilrechtliche Haftung deutscher Unternehmen für menschenrechtsbeeinträchtigende Handlungen ihrer Zulieferer, 2014, S. 192 f.

1000 Etwa durch ein Weisungsrecht nach § 308 Abs. 1 S. 1 AktG bei Vorliegen eines Beherrschungsvertrages, vgl. statt vieler *Veil/Walla*, in: BeckOGK, Stand: 1.7.2023,

entscheidung macht dies im Ergebnis zwar nicht entbehrlich. Soweit eine wirtschaftliche Abhängigkeit des Zulieferers oder hinreichende Einflussnahmemöglichkeiten des Unionseinführers bestehen, erscheint es jedoch denkbar, dass ein taugliches Risikomanagement des Unionseinführers den Eintritt eines Schadens mit an Sicherheit grenzender Wahrscheinlichkeit verhindert hätte. Ist dies der Fall, kann der Verstoß gegen die Risikomanagementpflicht des Art. 5 KM-VO kausal den Schaden herbeigeführt haben.

2. Vielzahl von Abnehmern

In der Abwandlung hat eine Mine eine Vielzahl von Abnehmern. Setzt ein Unionseinführer, der einer dieser Abnehmer ist, bspw. den Handel mit der Mine in Reaktion auf in der Mine eingesetzte Zwangs- oder Kinderarbeit aus, erscheint unklar, ob der Minenbetreiber sein Verhalten ändert. Denn die Mineralien können an andere Abnehmer veräußert werden, weshalb die Minenbetreiber keine schwerwiegenden wirtschaftlichen Folgen zu fürchten haben, sollten sie den Unionseinführer als Handelspartner verlieren. Es erscheint also sehr gut möglich, dass ein taugliches Risikomanagement durch den Unionseinführer den Schaden nicht mit an Sicherheit grenzender Wahrscheinlichkeit verhindert hätte.[1001] Die haftungsausfüllende Kausalität wäre dann nicht gegeben.

3. Zwischenergebnis

Folglich führt die Nichtvornahme von Risikomanagementpflichten bzw. deren mangelhafte Durchführung allenfalls dann adäquat-kausal zu einem Schaden, soweit ein Unionseinführer andauernde vertragliche Beziehungen zu einem Zulieferer unterhält und dieser wirtschaftlich von dem Unionseinführer abhängig oder ein Tochterunternehmen eines Unionseinführers

---

§ 308 AktG Rn. 2 ff.; oder durch eine Mehrheitsbeteiligung der Konzernmutter an der Tochtergesellschaft und hieraus resultierendem beherrschendem Einfluss, vgl. Art. 17 Abs. 2 AktG; *Keßler*, in: Henssler/Strohn, Gesellschaftsrecht, 5. Aufl. 2021, § 17 AktG Rn. 3.

1001 A. A. wohl *Görgen*, Unternehmerische Haftung in transnationalen Menschenrechtsfällen, 2019, S. 324, die für die haftungsbegründende Kausalität einer potenzielle Unterlassungshaftung nach § 823 Abs. 1 BGB darauf abstellt, dass auch bei einer Vielzahl von Auftraggebern bspw. eine Überwachung von Vertragspartnern durch jeden einzelnen Auftraggeber dazu geeignet wäre, Mängel festzustellen.

ist. Letztlich bleibt die Bejahung der haftungsausfüllenden Kausalität dennoch eine Frage des Einzelfalls.

III. Schutzzweck der Norm

Neben einer adäquaten Kausalität ist erforderlich, dass der konkrete Schaden in den Schutzzweck der Norm fällt.[1002] Dies setzt voraus, dass die Bestimmung den Schutz Einzelner bezweckt und der Nachteil, den der Geschädigte erlitt, gerade von der verletzten Norm in persönlicher, sachlicher und modaler Hinsicht verhindert werden soll.[1003] Bezüglich der bisher angeführten Beispiele, also etwa der Fälle von Zwangsarbeit beim Mineralienabbau, sind diese Voraussetzungen erfüllt. Wie dargelegt bezweckt Art. 5 KM-VO unter Bezugnahme auf Anhang II der OECD-Leitsätze zu Konfliktmineralien den Schutz von im Bergbau tätigen Individuen vor den im Anhang II aufgeführten Menschenrechtsverletzungen.[1004] Wird eine Mine dennoch unter Einsatz von Zwangsarbeit betrieben und erleidet ein Minenarbeiter einen – nach dem oben Gesagten – kausalen Schaden, fällt der Schaden auch in den Schutzzweck der Norm, hier von Art. 5 KM-VO.

Hingegen schützt Art. 5 KM-VO nicht den *Einzelnen*, soweit es um die Finanzierung bewaffneter Konflikte geht, sondern vielmehr die Allgemeinheit.[1005] Schäden, die auf bewaffnete Konflikte zurückzuführen sind, fallen zwar grundsätzlich in den Schutzbereich von Art. 5 KM-VO, können jedoch nicht von einem Einzelnen geltend gemacht werden, da dessen Schutz insoweit nicht bezweckt ist und nur reflexartig besteht. Eine deliktsrechtliche Haftung kommt, im Rahmen der oben dargestellten Risikokonstellation,[1006] folglich in der Regel nur für solche Schäden in Betracht, die auf den Eintritt von Risiken beim Abbau und Handel der Mineralien oder Metalle zurückzuführen sind. Schäden, die aus kriegerischen Aktivitäten von bewaffneten Gruppen resultieren, stellen keinen tauglichen Schaden dar.

1002 BGH, Urt. v. 14.3.2006 – X ZR 46/04, NJW-RR 2006, 965; *Oetker*, in: MüKo BGB, 9. Aufl. 2022, § 249 BGB Rn. 122; *Schmiedel*, Deliktsobligationen nach deutschem Kartellrecht, 1974, S. 109.

1003 BGH, Urt. v. 14.3.2006 – X ZR 46/04, NJW-RR 2006, 965; *Oetker*, in: MüKo BGB, 9. Aufl. 2022, § 249 BGB Rn. 122; *Karollus*, Funktion und Dogmatik der Haftung aus Schutzgesetzverletzung, 1992, S. 339 f.

1004 S. *supra* Kapitel 5 C. IV. 1.

1005 S. *supra* Kapitel 5 C. IV. 1.

1006 S. *supra* Kapitel 1 B. I.

IV. Zwischenergebnis

Ein Verstoß gegen die Risikomanagementpflichten des Art. 5 KM-VO kann folglich nur in eng begrenzten Ausnahmefällen zu einem adäquat kausalen Schaden führen, der im Schutzbereich der Norm liegt. Erforderlich sind in der Regel etablierte vertragliche Beziehungen in der Lieferkette und eine (Teil-)Abhängigkeit des Minenbetreibers von dem Unionseinführer, sodass dem Minenbetreiber bei Verlust des Abnehmers erhebliche wirtschaftliche Folgen drohen, oder eine Konzernstruktur. Insoweit ist eine Betrachtung des jeweiligen Einzelfalles anzustellen.

E. Darlegungs- und Beweislast

I. Beweislastprivilegierung i. R. v. § 823 Abs. 2 BGB

Grundsätzlich gilt i. R. v. § 823 Abs. 2 BGB die allgemeine Beweislastregel: Derjenige, der eine deliktische Haftung wegen einer Schutzgesetzverletzung geltend macht, hat die Umstände, aus welchen sich die Voraussetzungen des Anspruchs ergeben, darzulegen und zu beweisen.[1007] Die Beweislast läge somit bei den Geschädigten, die bspw. in einer Abbaumine gearbeitet haben.

1. Verkürzung des Verschuldensbezugs

Allerdings ist der Verschuldensbezug i. R. v. § 823 Abs. 2 BGB insoweit gekürzt, als nur das Verschulden hinsichtlich der Schutzgesetzverletzung dargelegt werden muss.[1008] Nicht erforderlich ist, dass das Verschulden für

---

1007 Ständige Rspr. BGH, Urt. v. 2.12.1986 – VI ZR 252/85, NJW 1987, 1694; BGH, Urt. v. 17.3.1987 – VI ZR 282/85, NJW 1987, 2008, 2009; BGH, Urt. v. 19.7.2011 – VI ZR 367/09, NJW-RR 2011, 1661, 1662 (Rn. 13); vgl. ferner *Förster*, in: BeckOK BGB, 67. Edt. Stand: 1.8.2023, § 823 BGB Rn. 286; *Spickhoff*, Gesetzesverstoß und Haftung, 1998, S. 284; *Wagner*, in: MüKo BGB, 8. Aufl. 2020, § 823 BGB Rn. 617 jeweils m. w. N.
1008 Statt vieler *Spindler*, in: BeckOGK, Stand: 1.8.2023, § 823 BGB Rn. 276; *Förster*, in: BeckOK BGB, 67. Edt. Stand: 1.8.2023, § 823 BGB Rn. 284; *Sprau*, in: Grüneberg, 82. Aufl. 2023, § 823 BGB Rn. 61.

die Verletzung des Rechts bzw. Rechtsguts dargelegt wird, soweit dies der Verschuldensmaßstab des Schutzgesetzes nicht gesondert vorsieht.[1009]

Die Rechtsprechung macht zudem unter gewissen Voraussetzungen Ausnahmen von den allgemeinen Beweislastregeln zugunsten der Geschädigten: Es besteht die Möglichkeit, dass das Verschulden des Schädigers vermutet wird, soweit ein objektiver Normverstoß gegen das Schutzgesetz vorliegt, wenn Letzteres derart konkrete Handlungsgebote bzw. -verbote statuiert, dass diese Schlussfolgerung naheliegt.[1010] Dann ist unzweifelhaft ein Handlungsunrecht gegeben.[1011] Die Sorgfaltspflichten der KM-VO statuieren konkrete Handlungsgebote. Verstößt ein Unionseinführer gegen die Sorgfaltspflichten der Verordnung, könnte die Rechtsprechung folglich ein Verschulden vermuten.

2. Nachweis der Kausalität

a) Grundsatz: Kläger beweispflichtig

Den Geschädigten eines Unionseinführers obliegt auch der Nachweis der Kausalität. Bezüglich der haftungsausfüllenden Kausalität greift grundsätzlich § 287 Abs. 1 ZPO, sodass das Gericht unter Würdigung aller Umstände nach freier Überzeugung über den Schaden entscheidet.[1012] Allerdings ist vom Geschädigten darzulegen, dass eine ursächliche Verbindung zwischen der Verletzung des Schutzgesetzes und der Rechts- bzw. Rechtsgutsverletzung besteht, für welche Schadensersatz gefordert wird, obwohl diese nicht im eigentlichen Sinne haftungsbegründend ist.[1013]

1009 Statt vieler *Spindler*, in: BeckOGK, Stand: 1.8.2023, § 823 BGB Rn. 274, 276.

1010 Zu diesen Voraussetzungen, jedoch im konkreten Fall verneint, BGH, Urt. v. 19.11.1991 – VI ZR 171/91, NJW 1992, 1039, 1042; *Förster*, in: BeckOK BGB, 67. Edt. Stand: 1.8.2023, § 823 BGB Rn. 288; *Spickhoff*, in: Soergel, BGB, 13. Aufl. 2005, § 823 BGB Rn. 232.

1011 *Wagner*, in: MüKo BGB, 8. Aufl. 2020, § 823 BGB Rn. 619.

1012 *Bacher*, in: BeckOK ZPO, 49. Edt. Stand: 1.7.2023, § 287 ZPO Rn. 3; *Wagner*, in: MüKo BGB, 8. Aufl. 2020, § 823 BGB Rn. 620.

1013 So *Wagner*, in: MüKo BGB, 8. Aufl. 2020, § 823 BGB Rn. 620: „Im technischen Sinn haftungsbegründend ist die Rechtsgutsverletzung bei § 823 Abs. 2 zwar regelmäßig nicht, weil sie kein Tatbestandsmerkmal der meisten Schutzgesetze ist, doch ändert dies nichts daran, dass der Geschädigte einen Schaden nachweisen muss, wenn er Kompensation und nicht bloß Unterlassung verlangt."

b) Erleichterung durch den Anscheinsbeweis?

Es besteht jedoch die Möglichkeit, dass zugunsten eines Geschädigten Beweiserleichterungen eingreifen. Nach der Rechtsprechung kann der Nachweis der Kausalität durch einen Anscheinsbeweis erleichtert werden.[1014] Der Anscheinsbeweis wird herangezogen, wenn es möglich ist, bei typischen Geschehensabläufen nach der Lebenserfahrung von bestimmten Tatsachen auf das Vorliegen anderer Tatsachen oder Umstände zu schließen.[1015] Erforderlich ist, dass zwischen beiden Tatsachen oder Umständen aller Erfahrung nach eine derart enge Verbindung besteht, dass es gerechtfertigt ist, vom Vorliegen dieser Verbindung in dem konkreten Fall ohne weiteren Nachweis auszugehen.[1016] Die Voraussetzung wäre, dass das Schutzgesetz einer typischen Gefährdungsmöglichkeit entgegenwirken soll, deren Gefahr sich tatsächlich verwirklicht hat.[1017] Zudem ist erforderlich, dass sich die Gefährdungsmöglichkeit zeitlich nach dem Verstoß gegen ein Schutzgesetz ereignet hat.[1018]

Anerkannt hat der BGH den Anscheinsbeweis bspw. für Glatteisunfälle, wenn eine Streupflicht nicht erfüllt wurde und es innerhalb der zeitlichen Grenzen der Streupflicht zu einem Sturz auf der nichtgestreuten Fläche kam.[1019]

1014 Vgl. BGH, Urt. v. 8.5.1973 – VI ZR 164/71, NJW 1973, 1547, 1549; zur Produzentenhaftung BGH, Urt. v. 2.12.1986 – VI ZR 252/85, NJW 1987, 1694 f.; *Spindler*, in: BeckOGK, Stand: 1.8.2023, § 823 BGB Rn. 278; *Wagner*, in: MüKo BGB, 8. Aufl. 2020, § 823 BGB Rn. 620.

1015 BGH, Urt. v. 4.10.1983 – VI ZR 98/82, NJW 1984, 432, 433; BGH, Beschl. v. 26.2.2009 – III ZR 225/08, NJW 2009, 3302, 3303; sowie statt vieler *Foerste*, in: Musielak/Voit, ZPO, 20. Aufl. 2023, § 286 ZPO Rn. 23; *Saenger*, in: ders., ZPO, 10. Aufl. 2023, § 286 ZPO Rn. 38.

1016 BGH, Urt. v. 13.12.1984 – III ZR 20/83, NJW 1985, 1774, 1775; *Saenger*, in: ders., ZPO, 10. Aufl. 2023, § 286 ZPO Rn. 38.

1017 BGH, Urt. v. 13.12.1984 – III ZR 20/83, NJW 1985, 1774, 1775; BGH, Urt. v. 2.12.1986 – VI ZR 252/85, NJW 1987, 1694; BGH, Urt. v. 14.12.1993 – VI ZR 271/92, NJW 1994, 945, 946; BGH, Urt. v. 9.9.2008 – VI ZR 279/06, NJW 2008, 3778, 3779 (Rn. 20); *Hager*, in: Staudinger, 2021, § 823 BGB Rn. G39; *Spindler*, in: BeckOGK, Stand: 1.8.2023, § 823 BGB Rn. 278; *Wagner*, in: MüKo BGB, 8. Aufl. 2020, § 823 BGB Rn. 620.

1018 *Spindler*, in: BeckOGK, Stand: 1.8.2023, § 823 BGB Rn. 278.

1019 BGH, Urt. v. 4.10.1983 – VI ZR 98/82, NJW 1984, 432, 433; BGH, Beschl. v. 26.2.2009 – III ZR 225/08, NJW 2009, 3302, 3303; vgl. zudem *Saenger*, in: ders., ZPO, 10. Aufl. 2023, § 286 ZPO Rn. 47.

Konkret würde der Anscheinsbeweis für die paradigmatischen Fallkonstellationen erfordern, dass die Verletzung einer Risikomanagementpflicht aller Erfahrung nach zu einer Rechts- oder Rechtsgutsverletzung von Personen beim Abbau oder Handel der Mineralien oder Metalle führt. Obwohl die Gefahr von Menschenrechts- sowie Rechts- bzw. Rechtsgutsverletzungen beim Abbau und Handel von Mineralien oder Metallen hinreichend bekannt ist, kann nicht auf das Bestehen eines derartigen Erfahrungssatzes geschlossen werden. Zwischen der Wahrnehmung der Risikomanagementpflichten und einer potenziellen Rechts- bzw. Rechtsgutsverletzung liegt eine Vielzahl weiterer Schritte bei den unterschiedlichen Akteuren in der Lieferkette,[1020] sodass eine Kausalbeziehung nicht bereits *prima facie*[1021] existiert.[1022] Nach dem ersten Anschein besteht keine derart enge Verbindung zwischen dem Verstoß gegen eine Risikomanagementpflicht und einer Rechts- oder Rechtsgutsverletzung, dass die Kausalität zwischen dem Unterlassen und dem Schaden keines weiteren Nachweises bedürfte. Vielmehr dürfte, wie bereits aufgezeigt, überhaupt nur in wenigen Fällen eine Kausalität zwischen einem Verstoß eines Unionseinführers gegen Art. 5 KM-VO, einer Rechts- oder Rechtsgutsverletzung und einem Schaden eines Minenarbeiters vorliegen.

c) Zwischenergebnis

Eine Beweiserleichterung ist vorliegend nicht statthaft. Vielmehr obliegt den Geschädigten der Nachweis der Kausalität, was, wie oben dargestellt, eine erhebliche Hürde statuiert und voraussichtlich nur in Einzelfällen gelingen kann.

1020 Für eine typische Lieferkette von 3TG-Mineralien oder -Metallen s. *supra* Kapitel 1 B. III.

1021 *Saenger*, in: ders., ZPO, 10. Aufl. 2023, § 286 ZPO Rn. 47.

1022 Kritisch hinsichtlich eines Anscheinsbeweises in vergleichbaren Situationen auch *A. Zimmermann*, Menschenrechtsverletzungen, Internationales Deliktsrecht und Beweislast, Verfassungsblog, 9.6.2020.

II. Sekundäre Darlegungslast des Unionseinführers

Grundsätzlich trägt derjenige, der die Beweislast trägt, auch die Darlegungslast.[1023] Die Geschädigten sind also grundsätzlich verpflichtet, die für den geltend gemachten Anspruch relevanten Tatsachen vorzutragen. Hiervon könnte allerdings eine Ausnahme gemacht werden: Unionseinführer könnte die sekundäre Darlegungslast treffen. Dies ist unschädlich der allgemeinen Beweislastverteilung grundsätzlich möglich.[1024] Eine sekundäre Darlegungslast wird demjenigen, der nicht die Beweislast trägt, auferlegt, wenn demjenigen, der die Beweislast trägt – dem Geschädigten –, „die nähere Darlegung [...] nicht möglich oder nicht zumutbar ist, während der Bestreitende alle wesentlichen Tatsachen kennt und es ihm zumutbar ist, nähere Angaben zu machen".[1025]

Vorliegend könnte die Unionseinführer die sekundäre Darlegungslast hinsichtlich des objektiven Normverstoßes gegen Art. 5 KM-VO treffen (1.). Darüber hinaus könnte die Unionseinführer die sekundäre Darlegungslast auch hinsichtlich ihrer Einflussnahmemöglichkeit auf die Zulieferer, die für das Vorliegen der Kausalität entscheidend ist, treffen (2.).

1. Sekundäre Darlegungslast hinsichtlich des objektiven Normverstoßes gegen Art. 5 KM-VO

Grundsätzlich obläge es den Anspruchstellern darzulegen und zu beweisen, dass der Unionseinführer gegen die Sorgfaltspflichten der KM-VO verstoßen hat, indem er etwa keine Risikoermittlung durchgeführt oder keine tauglichen Risikomanagementmaßnahmen ergriffen hat. Hierbei handelt es sich jedoch bei einem Unionseinführer, der ein Unternehmen ist, häufig um unternehmensinterne Vorgänge. Ein Einblick in unternehmensinterne Vorgänge ist dem Geschädigten in der Regel verwehrt, sodass dem Geschädigten der Beweis der Verletzung der Sorgfaltspflicht nicht zumutbar

---

1023 Statt vieler *Fritsche*, in: MüKo ZPO, 6. Aufl. 2020, § 138 ZPO Rn. 24; *Hübner*, Unternehmenshaftung für Menschenrechtsverletzungen, 2022, S. 314; *Lücke*, Zivilprozessrecht I, 11. Aufl. 2020, § 23 Rn. 1.

1024 *Fritsche*, in: MüKo ZPO, 6. Aufl. 2020, § 138 ZPO Rn. 24; *Wagner*, in: MüKo BGB, 8. Aufl. 2020, § 823 BGB Rn. 618.

1025 So BGH, Urt. v. 3.6.2014 – VI ZR 394/13, NJW 2014, 2797, 2798 (Rn. 20); BGH, Urt. v. 10.2.2015 – VI ZR 343/13, NJW-RR 2015, 1279, 1280 (Rn. 11); vgl. ferner bereits *Wagner*, in: MüKo BGB, 8. Aufl. 2020, § 823 BGB Rn. 618; *Fritsche*, in: MüKo ZPO, 6. Aufl. 2020, § 138 ZPO Rn. 24.

bzw. unmöglich sein kann.[1026] Hingegen haben die Unionseinführer wohl grundsätzlich Kenntnis über die wesentlichen Tatsachen. Darüber hinaus ist es ihnen grundsätzlich zumutbar, nähere Angaben zu machen, zumal sie zur Aufbewahrung der Unterlagen, welche beweisen, dass die Sorgfaltspflichten eingehalten wurden, nach Art. 3 Abs. 1 KM-VO verpflichtet sind. Einem Unionseinführer kann folglich die sekundäre Darlegungslast hinsichtlich des objektiven Normverstoßes gegen Art. 5 KM-VO auferlegt werden. Ausnahmsweise können auch die Geschädigten Einblick in die zur Erfüllung der Sorgfaltspflichten ergriffenen Maßnahmen haben, soweit sich aus der öffentlichen Berichterstattung der Unionseinführer, zu der diese nach Art. 7 Abs. 3 KM-VO verpflichtet sind, alle maßgeblichen Umstände ergeben.[1027] In diesem Fall ist den Geschädigten die nähere Darlegung wohl möglich und zumutbar.

2. Sekundäre Darlegungslast hinsichtlich der Einflussnahmemöglichkeit des Unionseinführers auf seine Zulieferer

Da der Verstoß gegen Art. 5 KM-VO zumeist ein Unterlassen darstellt, ist maßgeblich für die Kausalität, dass die Erfüllung der Sorgfaltspflichten nicht hinzugedacht werden kann, ohne dass der Schaden mit an Sicherheit grenzender Wahrscheinlichkeit entfiele.[1028] Wie dargelegt, hängt dies entscheidend davon ab, ob der Unionseinführer hinreichende Möglichkeiten hat, Einfluss auf den Zulieferer zu nehmen, bei dem der Schaden unmittelbar verursacht wird.[1029] Handelt es sich um eine konzernierte Lieferkette, dürfte der Nachweis wohl regelmäßig keine Probleme bereiten. Soweit die Möglichkeit zur Einflussnahme aus einer wirtschaftlichen Abhängigkeit des Zulieferers resultiert, wird den Geschädigten der Nachweis einer solchen Möglichkeit zur Einflussnahme jedoch häufig erhebliche Probleme bereiten und in vielen Fällen unmöglich und unzumutbar sein. Hingegen dürfte dem Unionseinführer häufig bekannt sein, ob er der alleinige Abnehmer oder zumindest der Hauptabnehmer eines Zulieferers, etwa einer Mine, ist. In diesem Fall erscheint es dem Unionseinführer zumutbar, nähere Angaben zu machen. Es kann demnach angezeigt sein, dass der Unionseinführer

---

1026 Vgl. hierzu und im Folgenden entsprechend *Hübner*, Unternehmenshaftung für Menschenrechtsverletzungen, 2022, S. 316.

1027 Zu Transparenzpflichten bereits *Hübner*, Unternehmenshaftung für Menschenrechtsverletzungen, 2022, S. 316.

1028 S. *supra* Kapitel 5 D.

1029 S. *supra* Kapitel 5 D.

auch die sekundäre Darlegungslast hinsichtlich seiner Möglichkeiten zur Einflussnahme auf den Zulieferer trägt.

III. Zwischenergebnis

Den Geschädigten obliegt der Nachweis der Kausalität. Dies statuiert eine erhebliche Hürde für die Geltendmachung von zivilrechtlichen Schadensersatzansprüchen. Beweiserleichterungen greifen nicht ein. Hingegen kann einen Unionseinführer die sekundäre Darlegungslast hinsichtlich des objektiven Normverstoßes gegen Art. 5 KM-VO treffen, soweit die entsprechenden Informationen nicht öffentlich zugänglich sind. Zudem kann den Unionseinführer die sekundäre Darlegungslast hinsichtlich seiner Möglichkeiten zur Einflussnahme auf einen Zulieferer treffen.

F. Internationale Zuständigkeit inländischer Gerichte und anwendbares Recht

Die Konflikt- und Hochrisikogebiete i. S. d. KM-VO befinden sich ausschließlich im Ausland.[1030] Für die Ausführungen in diesem Teil der Arbeit wird unterstellt, dass der Satzungs- und Verwaltungssitz eines Unternehmens, das Unionseinführer ist, in Deutschland liegt. Die gängigen Sachverhaltskonstellationen, die potenziellen Deliktsklagen gegen Unionseinführer zugrunde lägen, hätten also allesamt Auslandsbezug. Daher stellt sich die Frage, ob inländische Gerichte zuständig sind (I.), und zudem, ob deutsches Recht anwendbar ist (II.).

I. Internationale Zuständigkeit inländischer Gerichte

Die internationale Zuständigkeit der inländischen Gerichte für zivilrechtliche Klagen gegen natürliche Personen richtet sich im Anwendungsbereich der EuGVVO grundsätzlich nach deren Wohnsitz („*actor sequitur forum rei*"), ohne Rücksicht auf ihre Staatsangehörigkeit,

---

1030 Eine nicht abschließende Liste an Konflikt- und Hochrisikogebieten i. S. d. KM-VO ist online abrufbar unter: https://www.cahraslist.net/cahras (zuletzt abgerufen: 30.9.2023).

Art. 4 Abs. 1 EuGVVO.[1031] Unternehmen können nach Art. 4 Abs. 1, 63 Abs. 1 lit. a) EuGVVO am satzungsmäßigen Sitz, der Hauptverwaltung oder Hauptniederlassung verklagt werden.[1032] Auf dieser Grundlage erklärte sich bspw. das LG Dortmund im *KiK*-Verfahren für zuständig.[1033]

Unabhängig von einem potenziellen unmittelbaren Handeln staatlicher bewaffneter Gruppen ist in den paradigmatischen Fallkonstellationen eine Zivil- und Handelssache i. S. d. Art. 1 Abs. 1 S. 1 EuGVVO gegeben. Der Begriff wird zwar in der Verordnung nicht näher definiert, nach autonomer Auslegung gilt er jedoch für Streitigkeiten, die nach materiell-rechtlichen Kriterien dem Zivilrecht zuzuordnen sind.[1034] Dies ist hier der Fall; der vorliegend in Frage stehende Schadensersatzanspruch gegen einen Unionseinführer, der gegen die Risikomanagementpflichten des Art. 5 KM-VO verstoßen hat, betrifft keine *acte iure imperii* i. S. d. Art. 1 Abs. 1 S. 2 EuGVVO. Soweit der Satzungs- und Verwaltungssitz eines Unionseinführers, wie vorliegend unterstellt, in Deutschland liegt, ist die internationale Zuständigkeit deutscher Gerichte nach Art. 4 Abs. 1 i. V. m. Art. 63 Abs. 1 lit. a) EuGVVO gegeben.[1035]

1031 Vgl. statt vieler *Brunk*, Menschenrechtscompliance, 2022, S. 318; *Gottwald*, in: MüKo ZPO, 6. Aufl. 2022, Art. 4 EuGVVO Rn. 2; *Stadler/Krüger*, in: Musielak/Voit, ZPO, 20. Aufl. 2023, Art. 4 EuGVVO Rn. 1; *Thomale/Hübner*, JZ 2017, 385, 389.

1032 Statt vieler *Dutta*, in: Reinisch et al., Unternehmensverantwortung und Internationales Recht, 2020, 39, 48 f.; *Hübner*, Unternehmenshaftung für Menschenrechtsverletzungen, 2022, S. 104; *M. Stürner*, in: Krajewski/Oehm/Saage-Maaß, Zivil- und strafrechtliche Unternehmensverantwortung für Menschenrechtsverletzungen, 2018, 73, 78 f.

1033 LG Dortmund, Urt. v. 10.1.2019 – 7 O 95/15, BeckRS 2019, 388 Rn. 19.

1034 Zur autonomen Auslegung des Begriffs der Zivil- und Handelssache siehe nur EuGH, Urt. v. 14.10.1976 – Rs. C-29/76, *LTU Lufttransportunternehmen GmbH & Co. KG ./. Eurocontrol*, ECLI:EU:C:1976:137; EuGH, Beschl. v. 21.9.2021 – Rs. C-30/21, ECLI:EU:C:2021:753, Nemzeti Útdíjfizetési Szolgáltató Zrt ./. NW, Rn. 24; ferner statt vieler *Antomo*, in: BeckOK ZPO, 49. Edt. Stand: 1.3.2023, Art. 1 EuGVVO Rn. 38; *Gottwald*, in: MüKo ZPO, 6. Aufl. 2022, Art. 1 EuGVVO Rn. 1.

1035 Vorliegend wird ein Sitz im Inland unterstellt. Für eine ausführliche Darstellung der internationalen Zuständigkeit inländischer Gerichte, in abweichenden Fällen, vgl. *Brunk*, Menschenrechtscompliance, 2022, S. 317 ff.; *Meder*, Unternehmerische Haftung in grenzüberschreitenden Wertschöpfungsketten, 2022, S. 76 ff.

II. Anwendbares Recht

Sind deutsche Gerichte zuständig, stellt sich die Frage, ob deutsches Sachrecht anwendbar ist.

1. Anwendungsbereich der Rom II-Verordnung

Das anzuwendende Recht bestimmt sich nach der Rom II-VO, da deren Anwendungsbereich eröffnet ist. Ein Anspruch nach § 823 Abs. 2 BGB i. V. m. Art. 5 KM-VO ist deliktisch zu qualifizieren, mithin ein außervertragliches Schuldverhältnis, das nach dem soeben Gesagten Verbindungen zum Recht mehrerer Staaten aufweisen würde, Art. 1 Abs. 1 S. 1 Rom II-VO.[1036] Im Übrigen ist, wie soeben dargelegt, davon auszugehen, dass eine Zivil- und Handelssache i. S. v. Art. 1 Abs. 1 Rom II-VO selbst dann vorliegt, wenn die Rechtsgutsverletzung unmittelbar auf eine staatliche bewaffnete Gruppe zurückzuführen wäre. Der Begriff der Zivil- und Handelssache der Rom II-VO entspricht dem der EuGVVO.[1037]

Eine Bereichsausnahme nach Art. 1 Abs. 2 Rom II-VO greift nicht ein. In Frage käme allenfalls die Bereichsausnahme des Art. 1 Abs. 2 lit. g) Rom II-VO, wonach „außervertragliche Schuldverhältnisse aus der Verletzung der Privatsphäre oder der Persönlichkeitsrechte, einschließlich der Verleumdung", aus dem Anwendungsbereich der Verordnung ausgenommen sind, sodass auf das nationale Kollisionsrecht der *lex fori* zurückzugreifen wäre.[1038] Die Begriffe Privatsphäre und Persönlichkeitsrechte könnten auf den ersten Blick dem allgemeinen Persönlichkeitsrecht entsprechen, das in Fällen von Zwangs- oder Kinderarbeit betroffen sein kann.[1039] Allerdings sind die Begriffe unionsrechtlich-autonom auszulegen.[1040] Mit Blick auf

---

1036 Entsprechend zu Organpflichten i. V. m. § 823 Abs. 2 BGB *Mansel/Kuhl*, FS v. Bar, 2022, 251, 264.

1037 Vgl. nur *J. Schmidt*, in: BeckOGK, Stand: 1.9.2023, Art. 1 Rom II-VO Rn. 11; *Thorn*, in: Grüneberg, 82. Aufl. 2023, Art. 1 Rom II-VO Rn. 6; zum Vorliegen einer Zivil- und Handelssache s. *supra* Kapitel 5 F. I.

1038 Vgl. hierzu eingehend *Brunk*, Menschenrechtscompliance, 2022, S. 332; *v. Falkenhausen*, Menschenrechtsschutz durch Deliktsrecht, 2020, S. 305 f.; die Bereichsausnahme als nicht einschlägig ablehnend *Wagner*, RabelsZ 80 (2016), 717, 740.

1039 S. *supra* Kapitel 5 C. V. 2. a).

1040 *v. Falkenhausen*, Menschenrechtsschutz durch Deliktsrecht, 2020, S. 305; allgemein zur autonomen Auslegung der Rom II-VO *Junker*, in: MüKo BGB, 8. Aufl. 2021, Vorbem. Art. 1 Rom II-VO, Rn. 30; *Thorn*, in: Grüneberg, 82. Aufl. 2023, Vorbem. Rom II-VO Rn. 3.

die Entstehungsgeschichte der Bereichsausnahme ist von einer restriktiven Auslegung auszugehen.[1041] Denn die Bereichsausnahme wurde nicht aus sachlichen Erwägungen, sondern mangels Einigung zwischen der Kommission, dem Rat und dem Parlament darüber geschaffen, wie mit Ansprüchen, die auf „Mediendelikte" zurückzuführen sind, umgegangen werden sollte.[1042] Eine Begrenzung der Bereichsausnahme auf Verletzungen „durch die Medien" sollte zunächst in den Wortlaut aufgenommen werden, was jedoch wegen Definitionsschwierigkeiten nicht geschah.[1043] Die ursprünglich verfolgte Zielsetzung findet sich allerdings im Beispiel der „Verleumdung" wider, weshalb die Vorschrift eng auszulegen ist.[1044] Nach autonomer Auslegung der Begriffe sind folglich nur solche Delikte erfasst, die den Schutz der Privatsphäre, der Ehre oder des Ruf betreffen, nicht jedoch solche Delikte, denen Eingriffe in die körperliche Integrität zugrunde liegen.[1045] Zwangs- oder Kinderarbeit fällt also nicht unter den Schutz der Privatsphäre im unionsrechtlichen Sinne.[1046]

Der Anwendungsbereich der Rom II-VO ist damit eröffnet.

2. Anknüpfung nach der Rom II-VO

a) Grundanknüpfung an den Erfolgsort nach Art. 4 Abs. 1 Rom II-VO

Mit Erlass der Rom II-VO und deren Art. 4 Abs. 1 fand in Deutschland eine Abkehr vom Ubiquitätsprinzip des Art. 40 EGBGB statt, wonach in Deliktsfällen grundsätzlich an den Handlungsort angeknüpft (Art. 40 Abs. 1 S. 1 EGBGB), dem Geschädigten allerdings eine Option zugunsten des Erfolgsorts eingeräumt wird (Art. 40 Abs. 1 S. 2 EGBGB).[1047]

1041 So auch *Bach*, in: Huber, Rome II, 2011, Art. 1 Rom II-VO Rn. 53; *v. Falkenhausen*, Menschenrechtsschutz durch Deliktsrecht, 2020, S. 305 f.

1042 *v. Falkenhausen*, Menschenrechtsschutz durch Deliktsrecht, 2020, S. 305; *Junker*, in: MüKo BGB, 8. Aufl. 2021, Art. 1 Rom II-VO Rn. 43; *J. Schmidt*, in: BeckOGK, Stand: 1.9.2023, Art. 1 Rom II-VO Rn. 60 f.

1043 *J. Schmidt*, in: BeckOGK, Stand: 1.9.2023, Art. 1 Rom II-VO Rn. 61.

1044 *v. Falkenhausen*, Menschenrechtsschutz durch Deliktsrecht, 2020, S. 306.

1045 *v. Falkenhausen*, Menschenrechtsschutz durch Deliktsrecht, 2020, S. 305 f.; *Junker*, in: MüKo BGB, 8. Aufl. 2021, Art. 1 Rom II-VO Rn. 43.

1046 Ebenso *v. Falkenhausen*, Menschenrechtsschutz durch Deliktsrecht, 2020, S. 306.

1047 Statt vieler *Brunk*, Menschenrechtscompliance, 2022, S. 334; *Junker*, in: MüKo BGB, 8. Aufl. 2021, Art. 4 Rom II-VO Rn. 12; *Massoud*, Menschenrechtsverletzungen im Zusammenhang mit wirtschaftlichen Aktivitäten von transnationalen Unternehmen, 2018, S. 82.

Nach der Grundanknüpfung des Art. 4 Abs. 1 Rom II-VO findet auf Ansprüche aus unerlaubter Handlung das Recht des Erfolgsorts (*lex loci damni*) Anwendung.[1048] Dies ist der Ort, an dem der Schaden eingetreten ist.[1049] Da der Schaden in den paradigmatischen Fällen in aller Regel beim Abbau oder Handel der Mineralien oder Metalle eintritt und somit in geografischer Nähe zum natürlichen Vorkommen der Rohstoffe, liegt der Erfolgsort zumeist im Ausland. Infolgedessen käme deutsches Recht nicht zur Anwendung.

b) Ausweichklausel des Art. 4 Abs. 3 Rom II-VO

aa) Grundlagen

Die Ausweichklausel des Art. 4 Abs. 3 S. 1 Rom II-VO ermöglicht die Anwendung eines anderen Rechts als das des Erfolgsorts, soweit eine „offensichtlich engere Verbindung" zu dem anderen Staat besteht.[1050] Die Ausweichklausel soll einen angemessenen Ausgleich zwischen Rechtssicherheit und Einzelfallgerechtigkeit schaffen.[1051] Sie statuiert bereits nach ihrem

---

1048 Siehe nur Erwägungsgrund 17 Rom II-VO; *v. Hein*, ZEuP 2009, 6, 16; *Rühl*, in: Reinisch et al., Unternehmensverantwortung und Internationales Recht, 2020, 89, 97; *Thomale/Hübner*, JZ 2017, 385, 391. Der grundsätzlich vorrangig zu prüfende Art. 4 Abs. 2 Rom II-VO ist in vorliegender Konstellation nicht einschlägig. Der Aufenthaltsort von Unionseinführer und den Betroffenen der Rechts- bzw. Rechtsgutsverletzungen wird wohl selten in demselben Staat liegen; vgl. zur Binnensystematik des Art. 4 Rom II-VO *Junker*, in: MüKo BGB, 8. Aufl. 2021, Art. 4 Rom II-VO Rn. 7.

1049 Statt vieler *v. Bar/Mankowski*, Internationales Privatrecht Band II, 2. Aufl. 2019, § 2 Rn. 136; *Gasche*, Responsible Trading in Raw Materials, 2023, S. 304; *Görgen*, Unternehmerische Haftung in transnationalen Menschenrechtsfällen, 2019, S. 151; *Junker*, in: MüKo BGB, 8. Aufl. 2021, Art. 4 Rom II-VO Rn. 20; *Rühl*, in: Reinisch et al., Unternehmensverantwortung und Internationales Recht, 2020, 89, 97; *M. Stürner*, FS Coester-Waltjen, 2015, 843, 849; *Weller/Kaller/Schulz*, AcP 216 (2016), 387, 393; *Weller/Thomale*, ZGR 2017, 509, 524. Hingegen *Pförtner*, in: Krajewski/Saage-Maaß, Die Durchsetzung menschenrechtlicher Sorgfaltspflichten von Unternehmen, 2018, 311, 323 f., die für den Fall der gesetzlichen Regulierung von menschenrechtlichen Sorgfaltspflichten den Ort, an dem eine Sorgfaltspflichtverletzungen durch eine Muttergesellschaft stattfindet, als Erfolgsort vorschlägt.

1050 Vgl. statt vieler *v. Hein*, ZEuP 2009, 6, 18; *Junker*, in: MüKo BGB, 8. Aufl. 2021, Art. 4 Rom II-VO Rn. 6; *Wagner*, RabelsZ 80 (2016), 717, 741.

1051 Statt vieler *Junker*, in: MüKo BGB, 8. Aufl. 2021, Art. 4 Rom II-VO Rn. 46.

Wortlaut hohe Anforderungen.[1052] Zudem ist sie als Ausnahmevorschrift grundsätzlich eng auszulegen.[1053]

Art. 4 Abs. 3 S. 2 Rom II-VO statuiert ein Regelbeispiel: „Eine offensichtlich engere Verbindung mit einem anderen Staat könnte sich insbesondere aus einem bereits bestehenden Rechtsverhältnis zwischen den Parteien – wie einem Vertrag – ergeben, das mit der betreffenden unerlaubten Handlung in enger Verbindung steht." Dadurch soll im Wege einer akzessorischen Anknüpfung an ein Rechtsverhältnis ein Gleichlauf bspw. von vertraglichen und deliktischen Beziehungen zwischen den Beteiligten gewährleistet werden.[1054] Zwischen den Beteiligten der vorliegenden Konstellation (Unionseinführer und Geschädigtem) besteht jedoch in aller Regel kein Vertrag: In den gängigen Konstellationen sind zwar Verträge zwischen einem Unionseinführer und einem Minenbetreiber sowie zwischen einem Minenbetreiber und einem Arbeitnehmer denkbar, zwischen letzterem und einem Unionseinführer allerdings äußerst unrealistisch.[1055] Eine Anknüpfung an ein vertragliches Verhältnis scheidet damit grundsätzlich aus.

Das Deliktstatut ist auch nicht akzessorisch an das Gesellschaftsstatut der Mutter- bzw. Abnehmergesellschaft anzuknüpfen.[1056] Eine solche Anknüpfung erfordert ein Rechtsverhältnis zwischen der Mutter- bzw. Abnehmergesellschaft und dem Geschädigten, wofür ein tatsächliches Verhältnis, vermittelt durch ein Delikt, nicht genügt.[1057] Eine akzessorische Anknüpfung an das Gesellschaftsstatut würde vielmehr eine gesellschaftsrechtliche

---

1052 *Hübner*, Unternehmenshaftung für Menschenrechtsverletzungen, 2022, S. 146; *Mansel*, ZGR 2018, 439, 456.

1053 So die h. M., statt vieler *v. Bar/Mankowski*, Internationales Privatrecht Band II, 2. Aufl. 2019, § 2 Rn. 201; *Junker*, in: MüKo BGB, 8. Aufl. 2021, Art. 4 Rom II-VO Rn. 6; *Rühl*, in: BeckOGK, Stand: 1.12.2017, Art. 4 Rom II-VO, Rn. 105; *Späth/ Werner*, CCZ 2021, 241, 246.

1054 *Hübner*, Unternehmenshaftung für Menschenrechtsverletzungen, 2022, S. 146; *M. Stürner*, FS Coester-Waltjen, 2015, 843, 851; *Weller/Kaller/Schulz*, AcP 216 (2016), 387, 394.

1055 So auch für die Mutter- bzw. Auftraggebergesellschaft und Betroffene von Menschenrechtsverletzungen *Haider*, Haftung von transnationalen Unternehmen und Staaten für Menschenrechtsverletzungen, 2019, S. 326; *Massoud*, Menschenrechtsverletzungen im Zusammenhang mit wirtschaftlichen Aktivitäten von transnationalen Unternehmen, 2018, S. 86; *Thomae/Hübner*, JZ 2017, 385, 391. Zum häufigen Mangel von formalen Beschäftigungsverhältnissen beim artisanalen Abbau von Mineralien *supra* Kapitel 1 B. II.

1056 *Brunk*, Menschenrechtscompliance, 2022, S. 335 f.; *Hübner*, Unternehmenshaftung für Menschenrechtsverletzungen, 2021, S. 150 f.; *Mansel*, ZGR 2018, 439, 458.

1057 *Mansel*, ZGR 2018, 439, 458.

Pflichtenbindung voraussetzen,[1058] welche in der vorliegenden Konstellation nicht ersichtlich ist.

Das LG Dortmund und das OLG Hamm haben ebenfalls eine offensichtlich engere Verdingung zu einem anderen Staat i. S. d. Art. 4 Abs. 3 S. 1 Rom II-VO im *KiK*-Fall abgelehnt, da sich sowohl der Aufenthaltsort der Kläger als auch der Erfolgsort in Pakistan befanden.[1059] Allein der Umstand, dass der Unternehmenssitz und ggf. der Handlungsort einer Mutter- bzw. Abnehmergesellschaft in Deutschland liegt, vermag noch keine offensichtlich engere Verbindung nach Art. 4 Abs. 3 S. 1 Rom II-VO zu begründen.[1060]

Aus der Gesamtheit der Umstände ergibt sich auch in der vorliegenden Konstellation kein anderes Ergebnis. Insbesondere wird durch die KM-VO keine offensichtlich engere Verbindung zu einem anderen Staat geschaffen. Die in der KM-VO statuierten Sorgfaltspflichten schaffen keine rechtliche Beziehung zwischen dem Unionseinführer und den Geschädigten.[1061] Obwohl die Sorgfaltspflichten einen abstrakten Schutz für die Rechtspositionen der Geschädigten gewähren, vermögen die Bemühenspflichten der KM-VO keine offensichtlich engere Verbindung i. S. d. Art. 4 Abs. 3 S. 1 Rom II-VO zu begründen.[1062]

bb) Einseitiges Bestimmungsrecht aus Opferschutzgesichtspunkten

In der Literatur wurde der Vorschlag eines einseitigen Bestimmungsrechts von Geschädigten zugunsten einer Anknüpfung an den Handlungsort aus Gründen des Opferschutzes vorgebracht.[1063] Die Erfolgsortanknüpfung des Art. 4 Abs. 1 Rom II-VO diene dem Opferschutz.[1064] Zugunsten des

---

1058 *Hübner*, Unternehmenshaftung für Menschenrechtsverletzungen, 2022, S. 150 f.

1059 LG Dortmund, Urt. v. 10.1.2019 – 70 95/15, BeckRS 2019, 388 Rn. 30; OLG Hamm, Beschl. v. 1.5.2019 – I-9 U 44/19, NJW 2019, 3527 (Rn. 20); vgl. dazu *Hübner*, Unternehmenshaftung für Menschenrechtsverletzungen, 2022, S. 151.

1060 *Görgen*, Unternehmerische Haftung in transnationalen Menschenrechtsfällen, 2019, S. 178; *Hübner*, Unternehmenshaftung für Menschenrechtsverletzungen, 2022, S. 151.

1061 So zum LkSG *Späth/Werner*, CCZ 2021, 241, 247; ähnlich auch *Spindler*, ZHR 186 (2022), 67, 109 f.

1062 So zum LkSG *Späth/Werner*, CCZ 2021, 241, 247.

1063 *Thomale/Hübner*, JZ 2017, 385, 391 f.; *Weller/Thomale*, ZGR 2017, 509, 524; *Peters et al.*, MPIL Research Paper Series, No. 2020-06, S. 26 f.

1064 *Thomale/Hübner*, JZ 2017, 385, 391; *Weller/Thomale*, ZGR 2017, 509, 524.

Betroffenen des potenziellen Delikts solle die ihm vertraute Rechtsordnung Anwendung finden.[1065] Im Rahmen von Klagen gegen Mutter- bzw. Abnehmergesellschaften in internationalen Lieferketten vor deutschen Gerichten könne die Anwendung des Erfolgsortsrechts allerdings dem Willen und Interesse des Opfers widersprechen; ein Bestimmungsrecht ermögliche dem Geschädigten, das für ihn möglicherweise vorteilhaftere Recht des Forumstaates zur Anwendung zu bringen.[1066]

Indes spricht der enge Wortlaut des Art. 4 Abs. 3 Rom II-VO gegen ein Bestimmungsrecht der Geschädigten: Die Norm beinhaltet keinen Anhaltspunkt für ein Bestimmungsrecht und gestattet darüber hinaus die Anwendung abweichenden Rechts nur, soweit eine „offensichtlich engere Verbindung" als zum Recht des Erfolgsorts besteht.[1067] Dies könne nach der Literaturauffassung jedoch durch eine Auslegung der Rom II-VO *„praeter regulationem"*, d. h. eine Auslegung über die Verordnung hinaus, als rechtsimmanente Gesetzesfortbildung,[1068] überwunden werden.[1069]

Allerdings ergibt sich auch aus der Historie der Vorschrift, dass ein Bestimmungsrecht der Geschädigten nicht gewollt war.[1070] In Kenntnis nationaler Regelungen, die ein Bestimmungsrecht vorsahen, räumte der europäische Gesetzgeber ein Bestimmungsrecht bewusst nur bei Umweltdelikten nach Art. 7 Rom II-VO ein (hierzu sogleich).[1071] Im Umkehrschluss ergibt sich, dass ein Bestimmungsrecht i. R. v. Art. 4 Abs. 3 Rom II-VO nicht

---

1065 *Thomale/Hübner*, JZ 2017, 385, 391; *Weller/Thomale*, ZGR 2017, 509, 524.

1066 *Weller/Thomale*, ZGR 2017, 509, 524 f.

1067 *Habersack/Ehrl*, AcP 219 (2019), 155, 185; *Rühl*, in: Reinisch et al., Unternehmensverantwortung und Internationales Recht, 2020, 89, 101 f.; *Wendelstein*, RabelsZ 83 (2019), 111, 141 f.; so nun auch *Hübner*, Unternehmenshaftung für Menschenrechtsverletzungen, 2022, S. 153 f.

1068 *Weller/Thomale*, ZGR 2017, 509, 525.

1069 Zu den methodischen Grundlagen einer solchen Auslegung *Larenz/Canaris*, Methodenlehre der Rechtswissenschaft, 3. Aufl. 1995, S. 252; *Neuner*, in: Riesenhuber, Europäische Methodenlehre, 4. Aufl. 2021, § 12 Rn. 27 ff.

1070 *Brunk*, Menschenrechtscompliance, 2022, S. 336; *Görgen*, Unternehmerische Haftung in transnationalen Menschenrechtsfällen, 2019, S. 180 f.; *Hübner*, Unternehmenshaftung für Menschenrechtsverletzungen, 2022, S. 154.

1071 *Habersack/Ehrl*, AcP 219 (2019), 155, 185; so auch *v. Hein*, FS Kropholler 2008, 553, 564 f.; *Hübner*, Unternehmenshaftung für Menschenrechtsverletzungen, 2022, S. 154; *Mansel*, ZGR 2018, 439, 457 f.; *Rühl*, in: Reinisch et al., Unternehmensverantwortung und Internationales Recht, 2020, 89, 102.

statthaft ist.[1072] Zudem konnte sich ein Vorschlag des Europäischen Parlaments aus dem Jahr 2005 zur Rom II-VO nicht durchsetzen, wonach „die dem anzuwendenden ausländischen Recht zugrunde liegende Politik und die Konsequenzen der Anwendung dieses Rechts"[1073] bei der Bestimmung einer offensichtlich engeren Verbindung nach Art. 4 Abs. 3 Rom II-VO berücksichtigt werden sollten.[1074] Die Vorschrift soll also keine Anwendung für „sachrechtliche oder wertende" Überlegungen finden.[1075] Sie soll kein Korrektiv im Rahmen einer rechtspolitischen Entscheidung darstellen.[1076] Die Erfolgsortanknüpfung des Art. 4 Abs. 1 Rom II-VO erfolgt auch nicht aus Gründen des Opferschutzes, sondern beruht darauf, dass der „räumliche Schwerpunkt des Deliktes" am Erfolgsort liegt, da sich das Tatverhalten dort auswirkt.[1077] Es ist damit nicht geboten, einem Geschädigten ein einseitiges Bestimmungsrecht i. R. v. Art. 4 Abs. 3 Rom II-VO einzuräumen.

cc) Zwischenergebnis

Die Voraussetzungen von Art. 4 Abs. 3 Rom II-VO sind damit nicht erfüllt. Grundsätzlich kommt in den gängigen Konstellationen nach den bisheri-

---

1072 *Gasche,* Responsible Trading in Raw Materials, 2023, S. 305; *Hübner,* Unternehmenshaftung für Menschenrechtsverletzungen, 2022, S. 154; *Wendelstein,* RabelsZ 83 (2019), 111, 142.

1073 Legislative Entschließung des Europäischen Parlaments zu dem Vorschlag für eine Verordnung des Europäischen Parlaments und des Rates über das auf außervertragliche Schuldverhältnisse anzuwendende Recht („Rom II") (KOM(2003)0427 – C5-0338/2003 – 2003/0168 (COD)), Sitzung vom 6.7.2005, P6_TA(2005) 0284, abgedruckt IPRax 2006, 413, 415.

1074 *Brunk,* Menschenrechtscompliance, 2022, S. 336; *Halfmeier,* in: Krajewski/Oehm/ Saage-Maaß, Zivil- und strafrechtliche Unternehmensverantwortung für Menschenrechtsverletzungen, 2018, 33, 40; *v. Hein,* FS Kropholler, 2008, 553, 559 f.; *Nasse,* Loi de vigilance, 2022, S. 245; *Rühl,* in: Reinisch et al., Unternehmensverantwortung und Internationales Recht, 2020, 89, 102.

1075 *Rühl,* in: Reinisch et al., Unternehmensverantwortung und Internationales Recht, 2020, 89, 102; vgl. ferner *Brunk,* Menschenrechtscompliance, 2022, S. 336 f.; *Görgen,* Unternehmerische Haftung in transnationalen Menschenrechtsfällen, 2019, S. 180.

1076 Vgl. auch *v. Bar/Mankowski,* Internationales Privatrecht Band II, 2. Aufl. 2019, § 2 Rn. 203.

1077 *Brunk,* Menschenrechtscompliance, 2022, S. 336 f.; *Görgen,* Unternehmerische Haftung in transnationalen Menschenrechtsfällen, 2019, S. 180; *Habersack/Ehrl,* AcP 219 (2019), 155, 185; *Mansel,* ZGR 2018, 439, 458; *Wendelstein,* RabelsZ 83 (2019), 111, 141 f.

gen Überlegungen das Recht des Erfolgsorts – also ausländisches Recht – zur Anwendung.

c) Freie Rechtswahl der Parteien i. S. d. Art. 14 Rom II-VO

Als Ausdruck ihrer Parteiautonomie können die Parteien vorrangig vor einer objektiven Anknüpfung eine freie Rechtswahl gemäß Art. 14 Abs. 1 Rom II-VO treffen.[1078] Soweit deliktische Ansprüche von Geschädigten beim Abbau von oder Handel mit Mineralien oder Metallen gegen Unionseinführer in Frage stehen, kommt wohl lediglich eine nachträgliche Rechtswahl (*post delictum*) nach Art. 14 Abs. 1 S. 1 lit. a) Rom II-VO in Betracht.[1079] Schließlich gehen die Geschädigten in der Regel keiner kommerziellen Tätigkeit nach, sodass eine vorherige Rechtswahl nach Art. 14 Abs. 1 S. 1 lit. b) Rom II-VO nicht möglich ist.[1080]

Inwieweit sich deutsche Unionseinführer auf eine nachträgliche Rechtswahl einlassen, erscheint ungewiss; insbesondere soweit das materielle deutsche Recht strengere Haftungsregeln beinhaltet als das Recht des Erfolgsorts. Die Wahl deutschen Rechts bietet allerding auch Vorteile: Das zuständige Gericht müsste kein zeit- und kostenintensives Sachverständigengutachten zum ausländischen Recht (§ 293 ZPO) einholen.[1081] Zudem bestünde Rechtssicherheit für die Parteien hinsichtlich des anwendbaren

---

1078 *Hübner*, Unternehmenshaftung für Menschenrechtsverletzungen, 2022, S. 156; *Junker*, in: MüKo BGB, 8. Aufl. 2021, Art. 14 Rom II-VO Rn. 38; *Rühl*, in: BeckOGK, Stand: 1.4.2022, Art. 14 Rom II-VO Rn. 1.

1079 *Brunk*, Menschenrechtscompliance, 2022, S. 342; *v. Falkenhausen*, Menschenrechtsschutz durch Deliktsrecht, 2020, S. 311; *Mansel*, ZGR 2018, 439, 463; *Haider*, Haftung von transnationalen Unternehmen und Staaten für Menschenrechtsverletzungen, 2019, S. 323; *Nasse*, Loi de vigilance, 2022, S. 234.

1080 So auch *Görgen*, Unternehmerische Haftung in transnationalen Menschenrechtsfällen, 2019, S. 172; *Haider*, Haftung von transnationalen Unternehmen und Staaten für Menschenrechtsverletzungen, 2019, S. 323; *Hübner*, Unternehmenshaftung für Menschenrechtsverletzungen, 2022, S. 156; *Nasse*, Loi de vigilance, 2022, S. 234. Eingehend zum Begriff der kommerziellen Tätigkeit *Rühl*, in: BeckOGK, Stand: 1.4.2022, Art. 14 Rom II-VO Rn. 66 ff.

1081 *Brunk*, Menschenrechtscompliance, 2022, S. 344; *Habersack/Ehrl*, AcP 219 (2019), 155, 189; *Hübner*, Unternehmenshaftung für Menschenrechtsverletzungen, 2022, S. 156; *Thomale/Hübner*, JZ 2017, 387, 392.

Rechts[1082] sowie die Möglichkeit einer Revision[1083]. Obwohl sich die Interessen von Schädigern und Geschädigten bei der Wahl des anzuwendenden Rechts grundsätzlich entgegenstehen – bevorzugen doch die Geschädigten die Wahl des haftungsfreundlicheren Rechts; die Schädiger in der Regel das Gegenteil –, könnten diese Faktoren bereits zu einer Einigung der Parteien führen.[1084]

Die bereits dargelegte Rechtsprechung englischer Gerichte in den Fällen *Vedanta, Okpabi* sowie *Hamida Begum* hat gezeigt, dass zumindest Rechtskreise, die der *Common Law*-Tradition folgen, ein hohes Haftungsrisiko für die Verletzung einer „*duty of care*" bergen können.[1085] Soweit in einem Verfahren das Recht eines *Common Law*-Staates zur Anwendung kommen könnte, könnten deutsche Unternehmen folglich ein Interesse an der Wahl deutschen Rechts haben, um dem potenziell strengeren Haftungsrecht zu entgehen und um Rechtsunsicherheiten zu vermeiden.

Darüber hinaus weist *Brunk* darauf hin, dass die Zustimmung von Unternehmen zur Wahl des Heimatsrechts für das Unternehmen auch reputationsfördernd wirken kann, wenn dem Unternehmen in der Folge eine vorbildliche Menschenrechtspolitik zugeschrieben wird.[1086]

Mansel unterbreitete zum Zweck der praktischen Umsetzung der Rechtswahl den Vorschlag, dass Unternehmen in ihren *codes of conduct* oder im Wege einer Selbstverpflichtung ein Angebot zur Rechtswahl zugunsten deutschen Rechts bei schweren Menschenrechtsverletzungen *ad incertas personas* äußern könnten.[1087] Inwieweit ein solches Szenario realistisch ist, stellt allerdings der Autor selbst in Frage.[1088]

1082 *Brunk*, Menschenrechtscompliance, 2022, S. 343 f.

1083 *v. Falkenhausen*, Menschenrechtsschutz durch Deliktsrecht, 2020, S. 312; *Pförtner*, in: Krajewski/Saage-Maaß, Die Durchsetzung menschenrechtlicher Sorgfaltspflichten von Unternehmen, 2018, 311, 322; zur fehlenden Revisionsmöglichkeit vgl. auch *Hartmann*, in: Krajewski/Saage-Maaß, Die Durchsetzung menschenrechtlicher Sorgfaltspflichten von Unternehmen, 2018, 281, 296.

1084 *Brunk*, Menschenrechtscompliance, 2022, S. 343 f.

1085 Vgl. hierzu auch *Brunk*, Menschenrechtscompliance, 2022, S. 343 f.; sowie *supra* Kapitel 5 C. V. 2. c) bb) (i).

1086 *Brunk*, Menschenrechtscompliance, 2022, S. 344.

1087 *Mansel*, ZGR 2018, 439, 463; vgl. ferner *Brunk*, Menschenrechtscompliance, 2022, S. 344; *Habersack/Ehrl*, AcP 219 (2019), 155, 191; *Hübner*, Unternehmenshaftung für Menschenrechtsverletzungen, 2022, S. 156 f.; *Thomale/Hübner*, JZ 2017, 385, 392.

1088 *Mansel*, ZGR 2018, 439, 463.

Im Ergebnis erscheint daher eine nachträgliche Rechtswahl der Parteien nach Art. 14 Abs. 1 S. 1 lit. a) Rom II-VO zugunsten deutschen Rechts zwar möglich und mitunter sogar vorteilhaft für die Unternehmen.[1089] Ob es zu einer solchen nachträglichen Rechtswahl tatsächlich kommen wird, kann allerdings kaum vorhergesagt werden.

d) Keine Umweltschäden oder Personen- oder Sachschäden „auf dem Umweltpfad"[1090] nach Art. 7 Rom II-VO

Die Sonderanknüpfung des Art. 7 Rom II-VO kann die allgemeine Kollisionsnorm verdrängen, wenn ein Umweltschaden bzw. ein Personen- oder Sachschaden „auf dem Umweltpfad" entstanden ist.[1091] In diesen Fällen greift das Ubiquitätsprinzip: Der Geschädigte hat ein einseitiges Wahlrecht zwischen dem Recht des Orts, an dem der Schaden eingetreten ist (Erfolgsort), und dem Recht des Orts, an dem das schadensbegründende Ereignis eingetreten ist (Handlungsort), soweit diese auseinanderfallen, Art. 7 Rom II-VO.[1092] Die Bestimmung des Handlungsorts i. R. d. Rom II-VO bei Unternehmenshandlungen wirft komplexe Fragen auf (aa), indes ist vorliegend weder eine direkte (bb) noch eine analoge Anwendung (cc) von Art. 7 Rom II-VO möglich.

1089 Ebenso *v. Falkenhausen*, Menschenrechtsschutz durch Deliktsrecht, 2020, S. 312; *Hübner*, Unternehmenshaftung für Menschenrechtsverletzungen, 2022, S. 156.

1090 So wörtlich *Rühl*, in: Reinisch et al., Unternehmensverantwortung und Internationales Recht, 2020, 89, 98.

1091 So wörtlich *Rühl*, in: Reinisch et al., Unternehmensverantwortung und Internationales Recht, 2020, 89, 98; vgl. auch *Huber*, in: BeckOGK, Stand: 1.6.2022, Art. 7 Rom II-VO Rn. 1; *Hübner*, Unternehmenshaftung für Menschenrechtsverletzungen, 2022, S. 158; *Wagner*, IPRax 2008, 1, 9; *Weller/L. Nasse/J. Nasse*, in: FS Kronke, 2020, 601, 614; *dies.*, in: Kahl/Weller, Climate Change Litigation, 2021, 378, 392 f.

1092 Statt vieler *v. Bar/Mankowski*, Internationales Privatrecht Band II, 2. Aufl. 2019, § 2 Rn. 334; *Junker*, in: MüKo BGB, 8. Aufl. 2021, Art. 7 Rom II-VO Rn. 1; *Mansel*, ZGR 2018, 439, 460; *Rühl*, in: Reinisch et al., Unternehmensverantwortung und Internationales Recht, 2020, 89, 98; *Weller/L. Nasse/J. Nasse*, in: FS Kronke, 2020, 601, 614.

aa) Handlungsort

Der Handlungsort ist der Ort, an dem die unerlaubte Handlung stattfindet.[1093] In den typischen Fallkonstellationen ist dem Unionseinführer, als potenziellem Schädiger, ein Unterlassen vorzuwerfen: Der Unionseinführer hat es bspw. unterlassen, die Risiken in seiner Lieferkette zu ermitteln oder hinreichende Maßnahmen zur Risikoverhinderung oder -minderung zu ergreifen. Handlungsort ist dann der Ort, an dem zu handeln gewesen wäre.[1094] Der Handlungsort eines Unionseinführers, der ein Unternehmen ist, könnte stets an seinem Verwaltungssitz zu verorten sein.[1095] Der Handlungsort könnte sich auch abhängig vom Pflichteninhalt bestimmen und müsste dann anhand einer hypothetischen Prüfung ermittelt werden.[1096] Eine weitere Entscheidung kann jedoch vorerst dahinstehen.

bb) Sonderanknüpfung des Art. 7 Rom II-VO bei Menschenrechtsklagen

Die Sonderanknüpfung des Art. 7 Rom II-VO kann zwar grundsätzlich auch bei Menschenrechtsklagen Bedeutung erlangen, soweit die Schäden auf dem Umweltpfad entstehen.[1097] Als Beispiel kann das Verfahren *Okpabi v. Shell* in England angeführt werden, in dem mehr als 40.000 Kläger Schadensersatz von *Shell* wegen Ölverschmutzungen im Niger-Delta fordern.[1098] Umweltschäden sind jedoch ebenso wenig wie Personen- oder Sachschä-

---

1093 *v. Falkenhausen*, Menschenrechtsschutz durch Deliktsrecht, 2020, S. 316; *Görgen*, Unternehmerische Haftung für Menschenrechtsverletzungen, 2019, S. 152.

1094 *Hübner*, Unternehmenshaftung für Menschenrechtsverletzungen, 2022, S. 159 f.

1095 So etwa *Görgen*, Unternehmerische Haftung für Menschenrechtsverletzungen, 2019, S. 163; *Thomale/Hübner*, JZ 2017, 385, 391 f.; *Weller/Thomale*, ZGR 2017, 509, 524 f.; Die Bestimmung des Handlungsorts ist umstritten, vgl. hierzu *Hübner*, Unternehmenshaftung für Menschenrechtsverletzungen, 2022, S. 160 ff.

1096 So *Mansel*, ZGR 2018, 439, 462; vgl. hierzu *Hübner*, Unternehmenshaftung für Menschenrechtsverletzungen, 2022, S. 161 ff.

1097 *Hartmann*, in: Krajewski/Saage-Maaß, Die Durchsetzung menschenrechtlicher Sorgfaltspflichten von Unternehmen, 2018, 281, 300.

1098 *Okpabi v Shell* [2021] UKSC 3, bislang wurde lediglich über die Zuständigkeit britischer Gerichte entschieden, eine Entscheidung über das anwendbare Recht steht noch aus, die Konstellation könnte jedoch unter Art. 7 Rom II-VO gefasst werden; vgl. bezüglich des Urteils des Court of Appeal in zweiter Instanz *Hartmann*, in: Krajewski/Saage-Maaß, Die Durchsetzung menschenrechtlicher Sorgfaltspflichten von Unternehmen, 2018, 281, 300; ausführlich zum Verfahren *v. Falkenhausen*, Menschenrechtsschutz durch Deliktsrecht, 2020, S. 225 ff.; *Hübner*,

den, die auf eine Umweltschädigung zurückzuführen sind, Gegenstand der KM-VO bzw. der OECD-Leitsätze zu Konfliktmineralien.[1099] Die KM-VO lässt potenzielle Umweltschäden außen vor. Die Voraussetzungen für die Sonderanknüpfung des Art. 7 Rom II-VO sind demnach in den hier denkbaren Fallkonstellationen nicht erfüllt.

cc) Keine analoge Anwendung des Art. 7 Rom II-VO auf Menschenrechtsverletzungen

In der Literatur wird vereinzelt eine analoge Anwendung des Art. 7 Rom II-VO auf Menschenrechtsverletzungen gefordert.[1100] Dies würde voraussetzen, dass eine planwidrige Regelungslücke und eine vergleichbare Interessenlage bestehen.[1101]

Eine vergleichbare Interessenlage hinsichtlich Umweltschäden oder Sach- oder Personenschäden auf dem Umweltpfad und Menschenrechtsverletzungen wird von der Literaturansicht damit begründet, dass die Belange des Menschenrechtsschutzes für die EU ebenso von Interesse seien wie die des Umweltschutzes.[1102] Zudem drohe bezüglich der Menschenrechte, ebenso wie bei Umweltschäden, die Gefahr, dass Unternehmen ein Rechtsgefälle ausnutzen, indem sie die Produktion bewusst ins Ausland verlegen oder Rohstoffe aus dem Ausland beziehen, wo das Sachrecht ein niedrigeres Schutzniveau biete.[1103]

Das Vorliegen einer planwidrigen Regelungslücke wird damit begründet, dass der europäische Gesetzgeber beim Erlass der Rom II-VO die Möglichkeit der zivilrechtlichen Haftung von Unternehmen für Menschen-

---

Unternehmenshaftung für Menschenrechtsverletzungen, 2021, S. 83; *Brunk*, Menschenrechtscompliance, 2022, S. 337 f.

1099 S. *supra* Kapitel 3 B. II. 1.

1100 So *Görgen*, Unternehmerische Haftung in transnationalen Menschenrechtsfällen, 2019, S. 181 ff. Vgl. ferner *Haider*, Haftung von transnationalen Unternehmen und Staaten für Menschenrechtsverletzungen, 2019, S. 327 f., welche grundsätzlich zustimmt, dass das Ubiquitätsprinzip für Menschenrechtsverletzungen gelten sollte, ohne auf eine analoge Anwendung des Art. 7 Rom II-VO einzugehen.

1101 *Neuner*, in: Riesenhuber, Europäische Methodenlehre, 4. Aufl. 2021, § 12 Rn. 33; vgl. auch *Brunk*, Menschenrechtscompliance, 2022, S. 338.

1102 *Görgen*, Unternehmerische Haftung in transnationalen Menschenrechtsfällen, 2019, S. 182.

1103 *Görgen*, Unternehmerische Haftung in transnationalen Menschenrechtsfällen, 2019, S. 182.

rechtsverletzungen nicht in Betracht zog.[1104] Diese Möglichkeit war den Rechtsetzern für Umweltschäden bzw. Personen- und Sachschäden auf dem Umweltpfad vor dem Hintergrund der Umwelthaftungsrichtlinie[1105] bekannt.[1106]

Allerdings schafft Art. 4 Abs. 1 Rom II-VO die Grundanknüpfung zum Recht des Erfolgsorts, wogegen Art. 7 Rom II-VO eine Ausnahmevorschrift ist, sodass an eine Analogie gesteigerte Anforderungen zu stellen sind.[1107] Gegen das Vorliegen einer Regelungslücke spricht, dass sich die europäischen Gesetzgeber bewusst gegen die Einführung des Ubiquitätsprinzips entschieden haben und dies nur in eng begrenzten Ausnahmefällen vorgesehen ist.[1108] Eine analoge Anwendung von Art. 7 Rom II-VO würde die Vorschrift folglich überdehnen.[1109] Die Entscheidung, ob Geschädigten von Menschenrechtsverletzungen ein Wahlrecht zwischen dem Handlungs- und dem Erfolgsort zustehen soll, ist einem demokratisch legitimierten Gesetzgeber zu überlassen.[1110] Ferner kann gegen einen Analogieschluss der Sinn und Zweck der Rom II-VO angeführt werden, der darin besteht, Vorhersehbarkeit des anwendbaren Rechts zu schaffen.[1111]

dd) Zwischenergebnis

Art. 7 Rom II-VO ist auf die vorliegenden Konstellationen weder direkt noch analog anzuwenden.

1104 *Görgen*, Unternehmerische Haftung in transnationalen Menschenrechtsfällen, 2019, S. 183 f.; vgl. ferner *Brunk*, Menschenrechtscompliance, 2022, S. 339.

1105 Richtlinie 2004/35/EG des Europäischen Parlaments und des Rates v. 21.4.2004 über Umwelthaftung zur Vermeidung und Sanierung von Umweltschäden, ABl. EU L 143/56, 30.4.2004.

1106 Ähnlich *Brunk*, Menschenrechtscompliance, 2022, S. 339; *Görgen*, Unternehmerische Haftung in transnationalen Menschenrechtsfällen, 2019, S. 183 f.

1107 So bereits *Hübner*, Unternehmenshaftung für Menschenrechtsverletzungen, 2022, S. 164; *Mansel*, ZGR 2018, 439, 458 f.

1108 So *Brunk*, Menschenrechtscompliance, 2022, S. 339; *Mansel*, ZGR 2018, 439, 458 f.; *Pförtner*, in: Gössl, Politik und Internationales Privatrecht, 2017, 93, 100.

1109 So *Brunk*, Menschenrechtscompliance, 2022, S. 339; *Mansel*, ZGR 2018, 439, 458 f.; *Pförtner*, in: Gössl, Politik und Internationales Privatrecht, 2017, 93, 100.

1110 *Mansel*, ZGR 2018, 439, 459.

1111 So *Hübner*, Unternehmenshaftung für Menschenrechtsverletzungen, 2022, S. 164.

e) Eingriffsnorm i. S. d. Art. 16 Rom II-VO

Von der Rom II-VO unberührt bleibt gemäß Art. 16 Rom II-VO die Anwendung der Normen, die „ohne Rücksicht auf das für das außervertragliche Schuldverhältnis maßgebende Recht den Sachverhalt zwingend regeln" (sog. Eingriffsnormen). Es stellt sich die Frage, ob Art. 5 KM-VO, der den Unionseinführern Risikomanagementpflichten auferlegt, eine Eingriffsnorm i. S. d. Art. 16 Rom II-VO darstellt. Art. 5 KM-VO käme dann in einem Verfahren gegen einen Unionseinführer auch zur Anwendung, wenn die geltend gemachten Deliktsansprüche ausländischem Recht unterliegen, da Eingriffsnormen unabhängig vom Deliktsstatut zur Anwendung gelangen.[1112]

Um die einheitliche Auslegung der Rom I- und Rom II-VO zu gewährleisten, sind zur Auslegung von Art. 16 Rom II-VO die Parallelbestimmung aus der Rom I-VO (Art. 9) und deren Auslegung heranzuziehen.[1113] Art. 9 Abs. 1 Rom I-VO enthält eine Legaldefinition der Eingriffsnorm, die maßgeblich auf die Entscheidung des EuGH in der Sache *Arblade* zurückgeht.[1114] Art. 9 Abs. 1 Rom I-VO lautet:

> „Eine Eingriffsnorm ist eine zwingende Vorschrift, deren Einhaltung von einem Staat als so entscheidend für die Wahrung seines öffentlichen Interesses, insbesondere seiner politischen, sozialen oder wirtschaftlichen Organisation, angesehen wird, dass sie ungeachtet des nach Maßgabe

---

1112 Vgl. auch *v. Falkenhausen*, Menschenrechtsschutz durch Deliktsrecht, 2020, S. 324; *Spickhoff*, in: BeckOK BGB, 67. Edt. Stand: 1.8.2023, Art. 16 Rom II-VO Rn. 1; Art. 5 KM-VO sieht selbst keine zivilrechtlichen Rechtsfolgen vor. Nach *Weller/Nasse*, FS Ebke 2021, 1071, 1081 greift die sog. „kleine Eingriffslösung". Die Haftungsfolge würde sich dann nach dem Recht der *lex causae* richten. Soweit der Gesetzgeber der *lex fori* neben einer Verkehrspflicht bzw. Sorgfaltspflicht auch die haftungsrechtliche Rechtsfolge als Eingriffsnorm regelt, käme für den Anspruch einheitlich das Recht der *lex fori* zur Anwendung (sog. „große Eingriffslösung").

1113 EuGH, Urt. v. 31.1.2019 – Rs. C-149/18, *Agostinho da Silva Martins ./. Dekra Claims Services Portugal SA*, ECLI:EU:C:2019:84, Rn. 27 f.; *v. Falkenhausen*, Menschenrechtsschutz durch Deliktsrecht, 2020, S. 323 f.; *Haider*, Haftung von transnationalen Unternehmen und Staaten für Menschenrechtsverletzungen, 2019, S. 328; *Hübner*, Unternehmenshaftung für Menschenrechtsverletzungen, 2022, S. 451; *Junker*, Internationales Privatrecht, 5. Aufl. 2022, § 16 Rn. 52.

1114 EuGH, Urt. v. 23.11.1999 – Rs. C-369/96 und C-376/96, *Arblade und Leloup*, ECLI:EU:C:1999:575, Rn. 30; Grünbuch Rom I-VO, KOM(2002) 654 endg., S. 41; KOM(2005), 650 endg., S. 8; *Hemler*, Die Methodik der „Eingriffsnorm" im modernen Kollisionsrecht, 2019, S. 42; *Martiny*, in: MüKo BGB, 8. Aufl. 2021, Art. 9 Rom I-VO Rn. 4.

dieser Verordnung auf den Vertrag anzuwendenden Rechts auf alle Sachverhalte anzuwenden ist, die in ihren Anwendungsbereich fallen."

An die Qualifikation einer Vorschrift als Eingriffsnorm werden also hohe Anforderungen gestellt.[1115] Der Definition in Art. 9 Abs. 1 Rom I-VO lassen sich drei Voraussetzungen entnehmen: Die fragliche Vorschrift muss zwingend sein, sie darf also nicht zur Disposition der Parteien stehen.[1116] Die Vorschrift muss einen internationalen Geltungsanspruch erheben und zudem von entscheidender Bedeutung für die Wahrung des öffentlichen Interesses, insbesondere der politischen, sozialen oder wirtschaftlichen Organisation, der *lex fori* sein.[1117]

Art. 5 KM-VO ist eine Vorschrift des unmittelbar anwendbaren Unionsrechts und stellt somit einen Bestandteil der mitgliedstaatlichen Rechtsordnung dar, sodass sie grundsätzlich als Eingriffsnorm in Betracht kommt.[1118] Rechtsakte des unmittelbar anwendbaren Sekundärrechts enthalten allerdings in der Regel eigene Kollisionsregeln, die den Anknüpfungsregeln der Rom II-VO als *lex specialis* vorgehen.[1119] Das Spezialitätsverhältnis der kollisionsrechtlichen Vorgaben im sekundären Unionsrecht für außervertragliche Schuldverhältnisse wird in Art. 27 Rom II-VO ausdrücklich anerkannt.[1120] Eigene kollisionsrechtliche Vorgaben enthält die KM-VO jedoch ebenso wenig wie die mitgliedstaatliche Umsetzung im MinRohSorgG. Dies steht damit im Einklang, dass die KM-VO und ihre nationale Umsetzung in Deutschland ein *public enforcement* vorsehen.[1121]

Einer Geltung als Eingriffsnorm steht dies jedoch nicht zwingend entgegen. Vielmehr spricht ein *public enforcement* einer Vorschrift häufig für deren Eignung als Eingriffsnorm, denn es liegt nahe, dass der Staat zwingende Vorschriften nicht nur der Durchsetzung von Privaten überlassen

---

1115 *v. Falkenhausen*, Menschenrechtsschutz durch Deliktsrecht, 2020, S. 323.

1116 *Magnus*, in: Staudinger, 2021, Art. 9 Rom I-VO Rn. 46; *Maultzsch*, in: BeckOGK, Stand: 1.9.2023, Art. 9 Rom I-VO Rn. 17.

1117 *Magnus*, in: Staudinger, 2021, Art. 9 Rom I-VO Rn. 46; *Maultzsch*, in: BeckOGK, Stand: 1.9.2023, Art. 9 Rom I-VO Rn. 17.

1118 Zu Eingriffsnormen aus unmittelbar anwendbarem EU-Recht vgl. *v. Bar/Mankowski*, Internationales Privatrecht Band II, 2. Aufl. 2019, § 2 Rn. 559; *Kreuzer/R. Wagner/Reder*, in: Dauses/Ludwigs, Handbuch des EU-Wirtschaftsrechts, 58. EL 4.2023, R. Europäisches Internationales Privatrecht Rn. 415; *Maultzsch*, in: BeckOGK, Stand: 1.9.2023, Art. 16 Rom II-VO Rn. 28.

1119 *Maultzsch*, in: BeckOGK, Stand: 1.9.2023, Art. 16 Rom II-VO Rn. 28, 63.

1120 *Maultzsch*, in: BeckOGK, Stand: 1.9.2023, Art. 16 Rom II-VO Rn. 63.

1121 S. *supra* Kapitel 3 C. I.

bzw. die Normen nicht zu deren Disposition stellen will.[1122] Normen mit öffentlich-rechtlichem Charakter können in das Privatrecht ausstrahlen und somit kollisionsrechtliche Relevanz erlangen.[1123]

Allerdings erscheint fraglich, ob Art. 5 KM-VO eine Vorschrift ist, die einen internationalen Geltungsanspruch erhebt und zudem von entscheidender Bedeutung für die Wahrung des öffentlichen Interesses der *lex fori* ist. Mangels Kollisionsregel in der KM-VO ist durch Auslegung zu ermitteln, ob die Vorschrift einen „Eingriffswillen" hat.[1124] Die Vorschrift selbst bietet hierfür keine Anhaltspunkte. Die Sorgfaltspflichten der KM-VO dienen der Verhinderung der Finanzierung bewaffneter Konflikte und von Menschenrechtsverletzungen in Konflikt- und Hochrisikogebieten. Die KM-VO schafft keine Importverbote.[1125] Vielmehr legt die KM-VO den Einführern bestimmter Mineralien oder Metalle in Rohform ab einer jährlichen Einfuhrmenge Sorgfaltspflichten auf. Obwohl mit der Verhinderung und Milderung von Menschenrechtsverletzungen und der Konfliktfinanzierung durchaus gewichtige Interessen verfolgt werden, erscheint fraglich, ob die Vorschrift entscheidend für die Wahrung des öffentlichen Interesses ist und einen internationalen Geltungsanspruch erhebt. Hätte der europäische Gesetzgeber eine Eingriffsnorm schaffen wollen, hätte er dies wohl in der Verordnung explizit festgelegt. Hierfür spricht auch, dass der Entwurf für eine Richtlinie zur *Corporate Sustainability Due Diligence* in Art. 22 Abs. 5 RL-Entwurf vorsieht, dass die nationalstaatliche zivilrechtliche Haftungsklausel als Eingriffsnorm i. S. d. Art. 16 Rom II-VO auszugestalten ist.[1126] Art. 5 KM-VO ist damit keine Eingriffsnorm i. S. v. Art. 16 Rom II-VO.

f) Verstoß gegen den *ordre public*-Vorbehalt nach Art. 26 Rom II-VO

Eine weitere Korrekturmöglichkeit folgt aus der Vorbehaltsklausel des Art. 26 Rom II-VO. Hiernach kann die Anwendung einer ausländischen Norm versagt werden, soweit das zur Anwendung berufene Recht offen-

---

1122 *Hübner*, Unternehmenshaftung für Menschenrechtsverletzungen, 2022, S. 454; *Maultzsch*, in: BeckOGK, Stand: 1.9.2023, Art. 9 Rom I-VO Rn. 26.

1123 *Maultzsch*, in: BeckOGK, Stand: 1.9.2023, Art. 9 Rom I-VO Rn. 26; *Thorn*, FS K. Schmidt, 2009, 1561, 1576 f.

1124 *v. Bar/Mankowski*, Internationales Privatrecht Band II, 2. Aufl. 2019, § 2 Rn. 560.

1125 Vgl. zu Embargos etwa *v. Hoffmann*, FS Henrich 2000, 283, 295.

1126 Hierzu *infra* Kapitel 6 G. IV. 4.

sichtlich nicht mit der innerstaatlichen öffentlichen Ordnung des Forumstaates vereinbar ist und ein hinreichender Inlandsbezug des Sachverhalts besteht (sog. *ordre public*-Vorbehalt).[1127] Der inländische *ordre public* bestimmt sich nach den maßgeblichen Grundsätzen des Forumstaates, zu denen in Deutschland auch die Menschenrechte zählen.[1128]

Aus dem Wortlaut des Art. 26 Rom II-VO sowie Erwägungsgrund 32 zur Rom II-VO ergibt sich, dass hohe Voraussetzungen an einen Verstoß gegen den *ordre public* gestellt werden: Die Vorschrift der *lex causae* muss demnach „offensichtlich" mit dem innerstaatlichen Recht unvereinbar sein; das grundsätzlich zur Anwendung berufene Recht ist nur bei „außergewöhnlichen Umständen" nicht anzuwenden.[1129] Für einen Verstoß gegen den *ordre public* ist dabei nicht allein der abstrakte Inhalt eines Gesetzes ausschlaggebend, sondern die Rechtsanwendung im Einzelfall.[1130]

Soweit ein Verstoß gegen den *ordre public* festgestellt wird, folgt hieraus nicht direkt die Anwendung der *lex fori*; primär ist die Lücke durch eine „modifizierte Anwendung der *lex causae*"[1131] zu schließen.[1132] Ein Rückgriff

1127 Statt vieler *Haider*, Haftung von transnationalen Unternehmen und Staaten für Menschenrechtsverletzungen, 2019, S. 336; *Junker*, in: MüKo BGB, 8. Aufl. 2021, Art. 26 Rom II-VO Rn. 1, 20; *Thomale/Hübner*, JZ 2017, 385, 392; *Weller/Kaller/Schulz*, AcP 216 (2016), 387, 394 f.; *Wendelstein*, RabelsZ 83 (2019), 111, 144 f.
1128 *v. Bar/Mankowski*, Internationales Privatrecht Band I, 2. Aufl. 2003, § 7 Rn. 260 ff., 269 f.; *Haider*, Haftung von transnationalen Unternehmen und Staaten für Menschenrechtsverletzungen, 2019, S. 336; *Hübner*, Unternehmenshaftung für Menschenrechtsverletzungen, 2022, S. 164 f.; *Junker*, FS Coester-Waltjen, 2015, 843, 851; *Kreuzer*, RW 2010, 143, 177 ff.; *M. Stürner*, FS Coester-Waltjen, 2015, 843, 851; *Weller/Kaller/Schulz*, AcP 216 (2016), 387, 395 f., die ferner zu Recht feststellen, dass ein Rekurs auf einen *ordre public transnational* nicht notwendig ist, da „der Gerichtsstaat [...] in diesen besonderen Fällen nicht nur eigene wesentliche Grundsätze, sondern auch fundamentale Werte der internationalen Staatengemeinschaft [verteidigt]."
1129 Statt vieler *v. Falkenhausen*, Menschenrechtsschutz durch Deliktsrecht, 2020, S. 329; *Hübner*, Unternehmenshaftung für Menschenrechtsverletzungen, 2022, S. 165; *Junker*, in: MüKo BGB, 8. Aufl. 2021, Art. 26 Rom II-VO Rn. 1; *Thomale/Hübner*, JZ 2017, 385, 392.
1130 *v. Falkenhausen*, Menschenrechtsschutz durch Deliktsrecht, 2020, S. 326.
1131 *Junker*, in: MüKo BGB, 8. Aufl. 2021, Art. 26 Rom II-VO Rn. 26; *ders.*, Internationales Privatrecht, 4. Aufl. 2021, § 12 Rn. 36.
1132 BGH, Beschl. v. 14.10.1992 – XII ZB 18/92, NJW 1993, 848, 850; *v. Falkenhausen*, Menschenrechtsschutz durch Deliktsrecht, 2020, S. 327; *Hemler*, in: BeckOGK, Stand: 1.9.2023, Art. 26 Rom II-VO Rn. 51; *Thomale/Hübner*, JZ 2017, 385, 392.

auf die *lex fori* ist nur im Ausnahmefall möglich, soweit die Anwendung des ausländischen Rechts nicht zu einer sinnvollen Lösung gelangen kann.[1133]

In den Haftungskonstellationen bei Verstoß gegen die KM-VO kommt, wie in Lieferkettenkonstellationen allgemein, ein Verstoß gegen den *ordre public* nur in Betracht, wenn die *lex causae* den Betroffenen keinen hinreichenden Schutz gewährt.[1134] Soweit die *lex causae* eine untragbare Haftungslücke aufweist, kann der Vorbehalt des *ordre public* eingreifen und die Anwendung des ausländischen Rechts abwehren.[1135] Die Haftungslücke in der *lex causae* muss allerdings, um einen Verstoß gegen den inländischen *ordre public* darzustellen, einen „Kernbestand der inländischen Rechtsordnung"[1136] der *lex fori* betreffen.[1137] Die Anwendung des ausländischen Rechts müsste „den der deutschen Regelung zu Grunde liegenden Gerechtigkeitsvorstellungen so stark [widersprechen], dass es nach deutschem Rechtsempfinden untragbar erscheint", die ausländische Norm anzuwenden.[1138] Dies wäre bspw. der Fall, wenn ein unmittelbar Handelnder für Rechts- oder Rechtsgutverletzungen nicht haften müsste.[1139]

Für die vorliegende Konstellation stellt sich also die Frage, ob im ausländischen Recht Haftungslücken drohen, die einen Kernbestand des deutschen Deliktsrechts betreffen. Bei der Annahme eines *ordre public*-Verstoßes des Rechts der *lex causae* ist Vorsicht geboten, um dem grundlegenden Prinzip des internationalen Privatrechts, der Gleichwertigkeit der

---

1133 *v. Falkenhausen*, Menschenrechtsschutz durch Deliktsrecht, 2020, S. 327; *Hemler*, in: BeckOGK, Stand: 1.9.2023, Art. 26 Rom II-VO Rn. 51; *Junker*, in: MüKo BGB, 8. Aufl. 2021, Art. 26 Rom II-VO Rn. 26.

1134 *Wendelstein*, RabelsZ 83 (2019), 111, 145.

1135 *Hübner*, Unternehmenshaftung für Menschenrechtsverletzungen, 2022, S. 166; *Mansel*, ZGR 2018, 439, 469; *Pförtner*, in: Gössl, Politik und Internationales Privatrecht, 2017, 93, 105; ähnlich *Gasche*, Responsible Trading in Raw Materials, 2023, S. 307; a. A. *Wagner*, RabelsZ 80 (2016), 717, 748 f., der hierin keine Aufgabe des *ordre public* sieht, sondern vielmehr der Eingriffsnormen.

1136 BGH, Urt. v. 8.5.2000 – II ZR 182/98, NJW-RR 2000, 1372, 1373 zu Art. 6 EGBGB. Die zur Auslegung von Art. 6 EGBGB entwickelten Grundsätze können zur Auslegung des Art. 26 Rom II-VO herangezogen werden, da nach Art. 26 Rom II-VO die öffentliche Ordnung des Forumstaates maßgeblich ist. Vgl. dazu *v. Falkenhausen*, Menschenrechtsschutz durch Deliktsrecht, 2020, S. 329; *Hemler*, in: BeckOGK, Stand: 1.9.2023, Art. 26 Rom II-VO Rn. 17; *Junker*, in: MüKo BGB, 8. Aufl. 2021, Art. 26 Rom II-VO Rn. 17.

1137 *v. Falkenhausen*, Menschenrechtsschutz durch Deliktsrecht, 2020, S. 329.

1138 BGH, Urt. v. 8.5.2000 – II ZR 182/98, NJW-RR 2000, 1372, 1373 zu Art. 6 EGBGB.

1139 *v. Falkenhausen*, Menschenrechtsschutz durch Deliktsrecht, 2020, S. 329.

Rechtsordnungen, Rechnung zu tragen.[1140] Nach bisheriger Prüfung hätten deutsche Gerichte auf Deliktsklagen, in denen die Geschädigten Verstöße von Unionseinführern gegen die Sorgfaltspflichten der KM-VO geltend machen, ausländisches Sachrecht anzuwenden. In den typischen Fallkonstellationen wäre also das Recht der Staaten anzuwenden, in denen Konfliktmineralien abgebaut werden. Diese liegen zumeist in Konflikt- und Hochrisikogebieten, in denen häufig Rechtsdurchsetzungsdefizite bestehen; bspw. sind Prozessstandards nach Angaben des Auswärtigen Amts in der DRK nicht garantiert.[1141] Von einem etwaigen Defizit in der Rechtsdurchsetzung kann jedoch nicht ohne weiteres auf ein Rechtsgefälle im materiellen Recht geschlossen werden.[1142] Ob auch Defizite im materiellen Recht bestehen, bedürfte eingehender Prüfung.[1143]

Darüber hinaus erscheint fraglich, ob eine mögliche Haftungslücke einen Kernbestand des deutschen Deliktsrechts treffen würde. Grundsätzlich ist die Haftung für Menschenrechtsverletzungen in Lieferketten nach deutschem Recht derzeit nicht hinreichend klar definiert, um einen Maßstab zur Prüfung des ausländischen Rechts zu bilden.[1144] Zwar ist denkbar, dass sich ein solcher Maßstab in Zukunft bildet, wenn gesetzliche Sorgfaltspflichten und/oder Haftungsklauseln durch den deutschen oder europäischen Gesetzgeber formuliert werden.[1145] Die Sorgfaltspflichten der

---

1140 *Pförtner*, in: Gössl, Politik und Internationales Privatrecht, 2017, 93 ff. passim.; *dies.*, in: Krajewski/Saage-Maaß, Die Durchsetzung menschenrechtlicher Sorgfaltspflichten von Unternehmen, 2018, 311, 313.

1141 So noch *Auswärtiges Amt*, DRK – Politisches Portrait (2022), online abrufbar unter: https://web.archive.org/web/20221201055406/https://www.auswaertiges-amt.de/de/aussenpolitik/laender/kongodemokratischerepublik-node/innenpolitik/203252 (zuletzt abgerufen: 30.9.2023).

1142 *Meder*, Unternehmerische Haftung in grenzüberschreitenden Wertschöpfungskette, 2022, S. 169; *Pförtner*, in: Krajewski/Saage-Maaß, Die Durchsetzung menschenrechtlicher Sorgfaltspflichten von Unternehmen, 2018, 311, 314.

1143 So beinhaltet bspw. zumindest das Droit civil der DRK in Art. 258 Des contrats ou des obligations conventionnelles eine Haftungsklausel, die lautet: „Tout fait quelconque de l'homme, qui cause à autrui un dommage, oblige celui par la faute duquel il est arrivé à le réparer." Online abrufbar unter http://www.leganet.cd/Legislation/Tables/droit_civil.htm#DROIT_DES_OBLIGATIONS_ET_DES_CONTRATS (zuletzt abgerufen: 30.9.2023).

1144 So *Hübner*, Unternehmenshaftung für Menschenrechtsverletzungen, 2022, S. 167; *Mansel*, ZGR 2018, 439, 469 f.; *Pförtner*, in: Krajewski/Saage-Maaß, Die Durchsetzung menschenrechtlicher Sorgfaltspflichten von Unternehmen, 2018, 311, 320. Zur fehlenden Klarheit vgl. auch *supra* Kapitel 5 B. I.

1145 *Mansel*, ZGR 2018, 439, 469; *Pförtner*, in: Krajewski/Saage-Maaß, Die Durchsetzung menschenrechtlicher Sorgfaltspflichten von Unternehmen, 2018, 311, 320.

KM-VO allein sind allerdings noch nicht ausreichend, einen solchen Maßstab zu bilden. Denn obgleich nach hier vertretener Auffassung eine Haftung nach § 823 Abs. 2 BGB i. V. m. Art. 5 KM-VO möglich ist, erscheint
die Qualifikation dieser Haftungsmöglichkeit als „Kernbestand der deliktischen Rechtsordnung"[1146] jedenfalls derzeit nicht angezeigt – zumal bisher
keine einschlägige Rechtsprechung existiert. Auch § 3 Abs. 3 S. 1 LkSG,
der eine zivilrechtliche Haftung für Verstöße gegen das deutsche LKSG
explizit ausschließt, spricht dafür, dass es nach Maßgabe des deutschen
Rechtsempfindens nicht untragbar wäre, sähe das Recht der *lex causae*
einen ebensolchen Anspruch nicht vor. Eine Korrektur des anwendbaren
Rechts mittels des *ordre public* scheitert folglich jedenfalls daran, dass die
Haftung von Abnehmern in der Lieferkette bzw. der Muttergesellschaft
auch nach deutschem Recht nicht mit hinreichender Sicherheit feststeht.
Ob ein hinreichender Inlandsbezug des (typischen) Sachverhalts existiert,
kann folglich dahinstehen.[1147]

g) Berücksichtigung der Sorgfaltspflichten der KM-VO als Sicherheits- und
   Verhaltensregeln i. S. d. Art. 17 Rom II-VO

Soweit ein deutsches Gericht zu dem Ergebnis gelangt, dass fremdes Sachrecht anwendbar ist, stellt sich zuletzt die Frage, ob die Sorgfaltspflichten
der KM-VO als Sicherheits- und Verhaltensregeln i. S. d. Art. 17 Rom II-VO
bei der Auslegung und Anwendung einer ausländischen Haftungsnorm
faktisch und soweit angemessen berücksichtigt werden müssten.[1148] Dies
hätte nicht zur Folge, dass inländisches Recht zur Anwendung gelangt.[1149]
Vielmehr würden die Sorgfaltspflichten im Rahmen des für anwendbar
befundenen Sachrechts faktisch, als *local data*, berücksichtigt.[1150]

1146 BGH, Urt. v. 8.5.2000 – II ZR 182/98, NJW-RR 2000, 1372, 1373.

1147 Hierzu jedoch in vergleichbaren Konstellationen *Hübner*, Unternehmenshaftung
     für Menschenrechtsverletzungen, 2022, S. 168 f.

1148 Hinsichtlich menschenrechtlicher deliktischer Verkehrspflichten vgl. bereits *v. Fal-
     kenhausen*, Menschenrechtsschutz durch Deliktsrecht, 2020, S. 318 ff.; *Hübner*,
     Unternehmenshaftung für Menschenrechtsverletzungen, 2022, S. 170 ff.; *Mansel*,
     ZGR 2018, 439, 465; hierzu und zum LkSG vgl. *Brunk*, Menschenrechtscomplian-
     ce, 2022, S. 357; zur *loi de vigilance* vgl. *Nasse*, Loi de vigilance, 2022, S. 252 ff.

1149 Statt vieler *v. Bar/Mankowski*, Internationales Privatrecht Band II, 2. Aufl. 2019, § 2
     Rn. 421.

1150 Zur Rechtsfolge des Art. 17 Rom II-VO *v. Bar/Mankowski*, Internationales Privat-
     recht Band II, 2. Aufl. 2019, § 2 Rn. 421; *Hübner*, Unternehmenshaftung für Men-

aa) Sicherheits- und Verhaltensregeln

Erforderlich ist zunächst, dass die Vorschriften der KM-VO Sicherheits- und Verhaltensregeln nach Art. 17 Rom II-VO darstellen.

Da eine Verordnung gemäß Art. 288 Abs. 2 AEUV unmittelbare Geltung in den EU-Mitgliedstaaten entfaltet und abstrakt-generelle Wirkung hat, sind die Vorschriften der KM-VO zumindest eine taugliche Rechtsquelle für Sicherheits- und Verhaltensregeln i. S. d. Art. 17 Rom II-VO.[1151]

Zur Auslegung des Begriffs der Sicherheits- und Verhaltensregeln, der in der Rom II-VO selbst nicht definiert wird, ist Erwägungsgrund 34 heranzuziehen, wonach sich der Begriff „auf alle Vorschriften bezieht, die in Zusammenhang mit Sicherheit und Verhalten stehen, einschließlich beispielsweise der Straßenverkehrssicherheit im Falle eines Unfalls."[1152] Demnach sind Sicherheits- und Verhaltensregeln verhaltensleitende Normen, aus denen sich Vorgaben für konkrete Situationen entnehmen lassen.[1153] Unbeachtlich ist, ob die Vorschriften öffentlich-rechtlichen oder privatrechtlichen Charakter haben.[1154] Die Sorgfaltspflichten der Art. 4-7 KM-VO legen den Unionseinführern konkrete Handlungspflichten auf, soweit sie 3TG-Mineralien oder -Metalle aus Konflikt- oder Hochrisikogebieten beziehen und in die Union einführen. Hierbei handelt es sich um verhaltensleitende Normen, die Vorgaben für konkrete Situationen enthalten, sodass die Sorgfaltspflichten Sicherheits- und Verhaltensregelungen i. S. d. Art. 17 Rom II-VO sind.

bb) Bestimmung des Handlungsorts

Nach Art. 17 Rom II-VO sind nur solche „Sicherheits- und Verhaltensregelungen zu berücksichtigen, die an dem Ort [...] des haftungsbegründenden

---

schenrechtsverletzungen, 2022, S. 172 f.; *Mansel*, ZGR 2018, 439, 465; zur Datumlehre *Weller*, RabelsZ 81 (2017), 747, 777 ff.; *Harms*, Neuauflage der Datumtheorie im Internationalen Privatrecht, 2019, S. 27 ff., 117 ff.

1151 Vgl. allgemein zu Verordnungen der EU *Thorn*, in: Grüneberg, 82. Aufl. 2023, Art. 17 Rom II-VO Rn. 1.

1152 So wörtlich Erwägungsgrund 34 Rom II-VO; vgl. ferner *Nasse*, Loi de vigilance, 2022, S. 252; *Thorn*, in: Grüneberg, 82. Aufl. 2023, Art. 17 Rom II-VO Rn. 1.

1153 *v. Falkenhausen*, Menschenrechtsschutz durch Deliktsrecht, 2020, S. 320; *Maultzsch*, in: BeckOGK, Stand: 1.9.2023, Art. 17 Rom II-VO Rn. 36.

1154 Siehe nur *Junker*, in: MüKo BGB, 8. Aufl. 2021, Art. 17 Rom II-VO Rn. 10; *Maultzsch*, in: BeckOGK, Stand: 1.9.2023, Art. 17 Rom II-VO Rn. 20.

Ereignisses in Kraft sind". Gemeint ist der Handlungsort.[1155] Die Sorgfaltspflichten der KM-VO können somit nur dann faktisch berücksichtigt wer-
den, soweit sie am Handlungsort „in Kraft sind". Mit anderen Worten:
Nur wenn der Handlungsort in Deutschland (bzw. in einem anderen
Mitgliedstaat der EU) liegt, kommt eine faktische Berücksichtigung der
Sorgfaltspflichten der KM-VO nach Art. 17 Rom II-VO in Betracht. Es gilt
also, den Handlungsort in den paradigmatischen Fallkonstellationen zu
bestimmen. Eine typische Fallkonstellation könnte wie folgt aussehen: Ein
Unternehmen mit Sitz in Deutschland führt Zinn in die Union ein. Das
Unternehmen ermittelt die Risiken in seiner Lieferkette nicht und ergreift
infolgedessen auch keine Maßnahmen zur Risikoverhinderung oder -min-
derung. Beim Abbau des Minerals in der DRK kommt es in der Lieferkette
zu Kinder- und Zwangsarbeit, die von den Betreibern der Mine geduldet
bzw. gefördert wird.

Soweit das Handeln des Unionseinführers, wie im Beispielsfall, ein Unterlassen darstellt, ist der Handlungsort der Ort, an dem pflichtgemäß zu
handeln gewesen wäre.[1156] Dieser Ort bemisst sich i. R. v. Art. 17 Rom II-VO
nach der *lex causae*.[1157] Ob der Unionseinführer in einer Lieferkettenkonstellation überhaupt oder für ein eigenes Verhalten haftet oder ob dem
Unionseinführer eine Handlung des Zulieferers zugerechnet wird, ist also
nach dem zur Anwendung berufenen ausländischen Recht zu ermitteln.[1158]

Wird dem Abnehmer eine Handlung des Zulieferers nach Maßgabe der
lex causae zugerechnet, stellt die Handlung des Zulieferers auch die haftungsbegründende Handlung für den Abnehmer dar.[1159] Der Handlungsort
für den Abnehmer wäre dann der Ort, an dem der Zulieferer die haftungsbegründende Handlung vornimmt.[1160] Im Beispielsfall wäre dies der Ort, an

---

1155 Statt vieler *Diehl*, Die Dogmatik der „Berücksichtigung" im Internationalen
      Deliktsrecht, 2020, S. 152 f.; *v. Falkenhausen*, Menschenrechtsschutz durch De-
      liktsrecht, 2020, S. 318; *v. Hein*, FS Hoffmann, 2011, 139, 147 f.; *Junker*, in: MüKo
      BGB, 8. Aufl. 2021, Art. 17 Rom II-VO Rn. 18; *Maultzsch*, in: BeckOGK, Stand:
      1.9.2023, Art. 17 Rom II-VO Rn. 43.
1156 *Maultzsch*, in: BeckOGK, Stand: 1.9.2023, Art. 17 Rom II-VO Rn. 45.
1157 *v. Falkenhausen*, Menschenrechtsschutz durch Deliktsrecht, 2020, S. 319; *Mansel*,
      ZGR 2018, 439, 468; *Maultzsch*, in: BeckOGK, Stand: 1.9.2023, Art. 17 Rom II-VO
      Rn. 45.1.
1158 *v. Falkenhausen*, Menschenrechtsschutz durch Deliktsrecht, 2020, S. 319; *Mansel*,
      ZGR 2018, 439, 468; *Maultzsch*, in: BeckOGK, Stand: 1.9.2023, Art. 17 Rom II-VO
      Rn. 45.1.
1159 *Maultzsch*, in: BeckOGK, Stand: 1.9.2023, Art. 17 Rom II-VO Rn. 45.1.
1160 *Maultzsch*, in: BeckOGK, Stand: 1.9.2023, Art. 17 Rom II-VO Rn. 45.1.

dem der Minenbetreiber Zwangsarbeit einsetzt oder Kinderarbeit duldet. Dies hätte zur Folge, dass der Handlungsort im Ausland läge, eine Berücksichtigung der Sorgfaltspflichten der KM-VO nach Art. 17 Rom II-VO also ausschiede.

Sollte hingegen eine eigene Handlung oder ein Unterlassen des Abnehmers nach Maßgabe der *lex causae* haftungsbegründend sein, kommt in Betracht, dass der Handlungsort nach der *lex causae* am Verwaltungssitz des Unternehmens zu verorten ist,[1161] sodass eine Berücksichtigung der Pflichten der KM-VO als Sicherheits- und Verhaltensregeln möglich wäre. Dafür ist entscheidend, welches Handeln bzw. Unterlassen nach der *lex causae* haftungsbegründend ist: In Frage kommt bspw. eine Planungs- oder Leitentscheidung des Abnehmers, die regelmäßig am Verwaltungssitz des Unternehmens vorgenommen wird. Zudem könnte die Auswahl und Überwachung der Zulieferer nach der *lex causae* haftungsrechtlich relevant sein. Wo diese Auswahl und Überwachung vorzunehmen sind, ist eine Frage des Einzelfalls und richtet sich nach der konkreten Pflicht, die die Vorschrift der *lex causae* aufstellt.[1162]

Im Ergebnis erscheint es möglich, dass der Handlungsort am Verwaltungssitz eines Unternehmens in Deutschland zu verorten ist. Letztlich ist jedoch stets eine Einzelfallbetrachtung erforderlich.

cc) Korrekturbedarf aufgrund der tatbestandlichen Weite des Art. 17 Rom II-VO?

In der zuletzt aufgezeigten Konstellation können Handlungs- und Erfolgsort auseinanderfallen: Der Handlungsort läge in Deutschland – womit die Sorgfaltspflichten der KM-VO potenziell nach Art. 17 Rom II-VO zu berücksichtigen wären –, während der Erfolgsort im Ausland liegt, bspw. in der DRK. In diesen in der Literatur als Distanzdelikte bezeichneten Konstellationen könnte es zulasten des Schädigers zu Unbilligkeiten kommen, wenn Sicherheits- und Verhaltensregeln berücksichtigt würden, die am Erfolgsort nicht gelten. Dies gilt umso mehr, als der Begriff der Sicherheits- und Verhaltensregeln in Art. 17 Rom II-VO weit gefasst ist, weshalb sich in der Literatur verschiedene Ansätze herausgebildet haben, den Anwen-

---

1161 *v. Falkenhausen*, Menschenrechtsschutz durch Deliktsrecht, 2020, S. 319.
1162 *Mansel*, ZGR 2018, 439, 468.

dungsbereich des Art. 17 Rom II-VO auf Ebene des Tatbestandes bzw. im Rahmen der Angemessenheit zu beschränken.

Bereits im Rahmen des Gesetzgebungsverfahrens gab es Bestrebungen, den Anwendungsbereich des Art. 17 Rom II-VO auf Straßenverkehrsregeln zu beschränken.[1163] Diese konnten sich nicht durchsetzen.[1164] Die Regeln zur Straßenverkehrssicherheit finden sich nun lediglich beispielhaft in Erwägungsgrund 34 zur Rom II-VO wieder.[1165] Dennoch sind die Straßenverkehrsregeln weiterhin typische Beispiele für eine Anwendung des Art. 17 Rom II-VO.[1166] Daneben sind aber auch Regeln, die auf die Verhinderung von Freizeit- oder Sportunfällen gerichtet sind, Beispiele für Sicherheits- und Verhaltensregeln i. S. d. Art. 17 Rom II-VO.[1167] Den zugrundeliegenden Fallkonstellationen ist gemein, dass sie Platzdelikte sind: Ereignet sich bspw. ein Autounfall in Großbritannien, an dem zwei Autofahrer beteiligt sind, deren gewöhnlicher Aufenthaltsort jeweils in Deutschland liegt, ist aufgrund des gemeinsamen gewöhnlichen Aufenthalts von Schädiger und Geschädigtem nach Art. 4 Abs. 2 Rom II-VO deutsches Recht anwendbar.[1168] Der Handlungsort befindet sich hingegen in Großbritannien. In diesen Fällen ist die faktische Berücksichtigung der Sicherheits- und Verhaltensregeln des Handlungsorts, also im Beispielsfall der Straßenverkehrsregeln Großbritanniens, offensichtlich die richtige Lösung.

Schwieriger gestaltet sich, wie bereits angedeutet, die Bewertung von Distanzdelikten.[1169] Teilweise wird entgegen dem weiten Wortlaut von Art. 17 Rom II-VO vertreten, dass Distanzdelikte vom Zweck der Regelung nicht erfasst seien: Sonst könnte das Ubiquitäts- bzw. Günstigkeitsprinzip entgegen den Wertungen des Art. 4 und Erwägungsgrund 16 in die Rom II-

---

1163 *Hamburg Group for Private International Law*, RabelsZ 67 (2003), 1, 43 f.

1164 Vgl. hierzu *Maultzsch*, in: BeckOGK, Stand: 1.9.2023, Art. 17 Rom II-VO Rn. 35.

1165 Statt vieler *Junker*, in: MüKo BGB, 8. Aufl. 2021, Art. 17 Rom II-VO Rn. 15; *Maultzsch*, in: BeckOGK, Stand: 1.9.2023, Art. 17 Rom II-VO Rn. 35; *Nasse*, Loi de vigilance, 2022, S. 252.

1166 *Junker*, in: MüKo BGB, 8. Aufl. 2021, Art. 17 Rom II-VO Rn. 28; *Maultzsch*, in: BeckOGK, Stand: 1.9.2023, Art. 17 Rom II-VO Rn. 29; *Thorn*, in: Grüneberg, 82. Aufl. 2023, Art. 17 Rom II-VO Rn. 4.

1167 *v. Bar/Mankowski*, Internationales Privatrecht Band II, 2. Aufl. 2019, § 2 Rn. 420; *Junker*, in: MüKo BGB, 8. Aufl. 2021, Art. 17 Rom II-VO Rn. 30; *Thorn*, in: Grüneberg, 82. Aufl. 2023, Art. 17 Rom II-VO Rn. 4.

1168 *v. Bar/Mankowski*, Internationales Privatrecht Band II, 2. Aufl. 2019, § 2 Rn. 420; *Wagner*, IPRax 2008, 1, 5.

1169 Vgl. hierzu *Diehl*, Die Dogmatik der „Berücksichtigung" im Internationalen Deliktsrecht, 2020, S. 145 ff.

VO eingeführt werden.[1170] Teilweise wird auch die Berücksichtigung von strengeren Verhaltensstandards am Handlungsort abgelehnt, da Art. 17 Rom II-VO bei Distanzdelikten ausschließlich dem Schutz des Schädigers dienen solle.[1171]

Das Günstigkeitsprinzip hat zwar keinen Eingang in die Rom II-VO gefunden.[1172] Allerdings erlaubt dies weder den Schluss, dass bei Distanzdelikten eine faktische Berücksichtigung von Sicherheits- und Verhaltensregeln am Handlungsort *per se* nicht möglich ist, noch, dass Art. 17 Rom II-VO *nur* dem Schädigerschutz dient.[1173] Vielmehr ist ausweislich des Erwägungsgrundes 34 zur Rom II-VO ein Interessenausgleich zwischen den Parteien herzustellen. Die Rom II-VO verhält sich damit sowohl gegenüber den Interessen des Schädigers als denen des Geschädigten neutral.[1174] Art. 17 Rom II-VO eröffnet einen Beurteilungsspielraum für die Rechtsanwender (d. h. Gerichte), indem eine faktische Berücksichtigung nur erfolgen soll, soweit diese angemessen ist.[1175] Bei Distanzdelikten ist die Vorhersehbarkeit der faktischen Berücksichtigung der Sicherheits- und Verhaltensregeln ein entscheidendes Kriterium, um die Angemessenheit zu bewerten (hierzu sogleich).[1176] Hierin erschöpft sich allerdings der Schädigerschutz. Der Schädiger hat kein berechtigtes Interesse, dass sein Verhal-

1170 *Wagner*, RabelsZ 80 (2016), 717, 742 f.; vgl. auch *Nordhues*, Die Haftung der Muttergesellschaft und ihres Vorstands für Menschenrechtsverletzungen im Konzern, 2019, S. 171; *Späth/Werner*, CCZ 2021, 242, 249.

1171 *Bach*, in: Huber, Rome II, 2011, Art. 17 Rom II-VO Rn. 11; *Heinen*, in: Krajewski/Saage-Maaß, Die Durchsetzung menschenrechtlicher Sorgfaltspflichten von Unternehmen, 2018, 87, 94; *Nordhues*, Die Haftung der Muttergesellschaft und ihres Vorstands für Menschenrechtsverletzungen im Konzern, 2019, S. 170 f.; ausführlich zum Streitstand, im Ergebnis gegenüber einer solchen Einschränkung jedoch ablehnend *v. Falkenhausen*, Menschenrechtsschutz durch Deliktsrecht, 2020, S. 322.

1172 Vgl. hierzu nur *Junker*, in: MüKo BGB, 8. Aufl. 2021, Art. 17 Rom II-VO Rn. 26; *Jayme/Kohler*, IPRax 2002, 461, 470 f.

1173 Vgl. auch *Hübner*, Unternehmenshaftung für Menschenrechtsverletzungen, 2022, S. 171 f.

1174 *Junker*, in: MüKo BGB, 8. Aufl. 2021, Art. 17 Rom II-VO Rn. 26; so im Ergebnis auch *Hübner*, Unternehmenshaftung für Menschenrechtsverletzungen, 2022, S. 172.

1175 *Junker*, in: MüKo BGB, 8. Aufl. 2021, Art. 17 Rom II-VO Rn. 27; *Mansel*, ZGR 2018, 439, 465.

1176 *Junker*, in: MüKo BGB, 8. Aufl. 2021, Art. 17 Rom II-VO Rn. 27; *Maultzsch*, in: BeckOGK, Stand: 1.9.2023, Art. 17 Rom II-VO Rn. 81.

ten nach dem Recht bewertet wird, welches mildere Standards vorsieht.[1177] Es ist somit nicht geboten, den Anwendungsbereich des Art. 17 Rom II-VO bereits auf der Ebene des Tatbestandes einzuschränken.

dd) Rechtsfolge

Da eine Begrenzung des Anwendungsbereichs von Art. 17 Rom II-VO nicht notwendig ist, ist eine faktische Berücksichtigung der Sorgfaltspflichten der KM-VO in den aufgezeigten Konstellationen grundsätzlich möglich. Sicherheits- und Verhaltensregeln sind vom Rechtsanwender allerdings nur faktisch zu berücksichtigen, soweit die Berücksichtigung angemessen ist, Art. 17 Rom II-VO. Wie eingangs dargelegt, erfolgt die faktische Berücksichtigung auf der Ebene des für anwendbar befundenen Sachrechts.[1178]

Insbesondere bei Distanzdelikten spielt für die Angemessenheit die Vorhersehbarkeit für den Schädiger, aber auch den Geschädigten eine entscheidende Rolle.[1179] Die Sorgfaltspflichten der KM-VO richten sich maßgeblich nach den OECD-Leitsätzen zu Konfliktmineralien.[1180] Regulierungen der Konfliktmineralienlieferketten unter Berücksichtigung der OECD-Leitsätze zu Konfliktmineralien sind weit verbreitet.[1181] Somit wird sowohl für einen Schädiger als auch für Geschädigte, die im Mineral- und Metallsektor tätig sind, die Relevanz der OECD-Leitsätze in aller Regel vorhersehbar sein.

Die Sorgfaltspflichten der KM-VO sind zudem gerade auf extraterritoriale Sachverhalte angelegt. Sie treffen die Unionseinführer nur, soweit die Mineralien bzw. Metalle aus einem Konflikt- oder Hochrisikogebiet stammen. Für einen Unionseinführer und somit den potenziellen Schädiger ist ohne weiteres vorhersehbar, dass die Sorgfaltspflichten auch in grenzüberschreitenden Sachverhalten eingreifen.[1182] Folglich ist grundsätzlich von der

---

1177 *v. Falkenhausen*, Menschenrechtsschutz durch Deliktsrecht, 2020, S. 322; *Wautelet*, in: Magnus/Mankowski, ECPIL Rome II, 2019, Art. 17 Rom II-VO Rn. 43.

1178 *Hübner*, Unternehmenshaftung für Menschenrechtsverletzungen, 2022, S. 172 f.; *Mansel*, ZGR 2018, 439, 465.

1179 *Diehl*, Die Dogmatik der „Berücksichtigung" im Internationalen Deliktsrecht, 2020, S. 198; *Hübner*, Unternehmenshaftung für Menschenrechtsverletzungen, 2022, S. 173.

1180 S. *supra* Kapitel 3 B. II. 5.

1181 S. *supra* Kapitel 1 C.

1182 Ähnlich *Mansel*, ZGR 2018, 439, 467, der feststellt: „Gesetzliche [...] extraterritoriale Verhaltenspflichten für Unternehmen sollten daher [von den Sicherheits- und Verhaltensregeln des Art. 17 Rom II-VO] erfasst sein. Künftige normative

Angemessenheit der faktischen Berücksichtigung der Sorgfaltspflichten der KM-VO auszugehen.

3. Zwischenergebnis zum anwendbaren Recht

Nach der Grundanknüpfung des Art. 4 Abs. 1 Rom II-VO findet auf die hier untersuchten Haftungskonstellationen ausländisches Sachrecht Anwendung. Die Bestimmungen der KM-VO haben keinen Einfluss auf die Bestimmung des anwendbaren Rechts. Sie können allenfalls als Sicherheits- und Verhaltensregeln gemäß Art. 17 Rom II-VO faktisch berücksichtigt werden, soweit der Handlungsort im Einzelfall im Inland liegt. Deutsches Recht kann zur Anwendung gelangen, soweit die Parteien gemäß Art. 14 Abs. 1 S. 1 lit. a) Rom II-VO eine entsprechende nachträgliche Rechtswahl treffen.

G. Ergebnis: Geringe Erfolgschancen von deliktischen Klagen

Die Erfolgschancen einer deliktischen Klage eines Geschädigten gegen einen Unionseinführer bei einem Verstoß gegen die KM-VO sind gering. Art. 5 KM-VO weist zwar Schutzgesetzqualität auf, ob ein Schaden eines Betroffenen von Menschenrechtsverletzungen allerdings adäquat-kausal auf den Verstoß gegen die Sorgfaltspflicht zurückgeführt werden kann, ist im Einzelfall zu bestimmen und wird wohl nur in wenigen Fällen zu bejahen sein. Die Anwendung deutschen Rechts kommt zudem nur bei einer nachträglichen Rechtswahl der Parteien nach Art. 14 Abs. 1 S. 1 lit. a) Rom II-VO in Betracht, ansonsten findet nach Art. 4 Abs. 1 Rom II-VO das Recht des Erfolgsorts Anwendung, der in den einschlägigen Fallkonstellationen im Ausland liegt. Hingegen können die Sorgfaltspflichten als Sicherheits- und Verhaltensregeln i. S. d. Art. 17 Rom II-VO in einer ausländischen Haftungsnorm faktisch berücksichtigt werden, sofern der Handlungsort im Einzelfall im Inland liegt.

Trotz der Schutzgesetzeigenschaft von Art. 5 KM-VO bleiben die Herausforderungen erfolgreicher Menschenrechtsklagen in Deutschland hoch. Dies könnte sich in Zukunft jedoch ändern: Der im Februar 2022 von

---

menschenrechts-orientierte Verhaltensregeln könnten daher über Art. 17 Rom II-VO *berücksichtigt* werden, nicht aber *angewendet* werden." [Hervorhebungen im Original].

der Europäischen Kommission vorgestellte Entwurf für die *Corporate Sustainability Due Diligence*-Richtlinie sieht u. a. eine zivilrechtliche Haftung von Unternehmen für die Verletzung von menschenrechtlichen Sorgfaltspflichten in ihren Wertschöpfungsketten sowie eine kollisionsrechtliche Absicherung vor.[1183] Wenngleich derzeit noch vieles unklar ist, erscheint es möglich, dass eine Verletzung der in dem Entwurf vorgesehenen Sorgfaltspflichten eine Haftung nach § 823 Abs. 2 BGB nach sich zieht, soweit die Sorgfaltspflichten Schutzgesetzqualität aufweisen.[1184] § 823 Abs. 2 BGB könnte in Zukunft im Diskurs um die unternehmerische Haftung für Menschenrechtsverletzungen also eine weitaus größere Rolle zukommen, als dies bislang der Fall war.

H. Ergebnisse in Thesenform

(1) Die Sorgfaltspflichten der KM-VO eignen sich grundsätzlich als Schutzgesetze i. S. d. § 823 Abs. 2 S. 1 BGB, da sie unmittelbare Wirkung in den Mitgliedstaaten entfalten und verbindliche Verhaltenspflichten für die Unionseinführer statuieren.

(2) Art. 5 KM-VO, der den Unionseinführern Risikomanagementpflichten auferlegt, hat individualschützenden Gehalt. Die Pflichten beziehen sich auf verschiedene Risiken, hierunter auch menschenrechtliche Risiken. Soweit diese betroffen sind, bezweckt die Vorschrift zumindest auch den Schutz von Individuen.

(3) Eine deliktsrechtliche Haftung für einen Verstoß gegen Art. 5 KM-VO ist im haftungsrechtlichen Gesamtsystem sinnvoll und tragbar. Die individuellen Rechtsgüter, welche von der Vorschrift geschützt werden, eignen sich für eine haftungsrechtliche Bewehrung. Eine Haftung eines Unionseinführers wegen einer Verletzung des Art. 5 KM-VO würde an einen Verstoß gegen eine eigene Sorgfaltspflicht des Unionseinführers anknüpfen, sodass weder das gesellschaftsrechtliche Trennungsprinzip noch der deliktsrechtliche Grundsatz, dass nur eigenes Verhalten, nicht jedoch eine Zurechnung fremden Verhaltens haftungsbegründend wirken soll, verletzt würde. Es steht einer Schutzgesetzqualifikation auch nicht entgegen, dass bislang keine klare Rechtslage hinsichtlich der Existenz einer deliktischen Verkehrspflicht für Menschenrechtsverlet-

---

1183 S. *infra* Kapitel 6 G. IV. 4.
1184 In diese Richtung *Hübner/Habrich/Weller*, NZG 2022, 644, 648 f.

zungen in der Lieferkette oder bei Tochterunternehmen besteht. Denn wie sich in der Rechtsprechung des BGH zu § 323c StGB gezeigt hat, ist eine Schutzgesetzqualifikation für eine Vorschrift, die ein Handeln gebietet, grundsätzlich auch jenseits der anerkannten Verkehrspflichten möglich.

(4) Ein adäquat-kausaler Schaden infolge eines Verstoßes gegen die Risikomanagementpflichten des Art. 5 KM-VO, der im Schutzbereich der Norm liegt, ist nur in eng begrenzten Ausnahmefällen denkbar. Da ein Verstoß regelmäßig durch ein Unterlassen erfolgt, ist die hypothetische Kausalität ausschlaggebend. Erforderlich ist in der Regel, dass dem Lieferanten, bei dem es zu Menschenrechtsverletzungen kommt, bei Verlust der Vertragsbeziehungen mit dem Unionseinführer erhebliche wirtschaftliche Folgen drohen oder dass eine konzernierte Lieferkette vorliegt. Dann ist davon auszugehen, dass der Lieferant auf Druck des Unionseinführers reagieren würde. In einem solchen Fall kann eine an Sicherheit grenzende Wahrscheinlichkeit bestehen, dass ein Schädiger, gegen den sich die Risikomanagementmaßnahmen eines Unionseinführers richten, sein schädigendes Verhalten eingestellt hätte.

(5) Der Nachweis der Kausalität zwischen Schutzgesetzverletzung und Schaden obliegt dem Geschädigten, was eine erhebliche Haftungshürde statuiert. Den Unionseinführer kann jedoch die sekundäre Darlegungslast hinsichtlich eines Verstoßes gegen die Risikomanagementpflichten des Art. 5 KM-VO treffen, soweit die entsprechenden Informationen nicht öffentlich zugänglich sind. Den Unionseinführer kann die sekundäre Darlegungslast ebenfalls hinsichtlich seiner Möglichkeiten zur Einflussnahme auf den Zulieferer treffen.

(6) Soweit der Unionseinführer ein Unternehmen mit Sitz in Deutschland ist, ergibt sich die internationale Zuständigkeit der inländischen Gerichte aus Art. 4 Abs. 1 i. V. m. Art. 63 Abs. 1 lit. a) EuGVVO.

(7) Grundsätzlich findet auf eine deliktische Haftung bei Verstoß gegen Art. 5 KM-VO nach der Grundanknüpfung des Art. 4 Abs. 1 Rom II-VO ausländisches Recht Anwendung. Deutsches Recht kann allenfalls durch eine nachträgliche Rechtswahl der Parteien gemäß Art. 14 Abs. 1 lit. a) Rom II-VO zur Anwendung gelangen. Daneben könnten die Sorgfaltspflichten der KM-VO als Sicherheits- und Verhaltensregeln gemäß Art. 17 Rom II-VO in einer ausländischen Haftungsnorm faktisch berücksichtigt werden, soweit der Handlungsort im Einzelfall im Inland liegt.

Teil 3:
Ausblick: Sektoren- und schutzgutübergreifende Sorgfaltspflichten für Unternehmen im europäischen Sekundärrecht

Nach der Untersuchung möglicher zivilrechtlicher Haftungskonstellationen bei Verstoß gegen die KM-VO nimmt dieser Teil der Arbeit die Rechtsentwicklung auf der Ebene des Unionsrechts in den Blick. Im Vordergrund steht der Entwurf der Kommission für eine Richtlinie zur *Corporate Sustainability Due Diligence* (im Folgenden: RL-Entwurf) vom 23.2.2022, der sektoren- und schutzgutübergreifende Sorgfaltspflichten für Unternehmen in ihren Wertschöpfungsketten vorsieht. In Kapitel 6 soll ein Überblick über den RL-Entwurf gegeben und dieser der KM-VO gegenübergestellt werden. Daran schließt Kapitel 7 an, in dem das Verhältnis und die Bedeutung einer sektoren- und schutzgutübergreifenden künftigen Richtlinie zu den bzw. für die sektoren- und schutzgutspezifischen Regelungen der KM-VO beleuchtet werden.

Kapitel 6: Richtlinienentwurf der Kommission zur *Corporate Sustainability Due Diligence* im Vergleich zur KM-VO

Die Kommission hat am 23.2.2022 einen Entwurf für eine Richtlinie vorgestellt, die Sorgfaltspflichten für Unternehmen zur Verhinderung oder Minderung von nachteiligen Auswirkungen auf die Menschenrechte und die Umwelt in ihren Wertschöpfungsketten vorsieht.[1185] Mittlerweile sind die Kommission, der Rat und das Parlament in das Trilog-Verfahren[1186]

1185 *Europäische Kommission*, COM(2022) 71 final, 2022/0051 (COD).
1186 Zum Trilog-Verfahren s. auch *supra* Kapitel 3 A. III.

eingetreten, nachdem am 1.12.2022 der Rat seine Verhandlungsposition[1187] angenommen und das Parlament am 1.6.2023 Änderungen zu dem RL-Entwurf[1188] vorgeschlagen hat.[1189] Die nachfolgenden Ausführungen basieren auf dem RL-Entwurf der Kommission vom 23.2.2022.

Die nach dem RL-Entwurf vorgesehenen Sorgfaltspflichten sind sektoren- und schutzgutübergreifend und sowohl im Wege des öffentlichen Rechts als auch des Zivilrechts durchsetzbar.[1190] Die Kommission hat den RL-Entwurf vor dem Hintergrund des europäischen Green Deals, des EU-Aktionsplans für Menschenrechte und Demokratie 2020-2024 und zur Verwirklichung der Ziele der UN für nachhaltige Entwicklung erstellt.[1191] Zur Verwirklichung dieser Ziele habe auch der Privatsektor, insbesondere Unternehmen, beizutragen.[1192] Bereits im Jahr 2020 veröffentlichte die Kommission eine Studie zu verschiedenen Optionen einer Regulierung der unternehmerischen Sorgfalt in der Lieferkette.[1193] Der Rat der EU rief die Kommission im Jahr 2020 zur Vorlegung eines Vorschlags für einen „EU-Rechtsrahmen für eine nachhaltige Unternehmensführung" auf.[1194] Dem RL-Entwurf ging eine Empfehlung des Europäischen Parlaments voraus, das die Kommission am 10.3.2021 in einem Entschluss aufforderte, einen Legislativvorschlag zu erarbeiten, der sektorenübergreifende Sorgfaltspflichten in der Lieferkette beinhaltet; damit einhergehend wurde ein

---

1187 *Rat der EU*, Vorschlag für eine Richtlinie des Europäischen Parlaments und des Rates über die Sorgfaltspflichten von Unternehmen im Hinblick auf Nachhaltigkeit und zur Änderung der Richtlinie (EU) 2019/19337 – Allgemeine Ausrichtung, v. 30.11.2022, 2022/0051(COD).

1188 *Europäisches Parlament*, Abänderungen des Europäischen Parlaments v. 1.6.2023 zu dem Vorschlag für eine Richtlinie des Europäischen Parlaments und des Rates über die Sorgfaltspflichten von Unternehmen im Hinblick auf Nachhaltigkeit und zur Änderung der Richtlinie (EU) 2019/1937 (COM(2022) 71), 2022/0051(COD).

1189 *Michaels/Sommerfeld*, The EU Sustainability Directive and Jurisdiction, Conflict of Laws, 3.8.2023.

1190 Vgl. Art. 17 ff., 22 RL-Entwurf.

1191 Erwägungsgründe 1, 2, 9, 12 RL-Entwurf; vgl. auch *Hübner/Habrich/Weller*, NZG 2022, 644.

1192 *Europäische Kommission*, COM(2022) 71 final, 2022/0051 (COD), S. 1; vgl. auch *Hübner/Habrich/Weller*, NZG 2022, 644.

1193 *Smit et al.*, Study on due diligence requirements through the supply chain, 2020, S. 239 ff.; hierzu auch *Stöbener de Mora*, EuZW 2020, 211 f.

1194 *Rat der EU*, v. 1.12.2020, 13512/20 SOC 772 EMPL 542, Ziffer 46, online abrufbar unter: https://data.consilium.europa.eu/doc/document/ST-13512-2020-INIT/de /pdf (zuletzt abgerufen: 30.9.2023); vgl. dazu *Nietsch/Wiedmann*, CCZ 2022, 125; *Spindler*, ZHR 186 (2022), 67, 115.

unverbindlicher Vorschlag für eine Richtlinie unterbreitet.[1195] Aufgrund des Umfangs des RL-Entwurfs werden im Folgenden insbesondere die Aspekte beleuchtet, die im Vergleich und im Verhältnis zur KM-VO bedeutsam sind.

A. Kompetenzgrundlage

Der RL-Entwurf der Kommission beruht auf den Kompetenzgrundlagen Art. 50, 114 AEUV.[1196] Die Niederlassungsfreiheit (Art. 50 AUEV) soll verwirklicht werden und Hindernisse des Binnenmarktes (Art. 114 AEUV) sollen beseitigt werden. Hintergrund sind nationale Rechtsakte, die menschenrechtliche oder umweltbezogene Sorgfaltspflichten für Unternehmen statuieren, wie das deutsche LkSG oder die *loi de vigilance* in Frankreich.[1197] Nationalstaatliche Rechtsetzungen in diesem Bereich bergen die Gefahr einer Rechtszersplitterung.[1198] Dem soll durch die Schaffung eines unionsweiten *Level Playing Field* begegnet werden.[1199] Um ein *Level Playing Field* zu schaffen, wäre freilich eine Verordnung geeigneter, da eine solche nach Art. 288 Abs. 2 AEUV unmittelbare Geltung in den Mitgliedstaaten entfaltet.[1200] Eine Richtlinie erfordert nach Art. 288 Abs. 3 AUEV eine Umsetzung in nationales Recht, wobei sich Unterschiede im Recht der Mitgliedstaaten ergeben können. Zudem darf die Richtlinie nach Art. 1 Abs. 2 RL-Entwurf „nicht als Rechtfertigung für eine Senkung des in den Rechtsvorschriften der Mitgliedstaaten zum Zeitpunkt der Annahme dieser Richtlinie vorgese-

---

1195 *Europäisches Parlament*, P9_TA(2021)0073, Sorgfaltspflicht und Rechenschaftspflicht von Unternehmen, Entschließung des Europäischen Parlaments vom 10.3.2021 mit Empfehlungen an die Kommission zur Sorgfaltspflicht und Rechenschaftspflicht von Unternehmen (2020/2129(INL)), online abrufbar unter: https://www.europarl.europa.eu/doceo/document/TA-9-2021-0073_DE.pdf (zuletzt abgerufen: 30.9.2023); hierzu *Nasse*, Loi de vigilance, 2022, S. 299; *Spindler*, ZHR 186 (2022), 67, 115 ff.

1196 *Europäische Kommission*, COM(2022) 71 final, 2022/0051 (COD), S. 12; vgl. dazu *Augenstein*, in: Kaltenborn et al., Lieferkettensorgfaltspflichtenrecht, 2023, Einl. Rn. 143; *Hübner/Habrich/Weller*, NZG 2022, 644; *Nedelcu/Schäferling*, Lessons for the EU Directive on Corporate Sustainability: Due Diligence from the German Supply Chain Act, Völkerrechtsblog, 28.3.2022.

1197 *Hübner/Habrich/Weller*, NZG 2022, 644; kritisch aufgrund des Grundsatzes der Subsidiarität nach Art. 5 Abs. 3 EUV *Graf v. Westphalen*, IWRZ 2022, 97 f.

1198 *Hübner/Habrich/Weller*, NZG 2022, 644.

1199 *Hübner/Habrich/Weller*, NZG 2022, 644.

1200 Entsprechend zum RL-Vorschlag des Parlaments auch *Nasse*, Loi de vigilance, 2022, S. 300.

henen Niveaus des Schutzes der Menschenrechte oder der Umwelt oder des Klimaschutzes dienen."

B. Schutzbereich des RL-Entwurfs

Der RL-Entwurf enthält Vorschriften zum Schutz von Menschenrechten und der Umwelt vor negativen Auswirkungen in der Wertschöpfungskette[1201] von Unternehmen, Art. 1 Abs. 1 lit. a) RL-Entwurf. Negative Auswirkungen auf die Menschenrechte und die Umwelt werden in Art. 3 lit. b), c) RL-Entwurf als solche nachteiligen Auswirkungen definiert, die sich aus der Verletzung eines der Rechte, eines Verbots oder einer Verpflichtung der im Anhang des Entwurfs aufgelisteten internationalen Übereinkommen oder Umweltübereinkommen ergeben.[1202]

Hinsichtlich der vom RL-Entwurf erfassten Schutzgüter kann ein erheblicher Unterschied zur KM-VO festgestellt werden. Die KM-VO ist nicht nur ein sektorenspezifischer, sondern auch ein schutzgutspezifischer Rechtsakt, der primär die Verhinderung der Finanzierung bewaffneter Konflikte bezweckt.[1203] Dieser Aspekt findet im Rahmen des RL-Entwurfs keine Beachtung, ist jedoch in der Risikokonstellation für wirtschaftliche Aktivitäten beim Abbau und Handel der Konfliktmineralien von besonderer Relevanz.[1204] Allerdings sind auch die Verhinderung oder Milderung von einigen schwerwiegenden Menschenrechtsverletzungen, bspw. Kinderarbeit, Zwangsarbeit und Folter, Gegenstand der Sorgfaltspflichten der KM-VO.[1205] Der Schutzbereich des RL-Entwurfs geht diesbezüglich jedoch deutlich über die KM-VO hinaus, indem die menschenrechtlichen Gewährleistungen im Anhang zum RL-Entwurf weit gefasst sind und bspw. auch das Recht auf Vereinigungsfreiheit nach Art. 20 der Allgemeinen Erklärung der Menschenrechte und das Verbot der ungleichen Behandlung im Ar-

---

1201 Zum Begriff der „Wertschöpfungskette" vgl. Art. 3 lit. g) RL-Entwurf.

1202 Vgl. *Europäische Kommission*, Annex des Vorschlags für eine Richtlinie des Europäischen Parlaments und des Rates über die Sorgfaltspflichten von Unternehmen im Hinblick auf Nachhaltigkeit und zur Änderung der Richtlinie (EU) 2019/1937, COM(2022) 71 final, v. 23.2.2022.

1203 S. *supra* Kapitel 3 A.

1204 S. *supra* Kapitel 1 B. I.

1205 *Thalhauser*, in: Grabosch, Das neue Lieferkettensorgfaltspflichtengesetz, 2021, § 8 Rn. 3; s. *supra* Kapitel 3 B. II. 1.

beitsverhältnis beinhalten.[1206] Der RL-Entwurf adressiert zudem negative Auswirkungen auf die Umwelt, die nicht von der KM-VO erfasst sind.

C. Persönlicher Anwendungsbereich nach Art. 2 RL-Entwurf

Der RL-Entwurf adressiert Unternehmen[1207] in der EU, die durchschnittlich mehr als 500 Beschäftigte und im letzten Geschäftsjahr einen weltweiten Nettoumsatz[1208] von mindestens 150 Mio. EUR erzielt haben (*Gruppe 1*), Art. 2 Abs. 1 lit. a) RL-Entwurf.[1209] Zudem werden nach Art. 2 Abs. 1 lit. b) RL-Entwurf inländische Unternehmen, die in einem Hochrisikosektor tätig sind und mehr als 250 Beschäftigte sowie mindestens einen weltweiten Nettojahresumsatz von 40 Mio. EUR im letzten Geschäftsjahr erzielt haben, adressiert, soweit mindestens 50 % dieses Nettojahresumsatzes in einem oder mehreren Hochrisikosektoren erzielt wurden (*Gruppe 2*).[1210] Hochrisikosektoren i. S. d. Art. 2 Abs. 1 lit. b) i)-iii) RL-Entwurf sind die Herstellung und der Großhandel von und mit Textilien im weiteren Sinne, die Landwirtschaft, Forstwirtschaft und Fischerei im weiteren Sinne sowie die Gewinnung mineralischer Rohstoffe unabhängig von ihrer Herkunft, die Verarbeitung metallischer und nichtmetallischer Erzeugnisse und der Großhandel mit mineralischen Rohstoffen, Grundstoffen und Zwischenerzeugnissen.[1211] Die Hochrisikosektoren des RL-Entwurfs richten sich nach den sektorenspezifischen Leitsätzen der OECD.[1212]

Auch Drittstaatengesellschaften können Adressaten des RL-Entwurfs sein, soweit sie im letzten Geschäftsjahr einen Nettojahresumsatz von mehr als 150 Mio. EUR in der EU (*Gruppe 3*) oder entsprechend Art. 2 Abs. 1 lit. b) einen Nettojahresumsatz von mehr als 40 Mio. EUR in

---

1206 *Europäische Kommission*, Annex COM(2022) 71 final, Part I Ziffer 1. Nr. 15, Nr. 16.

1207 Zum Begriff „Unternehmen" s. Art. 3 lit. a) RL-Entwurf. Hierzu auch *Zimmermann et al.*, NZG 2023, 399, 428 f.

1208 Zum Begriff „Nettoumsatz" s. Art. 3 lit. m) RL-Entwurf.

1209 Hierzu bereits *Augenstein*, in: Kaltenborn et al., Lieferkettensorgfaltspflichtenrecht, 2023, Einl. Rn. 145; *Bettermann/Hoes*, WM 2022, 697, 698; *Hübner/Habrich/Weller*, NZG 2022, 644, 645; *Stöbener de Mora/Noll*, EuZW 2023, 14, 16.

1210 Mit überzeugender Kritik an der prozentualen Umsatzschwelle in einem Hochrisikosektor *Hübner/Habrich/Weller*, NZG 2022, 644, 645 f.

1211 *Hübner/Habrich/Weller*, NZG 2022, 644, 645.

1212 *Europäische Kommission*, COM(2022) 71 final, 2022/0051 (COD), S. 19.

der EU erzielt haben, wovon mindestens 50 % aus einem oder mehreren Hochrisikosektoren stammen (*Gruppe 4*), Art. 2 Abs. 2 RL-Entwurf.[1213]

Nach Schätzungen der Kommission werden ca. 13.000 Unternehmen vom RL-Entwurf erfasst, davon ca. 4.000 Unternehmen aus Drittstaaten.[1214] KMU können vom RL-Entwurf lediglich mittelbar betroffen sein, wenn große Unternehmen die Anforderungen in ihrer Lieferkette weitergeben.[1215] Hierbei droht jedoch die Gefahr, dass Kaskadeneffekte auftreten, indem größere Unternehmen mittels vertraglicher Absprachen die Erfüllung der Sorgfaltspflichten auf die Unternehmen in ihrer Lieferkette verlagern.[1216] Um einer unangemessenen Belastung entgegenzuwirken, beinhaltet der RL-Entwurf an mehreren Stellen Vorgaben für Hilfestellungen für KMU, entweder durch staatliche Stellen oder die im RL-Entwurf adressierten Unternehmen.[1217]

Maßgebliches Kriterium für eine Adressatenstellung nach dem RL-Entwurf ist folglich die *Größe* des Unternehmens. Dies gilt in abgeschwächter Form auch für Unternehmen, die in einem Hochrisikosektor tätig sind. Die Unternehmensgröße ist auch nach den bestehenden sektorenübergreifenden Rechtsakten auf nationalstaatlicher Ebene maßgeblich für eine Adressatenstellung,[1218] obwohl im Einzelnen unterschiedliche Auswahlkriterien und Schwellen angelegt werden.[1219] Der Anwendungsbereich des LkSG richtet sich nach den im Inland beschäftigten Arbeitnehmern, wobei ein Unternehmen mindestens 3.000 Arbeitnehmer haben muss, um in den Anwendungsbereich des Gesetzes zu fallen, § 1 Abs. 1 LkSG. Ab dem 1.1.2024 wird diese Schwelle auf mindestens 1.000 Arbeitnehmer gesenkt, § 1 Abs. 1 S. 3 LkSG.[1220] Der Anwendungsbereich der *loi de vigilance* ist für

---

1213 Hierzu bereits *Bettermann/Hoes*, WM 2022, 697, 698; *Hübner/Habrich/Weller*, NZG 2022, 644, 6445; *Stöbener de Mora/Noll*, EuZW 2023, 14, 16.

1214 *Europäische Kommission*, COM(2022) 71 final, 2022/0051 (COD), S. 20.

1215 *Europäische Kommission*, COM(2022) 71 final, 2022/0051 (COD), S. 18.

1216 Vgl. auch *infra* Kapitel 6 G. IV. 2.

1217 *Europäische Kommission*, COM(2022) 71 final, 2022/0051 (COD), S. 18 f. Zur Gefahr von kurzfristigen Verträgen der Unternehmen mit KMU aufgrund des Erfordernisses einer etablierten Geschäftsbeziehung *Sharaf*, Der unsichtbare Dritte– Die Rolle von Zertifizierern in der Corporate Sustainability Due Diligence Richtlinie, Verfassungsblog, 2.3.2022.

1218 Hierzu auch *Beckers*, ZfPW 2021, 220, 224 f.

1219 *Hübner/Habrich/Weller*, NZG 2022, 644, 645.

1220 Eingehend zum Anwendungsbereich *Brunk*, Menschenrechtscompliance, 2022, S. 459; *Grabosch*, in: ders., Das neue Lieferkettensorgfaltspflichtengesetz, 2021, § 2 Rn. 1 ff.; vgl. auch *Hübner/Habrich/Weller*, NZG 2022, 644, 645.

Unternehmen mit Sitz in Frankreich und mindestens 5.000 Arbeitnehmern in Frankreich oder 10.000 Arbeitnehmern weltweit eröffnet.[1221]

Hierin unterscheiden sich die genannten sektorenübergreifenden Rechtsakte von sektorenspezifischen Unionsrechtsakten: Weder der persönliche Anwendungsbereich der KM-VO noch derjenige der Holzhandels-VO aus dem Jahr 2010 richtet sich nach der Unternehmensgröße. Adressaten der KM-VO sind die Unionseinführer, die Mineralien oder Metalle ab einem gewissen Schwellenwert in die Union einführen.[1222] Durch die Schwellenwerte wird sichergestellt, dass die Einführer von kleinen Mengen nicht in den Anwendungsbereich der Verordnung fallen.[1223] Die Holzhandels-VO adressiert die Marktteilnehmer, die Holz oder Holzerzeugnisse in den Verkehr bringen,[1224] bzw. die Akteure, die mit Holz handeln.[1225] Dies können sowohl natürliche als auch juristische Personen sein.[1226] Die Holzhandels-VO wird gemäß Art. 37 Abs. 1 der Verordnung über entwaldungsfreie Lieferketten zum 30.12.2024 aufgehoben. Die Verordnung über entwaldungsfreie Lieferketten hat zum Ziel, den Beitrag der EU zur weltweiten Entwaldung und Waldschädigung zu minimieren und den Beitrag der Union zu Treibhausgasemission und zum Verlust der Biodiversität zu verringern.[1227]

D. Die Sorgfaltspflichten des RL-Entwurfs im Vergleich mit den Sorgfaltspflichten der Art. 4-7 KM-VO

Art. 4 Abs. 1 RL-Entwurf verpflichtet die Mitgliedstaaten sicherzustellen, dass die Unternehmen die Sorgfaltspflichten erfüllen, die im Einzelnen in

---

1221 Eingehend zum Anwendungsbereich der *loi de vigilance Nasse*, Loi de vigilance, 2022, S. 70 ff.; *Rühl*, in: FS Windbichler, 2020, 1414, 1418 f.

1222 S. *supra* Kapitel 3 B. I.

1223 S. *supra* Kapitel 3 B. I. 4.

1224 S. Art. 2 lit. c) Holzhandels-VO. „Inverkehrbringen" meint nach Art. 2 lit. b) Holzhandels-VO „jede erstmalige entgeltliche oder unentgeltliche Abgabe von Holz oder Holzerzeugnissen auf dem Binnenmarkt, unabhängig von der angewandten Verkaufstechnik, zum Vertrieb oder zur Verwendung im Rahmen einer gewerblichen Tätigkeit."

1225 „Händler" ist nach Art. 2 lit. d) Holzhandels-VO „jede natürliche oder juristische Person, die im Rahmen einer gewerblichen Tätigkeit Holz oder Holzerzeugnisse, die bereits in Verkehr gebracht sind, auf dem Binnenmarkt verkauft oder ankauft".

1226 Vgl. zur KM-VO *supra* Kapitel 3 B. I. 3.; zur Holzhandels-VO Art. 2 lit. c), lit. d) Holzhandels-VO.

1227 Art. 1 Abs. 1 Entwaldungs-VO; *Graetschel/Eschweiler/Freese*, KlimR 2023, 205, 208.

Art. 5-11 RL-Entwurf ausformuliert werden. Diese werden nachfolgend den Sorgfaltspflichten der KM-VO gegenübergestellt.

I. Pflicht zur Einbeziehung der Sorgfaltspflichten in die Unternehmenspolitik nach Art. 5 RL-Entwurf

Nach Art. 5 RL-Entwurf haben die Unternehmen die Sorgfaltspflichten in ihre Unternehmenspolitik aufzunehmen und eine Sorgfaltspflichtenpolitik einzusetzen. Entsprechende Regelungen sieht die KM-VO in Art. 4 lit. a), b) vor, wonach die Unionseinführer verpflichtet sind, eine Lieferkettenpolitik im Einklang mit Anhang II der OECD-Leitsätze zu Konfliktmineralien festzulegen.[1228]

II. Pflicht zur Ermittlung tatsächlicher und potenzieller negativer Auswirkungen nach Art. 6 RL-Entwurf

Unternehmen haben nach Art. 6 RL-Entwurf angemessene Maßnahmen zu ergreifen, um tatsächliche oder potenzielle negative Auswirkungen für Menschenrechte oder die Umwelt in ihrer Wertschöpfungskette zu ermitteln. Die Wertschöpfungskette erfasst dabei sowohl die Zulieferer als auch die Abnehmer der Unternehmen, vgl. Art. 3 lit. g) RL-Entwurf. Die Unternehmen haben nach Art. 6 Abs. 1 RL-Entwurf die Risiken negativer Auswirkungen nicht nur im eigenen Geschäftsbereich und bei ihren Tochterunternehmen zu ermitteln, sondern auch bei Zulieferern, soweit die negativen Auswirkungen mit der Lieferkette der Unternehmen im Zusammenhang stehen und eine etablierte Geschäftsbeziehung besteht. Besonders bemerkenswert ist, dass neben den direkten auch die indirekten Zulieferer (d. h. Lieferanten, zu denen das Unternehmen keine direkte vertragliche Beziehung unterhält) erfasst werden, vgl. Art. 6 Abs. 1 i. V. m. Art. 3 lit. f) RL-Entwurf. [1229] Unternehmen der *Gruppe 2* und *Gruppe 4*, die aufgrund einer Tätigkeit in einem Hochrisikosektor in den Anwendungsbereich des RL-Entwurfs fallen, sind nach Art. 6 Abs. 2 RL-Entwurf nur verpflichtet, tatsächliche oder potenzielle *schwerwiegende* negative Auswirkungen hin-

---

1228 S. *supra* Kapitel 3 B. II. 2. a).
1229 Kritisch hinsichtlich des Begriffs der etablierten Geschäftsbeziehung jedoch *Patz*, Business and Human Rights Journal 2022, 291, 292.

sichtlich der wirtschaftlichen Aktivität in ebendiesem Sektor zu ermitteln, was sich auch in den nach Art. 7 und Art. 8 RL-Entwurf zu ergreifenden Abhilfemaßnahmen fortsetzt.[1230]

Eine entsprechende Vorschrift beinhaltet die KM-VO in Art. 5 Abs. 1 lit. a) KM-VO für die Unionseinführer von Mineralien bzw. in Art. 5 Abs. 4 KM-VO für die Unionseinführer von Metallen. Die Unionseinführer sind zur Ermittlung und Bewertung der Risiken schädlicher Auswirkungen in der Lieferkette jeweils im Einklang mit Anhang II der OECD-Leitsätze verpflichtet.[1231]

III. Pflichten zur Vermeidung potenzieller bzw. Behebung tatsächlicher negativer Auswirkungen nach Art. 7, 8 RL-Entwurf

Auf Grundlage der Ergebnisse der Ermittlung nach Art. 6 RL-Entwurf haben die Unternehmen nach Art. 7, 8 RL-Entwurf geeignete Maßnahmen zu ergreifen, um negative Auswirkungen zu vermeiden. Der RL-Entwurf unterscheidet zwischen den Maßnahmen, die ein Unternehmen zu ergreifen hat, das *potenziell* negative Auswirkungen in der Lieferkette ermittelt hat (Art. 7 RL-Entwurf) und solchen, die ein Unternehmen in die Wege leiten muss, soweit *tatsächliche* negative Auswirkungen in der Lieferkette ermittelt wurden (Art. 8 RL-Entwurf). Die Anforderungen des Art. 8 RL-Entwurfs gehen an einigen Stellen weiter als die des Art. 7 RL-Entwurf;[1232] in weiten Teilen sind die Bestimmungen jedoch parallel gestaltet. Beide Vorschriften sehen eine Verpflichtung der Unternehmen vor, Schritte zur Unterbindung der negativen Auswirkungen zu ergreifen; sollte eine Unterbindung nicht möglich sein, sind zumindest Milderungsmaßnahmen zu ergreifen, Art. 7 Abs. 1, 8 Abs. 2 RL-Entwurf. Insoweit wird ein abgestuftes System etabliert.

Art. 7, 8 RL-Entwurf bilden das Äquivalent zu den Risikomanagementpflichten nach Art. 5 Abs. 1 lit. b), 2, 3 KM-VO für die Unionseinführer von Mineralien bzw. Art. 5 Abs. 5 KM-VO für Unionseinführer von Metallen. Die KM-VO unterscheidet nicht zwischen potenziellen und tatsächlichen

---

1230 Vgl. auch *Hübner/Habrich/Weller*, NZG 2022, 644, 645.
1231 S. *supra* Kapitel 3 B. II. 2. b).
1232 Bspw. sieht Art. 8 Abs. 3 lit. a) RL-Entwurf vor, dass negative Auswirkungen durch Schadensersatzzahlungen von den Unternehmen auszugleichen oder zumindest zu mindern sind.

negativen Auswirkungen, sondern adressiert weniger spezifisch die Risiken schädlicher Auswirkungen in der Lieferkette.

IV. Beschwerdeverfahren nach Art. 9 RL-Entwurf

Nach Art. 9 RL-Entwurf haben die Unternehmen ein Beschwerdeverfahren für Betroffene von negativen Auswirkungen, Arbeitnehmervertreter und zivilgesellschaftliche Organisationen einzurichten. Eine ähnliche Verpflichtung zur Errichtung eines Beschwerdemechanismus enthält Art. 4 lit. e) KM-VO.[1233] Art. 9 Abs. 3 S. 2 RL-Entwurf beinhaltet jedoch eine „Kenntnisfiktion", wonach der Gegenstand einer begründeten Beschwerde als i. S. d. Art. 6 RL-Entwurf ermittelt gilt, sodass darauf aufbauend Abhilfemaßnahmen zur Vermeidung oder Verhinderung der negativen Auswirkungen nach Art. 7, 8 RL-Entwurf zu ergreifen sind.[1234]

V. Pflichten zur Überwachung und Kommunikation nach Art. 10, 11 RL-Entwurf

Nach Art. 10 RL-Entwurf haben die Unternehmen ihre Tätigkeiten und Maßnahmen periodisch zu evaluieren. Darüber hinaus obliegt es den Unternehmen, die nicht bereits nach Art. 19a, 29a Bilanz-RL[1235] berichtspflichtig sind, nach Art. 11 RL-Entwurf jährlich auf ihrer Webseite einen Bericht über die Angelegenheiten zu veröffentlichen, die der Richtlinie unterfallen. Auch die KM-VO statuiert in Art. 7 KM-VO Offenlegungspflichten, die die Unionseinführer u. a. zu öffentlichen Berichten auf ihren Webseiten verpflichten.[1236]

VI. Bewertung im Vergleich zur KM-VO

Die Sorgfaltspflichten des RL-Entwurfs weisen große Ähnlichkeiten zum Sorgfaltspflichtensystem der KM-VO auf. Die Ähnlichkeiten können wohl

---

1233 S. *supra* Kapitel 3 B. II. 2. a).
1234 So auch wörtlich *Hübner/Habrich/Weller*, NZG 2022, 644, 647.
1235 Art. 19a und Art. 29a wurden durch die CSR-Richtlinie eingefügt.
1236 S. *supra* Kapitel 3 B. II. 2. d).

darauf zurückgeführt werden, dass sich die Sorgfaltspflichtensysteme jeweils an den einschlägigen OECD-Leitsätzen und insbesondere der RL-Entwurf an den UN-Leitprinzipien orientieren.[1237] In einem Aspekt geht das Sorgfaltspflichtensystem der KM-VO über dasjenige des RL-Entwurfs hinaus: Die KM-VO verpflichtet nach Art. 6 die Unionseinführer, Prüfungen von einem unabhängigen Dritten durchführen zu lassen, womit ermittelt werden soll, ob die Verfahren eines Unionseinführers zur Erfüllung der Sorgfaltspflichten mit den Vorgaben der KM-VO im Einklang stehen.[1238] Die Prüfung durch Dritte ist im fünfstufigen Rahmenwerk der OECD-Leitsätze zu Konfliktmineralien vorgesehen, worin sich diese von den UN-Leitprinzipien für Wirtschaft und Menschenrechte unterscheiden.[1239] Der RL-Entwurf sieht keine vergleichbare Pflicht vor. Die Unternehmen können aber nach Art. 7 Abs. 4, 8 Abs. 5 RL-Entwurf hinsichtlich der Überprüfung der Einhaltung der vertraglichen Zusicherungen oder Verträge durch Geschäftspartner auf externe Kontrollen durch Dritte zurückgreifen.[1240] Darüber hinaus stellen die Sorgfaltspflichten der KM-VO einen spezifischeren Mechanismus bereit, mit welchem insbesondere auch die Rückverfolgbarkeit der Herkunft der Mineralien oder Metalle sichergestellt werden soll, vgl. Art. 4 lit. f), lit. g) KM-VO.[1241] Wie bereits festgestellt, greift der RL-Entwurf die hybride Regelungstechnik der KM-VO nicht auf, die an einigen Stellen auf die OECD-Leitsätze zu Konfliktmineralien verweist.[1242]

E. Pflicht großer Unternehmen zur Eindämmung des Klimawandels nach Art. 15 RL-Entwurf

Eine Besonderheit des RL-Entwurfs ist die Verpflichtung großer Unternehmen der *Gruppe 1* und *Gruppe 3*, einen Plan festzulegen, mit dem sichergestellt wird, dass das Geschäftsmodell und die Strategie des Unternehmens mit dem Übergang zu einer nachhaltigen Wirtschaft und dem 1,5-Grad-Ziel

---

1237 Hierzu Erwägungsgrund 16 RL-Entwurf; im Vergleich zum LkSG *Hübner/Habrich/Weller*, NZG 2022, 644, 646; zur KM-VO *supra* Kapitel 3 B. II. 5.

1238 S. *supra* Kapitel 3 B. II. 2. c).

1239 *Grado*, Italian Yearbook of International Law 27 (2018), 235, 242.

1240 Kritisch zu der Rolle von unabhängigen Dritten im RL-Entwurf *Sharaf*, Der unsichtbare Dritte – Die Rolle von Zertifizierern in der Corporate Sustainability Due Diligence Richtlinie, Verfassungsblog, 2.3.2022.

1241 Vgl. auch *Europäische Kommission*, COM(2022) 71 final, 2022/0051 (COD), S. 8.

1242 S. *supra* Kapitel 3 B. II. 5.

des Pariser Übereinkommens vereinbar sind, Art. 15 Abs. 1 RL-Entwurf.[1243] Soweit der Klimawandel als ein Hauptrisiko oder eine Hauptauswirkung der Unternehmenstätigkeit ermittelt wurde (bzw. hätte ermittelt werden sollen), müssen nach Art. 15 Abs. 2 RL-Entwurf Emissionsreduktionsziele in den Plan aufgenommen werden.[1244] Zudem ist die Einhaltung dieser Pflichten nach Art. 15 Abs. 3 RL-Entwurf an die variable Geschäftsleitervergütung zu knüpfen.[1245]

F. Sorgfaltspflichten für die Unternehmensleitung nach Art. 25, 26 RL-Entwurf

Eine weitere Besonderheit des RL-Entwurfs zeigt sich in den Sorgfaltspflichten für die Unternehmensleitung von Unternehmen der *Gruppe 1* und *Gruppe 2*: Nach Art. 25 Abs. 1 RL-Entwurf hat die Unternehmensleitung dieser Unternehmen bei ihrer Pflicht, im Interesse des Unternehmens zu handeln, Nachhaltigkeitsaspekte und somit neben *Shareholder*- auch *Stakeholder*-Interessen zu berücksichtigen.[1246] Daneben fordert Art. 25 Abs. 2 RL-Entwurf, dass für einen Verstoß gegen die Pflicht der Unternehmensleitung aus Art. 25 Abs. 1 RL-Entwurf die mitgliedstaatlichen Regelungen eines Pflichtenverstoßes durch die Unternehmensleitung gelten.[1247] Art. 26 RL-Entwurf statuiert eine Verantwortlichkeit der Unternehmensleitung zur Umsetzung und zum Risikomanagement der Sorgfaltspflichten nach dem RL-Entwurf.[1248] Im deutschen Aktienrecht würden diese Pflichten von der Legalitätspflicht des Vorstands erfasst, sodass ein Verstoß etwa eine Innenhaftung nach § 93 Abs. 2 S. 1 AktG nach sich ziehen könnte.[1249]

1243 Hierzu *Hübner/Habrich/Weller*, NZG 2022, 644, 647; *Nietsch/Wiedmann*, CCZ 2022, 125, 128; *Weller/T. Fischer*, ZIP 2022, 2253, 2255 f.

1244 Hierzu *Nietsch/Wiedmann*, CCZ 2022, 125, 128.

1245 Hierzu *Hübner/Habrich/Weller*, NZG 2022, 644, 647, 650.

1246 Vgl. Erwägungsgrund 63 RL-Entwurf; *Hübner/Habrich/Weller*, NZG 2022, 644, 647, 650; eingehend *Nietsch/Wiedmann*, CCZ 2022, 125, 135; *Renner*, ZEuP 2022, 782, 801 f. Bereits zu dieser Entwicklung im Rahmen der CSR-Richtlinie *Hommelhoff*, NZG 2015, 1329, 1330.

1247 Hierzu *Nietsch/Wiedmann*, CCZ 2022, 125, 136.

1248 *Nietsch/Wiedmann*, CCZ 2022, 125, 136.

1249 Vgl. auch *Hübner/Habrich/Weller*, NZG 2022, 644, 647, 650; zur Innenhaftung des Vorstands vgl. *supra* Kapitel 4 D.

G. Rechtsfolgen eines Verstoßes

Die Kommission erkennt in einer wirksamen Durchsetzung der Sorgfaltspflichten den Schlüssel, um die Ziele der künftigen Richtlinie zu erreichen [1250] Der RL-Entwurf setzt daher auf eine Kombination aus *private* und
public enforcement.

I. Behördliche Durchsetzung

Art. 17 RL-Entwurf sieht vor, dass die Mitgliedstaaten eine oder mehrere
Behörden benennen, die die Einhaltung der Bestimmungen aus der Richtlinie überwachen und nach Art. 18 RL-Entwurf mit weitreichenden Befugnissen auszustatten sind. Behörden, die einen Verstoß eines Unternehmens
gegen die Sorgfaltspflichten feststellen, räumen den Unternehmen die Möglichkeit ein, Abhilfemaßnahmen zu ergreifen, Art. 18 Abs. 4 S. 1 RL-Entwurf.
Dies schließt jedoch nach Art. 18 Abs. 4 S. 2 RL-Entwurf das Verhängen
einer Sanktion oder eine zivilrechtliche Haftung nicht aus. Es wäre naheliegend, in Deutschland das Bundesamt für Wirtschaft und Ausfuhrkontrolle
als zuständige Behörde zu benennen, das bereits für die Durchsetzung des
LkSG zuständig ist, § 19 Abs. 1 S. 1 LkSG.[1251]

II. Sanktionen nach Art. 20 RL-Entwurf

Es obliegt nach Art. 20 Abs. 1 RL-Entwurf den Mitgliedstaaten, Sanktionen
für die Verstöße gegen die in Umsetzung der Richtlinie erlassenen Vorschriften festzusetzen, die effektiv, verhältnismäßig und abschreckend sind.
Nach Art. 20 Abs. 2 RL-Entwurf sollen dabei die von den Unternehmen
ergriffenen Maßnahmen, u. a. die angestellten Bemühungen, Abhilfemaßnahmen zu ergreifen, und die Zusammenarbeit mit anderen Unternehmen
zur Bewältigung von nachteiligen Auswirkungen in der Wertschöpfungskette berücksichtigt werden. Soweit finanzielle Sanktionen vorgesehen sind,
müssen sich diese nach Art. 20 Abs. 3 RL-Entwurf am Umsatz der Unternehmen orientieren. Darüber hinaus hat die zuständige Behörde die
verhängten Sanktionen zu publizieren, Art. 20 Abs. 4 RL-Entwurf, sodass

---

1250 *Europäische Kommission,* COM(2022) 71 final, 2022/0051 (COD), S. 21.
1251 So auch *Stöbener de Mora/Noll,* EuZW 2023, 14, 22.

auch ein *„naming and shaming"* zur Durchsetzung nach dem RL-Entwurf vorgesehen ist.

III. Ausschluss von öffentlichen Fördermaßnahmen nach Art. 24 RL-Entwurf

Ein Unternehmen, gegen das Sanktionen nach Art. 20 RL-Entwurf verhängt wurden, ist nach Art. 24 RL-Entwurf von öffentlichen Fördermaßnahmen des Mitgliedstaates auszuschließen. Aus Art. 24 RL-Entwurf geht allerdings nicht hervor, Sanktionen welchen Zeitraums bei dem Ausschluss aus den Fördermaßnahmen zu berücksichtigen sind.

IV. Zivilrechtliche Haftung

1. Zivilrechtliche Haftungsklausel

Nach Art. 22 Abs. 1 RL-Entwurf obliegt es den Mitgliedstaaten, eine zivilrechtliche Haftungsklausel für Schäden zu schaffen, die aus einer Verletzung der Sorgfaltspflichten nach Art. 7 oder Art. 8 RL-Entwurf resultieren.[1252] Ein Unternehmen soll, wie in Erwägungsgrund 56 zum RL-Entwurf vorgesehen, für Schäden haften,

> „wenn es seinen Verpflichtungen zur Verhinderung und Minderung potenzieller negativer Auswirkungen oder zur Abstellung tatsächlicher Auswirkungen und Minimierung ihres Ausmaßes nicht nachgekommen ist und wenn infolge dieses Versäumnisses negative Auswirkungen, die ermittelt, verhindert, gemindert, abgestellt oder durch geeignete Maßnahmen hätten minimiert werden müssen, zu einem Schaden geführt haben."

Die zivilrechtliche Haftungsklausel soll nach Art. 22 Abs. 3 RL-Entwurf keinen Einfluss auf eine potenzielle Haftung von Tochterunternehmen oder Zulieferern haben.

1252 Hierzu auch *Augenstein*, in: Kaltenborn et al., Lieferkettensorgfaltspflichtenrecht, 2023, Einl. Rn. 173 ff.; *Hübner/Habrich/Weller*, NZG 2022, 644, 648; *Nedelcu/Schäferling*, Lessons for the EU Directive on Corporate Sustainability: Due Diligence from the German Supply Chain Act, Völkerrechtsblog, 28.3.2022; *Renner*, ZEuP 2022, 782, 808.

2. *Safe Harbour* für Unternehmen nach Art. 22 Abs. 2 RL-Entwurf

Nach Art. 22 Abs. 2 RL-Entwurf ist im mitgliedstaatlichen Recht ein sog. *Safe Harbour* für die Unternehmen zu schaffen.[1253] Den Unternehmen soll keine zivilrechtliche Haftung für die negativen Auswirkungen der Tätigkeit eines *indirekten* Partners, zu dem eine etablierte Geschäftsbeziehung besteht, drohen, soweit sich die Unternehmen *erstens* von ihren *direkten* Geschäftspartnern eine vertragliche Zusicherung einholen, dass sie den Verhaltenskodex des Unternehmens einhalten und ggf. einen Präventionsplan erstellen, Art. 22 Abs. 2 i. V. m. Art. 7 Abs. 2 lit. b), Art. 8 Abs. 3 lit. c) RL-Entwurf. *Zweitens* haben die Unternehmen geeignete Maßnahmen zur Prüfung der Einhaltung der vertraglichen Zusicherungen nach Art. 7 Abs. 4, Art. 8 Abs. 5 RL-Entwurf zu ergreifen. *Drittens* müssen die Unternehmen annehmen dürfen, dass die von ihnen ergriffenen Maßnahmen ausreichen würden, um eine negative Auswirkung zu vermeiden, abzuschwächen, zu beheben oder zu minimieren, Art. 22 Abs. 2 S. 1 a. E. RL-Entwurf.

Diese „Vertragskaskaden"[1254] könnten zu Kaskadeneffekten führen, indem die Sorgfaltspflichten an schwache Glieder in der Lieferkette weitergegeben werden.[1255] Der RL-Entwurf sieht zwar einige Vorschriften zur Entlastung von KMU vor; bspw. soll zum Schutz von KMU nach Art. 14 Abs. 2 RL-Entwurf eine finanzielle Unterstützung durch den Staat möglich sein.[1256] Zudem haben die Unternehmen KMU, zu denen eine etablierte Geschäftsbeziehung besteht, nach Art. 7 Abs. 2 lit. d), Art. 8 Abs. 3 lit. e) RL-Entwurf gezielt und verhältnismäßig zu unterstützen, soweit deren Tragfähigkeit gefährdet ist.[1257] Die Bestimmungen im RL-Entwurf könnten aber dazu führen, dass große Unternehmen häufig ihre Zulieferer wechseln, sodass keine „etablierte Geschäftsbeziehung" ent-

---

1253 Hierzu und im Folgenden auch *Hübner/Habrich/Weller*, NZG 2022, 644, 648 f.

1254 Vgl. Art. 7 Abs. 2 lit. b), Art. 8 Abs. 3 lit. c) RL-Entwurf; sowie *Hübner/Habrich/ Weller*, NZG 2022, 644, 649.

1255 Adressiert in Erwägungsgrund 47 RL-Entwurf; zum „KMU-Schutzkonzept" im RL-Entwurf *Sharaf*, Der unsichtbare Dritte – Die Rolle von Zertifizierern in der Corporate Sustainability Due Diligence Richtlinie, Verfassungsblog, 2.3.2022.

1256 *Sharaf*, Der unsichtbare Dritte – Die Rolle von Zertifizierern in der Corporate Sustainability Due Diligence Richtlinie, Verfassungsblog, 2.3.2022.

1257 *Bettermann/Hoes*, WM 2022, 697, 699; *Sharaf*, Der unsichtbare Dritte – Die Rolle von Zertifizierern in der Corporate Sustainability Due Diligence Richtlinie, Verfassungsblog, 2.3.2022.

steht, was für KMU, mangels konstanter Abnehmer, zu wirtschaftlichen Problemen führen kann.[1258]

Kritik hat zudem richtigerweise hervorgerufen, dass Art. 22 Abs. 2 UAbs. 2 RL-Entwurf vorsieht, dass die Bemühungen von Unternehmen, die mit dem Schaden unmittelbar in Verbindung stehen, bei der Schadensberechnung zu berücksichtigen sind.[1259] Nach *Hübner/Habrich/ Weller* tritt hierdurch die „Ausgleichsfunktion zivilrechtlicher Haftung in den Hintergrund".[1260]

3. Keine Regelung der Beweislast im RL-Entwurf

Eine umfassende Beweislastumkehr, wie sie noch im Vorschlag einer Richtlinie des Europäischen Parlaments enthalten war,[1261] beinhaltet der RL-Entwurf nicht.[1262] Allein Erwägungsgrund 58 zum RL-Entwurf weist darauf hin, dass es den Mitgliedstaaten überlassen ist, die Beweislast für die Rückausnahme zur *Safe Harbour*-Regelung festzulegen.[1263]

4. Kollisionsrechtliche Absicherung der zivilrechtlichen Haftung

Art. 22 Abs. 5 RL-Entwurf sieht vor, dass die nationalstaatliche zivilrechtliche Haftungsklausel als Eingriffsnorm i. S. d. Art. 16 Rom II-VO auszugestalten ist. Eine kollisionsrechtliche Absicherung der zivilrechtlichen Haftung ist erforderlich, um Relevanz für die Haftungsklausel zu schaffen. Denn auch für Haftungskonstellationen nach dem RL-Entwurf gilt, wie bereits oben dargelegt, dass in den paradigmatischen Fallkonstellationen

---

1258 So auch *Sharaf*, Der unsichtbare Dritte – Die Rolle von Zertifizierern in der Corporate Sustainability Due Diligence Richtlinie, Verfassungsblog, 2.3.2022.

1259 *Hübner/Habrich/Weller*, NZG 2022, 644, 649.

1260 *Hübner/Habrich/Weller*, NZG 2022, 644, 649.

1261 Vgl. *Europäisches Parlament*, P9_TA(2021)0073, Sorgfaltspflicht und Rechenschaftspflicht von Unternehmen, Entschließung des Europäischen Parlaments vom 10.3.2021 mit Empfehlungen an die Kommission zur Sorgfaltspflicht und Rechenschaftspflicht von Unternehmen (2020/2129(INL)), Anlage zur Entschließung, Erwägungsgrund 53, Art. 19 Abs. 3; hierzu auch *Kieninger*, RIW 2021, 331, 338; *Nasse*, Loi de vigilance, 2022, S. 302; *Rühl/Knauer*, JZ 2022, 105, 113.

1262 Dahingehend kritisch *Hübner/Habrich/Weller*, NZG 2022, 644, 649.

1263 *Hübner/Habrich/Weller*, NZG 2022, 644, 649.

nach Art. 4 Abs. 1 Rom II-VO grundsätzlich das Recht des Erfolgsorts und somit in aller Regel ausländisches Recht zur Anwendung gelangt.[1264]

Dabei statuiert Art. 22 Abs. 5 RL-Entwurf nicht eine genuin unionsrechtliche Eingriffsnorm, was bspw. im Rahmen der Handelsvertreter-RL[1265] der Fall ist.[1266] Vielmehr sind nach Art. 22 Abs. 5 RL-Entwurf die Mitgliedstaaten verpflichtet, die Haftungsklausel als Eingriffsnorm auszugestalten.

Das Schaffen einer Eingriffsnorm hat zur Folge, dass faktisch immer das Recht des Forumstaates zur Anwendung gelangt.[1267] Die Rom II-VO folgt allerdings dem Prinzip, dass grundsätzlich das Recht, zu dem die engste Verbindung besteht, Anwendung findet.[1268] Aus Erwägungsgrund 61 zum RL-Entwurf ergibt sich, dass mit dem zwingenden Charakter der Vorschrift Opferschutzgesichtspunkte verfolgt werden.[1269] Es wird also die Prämisse zugrunde gelegt, dass das ausländische Recht ein niedrigeres Schutzniveau bietet – diese ist jedoch nicht zwingend richtig.[1270] Vielmehr kommt es, wie bereits festgestellt, häufig vor, dass in Drittstaaten zwar Durchsetzungsdefizite herrschen, sodass eine Klage vor einem Gericht eines EU-Mitgliedstaates attraktiv ist, das Sachrecht allerdings ein hinreichendes Schutzniveau aufweist.[1271]

Vom Rechtsausschuss des Europäischen Parlaments wurde zunächst eine Änderung der Rom II-VO vorgeschlagen, um den Betroffenen mit einem neu zu schaffenden Art. 6a Rom II-VO ein Wahlrecht *ex post* nach dem

---

1264 S. *supra* Kapitel 6 F. II. 2. a); vgl. auch *GEDIP*, Recommendation to the European Commission concerning the Private international law aspects of the future Instrument of the European Union (Corporate Due Diligence and Corporate Accountability), v. 8.10.2021; *Hübner/Habrich/Weller*, NZG 2022, 644, 649.

1265 Richtlinie 86/653/EWG des Rates vom 18.12.1986 zur Koordinierung der Rechtsvorschriften der Mitgliedstaaten betreffend die selbstständigen Handelsvertreter, ABl. EG L 382/17, 31.12.1986.

1266 EuGH, Urt. v. 9.11.2000 – Rs. C-381/98, *Ingmar GB Ltd. ./. Eaton Leonard Technologies Inc.*, ECLI:EU:C:2000:605, Rn. 26; vgl. dazu *Hübner/Habrich/Weller*, NZG 2022, 644, 650; zum RL-Vorschlag des Europäischen Parlaments *Nasse*, Loi de vigilance, 2022, S. 304.

1267 Vgl. hierzu auch *Nietsch/Wiedmann*, CCZ 2022, 125, 134.

1268 Siehe nur *Junker*, in: MüKo BGB, 8. Aufl. 2021, Vorbem. Vor Art. 1 Rom II-VO Rn. 38.

1269 Vgl. dazu *Nietsch/Wiedmann*, CCZ 2022, 125, 133.

1270 *v. Hein*, Back to the Future – (Re-) Introducing the Principle of Ubiquity for Business-related Human Rights Claims, Conflict of Laws, 12.10.2020; *Nietsch/Wiedmann*, CCZ 2022, 125, 134.

1271 Vgl. hierzu *v. Hein*, Back to the Future – (Re-) Introducing the Principle of Ubiquity for Business-related Human Rights Claims, Conflict of Laws, 12.10.2020; sowie *supra* Einleitung A. III.

Vorbild des Art. 7 Rom II-VO einzuräumen.[1272] An einer solchen Lösung wurde jedoch zu Recht kritisiert, dass erhebliche Unsicherheiten für die Unternehmen entstünden, die *ex ante* nicht wüssten, welches Recht in einer Klage zur Anwendung käme, sodass die Präventiv- und Steuerungsfunktion des Deliktsrechts beeinträchtigt würde und den Unternehmen erhebliche Kosten entstünden, da sie die Vorgaben verschiedener Rechtsordnungen erfüllen müssten.[1273] Die Lösung über eine Eingriffsnorm ist folglich im Ergebnis vorzugswürdig.

Wie *Hübner/Habrich/Weller* feststellen, wäre „[d]ie Diskussion um die kollisionsrechtliche Absicherung zivilrechtlicher Haftungsregeln im Bereich der *Human Rights Due Diligence* [...] damit beendet"[1274], würde der RL-Entwurf in dieser Form geltendes Recht. Hinsichtlich der deliktsrechtlichen Haftungskonstellation unter der KM-VO bleibt es dagegen bei der bereits dargestellten Rechtslage, nach der in aller Regel deutsches Recht nicht zur Anwendung gelänge.[1275] Sollte der RL-Entwurf inhaltsgleich erlassen werden, ist davon auszugehen, dass sich zivilrechtliche Klagen von Betroffenen von Menschenrechtsverletzungen gegen Unternehmen vor Gerichten der Mitgliedstaaten der EU künftig hierauf stützen.

V. Bewertung und Vergleich zur KM-VO

Der RL-Entwurf setzt auf eine vielversprechende Kombination aus *private* und *public enforcement*, die den mitgliedstaatlichen Rechtsakten zu Sorgfaltspflichten in der Lieferkette bislang noch fremd ist: Während das LkSG allein öffentlich-rechtlich durchzusetzen ist, sind die Bestimmungen der *loi de vigilance* nur zivilrechtlich durchzusetzen.[1276]

1272 Vgl. hierzu Entwurf einer Entschließung des Europäischen Parlaments mit Empfehlungen an die Kommission zur Sorgfaltspflicht und Rechenschaftspflicht der Unternehmen, 2020/2129(INL), v. 11.9.2020, Anlage zur Änderung der Rom II-VO Art. 6a; dies befürwortend *v. Hein*, Back to the Future – (Re-)Introducing the Principle of Ubiquity for Business-related Human Rights Claims, Conflict of Laws, 12.10.2020; vgl. dazu auch *Nasse*, Loi de vigilance, 2022, S. 302 f.; *Rühl/Knauer*, JZ 2022, 105, 114.

1273 *Rühl*, Human Rights in global supply chains: Do we need to amend the Rome II-Regulation?, Conflict of Laws, 9.10.2020; *Rühl/Knauer*, JZ 2022, 105, 114.

1274 *Hübner/Habrich/Weller*, NZG 2022, 644, 650.

1275 S. *supra* Kapitel 6 F. II.

1276 *Nasse*, Loi de vigilance, 2022, S. 301 f.

Die Rechtsfolgen, die bei einem Verordnungsverstoß in der KM-VO und den mitgliedstaatlichen Durchführungsgesetzen vorgesehen sind, unterscheiden sich von denen des RL-Entwurfs. Das MinRohSorgG sieht lediglich eine behördliche Durchsetzung vergleichbar zur behördlichen Durchsetzung nach Art. 17, 18 RL-Entwurf vor.[1277] Eine zivilrechtliche Durchsetzung der KM-VO ist, wie aufgezeigt, zwar in einigen Konstellationen denkbar, bislang ist in Deutschland allerdings noch keine auf die KM-VO gestützte Klage bekannt.[1278]

H. Ergebnis

Der RL-Entwurf der Kommission ist in vielerlei Hinsicht weitreichend. Der Vergleich zur KM-VO hat insbesondere Gemeinsamkeiten im Rahmen des Sorgfaltspflichtensystems gezeigt. Hinsichtlich anderer Aspekte, wie des Anwendungsbereichs und der Durchsetzung, unterscheiden sich die Rechtsakte jedoch erheblich. Der RL-Entwurf ist in diesen Aspekten weitreichender als die sektorenspezifische KM-VO.

I. Ergebnisse in Thesenform

(1) Die Europäische Kommission stellte am 23.2.2022 einen RL-Entwurf zur *Corporate Sustainability Due Diligence* vor, der erstmals auf europäischer Ebene sektorenübergreifend verbindliche Sorgfaltspflichten für Unternehmen enthält. Die Kommission will damit u. a. eine Rechtszersplitterung auf mitgliedstaatlicher Ebene verhindern.

(2) Nach dem RL-Entwurf sollen große Unternehmen adressiert werden. Die Adressatenstellung ergibt sich aus einer Kombination des Nettojahresumsatzes und der Beschäftigtenzahlen, wobei die Umsatzschwellen niedriger sind, soweit ein Unternehmen maßgebliche Teile des Umsatzes in einem Hochrisikosektor erwirtschaftet. Die vergleichbaren mitgliedstaatlichen Rechtsakte in Frankreich (*loi de vigilance*) und Deutschland (LkSG) adressieren ebenfalls große Unternehmen, wobei jeweils die Beschäftigtenzahlen maßgeblich sind. Der Umstand, dass jeweils die Unternehmensgröße für eine Adressatenstellung entschei-

---

1277 S. *supra* Kapitel 3 C. I.
1278 S. *supra* Kapitel 5 sowie Kapitel 6.

dend ist, unterscheidet die sektorenübergreifenden Rechtsakte von der sektorenspezifischen KM-VO. Die KM-VO ist sowohl auf juristische als auch natürliche Personen anwendbar.

(3) Das Sorgfaltspflichtensystem des RL-Entwurfs erinnert stark an das Sorgfaltspflichtensystem der KM-VO. Die Sorgfaltspflichten beider Rechtsakte beruhen u. a. auf Vorgaben der OECD, wobei der RL-Entwurf die hybride Regelungstechnik der KM-VO jedoch nicht übernimmt.

(4) Nach dem RL-Entwurf ist sowohl ein *private* als auch ein *public enforcement* vorgesehen. Die Kombination von *private* und *public enforcement* setzt den RL-Entwurf deutlich von den bisher auf mitgliedstaatlicher Ebene erlassenen sektorenübergreifenden Rechtsakten ab, die entweder nur ein *private enforcement* (*loi de vigilance*) oder nur ein *public enforcement* (LkSG) vorsehen.

(5) Die zivilrechtliche Haftung ist kollisionsrechtlich abgesichert, indem die Mitgliedstaaten nach dem RL-Entwurf verpflichtet wären, die Haftungsklausel als Eingriffsnorm i. S. d. Art. 16 Rom II-VO zu statuieren.

Kapitel 7: Die Zukunft der KM-VO angesichts
sektorenübergreifender Regulierungsvorhaben wie des
RL-Entwurfs zur *Corporate Sustainability Due
Diligence*

Nach dem RL-Entwurf zur *Corporate Sustainability Due Diligence* der Kommission soll das Verhalten von Unternehmen in allen Wirtschaftszweigen adressiert werden, was richtigerweise „von entscheidender Bedeutung für die erfolgreiche Umsetzung der Nachhaltigkeitsziele der Union" ist.[1279] In Anbetracht ihres umfassenden Anwendungsbereichs stellt sich allerdings die Frage, in welchem Verhältnis die Richtlinie – unterstellt, sie wird in dieser Form angenommen – zu sektorenspezifischen Rechtsakten stünde, die internationale Lieferketten betreffen. Konkret ist zu untersuchen, ob und inwieweit die Vorgaben des RL-Entwurfs mit denen der KM-VO in Einklang stehen (A.). Wie soeben festgestellt, sieht der RL-Entwurf, zumindest in großen Teilen, eine weiterreichende Regelung vor als die KM-VO. Würde die KM-VO durch den Erlass einer sektorenübergreifenden Richtlinie also überflüssig werden (B.)? Auf Grundlage der im Rahmen dieser Betrachtung gewonnenen Erkenntnisse und unter Rückgriff auf den im ersten Teil dieser Arbeit angestellten Vergleich zu Sec. 1502 Dodd-Frank Act wird abschließend eine Bewertung der KM-VO vorgenommen. Der Maßstab für diese Bewertung orientiert sich am Bewertungsrahmen, den die Europäische Kommission anlegt, wenn sie Rechtsvorschriften bewertet (C.). Die Ergebnisse dieses Kapitels werden abschließend in vier Thesen zusammengefasst (D.).

A. Verhältnis einer künftigen Richtlinie zur KM-VO

I. RL-Entwurf lässt KM-VO grundsätzlich unberührt

Wie sich aus der Begründung der Europäischen Kommission zum RL-Entwurf ergibt, würde die KM-VO durch den Erlass einer Richtlinie zur *Cor-*

1279 So Erwägungsgrund 4 RL-Entwurf.

porate Sustainability Due Diligence nicht berührt. Vielmehr ergänzt die Richtlinie „bestehende oder geplante branchenspezifische und produktbezogene Instrumente zur Erfüllung der Sorgfaltspflichten in der Wertschöpfungskette auf EU-Ebene".[1280]

II. Kollision der Sorgfaltspflichten der KM-VO und des RL-Entwurfs?

Die KM-VO und der RL-Entwurf sehen jeweils Sorgfaltspflichten für Unionseinführer und/oder Unternehmen hinsichtlich menschenrechtlicher Risiken in der Liefer- oder Wertschöpfungskette vor, die ähnlich ausgestaltet sind.[1281] Es ist denkbar, dass ein Unternehmen beiden Regimen unterfällt: Führt ein Unternehmen bspw. Tantal in großem Umfang in die Union ein, ist es ein Unionseinführer i. S. d. KM-VO, unterfällt also den Regeln der KM-VO.[1282] Erwirtschaftet das Unternehmen zudem einen Nettojahresumsatz von 150 Mio. EUR und hat mehr als 500 Beschäftigte, obliegen ihm auch die Pflichten des RL-Entwurfs, sollte dieser entsprechend erlassen werden.[1283] Ein prominentes Beispiel ist etwa die *Thyssenkrupp AG*, die nach eigenen Angaben Unionseinführer ist,[1284] also beiden Rechtsakten unterfiele.

Hinsichtlich der Lieferkette von Tantal müsste das Unternehmen aus dem eingangs genannten Beispiel also grundsätzlich sowohl die Sorgfaltspflichten der KM-VO als auch des RL-Entwurfs erfüllen. Sollte die Richtlinie entsprechend dem Entwurf der Kommission erlassen werden, stellt sich folglich die Frage, in welchem Verhältnis die Sorgfaltspflichten der KM-VO zu denen der entsprechenden Umsetzungsgesetze der Richtlinie stehen, soweit die Anwendungsbereiche beider Rechtsakte eröffnet sind.

Kernstücke der Sorgfaltspflichtenkataloge bilden jeweils die Pflichten zur Risikoermittlung und der Reaktion auf ermittelte Risiken. In der KM-VO

1280 *Europäische Kommission*, COM(2022) 71 final, 2022/0051 (COD), S. 8.
1281 Hierzu *supra* Kapitel 6 D.
1282 Zum Anwendungsbereich der KM-VO s. *supra* Kapitel 3 B. I.
1283 So nur eine der Möglichkeiten zur Eröffnung des Anwendungsbereichs des RL-Entwurfs. Zum Anwendungsbereich des RL-Entwurfs vgl. *supra* Kapitel 6 C.
1284 *Thyssenkrupp AG*, Conflict Minerals Statement, 2022, online abrufbar unter: https://www.thyssenkrupp-steel.com/media/content_1/unternehmen_3/thyss enkrupp_rasselstein/unternehmensbereich/nachhaltigkeit_2/conflict_minerals_ statement/thyssenkrupp_conflict_minerals_statement_de.pdf (zuletzt abgerufen: 30.9.2023).

sind diese Pflichten in Art. 5 enthalten, im RL-Entwurf in den Art. 6-8. Nur diese Sorgfaltspflichten bergen das Potenzial einer Pflichtenkollision.

Der Inhalt der Risikomanagementpflichten des Art. 5 KM-VO soll an dieser Stelle wiederholt werden:[1285] Art. 5 Abs. 1 lit. a) KM-VO verpflichtet die Unionseinführer von Mineralien zur Ermittlung der Risiken schädlicher Auswirkungen in ihren Lieferketten, wobei die jeweilige Lieferkettenpolitik zugrunde zu legen ist. Die Lieferkettenpolitik müssen die Unionseinführer nach Maßgabe des Art. 4 lit. a), b) KM-VO erstellen, sie muss den Standards von Anhang II der OECD-Leitsätze zu Konfliktmineralien entsprechen. Ermittelt ein Unionseinführer das Risiko schädlicher Auswirkungen in seiner Lieferkette, bspw. das Risiko von Kinder- und Zwangsarbeit, so hat er nach Art. 5 Abs. 1 lit. b) KM-VO eine Strategie umzusetzen, um die negativen Auswirkungen zu verhindern oder zu mindern. Die Unionseinführer sind nach Art. 5 Abs. 1 lit. b) ii) KM-VO u. a. verpflichtet, Risikomanagementmaßnahmen zu ergreifen. Hierbei besteht grundsätzlich die Möglichkeit der „Fortsetzung des Handels bei gleichzeitiger Durchführung messbarer Bemühungen um Risikominderung" oder der „vorübergehende[n] Aussetzung des Handels bei Weiterverfolgung der laufenden messbaren Bemühungen um Risikominderung" oder der „Beendigung der Beziehungen zu einem Lieferanten nach fehlgeschlagenen Versuchen der Risikominderung".[1286] Allerdings werden die Pflichten zum Risikomanagement, wie bereits ausgeführt, durch Anhang II der OECD-Leitsätze zu Konfliktmineralien präzisiert: Abhängig von dem ermittelten Risiko sieht Anhang II strengere Maßnahmen vor.[1287] Soweit etwa nach Ziffer 1 der OECD-Leitsätze zu Konfliktmineralien das Risiko schwerwiegender Menschenrechtsverletzungen ermittelt wurde, bestimmt Ziffer 2, dass die geschäftlichen Beziehungen zu diesem Lieferanten der vorgelagerten Lieferkette *sofort* auszusetzen oder zu beenden sind.[1288] Hinsichtlich nicht hinnehmbarer Risiken lassen die OECD-Leitsätze zu Konfliktmineralien also keinen Raum für eine Risikominderung im Rahmen fortlaufender Geschäftsbeziehungen.[1289] Da die Risikomanagementmaßnahmen nach

---

1285 S. eingehend *supra* Kapitel 3 B. II. 2. b).
1286 Art. 5 Abs. 1 lit. b) ii) KM-VO.
1287 S. *supra* Kapitel 3 B. II. 2. b) aa) (i).
1288 So heißt es: „immediately suspend or discontinue", vgl. OECD Due Diligence Guidance for Responsible Supply Chains of Minerals from Conflict-Affected and High-Risk Areas, 2. Aufl. 2013, S. 21.
1289 Vgl. OECD Due Diligence Guidance for Responsible Supply Chains of Minerals from Conflict-Affected and High-Risk Areas, 2. Aufl. 2013, S. 14, 21.

Art. 5 Abs. 1 lit. b) KM-VO u. a. im Einklang mit Anhang II der OECD-Leitsätze zu Konfliktmineralien zu erfüllen sind, gilt dies auch für die Pflichten der KM-VO.[1290]

Hingegen sieht der RL-Entwurf zur Vermeidung potenzieller negativer Auswirkungen nach Art. 7 oder zur Behebung tatsächlicher negativer Auswirkungen nach Art. 8 ein abgestuftes Vorgehen vor.[1291] Die Unternehmen sollen jeweils vorrangig aktiv im Rahmen der bestehenden Geschäftsbeziehungen Lösungen zur Verhinderung oder Minderung von negativen Auswirkungen wie Menschenrechtsverletzungen suchen.[1292] Der Rückzug der Unternehmen aus den Geschäftsbeziehungen soll eine *ultima ratio* bleiben, soweit die Bemühungen zur Verhinderung oder Minderung von negativen Auswirkungen erfolglos blieben.[1293] Insoweit sehen Art. 7 Abs. 5 und Art. 8 Abs. 6 RL-Entwurf eine Pflicht zur Aussetzung oder Beendigung von Geschäftsbeziehungen nur unter gesteigerten Voraussetzungen vor: Erforderlich ist, dass Maßnahmen im Rahmen der bestehenden Geschäftsbeziehungen fruchtlos geblieben sind. Eine Beendigung ist nur erforderlich, soweit die potenziellen negativen Auswirkungen schwerwiegend sind.[1294]

Ermittelt ein Unternehmen, welches in den Anwendungsbereich beider Regelungsregime fällt, also das Risiko von Kinder- oder Zwangsarbeit in seiner Lieferkette, bestünde nach der KM-VO die *Pflicht zur Aussetzung* oder *Beendigung* der Vertragsbeziehungen, wohingegen nach dem RL-Entwurf zunächst im Rahmen der bestehenden Geschäftsbeziehung *Bemühungen zur Risikoverhinderung oder -minderung* anzustellen wären.

Eine Pflichtenkollision droht dennoch nicht. Denn eine solche liegt nur vor, soweit eine Person (vorliegend ein Unternehmen und Unionseinführer) Adressat zweier Pflichten ist, aber nur eine der Pflichten erfüllen kann und gleichzeitig die andere Pflicht verletzt würde.[1295] Obwohl nach Maßgabe des RL-Entwurfs schwerpunktmäßig Maßnahmen zur Verhinderung oder Minderung von negativen Auswirkungen in laufenden Geschäftsbeziehungen zu ergreifen sind, sehen die Sorgfaltspflichten auch die Aussetzung oder Beendigung der geschäftlichen Beziehungen zu einem Zulieferer vor,

---

1290 S. *supra* Kapitel 3 B. II. 2. b) aa) (i).
1291 S. *supra* Kapitel 6 D. III.
1292 Vgl. Erwägungsgründe 36, 41 RL-Entwurf.
1293 Vgl. Erwägungsgründe 36, 41 RL-Entwurf
1294 Darüber hinaus besteht eine Pflicht auch nur, soweit das jeweils maßgebende Recht eine entsprechende Maßnahme vorsieht, Art. 7 Abs. 5, Art. 8 Abs. 6 RL-Entwurf.
1295 Eingehend *Hruschka*, FS Larenz 1983, 257, 259 ff.

vgl. Art. 7 Abs. 5, Art. 8 Abs. 6 RL-Entwurf. Aus dem Wortlaut von Art. 7, 8 RL-Entwurf ergibt sich keine *Pflicht*, vorrangig eine Lösung im Rahmen der laufenden Geschäftsbeziehungen zu suchen. So wird auch in Erwägungsgrund 36 zum RL-Entwurf wörtlich ausgeführt:

> „Um sicherzustellen, dass potenzielle negative Auswirkungen wirksam verhindert und gemindert werden, *sollten* die Unternehmen vorrangig aktiv in den bestehenden Geschäftsbeziehungen in der Wertschöpfungskette Lösungen finden, anstatt sich zurückzuziehen, was ein letztes Mittel bleiben *sollte*, nachdem ihr Versuch, potenzielle negative Auswirkungen zu verhindern und zu mindern, erfolglos geblieben ist."[1296]

Die Wahl des Verbes „sollen" verdeutlicht, dass ein abgestuftes Vorgehen durch die Unternehmen nicht zwingend ist. Vielmehr würde ein Unternehmen, welches die Geschäftsbeziehungen zu einem Zulieferer, bei dem es das Risiko von Zwangs- oder Kinderarbeit ermittelt hat, aussetzt oder beendet, nicht gegen die im RL-Entwurf vorgesehenen Sorgfaltspflichten verstoßen. Dies wäre wohl lediglich eine Übererfüllung des Geforderten. Im Ergebnis müsste ein Unternehmen also den strengeren Vorgaben der KM-VO in deren Anwendungsbereich folgen. Ein Unternehmen und Unionseinführer würde dann die Voraussetzungen beider Regelungsregime erfüllen.

Dieses Ergebnis – den Vorgaben der KM-VO, als strengeren Regelungen, einen Vorrang einzuräumen – wird auch durch die Begründung zum RL-Entwurf gestützt: Zum Verhältnis des RL-Entwurfs und der KM-VO wird erläutert, dass die Unionseinführer nach der Verordnung „spezifischere Mechanismen im Hinblick auf die Sorgfaltspflicht einführen".[1297] Dies klingt nach einem *lex specialis*-Verhältnis.[1298] Mangels Pflichtenkollision besteht hier allerdings kein Bedarf, auf den Spezialitätsgrundsatz zurückzugreifen.

Obwohl sich die Pflichten nach der KM-VO und dem RL-Entwurf also im Ergebnis in Einklang bringen lassen, ergeben sich Unklarheiten und Schwierigkeiten, wenn ein Unternehmen beiden Regelungsregimen unterfällt. So ordnet der RL-Entwurf etwa Vorteile für Unternehmen an, die im Rahmen des abgestuften Verfahrens des RL-Entwurfs vertragliche

---

1296 Hervorhebung durch die Verfasserin. Beinahe inhaltsgleich auch Erwägungsgrund 41 RL-Entwurf.

1297 *Europäische Kommission*, COM(2022) 71 final, 2022/0051 (COD), S. 8.

1298 Zu den Regeln bei Normenkollisionen im Unionsrecht vgl. *Riesenhuber*, in: ders., Europäische Methodenlehre, 4. Aufl. 2021, § 10 Rn. 29 ff.

Zusicherungen von Zulieferern einholen und deren Einhaltung mit geeigneten Maßnahmen überprüfen: Die Unternehmen können sich hiermit grundsätzlich vor einer zivilrechtlichen Haftung schützen.[1299] Diese Anforderungen ließen sich zwar potenziell in die Managementpflichten nach der KM-VO integrieren – namentlich in die Pflicht zur Integrierung der Lieferkettenpolitik in Verträge und Vereinbarungen mit Zulieferern nach Art. 4 lit. d) KM-VO. Das Beispiel zeigt allerdings, dass die KM-VO und der RL-Entwurf derzeit noch nicht gänzlich aufeinander abgestimmt sind, was womöglich zu Unklarheiten bei betroffenen Unternehmen führen könnte.

III. Exkurs: Verhältnis der KM-VO zum LkSG

Auf mitgliedstaatlicher Ebene besteht mit dem LkSG bereits ein sektorenübergreifendes Sorgfaltspflichtengesetz für Unternehmen, dessen Anwendungsbereich sich ebenfalls mit der KM-VO überschneiden kann.[1300] Sollte es zwischen den Sorgfaltspflichten dieser beiden Rechtsakte zu einer Kollision kommen, wäre diese über den Anwendungsvorrang des Unionsrechts zugunsten einer Anwendbarkeit der KM-VO aufzulösen.[1301]

IV. Zwischenergebnis

Die KM-VO bleibt durch den RL-Entwurf grundsätzlich unberührt, die Richtlinie soll die sektorenspezifische Verordnung ergänzen. Unternehmen könnten in den Anwendungsbereich beider Regime fallen. Vor diesem Hintergrund gestaltet sich positiv, dass die Sorgfaltspflichtensysteme der KM-VO und des RL-Entwurfs zumindest ähnlich ausgestaltet sind. Grundsätzlich lassen sich die Sorgfaltspflichten der KM-VO und des RL-Entwurfs miteinander in Einklang bringen. Die Unternehmen haben hierzu die strengeren Vorgaben der KM-VO zu befolgen. Allerdings können bereits

---

1299 Zum *Safe Harbour* s. *supra* Kapitel 6 G. IV. 2.
1300 Zum Anwendungsbereich des LkSG s. *supra* Kapitel 6 C.
1301 Hierzu *Nietsch/Wiedmann*, NJW 2022, 1, 4; zum Anwendungsvorrang EuGH, Urt. v. 15.7.1964 – Rs. C-6/64, Flaminio *Costa ./. E.N.E.L.*, ECLI:EU:C:1964:66; EuGH, Urt. v. 9.3.1978 – 106/77, *Amministrazione delle Finanze dello Stato ./. Simmenthal SpA*, ECLI:EU:C:1978:49; sowie statt vieler *Nettesheim*, in: Grabitz/Hilf/Nettesheim, Das Recht der EU, 79. EL 5.2023, Art. 288 AEUV Rn. 49; *Riesenhuber*, in: ders., Europäische Methodenlehre, 4. Aufl. 2021, § 10 Rn. 29.

kleinere Unterschiede zu Unklarheiten bei Unternehmen führen, die in den Anwendungsbereich beider Rechtsakte fallen.

B. Rolle von sektoren- oder schutzgutspezifischen Sorgfaltspflichten

Die bisherigen Überlegungen haben gezeigt, dass die Bestimmungen des RL-Entwurfs umfassender sind als die der KM-VO, während die Sorgfaltspflichten, die beide Regelungsregime vorsehen, aber im Wesentlichen vergleichbar sind. Doch darüber hinaus stellt sich grundlegend die Frage, welche Rolle sektoren- oder schutzgutspezifischen Regelungen wie der KM-VO in Zukunft zukommen kann und soll, würde der RL-Entwurf eines Tages geltendes Unionsrecht werden.

I. Sektoren- und schutzgutspezifische Sorgfaltspflichten: ein Übergangsphänomen?

Bislang finden sich im Unionsrecht vorwiegend sektoren- und auch schutzgutspezifische Regelungen, die Sorgfaltspflichten in der Lieferkette statuieren. Neben der KM-VO ist insbesondere die Holzhandels-VO aus dem Jahr 2010 zu nennen, die das Inverkehrbringen von Holz oder Holzerzeugnissen aus illegalem Einschlag in den Binnenmarkt der Union verbietet, Art. 4 Abs. 1 Holzhandels-VO.[1302] Art. 4 Abs. 2 Holzhandels-VO verpflichtet die Marktteilnehmer Sorgfaltspflichten zu erfüllen, die in Art. 6 Holzhandels-VO genauer ausgestaltet werden.[1303] Die Holzhandels-VO wird zum 30.12.2024 durch eine Verordnung über entwaldungsfreie Lieferketten abgelöst werden.[1304] Die Verordnung über entwaldungsfreie Lieferketten ist weitreichender als die Holzhandels-VO, bspw. indem nicht nur Holz und Holzerzeugnisse in ihren Anwendungsbereich fallen, sondern auch Roh-

---

1302 Vgl. auch *Thalhauser*, in: Grabosch, Das neue Lieferkettensorgfaltspflichtengesetz, 2021, § 8 Rn. 82.

1303 Vgl. auch *Henn*, ZUR 2021, 413, 415; *Thalhauser*, in: Grabosch, Das neue Lieferkettensorgfaltspflichtengesetz, 2021, § 8 Rn. 82; zum Anwendungsbereich der Holzhandels-VO s. *supra* Kapitel 6 C.

1304 Art. 37 Abs. 1 Verordnung über entwaldungsfreie Lieferketten.

stoffe, die in Verbindung mit Entwaldung und Waldschädigung stehen, etwa Rindfleisch, Kakao und Soja.[1305]

Auch auf nationaler Ebene lassen sich einige Beispiele von sektoren- oder schutzgutspezifischen Regelungen nennen: Neben der US-amerikanischen Sec. 1502 Dodd-Frank Act wurde etwa in den Niederlanden ein Sorgfaltspflichtengesetz für Unternehmen jeder Größe geschaffen, das Kinderarbeit vorbeugen soll (*Wet Zorgplicht Kinderarbeid*).[1306] In Großbritannien sind Unternehmen seit 2015 nach dem *Modern Slavery Act* verpflichtet, über die ergriffenen Maßnahmen zur Bekämpfung der Sklaverei und des Menschenhandels zu berichten.[1307]

In Frankreich und Deutschland wurden hingegen auf nationaler Ebene jeweils sektoren- und auch schutzgutübergreifende Sorgfaltspflichten-Regelungen erlassen.[1308] Einen sektoren- und schutzgutübergreifenden Ansatz verfolgte auch die Konzernverantwortungsinitiative in der Schweiz, die eine Ergänzung der Schweizer Bundesverfassung um Art. 101a zur Verantwortung von Unternehmen vorsah.[1309] Obwohl die Initiative eine Mehrheit in der Bevölkerung erzielte, scheiterte sie an der ebenfalls erforderlichen Ständemehrheit.[1310] Vielmehr trat der Gegenentwurf in Kraft, der das schweizerische Obligationenrecht (OR) und das Strafgesetzbuch veränderte und eine Berichtspflicht über nichtfinanzielle Belange, Art. 964bis ff. OR, sowie sektorenspezifische Sorgfaltspflichten für Unternehmen nach dem Vorbild der

---

1305 Art. 1 Abs. 1, Erwägungsgrund 8 Verordnung über entwaldungsfreie Lieferketten; *Graetschel/Eschweiler/Freese*, KlimR 2023, 205, 207, 210.

1306 Online abrufbar unter: https://zoek.officielebekendmakingen.nl/stb-2019-401.html (zuletzt abgerufen: 30.9.2023); hierzu *Fleischer/Hahn*, RIW 2018, 397, 401; *Macchi/ Bright*, in: Buscemi et al., Legal Sources in Business and Human Rights, 2020, 218, 229; *Thalhauser*, in: Grabosch, Das neue Lieferkettensorgfaltspflichtengesetz, 2021, § 8 Rn. 5 ff.

1307 Online abrufbar unter: https://www.legislation.gov.uk/ukpga/2015/30/contents/e nacted (zuletzt abgerufen: 30.9.2023). Hierzu *Thalhauser*, in: Grabosch, Das neue Lieferkettensorgfaltspflichtengesetz, 2021, § 8 Rn. 27 ff.; *Rühmkopf*, ZGR 2018, 410, 417 ff.

1308 Hierzu *supra* Einleitung A. II.

1309 Initiativtext abrufbar unter: https://konzernverantwortung.ch/koalition/#gesc hichte (zuletzt abgerufen: 30.9.2023); vgl. hierzu *Bueno/Bright*, Comparative and International Law Quarterly 2020, 789, 804.

1310 Ergebnisse der Abstimmung online abrufbar unter: https://www.bfs.admin.ch/bfs /de/home/statistiken/politik/abstimmungen/jahr-2020/2020-11-29.html (zuletzt abgerufen: 29.8.2022). Vgl. auch *Thalhauser*, in: Grabosch, Das neue Lieferkettensorgfaltspflichtengesetz, 2021, § 8 Rn. 9 ff.; *Weller/Nasse*, FS Ebke 2021, 1071, 1073.

KM-VO und schutzgutspezifische Sorgfaltspflichten bezüglich Kinderarbeit statuiert, Art. 964^{quinquies} ff. OR.[1311]

Das Beispiel der gescheiterten Konzernverantwortungsinitiative in der Schweiz verdeutlicht einen wesentlichen Treiber für den Erlass einer sektoren- oder schutzgutspezifischen Regelung: Die politische Konsensfindung fällt häufig leichter, soweit nur Vorschriften für besonders risikoträchtige Sektoren oder wichtige Rechtsgüter, im Gegensatz zu einer umfassenden Regulierung, erlassen werden sollen.[1312] Sektoren- oder schutzgutspezifische Sorgfaltspflichten-Regelungen könnten also überflüssig werden, sobald eine umfassende Regelung der Sorgfaltspflichten in Wertschöpfungs- oder Lieferketten erlassen wird. Dann würden sie vermutlich nur ein Übergangsphänomen darstellen. Aktuelle Gesetzgebungsvorhaben der Union lassen hierauf freilich nicht schließen: Parallel zum RL-Entwurf wurde über den mittlerweile beschlossenen sektorenspezifischen VO-Entwurf zu entwaldungsfreien Lieferketten diskutiert. Ferner hat die Europäische Kommission am 14.9.2022 einen Vorschlag für eine Verordnung über das Verbot von Produkten, die mit Zwangsarbeit hergestellt wurden,[1313] und somit für eine weitere schutzgutspezifische Regulierung unterbreitet. Zudem soll dem RL-Entwurf, wie von der Europäischen Kommission im Rahmen der Begründung hierzu ausgeführt wird, eine Ergänzungsfunktion im Verhältnis zu sektorenspezifischen Instrumenten zur Erfüllung der Sorgfaltspflichten in Wertschöpfungsketten auf der Unionsebene zukommen.[1314] Nach Maßgabe des europäischen Gesetzgebers werden sektoren- und schutzgutspezifische Rechtsakte zur Sorgfaltspflicht in Liefer- oder Wertschöpfungsketten also wohl nicht überflüssig.

1311 Online abrufbar unter: https://www.fedlex.admin.ch/eli/fga/2021/890/de (zuletzt abgerufen: 30.9.2023); *Thalhauser*, in: Grabosch, Das neue Lieferkettensorgfalts-pflichtengesetz, 2021, § 8 Rn. 9 ff., 51 f.; *Weller/Nasse*, FS Ebke 2021, 1071, 1073.

1312 So im Rahmen eines Gutachtens zum deutschen Sorgfaltspflichtengesetz *Scherf et al.*, Umweltbezogene und menschenrechtliche Sorgfaltspflichten als Ansatz zur Stärkung einer nachhaltigen Unternehmensführung – Abschlussbericht, 2020, S. 61.

1313 *Europäische Kommission*, Vorschlag für eine Verordnung des Europäischen Parlaments und des Rates über ein Verbot von in Zwangsarbeit hergestellten Produkten auf dem Unionsmarkt, (COM)2022 453 final, 2022/0269 (COD); hierzu *Blach*, CCZ 2022, 341 ff.

1314 *Europäische Kommission*, COM(2022) 71 final, 2022/0051 (COD), S. 8.

II. Wertende Betrachtung: Welche Rolle *sollten* sektoren- und schutzgutspezifische Regelungen wie die KM-VO künftig einnehmen?

Bei wertender Betrachtung stellt sich jedoch die Frage, welche Rolle den sektoren- und schutzgutspezifischen Regelungen zukommen *sollte*, soweit eine übergreifende Regelung erlassen wurde. Sektoren- bzw. schutzgutspezifische Regelungen bieten einige Vor-, aber auch erhebliche Nachteile.

Durch den Erlass von sektoren- oder schutzgutspezifischen Regelungen droht die Gefahr einer Fragmentierung des Rechts.[1315] Unternehmen verschiedener Sektoren könnten unterschiedlichsten Pflichten unterliegen. Ein und dasselbe Unternehmen können aber auch verschiedene Pflichten treffen, soweit es in den Anwendungsbereich mehrerer Regelungsregime fällt. Unternehmen können stark belastet werden, wenn sie je nach Rohstoff, Produktionsort oder Produktionsmenge unterschiedliche Sorgfaltspflichten zu beachten haben. Bei aller Relevanz der Sicherheit in den Lieferketten ist nicht zu verkennen, dass die Überprüfung und fortwährende Kontrolle der Lieferketten gewaltige Aufgaben für Unternehmen darstellen.[1316] Große Unternehmen haben häufig tausende direkte Zulieferer, die wiederum eigene Zulieferer haben (können), sodass mitunter vielfach verzweigte Lieferketten bestehen.[1317] Müssen Unternehmen hinsichtlich verschiedener Rohstoffe oder bezüglich bestimmter Schutzgüter verschiedene Sorgfaltspflichten erfüllen, ist ein erheblicher Mehraufwand gegeben. Zudem kann es zu Unklarheiten kommen, soweit ein Nebeneinander von sektoren- oder schutzgutspezifischen und übergreifenden Regelungen besteht.[1318] Daneben kann ein Zusammentreffen verschiedener Regelungen auch Gerichten und

---

1315 So auch *Smit et al.*, Study on due diligence requirements through the supply chain, 2020, S. 225 f.; entsprechend *Scherf et al.*, Umweltbezogene und menschenrechtliche Sorgfaltspflichten als Ansatz zur Stärkung einer nachhaltigen Unternehmensführung – Abschlussbericht, 2020, S. 60.

1316 Entsprechend *Scherf et al.*, Umweltbezogene und menschenrechtliche Sorgfaltspflichten als Ansatz zur Stärkung einer nachhaltigen Unternehmensführung – Abschlussbericht, 2020, S. 61.

1317 Hierzu *Brunk*, A step into the right direction, but nothing more – A critical note on the Draft Directive on mandatory Human Rights Due Diligence, Conflict of Laws, 26.10.2020.

1318 S. nur *supra* Kapitel 7 A. II.

Behörden erhebliche Probleme bei der Durchsetzung der Bestimmungen bereiten.[1319]

Sektoren- oder schutzgutspezifische Regelungen bergen außerdem die Gefahr, dass der Schutz vor negativen Auswirkungen auf Menschenrechte oder die Umwelt außerhalb des Anwendungsbereichs der jeweiligen Regelung vernachlässigt wird.[1320] Hinsichtlich der Fokussierung auf den Sektor der Konfliktmineralien könnten sich die Finanzierungsquellen für bewaffnete Gruppen in der DRK auf andere Rohstoffe und landwirtschaftliche Erzeugnisse, bspw. auf Erträge aus dem Handel mit Palmöl, verlagern.[1321] Ein entsprechendes Problem kann ebenfalls bei Gesetzen wie dem *Modern Slavery Act* auftreten, die auf den Schutz eines bestimmten Gutes ausgerichtet sind.[1322] Nach der Meinung von Experten könnte in beiden Fällen anderen wichtigen Aspekten die Aufmerksamkeit entzogen werden, wenn sich Unternehmen primär um das adressierte Problem kümmerten, selbst wenn es nicht das vorrangigste (Menschenrechts-)Risiko in ihrem Tätigkeitsbereich darstellt.[1323]

Auf der anderen Seite bieten sektoren- und schutzgutspezifische Regulierungsansätze aufgrund ihres (potenziell) hohen Detailgrads die Möglichkeit, komplexe Konfliktsituationen zu adressieren.[1324] Wie bereits dargestellt, können Konfliktrohstoffe als Treiber von nichtinternationalen bewaffneten Konflikten wirken, indem sich bewaffnete Gruppen durch

---

1319 Entsprechend *Scherf et al.*, Umweltbezogene und menschenrechtliche Sorgfaltspflichten als Ansatz zur Stärkung einer nachhaltigen Unternehmensführung – Abschlussbericht, 2020, S. 61.

1320 Vgl. *Smit et al.*, Study on due diligence requirements through the supply chain, 2020, S. 254.

1321 Zur Finanzierung der bewaffneten Gruppen durch Palmöl vgl. *UN-Sicherheitsrat*, Letter from the Group of Experts on the Democratic Republic of the Congo, v. 29.11.2011, S/2011/738, S. 38; *Stoop/Verpoorten/van der Windt*, World Development 122 (2019), 660, 663.

1322 Vgl. *Landau/Marshall*, Federal Law Review 46:2 (2018), 313, 335 f. zu der Frage, ob Australien einen Rechtsakt vergleichbar zum UK Modern Slavery Act erlassen sollte; vgl. dazu *Smit et al.*, Study on due diligence requirements through the supply chain, 2020, S. 254.

1323 *GBI/Clifford Chance*, Business and Human Rights Navigating a changing legal landscape, 2019, S. 7; *Landau/Marshall*, Federal Law Review 46:2 (2018), 313, 335 f.; *Smit et al.*, Study on due diligence requirements through the supply chain, 2020, S. 254.

1324 Vgl. entsprechend *Scherf et al.*, Umweltbezogene und menschenrechtliche Sorgfaltspflichten als Ansatz zur Stärkung einer nachhaltigen Unternehmensführung – Abschlussbericht, 2020, S. 60.

Einnahmen aus dem Abbau von und Handel mit den Rohstoffen finan-
zieren.[1325] Der RL-Entwurf betrifft die von der KM-VO bezweckte Verhinderung der Finanzierung bewaffneter Konflikte nicht.[1326] Darüber hinaus
werden durch die Sorgfaltspflichten der KM-VO Menschenrechtsrisiken in
einer besonderen Risikokonstellation adressiert.[1327]

Zudem geht die KM-VO auf Eigenheiten in der Lieferkette von Minerali-
en und Metallen ein, bspw. indem nur die Unionseinführer von Rohstoffen
adressiert werden und die Sorgfaltspflichten damit an der Stelle in der Lieferkette greifen, an der eine Rückverfolgbarkeit der Herkunft der Minerali-
en noch möglich ist.[1328] Dem übergreifenden RL-Entwurf der Kommission
fehlt in einigen Aspekten ein entsprechender Detailgrad. Es erscheint fraglich, ob sektoren- und schutzgutübergreifende Sorgfaltspflichten-Regelungen, die nicht zwischen verschiedenen Risikokonstellationen differenzieren,
eine adäquate Lösung für die vielschichtige Problematik der Konfliktmineralien böten. Insbesondere soweit keine Anreize oder Hilfestellungen
für die Unternehmen bereitgestellt werden, könnte letztlich ein Rückzug
der Unternehmen aus den Konflikt- und Hochrisikogebieten erfolgen.[1329]
Nur sorgsam differenzierende Regelungen vermögen die Gefahr solcher
negativen Auswirkungen zu bannen.[1330] Hinsichtlich des Konfliktmineraliensektors sprechen daher wichtige Gründe dafür, eine sektorenspezifische
Regelung auch nach dem Erlass einer sektorenübergreifenden Regelung
beizubehalten.

C. Bewertung der KM-VO durch die Kommission

Die Kommission führt Bewertungen von Rechtsvorschriften, Strategien
und Programmen der EU durch. Bewertet die Kommission eine Rechtsvor-
schrift, so untersucht sie die Wirksamkeit, Effizienz, Relevanz, Kohärenz
und den EU-Mehrwert.[1331] Nach Art. 17 Abs. 2 KM-VO ist die Überprüfung
des Funktionierens und der Wirksamkeit der KM-VO erstmals bis zum

---

1325 S. *supra* Kapitel 1 B. I.
1326 S. *supra* Kapitel 6 B.
1327 S. *supra* Kapitel 3 B. II. 1.
1328 S. *supra* Kapitel 3 B. I. 1, 3.
1329 Zu dieser Gefahr i. R. v. Sec. 1502 Dodd-Frank Act *supra* Kapitel 2 C. V.
1330 So auch *Pordzik*, Transsubjektive Deliktsverantwortlichkeit, 2022, S. 214.
1331 Vgl. *Europäische Kommission*, Bewertung von Rechtsvorschriften, online abrufbar
      unter: https://ec.europa.eu/info/law/law-making-process/evaluating-and-improvi
      ng-existing-laws/evaluating-laws_de (zuletzt abgerufen: 30.9.2023).

1.1.2023 und danach alle drei Jahre durchzuführen. Über die erste Überprüfung der KM-VO hat die Kommission bislang (Stand: September 2023) noch nicht berichtet.

Vor dem Hintergrund der negativen Effekte, die Sec. 1502 Dodd-Frank Act attestierten wurden,[1332] sind insbesondere die Auswirkungen der KM-VO „vor Ort" von besonderem Interesse, vgl. auch Art. 17 Abs. 2 S. 2 KM-VO. Allerdings können die extraterritorialen Auswirkungen der KM-VO nicht isoliert betrachtet werden, sondern nur im Rahmen des Regelungsrahmens zu Konfliktmineralien.[1333] Einer Bewertung der Wirksamkeit der Verordnung begegnen also erhebliche Schwierigkeiten. Zweifel an der Effektivität von Bemühungen zur Regulierung von Beschaffungspraktiken und der Versuche zur Risikominderung durch Unternehmen äußerte im Jahr 2021 die Expertengruppe für die DRK des UN-Sicherheitsrates, nachdem es beim Abbau und Handel von Tantal in der DRK u. a. zu bewaffneten Zusammenstößen kam.[1334] Allgemein attestierte die Expertengruppe jedoch einen Fortschritt.[1335]

Zudem obliegt es der Kommission nach Art. 17 Abs. 3 KM-VO, auf Grundlage der Ergebnisse der Überprüfung zu bewerten, ob die mitgliedstaatlichen Behörden zukünftig die Befugnis haben sollen, Strafen gegen Unionseinführer bei anhaltender Nichteinhaltung der Verordnung zu verhängen.[1336] Naheliegend wäre es, die Regeln über Verstöße gegen die KM-VO zumindest hinsichtlich der öffentlich-rechtlichen Durchsetzung an den RL-Entwurf anzupassen.[1337] Da Unionseinführer auch kleine Unternehmen oder prinzipiell gar natürliche Personen sein können, sollte die Höhe einer potenziellen finanziellen Sanktion an den Umsatz bzw. die Importmenge von 3TG-Mineralien oder -Metallen gekoppelt werden.

Die anstehende Bewertung sollte die Kommission zudem zum Anlass nehmen zu prüfen, ob weitere Mineralien, bspw. Kupfer und Kobalt, in den

---

1332 S. *supra* Kapitel 2 C. V.

1333 Zum Regelungsrahmen s. *supra* Kapitel 1 C.

1334 *UN-Sicherheitsrat*, Final report of the Group of Experts on the DRC, S/2021/560, v. 10.6.2021, S. 17 ff.

1335 *UN-Sicherheitsrat*, Final report of the Group of Experts on the DRC, S/2021/560, v. 10.6.2021, S. 18 f.

1336 Vgl. auch *Nowrot*, in: Feichtner/Krajewski/Roesch, Human Rights in the Extractive Industries, 2019, 51, 69.

1337 Zu den Sanktionen nach dem RL-Entwurf s. *supra* Kapitel 6 G. II.

Anwendungsbereich der Verordnung aufgenommen werden.[1338] Schließlich entfallen 58 % der globalen Jahresförderung von Kobalt auf die DRK,[1339] erfolgen also in einem Konflikt- und Hochrisikogebiet i. S. d. KM-VO. Der Umstand, dass bspw. Kupfer und Kobalt nicht vom Anwendungsbereich der KM-VO erfasst sind, hat bereits erheblich Kritik hervorgerufen.[1340] Bzgl. Kobalt gelten zumindest ab dem Jahr 2025 die Sorgfaltspflichten der Batterien-VO.[1341] Zudem soll dem RL-Entwurf zur *Corporate Sustainability Due Diligence* insoweit eine Ergänzungsfunktion zukommen. In der Begründung zu dem Entwurf wird angeführt:

„Die Sorgfaltspflichtbestimmungen der vorliegenden Richtlinie betreffen ebenfalls negative Auswirkungen auf die Umwelt und werden für Wertschöpfungsketten zusätzlicher Mineralien gelten, die nicht unter die Verordnung über Mineralien aus Konfliktgebieten fallen, aber negative Auswirkungen in Bezug auf die Wahrung der Menschenrechte, das Klima und die Umwelt haben."[1342]

Der RL-Entwurf könnte also auch eine weitere Ergänzung der KM-VO um das Schutzgut der Umwelt obsolet machen. Grundsätzlich gehen nämlich der Abbau, die Verarbeitung und die Veredelung von Mineralien häufig mit erheblichen Umweltrisiken einher.[1343] Vor diesem Hintergrund plant auch die OECD, u. a. in Zusammenarbeit mit dem Umweltbundesamt, einen Praxisleitfaden vorzustellen, der Umweltrisiken beim Mineralienabbau adressiert (*OECD Due Diligence Tool on Environmental Due Diligence in Mineral Supply Chains*).[1344] Im Rahmen der Überprüfung und der Bewertung der KM-VO sollte dem potenziellen Mehrwert des spezifischen

---

1338 Vgl. auch *Elsholz*, Beiträge zum Transnationalen Wirtschaftsrecht 148 (2017), S. 27 f.; *Scheele/ten Kate*, There is more than 3TG, 2015, S. 3.

1339 *Piron/Finsterbusch*, Das Gold im Smartphone, FAZ v. 23.3.2022.

1340 Hierzu *supra* Kapitel 3 B. II. 1.

1341 Art. 47 ff., Anhang X Nr. 1 Batterien-VO; sowie *supra* Kapitel 3 B. II. 1.

1342 *Europäische Kommission*, COM(2022) 71 final, 2022/0051 (COD), S. 8.

1343 Etwa zu Umweltschäden durch Bergbau in Südamerika *Sydow et al.*, Environmental Responsibility through Supply Chains, 2021, S. 6 f.; *Klimke/Elsholz*, in: Kaltenborn et al., Lieferkettenrecht, 2023, EU-Konfliktmineralien-VO, Rn. 108; s. *supra* Kapitel 1 B. II.

1344 Vgl. hierzu *Umweltbundesamt*, OECD Practical Tool on Environmental Due Diligence in Mineral Supply Chains, Summary of the kick-off-event, partner side session at the 14th OECD Forum on Responsible Mineral Supply Chains, 26.4.2021, v. 15.9.2021, online abrufbar unter: https://www.umweltbundesamt.de/sites/defau lt/files/medien/6232/dokumente/210427_summary-kick-off-oecd-tool-edd-mine rals.pdf (zuletzt abgerufen: 30.9.2023); vgl. auch https://www.umweltbundesamt.

OECD-Praxisleitfadens zur umweltbezogenen Sorgfaltspflicht in der Lieferkette von Mineralien Beachtung geschenkt werden und gegebenenfalls eine Ergänzung der KM-VO um das Schutzgut Umwelt erwogen werden.

D. Ergebnisse in Thesenform

(1) Nach der Begründung zum RL-Entwurf soll die zukünftige Richtlinie bzw. die Umsetzung ins nationalstaatliche Recht die sektorenspezifische KM-VO hinsichtlich weiterer Rohstoffe und Schutzgüter ergänzen.

(2) Obwohl sich die Sorgfaltspflichten der KM-VO und diejenigen, die nach dem RL-Entwurf vorgesehen sind, in weiten Teilen entsprechen, bereiten bereits kleine Unterschiede Unklarheiten für die Unternehmen die als Unionseinführer, Adressaten der Pflichten beider Rechtsakte wären. Um Klarheit für diese Unternehmen zu schaffen, sollte das Verhältnis beider Rechtsakte in der Richtlinie genau festgelegt werden.

(3) Der sektorenspezifischen Regelung der KM-VO käme auch nach dem Erlass einer sektorenübergreifenden Richtlinie Bedeutung zu, da die Lieferkette von Mineralien und Metallen einige Besonderheiten aufweist, die aufgrund des höheren Detailgrades in einer sektorenspezifischen Regelung besser adressiert werden können.

(4) Im Hinblick auf die Überprüfung und Bewertung der KM-VO durch die Kommission sollte insbesondere das Erfordernis von Sanktionen bei einem Verstoß gegen die KM-VO überprüft werden. Zudem sollte kritisch hinterfragt werden, ob die Ergänzungsfunktion einer zukünftigen Richtlinie hinsichtlich weiterer Mineralien und des Schutzgutes der Umwelt den Besonderheiten der Mineralienlieferkette gerecht wird. Anderenfalls wäre eine Ergänzung der KM-VO vorzugswürdig.

---

de/en/oecd-tool-on-environmental-due-diligence-in-mineral (zuletzt abgerufen: 30.9.2023).

Gesamtergebnisse in Thesenform

(1)   3TG-Mineralien sind u. a. für die Herstellung von technischen Geräten, bspw. Mobiltelefonen, Laptops und Elektroautos erforderlich. Große Vorkommen der Mineralien finden sich in Konflikt- und Hochrisikogebieten, wo ihr Abbau und Handel zur Perpetuierung von bewaffneten innerstaatlichen Konflikten beitragen kann. Bewaffnete Gruppen generieren Einnahmen aus dem Abbau und Handel der Mineralien oder Metalle.

(2)   Wirtschaftsakteure, die in den Handel oder die Verarbeitung von 3TG-Mineralien oder -Metallen aus Konflikt- und Hochrisikogebieten involviert sind, handeln in einer Risikokonstellation. Es besteht das Risiko der Konfliktfinanzierung; bewaffnete Konflikte können negative Auswirkungen auf die Menschenrechtslage der Zivilbevölkerung haben; darüber hinaus kann es beim Abbau und Handel der Mineralien oder Metalle zu Menschenrechtsverletzungen kommen.

(3)   Die EU ist hinsichtlich sog. „Hochtechnologiemetalle", worunter auch in der KM-VO adressierte Mineralien fallen, hochgradig importabhängig. Während zu Beginn des Jahrtausends die Wettbewerbsfähigkeit und der Zugang zu Rohstoffen im Zentrum der Rohstoffpolitik der Union standen, kommen in den letzten Jahren zunehmend soziale Aspekte wie die Verhinderung der Konfliktfinanzierung oder die Berücksichtigung von Menschenrechten hinzu.

(4)   Hinsichtlich Konfliktmineralien hat sich eine Vielzahl an internationalen, nationalen und regionalen Initiativen, Standards und verbindlichen Rechtsakten entwickelt. In den USA wurde im Jahr 2010 Sec. 1502 Dodd-Frank Act erlassen. Die Vorschrift ist Vorreiter für Berichtspflichten von Unternehmen über die Herkunft von Konfliktmineralien. Um die Wirksamkeit von Sec. 1502 Dodd-Frank Act hat sich jedoch eine kontroverse Debatte entwickelt. Diese betrifft u. a. die Verortung der Regulierung im Wertpapierhandelsrecht und negative Auswirkungen auf die Bevölkerung in der DRK, die der Vorschrift zugeschrieben werden.

(5)   Trotz der Kontroversen um Sec. 1502 Dodd-Frank Act hat das Europäische Parlament die Europäische Kommission mehrfach aufgefordert, einen Entwurf eines vergleichbaren Regelwerks vorzulegen.

Nach einem jahrelangen Gesetzgebungsprozess wurde im Jahr 2017- die KM-VO verabschiedet.

(6)   Der Anwendungsbereich der KM-VO ist eng gefasst: Die Verordnung bezieht sich nur auf 3TG-Mineralien und Metalle und adressiert nur Unionseinführer von Mineralien oder Metallen in ihrer Rohform ab Überschreitung einer jährlichen Einfuhrmenge. Die Unionseinführer von fertigen Teil- oder Endprodukten, für deren Herstellung 3TG-Mineralien oder -Metalle erforderlich sind, erfasst der Anwendungsbereich der KM-VO nicht.

(7)   Jedoch schafft die KM-VO ein robustes Sorgfaltspflichtensystem, das in weiten Teilen die OECD-Leitsätze zu Konfliktmineralien widerspiegelt. Teilweise nimmt die KM-VO auch direkt auf die OECD-Leitsätze zu Konfliktmineralien Bezug, verfolgt also einen hybriden Regelungsansatz. Damit wird das *soft law* der Leitsätze für die Unionseinführer verbindlich.

(8)   Die KM-VO bezweckt die Einschränkung der Finanzierung bewaffneter Gruppen und Sicherheitskräfte in Konflikt- und Hochrisikogebieten durch den Abbau von und Handel mit 3TG-Mineralien und -Metallen. Dennoch sind auch menschenrechtliche Gewährleistungen Gegenstand der Sorgfaltspflichten.

(9)   Obwohl Sec. 1502 Dodd-Frank Act den Anstoß zum Erlass der KM-VO gab, ist die Vorschrift nicht die alleinige Inspirationsquelle für die KM-VO, die sich zuvörderst an den OECD-Leitsätzen zu Konfliktmineralien orientiert. Die negativen Auswirkungen, die Sec. 1502 Dodd-Frank Act zugeschrieben werden, wurden beim Erlass der KM-VO berücksichtigt.

(10)   Die Regeln über die Verstöße gegen die Verordnung sind von den Mitgliedstaaten festzulegen. In Deutschland ist entsprechend den Vorgaben der KM-VO eine behördliche Durchsetzung vorgesehen. Strafende Sanktionen bei Verstößen gegen die KM-VO sind nicht vorgesehen. Die Grundlage hierfür wurde bereits auf der Ebene des EU-Rechts geschaffen, indem die mitgliedstaatlichen Behörden nach Art. 17 Abs. 3 KM-VO zumindest vorerst nicht befugt sind, Strafen zu verhängen. Eine zivilrechtliche Haftung für Verstöße gegen die KM-VO ist nach dem Maßstab des Unionsrechts nicht ausgeschlossen. Die Vorgaben in der KM-VO zu einer behördlichen Durchsetzung stehen einem *private enforcement* nicht entgegen.

(11)   Kaufrechtliche Mängelgewährleistungsansprüche wegen Verstoßes gegen die Sorgfaltspflichten der KM-VO kommen nur in Betracht,

wenn eine entsprechende Beschaffenheitsvereinbarung getroffen wurde. Eine Gesetzesbindung kann eine Beschaffenheitsvereinbarung weder ersetzen noch ist sie in den in dieser Arbeit untersuchten Fallkonstellationen geeignet, eine übliche Beschaffenheit der Sache zu begründen. Falsche öffentliche Äußerungen eines Unionseinführers hinsichtlich der Erfüllung der Sorgfaltspflichten können hingegen einen Mangel nach § 434 Abs. 3 S. 1 Nr. 2 lit. b) BGB begründen, was allerdings darauf zurückzuführen ist, dass die Angaben falsch sind, nicht hingegen auf die Verpflichtungen aus der KM-VO.

(12) Die Sorgfaltspflichten der KM-VO eignen sich nicht für eine lauterkeitsrechtliche Durchsetzung. Sie stellen keine Marktverhaltensregelungen i. S. d. § 3a UWG dar. Soweit eine geschäftliche Handlung i. S. d. § 2 Abs. 1 Nr. 2 UWG gegeben ist, ist im Einzelfall zu ermitteln, ob eine falsche oder unterlassene öffentliche Berichterstattung eine unlautere Handlung nach §§ 5, 5a UWG und somit eine Unzulässigkeit i. S. d. UWG darstellt. Maßgeblich sind hierbei jedoch nicht die Pflichten der KM-VO. Vielmehr ergibt sich eine Unlauterkeit allenfalls aus der Unwahrheit der öffentlichen Berichterstattung oder dem Vorenthalten der Informationen, ohne dass die gesetzliche Offenlegungspflicht maßgeblich wäre.

(13) Die Legalitätspflicht des Vorstands erfasst die Sorgfaltspflichten der KM-VO, soweit es sich bei der AG um einen Unionseinführer i. S. d. Art. 2 lit. l) KM-VO handelt. Eine Haftung eines Vorstandsmitglieds im Innenverhältnis gegenüber der Gesellschaft nach § 93 Abs. 2 S. 1 AktG kommt in Betracht, soweit der Verstoß gegen die Sorgfaltspflichten schuldhaft erfolgte und zu einem adäquat-kausalen Schaden der Gesellschaft führt. Die schwachen Durchsetzungsmechanismen der KM-VO spiegeln sich in einem relativ geringen Schadensrisiko wider.

(14) Eine deliktsrechtliche Haftung eines Unionseinführers gegenüber Geschädigten in der Lieferkette kommt nach § 823 Abs. 2 BGB i. V. m. Art. 5 KM-VO in Betracht. Art. 5 KM-VO, der den Unionseinführern Risikomanagementpflichten auferlegt, hat individualschützenden Gehalt. Die Pflichten beziehen sich auf verschiedene Risiken, hierunter auch menschenrechtliche Risiken. Soweit diese betroffen sind, bezweckt die Vorschrift zumindest auch den Schutz von Individuen.

(15) Eine deliktsrechtliche Haftung für einen Verstoß gegen Art. 5 KM-VO ist im haftungsrechtlichen Gesamtsystem sinnvoll und tragbar. Die individuellen Rechtsgüter, welche von der Vorschrift geschützt wer-

den, eignen sich für eine haftungsrechtliche Bewehrung. Eine Haftung eines Unionseinführers wegen einer Verletzung des Art. 5 KM-VO würde an einen Verstoß gegen eine eigene Sorgfaltspflicht des Unionseinführers anknüpfen, sodass weder das gesellschaftsrechtliche Trennungsprinzip noch der deliktsrechtliche Grundsatz, dass nur eigenes Verhalten, nicht jedoch eine Zurechnung fremden Verhaltens haftungsbegründend wirkt, verletzt würde. Es steht einer Schutzgesetzqualifikation auch nicht entgegen, dass bislang keine klare Rechtslage hinsichtlich der Existenz einer deliktischen Verkehrspflicht für Menschenrechtsverletzungen in der Lieferkette oder bei Tochterunternehmen besteht. Denn wie sich in der Rechtsprechung des BGH zu § 323c StGB gezeigt hat, ist eine Schutzgesetzqualifikation für eine Vorschrift, die ein Handeln gebietet, auch jenseits der anerkannten Verkehrspflichten möglich.

(16) Ein Schadensersatzanspruch nach § 823 Abs. 2 BGB i. V. m. Art. 5 KM-VO erfordert einen adäquat-kausalen Schaden infolge eines Verstoßes gegen die Risikomanagementpflichten, der im Schutzbereich der Norm liegt. Dies ist nur in wenigen Fällen denkbar. Erforderlich ist in der Regel, dass dem Lieferanten, bei dem es zu Menschenrechtsverletzungen kommt, bei Verlust der Vertragsbeziehungen mit dem Unionseinführer erhebliche wirtschaftliche Folgen drohen oder dass eine konzernierte Lieferkette vorliegt.

(17) Bei einer Klage vor einem zuständigen inländischen Gericht findet auf eine deliktsrechtliche Haftung bei Verstoß gegen Art. 5 KM-VO nach der Grundanknüpfung des Art. 4 Abs. 1 Rom II-VO grundsätzlich ausländisches Recht Anwendung. Deutsches Recht kann durch eine nachträgliche Rechtswahl der Parteien gemäß Art. 14 Abs. 1 lit. a) Rom II-VO zur Anwendung gelangen. Die Sorgfaltspflichten der KM-VO können allenfalls als Sicherheits- und Verhaltensregeln gemäß Art. 17 Rom II-VO faktisch berücksichtigt werden.

(18) Auf der Ebene des Unionsrechts steht mit dem RL-Entwurf zur *Corporate Sustainability Due Diligence* der Europäischen Kommission vom 23.2.2022 ein sektoren- und schutzgutübergreifendes Gesetzgebungsvorhaben im Raum, welches verbindliche Sorgfaltspflichten für Unternehmen hinsichtlich negativer Auswirkungen auf die Menschenrechte und die Umwelt in ihren Wertschöpfungsketten vorsieht. Der RL-Entwurf beinhaltet eine robuste Kombination aus einem *public* und *private enforcement*.

(19) Die KM-VO bliebe durch eine Richtlinie zur *Corporate Sustainability Due Diligence* unberührt. Unternehmen und Unionseinführer könnten aber in den Anwendungsbereich beider Rechtsakte fallen. Positiv ist, dass die Sorgfaltspflichten sehr ähnlich gestaltet sind. Allerdings können bereits die vorhandenen kleinen Unterschiede zu Unklarheiten führen.

(20) Auch nach dem Erlass einer sektorenübergreifenden Richtlinie käme der sektoren- und schutzgutspezifischen KM-VO eine wichtige Rolle bei der Regulierung der Tätigkeiten von Unionseinführern zu, da die Lieferkette von Mineralien und Metallen einige Besonderheiten aufweist, die aufgrund des höheren Detailgrades in einer sektorenspezifischen Regelung besser adressiert werden können.

Literaturverzeichnis

Abelardo, Joan, Who Starved for that Smartphone?: Limitations of the SEC's Approach to the Congolese Conflict Minerals Trade Problem and the Need for the European Union to better address its associated Human Rights Abuses, Fordham Law Review 40:2 (2017), 585-624.

Alexander, Christian, Die „Aufforderung zum Kauf" im Lauterkeitsrecht, WRP 2012, 125-132.

Altmeppen, Holger, Gesetz betreffend die Gesellschaft mit beschränkter Haftung Kommentar, 11. Aufl., München 2023.
(zitiert als: *Bearbeiter*, in: Altmeppen, GmbHG).

Amnesty International, "This is what we die for" – Human rights abuses in the Democratic Republic of the Congo power the global trade in cobalt, London 2016. Online abrufbar unter: https://www.amnesty.org/en/documents/afr62/3183/2016/en/ (zuletzt abgerufen: 30.9.2023).

Armbrüster, Christian, Haftung der Geschäftsleiter bei Verstößen gegen § 64 a VAG, VersR 2009, 1293-1304.

Armbrüster, Christian/Böffel, Lukas, „Naming and shaming" zur Ahndung von Rechtsverstößen, ZIP 2019, 1885-1895.

v. Arnauld, Andreas, Völkerrecht, 4. Aufl., Heidelberg 2019.

Ders., Völkerrecht, 5. Aufl., Heidelberg 2023.

Aronson, David, How Congress Devastated Congo, The New York Times v. 7.8.2011. Online abrufbar unter: https://www.nytimes.com/2011/08/08/opinion/how-congress-devastated-congo.html (zuletzt abgerufen: 30.9.2023).

Aßländer, Michael S., Unternehmerische Verantwortung und die Rolle der Konsumenten, in: Heidbrink, Ludger/Schmidt, Imke/Aahus, Björn (Hrsg.), Die Verantwortung des Konsumenten – Über das Verhältnis von Markt, Moral und Konsum, Frankfurt a.M. 2011, 55-74.

Asmussen, Sven, Haftung für CSR, Tübingen 2020.

Ders., Haftung für unwahre Aussagen über Nachhaltigkeitskodizes vor Abschluss eines Kaufvertrags, NJW 2017, 118-123.

Asmussen, Sven/Wagner, Gerhard, Menschenrechtsklagen vor englischen Gerichten: Von Yachten zu Konzernen – Entscheidung *des* Supreme Court of the United Kingdom *vom* 10.4.2019, ZEuP 2020, 979-998.

Aston, Jurij Daniel, Die Bekämpfung abstrakter Gefahren für den Weltfrieden durch legislative Maßnahmen des Sicherheitsrats – Resolution 1373 (2001) im Kontext, ZaöRV 2002, 257-291.

Ders., Sekundärgesetzgebung internationaler Organisationen zwischen mitgliedstaatlicher Souveränität und Gemeinschaftsdisziplin, Berlin 2005.

Atamer, Yesim/Willi, Florian, CSR-Berichterstattung Ante Portas: Indirekter Gegenvorschlag zur Konzernverantwortungsinitiative, SZW 2020, 686-701.

Augsburger, Matthias, Lauterkeitsrechtliche Beurteilung von Corporate Social Responsibility Codes – Verbindliche Standards im Wettbewerbsrecht, MMR 2014, 427-431.

Bachmann, Gregor, CSR-bezogene Vorstands- und Aufsichtsratspflichten und ihre Sanktionierung, ZGR 2018, 231-261.

Baier, Matthias/Baum, Alexander, Die größten Herausforderungen bei den nachträglichen Kontrollen im Rahmen der VO (EU) 2017/821 (Konfliktminerale-Verordnung), ZfPC 2022, 154-159.

Dies., Die größten Herausforderungen bei den nachträglichen Kontrollen im Rahmen der VO (EU) 2017/821 (Konfliktminerale-Verordnung), Teil 2, ZfPC 2022, 211-216.

von Bar, Christian, Verkehrspflichten – Richterliche Gefahrsteuerungsgebote im deutschen Deliktsrecht, Köln 1980.

von Bar, Christian/Mankowski, Peter, Internationales Privatrecht Band I – Allgemeine Lehren, 2. Aufl., München 2003.

Dies., Internationales Privatrecht Band II – Besonderer Teil, 2. Aufl., München 2019.

Barume, Bali/Naeher, Uwe/Ruppen, Désirée/Schütte, Philip, Conflict minerals (3TG): Mining production, applications and recycling, Current Opinion in Green and Sustainable Chemistry 1 (2016), 8-12.

Bäumler, Jelena, Nachhaltiges Wirtschaften in globalen Lieferketten: Gesetzliche Sorgfaltspflichten von Unternehmen im Lichte des WTO-Rechts, AVR 58 (2020), 464-501.

Beckers, Anna, Enforcing Corporate Social Responsibility Codes – On Global Self-Regulation and National Private Law, Oxford 2015.

Dies., Globale Wertschöpfungsketten: Theorie und Dogmatik unternehmensbezogener Pflichten, ZfPW 2021, 220-251.

Beck-online.Großkommentar zum Aktienrecht, Henssler, Martin (Hrsg.), München 2023.
(zitiert als: *Bearbeiter*, in: BeckOGK).

Beck-online.Großkommentar zum Bilanzrecht, Henssler, Martin (Hrsg.), München 2022.
(zitiert als: *Bearbeiter*, in: BeckOGK).

Beck-online.Großkommentar zum Zivilrecht, Gsell, Beate/Krüger, Wolfgang/Lorenz, Stephan/Reymann, Christoph (Hrsg.), München 2022/2023.
(zitiert als: *Bearbeiter*, in: BeckOGK).

Beck'scher Online-Kommentar BGB, Hau, Wolfgang/Poseck, Roman (Hrsg.), 67. Edt., München 2023.
(zitiert als: *Bearbeiter*, in: BeckOK BGB).

Beck'scher Online-Kommentar StGB, v. Heintschel-Heinegg, Bernd (Hrsg.), 58. Edt., München 2023.
(zitiert als: *Bearbeiter*, in: BeckOK StGB).

Beck'scher Online-Kommentar UWG, Fritzsche, Jörg/Münker, Reiner/Sollwerck, Christoph (Hrsg.), 21. Edt., München 2023. (zitiert als: *Bearbeiter*, in: BeckOK UWG).

Beck'scher Online-Kommentar VwVfG mit VwVG und VwZG, Bader, Johann/Ronellenfitsch, Michael (Hrsg.), 60. Edt., München 2022. (zitiert als: *Bearbeiter*, in: BeckOK VwVfG).

Beck'scher Online-Kommentar ZPO, Vorwerk, Volkert/ Wolf, Christian (Hrsg.), 49. Edt., München 2023. (zitiert als: *Bearbeiter*, in: BeckOK ZPO).

Beneke, Moritz/Thelen, Martin, Die Schutzgesetzqualität des Insiderhandelsverbots gem. Art. 14 Marktmissbrauchsverordnung, BKR 2017, 12-20.

Berkowitz, Daniel/Pistor, Katharina/Richard, Jean-Francois, The Transplant Effect, The American Journal of Comparative Law, 51:1 (2003), 163-203.

Bettermann, Maximilian/Hoes, Volker, Der Entwurf der Europäischen Corporate Sustainability Due Diligence Richtlinie im Vergleich zum deutschen Lieferkettensorgfaltspflichtengesetz, WM 2022, 697-703.

Birk, Axel, Corporate Responsibility, unternehmerische Selbstverpflichtungen und unlauterer Wettbewerb, GRUR 2011, 196-203.

Ders., CSR und Wettbewerbsrecht: Zulässigkeit von Umweltwerbung und CSR-Marketing, in: Walden, Daniel/Depping, André (Hrsg.), CSR und Recht – Juristische Aspekte nachhaltiger Unternehmensführung erkennen und verstehen, Berlin/Heidelberg 2015, 191-211.

Ders., Irreführung über CSR – Informationspflichten über CSR?, in: Hilty, Reto M./ Henning-Bodewig, Frauke (Hrsg.), Corporate Social Responsibility – Verbindliche Standards des Wettbewerbsrechts?, Heidelberg 2014, 169-186.

Ders., Lieferkettensorgfaltspflichtengesetz und unlauterer Wettbewerb – Neues zur Fallgruppe „Ausnutzung des internationalen Rechtsgefälles"?, GRUR 2022, 361-363.

Blach, Joshua, Zum Kommissionsvorschlag einer „Verordnung über das Verbot von Produkten, die mit Zwangsarbeit hergestellt wurden", CCZ 2022, 341-344.

Borchardt, Klaus-Dieter, Die rechtlichen Grundlagen der Europäischen Union, 7. Aufl., Wien 2020.

Borlini, Leonardo, The Security Council and Non-State Domestic Actors: Changes in Non-Forcible Measures between International Lawmaking and Peacebuilding, Virginia Journal of International Law 61:3 (2021), 489-552.

Bradley, Curtis A., International Law in the U.S. Legal System, 3. Aufl., New York 2021.

Brock, Karl, Legalitätsprinzip und Nützlichkeitserwägungen, Berlin 2017.

Brunk, Bastian, A step into the right direction, but nothing more – A critical note on the Draft Directive on mandatory Human Rights Due Diligence, Conflict of Laws, v. 26.10.2020. Online abrufbar unter https://conflictoflaws.net/2020/a-step-in-the-right -direction-but-nothing-more-a-critical-note-on-the-draft-directive-on-mandatory-h uman-rights-due-diligence/ (zuletzt abgerufen: 30.9.2023).

Ders., Der „kurze Arm" der US-Justiz bei internationalen Menschenrechtsverletzungen, RIW 2018, 503-511.

Ders., Menschenrechtscompliance, Tübingen 2022.

Ders., Nichtfinanzielle Berichterstattung und Organverantwortung – Erweitert die Umsetzung der CSR-Richtlinie die Haftungsrisiken für Gesellschaftsorgane?, in: Krajewski, Markus/Saage-Maaß, Miriam (Hrsg.), Die Durchsetzung menschenrechtlicher Sorgfaltspflichten von Unternehmen, Baden-Baden 2018, 165-201.

Brunner, Jens/Dobelmann, Anna/Kirst, Sarah/Prause, Louisa (Hrsg.), Wörterbuch Land- und Rohstoffkonflikte, Bielefeld 2019.
(zitiert als: *Bearbeiter*, in: Brunner et al., Wörterbuch Land- und Rohstoffkonflikte).

Buck-Heeb, Petra, Kapitalmarktrecht, 13. Aufl., Heidelberg 2023.

Bueno, Nicolas/Bright, Claire, Implementing Human Rights Due Diligence through Corporate Civil Liability, International and Comparative Law Quarterly 69 (2020), 789-818.

Bundesverband der Deutschen Industrie e.V., Auswirkungen der Corona-Pandemie auf die Rohstoffversorgung, 3.7.2020. Online abrufbar unter: https://bdi.eu/media/them enfelder/rohstoffe/Umfrage__BDI__Auswirkungen_Covid19_auf_Rohstoffversorgu ng__Juli_2020.pdf (zuletzt abgerufen: 30.9.2023).

Callies, Christian/Ruffert, Matthias, EUV/AEUV – Das Verfassungsrecht der Europäischen Union mit Europäischer Grundrechtecharta, 6. Aufl., München 2022.
(zitiert als: *Bearbeiter*, in: Callies/Ruffert, EUV/AEUV).

Canaris, Claus-Wilhelm, Schutzgesetze – Verkehrspflichten – Schutzpflichten, in: *ders.* (Hrsg.), Festschrift für Karl Larenz zum 80. Geburtstag am 23. April 1982, München 1983, 27-110.

Casper, Matthias, Hat die grundsätzliche Verfolgungspflicht des Aufsichtsrats im Sinne des ARAG/Garmenbeck-Urteils ausgedient?, ZHR 176 (2012), 617-651.

Clemens, Thomas, Die Verweisung von einer Rechtsnorm auf andere Vorschriften: insbesondere ihre Verfassungsmäßigkeit, AöR 111 (1986), 63-127.

Cless, Micha, Unionsrechtliche Vorgaben für eine zivilrechtliche Haftung für Marktmissbrauch, Berlin 2018.

Collier, Paul/Hoeffler, Anke, On economic causes of civil war, Oxford Economic Papers 50:4 (1998), 563-573.

Compere, Lauren, Repeal and Replacement of Conflict Minerals Rule 1502 Undermines Peace and Stability in the Congo, The Huffington Post, v. 4.4.2017. Online abrufbar unter: https://www.huffpost.com/entry/repeal-and-replacement-of-conflict-mineral s-rule-1502_b_58e34778e4b02ef7e0e6e052 (zuletzt abgerufen: 30.9.2023).

Croon-Gestefeld, Johanna, Die nachhaltige Beschaffenheit der Kaufsache, NJW 2022, 497-502.

Cullen, Holly, The Irresistible Rise of Human Right Due Diligence: Conflict Minerals and beyond, George Washington International Law Review 48:4 (2016), 743-780.

Cuvalier, Jeroen/Van Bockstaal, Steven/Vlassenroot, Koen/Iguma, Claude, Analyzing the Impact of the Dodd-Frank Act on Congolese Livelihoods, Conflict Prevention and Peace Forum 2014.

Cypionka, Bertram, Noch einmal: Deliktischer Schadensersatzanspruch aus § 823 II BGB und eigenständiger Interessenschutz des Verkehrsopfers – BGH, NJW 1980, 1792, JuS 1983, 23-24.

Dauses, Manfred (Begr.)/Ludwigs, Markus (Hrsg.), Handbuch des EU-Wirtschaftsrechts, 58. EL, München 2023.
(zitiert als: *Bearbeiter*, in: Dauses/Ludwigs, Handbuch des EU-Wirtschaftsrechts).

Davarnejad, Leyla, Menschenrechtsverantwortung multinationaler Unternehmen und Corporate Social Responsibility (CSR) – Zugleich ein Beitrag zur Verbindlichkeit von Verhaltenskodizes internationaler Organisationen als Soft Law, Baden-Baden 2020.

Deutsch, Erwin, Allgemeines Haftungsrecht, 2. Aufl., Köln 1996.

Ders., Entwicklung und Entwicklungsfunktion der Deliktstatbestände – Ein Beitrag zur Abgrenzung der rechtssetzenden von der rechtsprechenden Gewalt im Zivilrecht, JZ 1963, 385-391.

Diehl, Yannik, Die Dogmatik der „Berücksichtigung" im Internationalen Deliktsrecht, Tübingen 2020.

Dreher, Meinrad, Die kartellrechtliche Bußgeldverantwortlichkeit von Vorstandsmitgliedern – Vorstandshandeln zwischen aktienrechtlichem Legalitätsprinzip und kartellrechtlicher Unsicherheit, in: Dauner-Lieb, Barbara/Hommelhoff, Peter/Jacobs, Matthias/Kaiser, Dagmar/Weber, Christoph (Hrsg.), Festschrift für Horst Konzen zum siebzigsten Geburtstag, Tübingen 2006, 85-107.

Dutta, Anatol, Internationale Zuständigkeit für privatrechtliche Klagen gegen transnational tätige Unternehmen wegen Verletzung von Menschenrechten und von Normen zum Schutz der natürlichen Lebensgrundlage im Ausland, in: Reinisch, August/Hobe, Stephan/Kieninger, Eva-Maria/Peters, Anne (Hrsg.), Unternehmensverantwortung und Internationales Recht, Heidelberg 2020, 39-68.

Dütz, Wilhelm, Zur privatrechtlichen Bedeutung unterlassener Hilfeleistung (§ 330c StGB), NJW 1970, 1822-1826.

Ebke, Werner, Wirtschaftsprüfer und Dritthaftung, Bielefeld 1983.

Ehmann, Erik, Der Regierungsentwurf für das Lieferkettengesetz: Erläuterung und erste Hinweise zur Anwendung, ZVertriebsR 2021, 141-151.

Eickenjäger, Sebastian, Menschenrechtsberichterstattung durch Unternehmen, Tübingen 2017.

Elsholz, Miriam, Die EU-Verordnung zu Konfliktmineralien: Hat die EU die richtigen Schlüsse aus bestehenden Regulierungsansätzen gezogen?, Beiträge zum Transnationalen Wirtschaftsrecht 148, Halle (Saale) 2017.

Engelhardt, Hans (Begr.)/Schlattmann, Arne (Hrsg.), Verwaltungs-Vollstreckungsgesetz Verwaltungszustellungsgesetz Kommentar, 12. Aufl., München 2021.
(zitiert als: *Bearbeiter*, in: Engelhardt/App/Schlattmann VwVG VwZG).

Emmerich, Volker/Lange, Knut Werner, Lauterkeitsrecht – Ein Studienbuch, 13. Aufl., München 2022.

Erman, Bürgerliches Gesetzbuch Handkommentar, Westermann, Harm Peter (Hrsg.), Band 1, 9. Aufl., Münster 1993.
(zitiert als: *Bearbeiter*, in: Erman, BGB).

Erman, Bürgerliches Gesetzbuch Handkommentar, Westermann, Harm Peter/Grunewald, Barbara/Maier-Reiner, Georg (Hrsg.),
-Band II, 14. Aufl., Köln 2014.
-Band II, 17. Aufl., Köln 2023.
(zitiert als: *Bearbeiter*, in: Erman, BGB).

Esser, Josef/Schmidt, Eike, Schuldrecht Band I Allgemeiner Teil – Teilband 2 Durchführungshindernisse und Vertragshaftung, Schadensausgleich und Mehrseitigkeit von Schuldverhältnissen, 7. Aufl., Heidelberg 1993.

EURAC/European NGO Coalition on Conflict Minerals/PAX, The EU Conflict Minerals Regulation – Implementation at the EU Member State level – Review Paper 2021. Online abrufbar unter: https://www.eurac-network.org/sites/default/files/202106_c oregroup_reviewpaper_3tg_implementation_memberstates.pdf (zuletzt abgerufen: 30.9.2023).

von Falkenhausen, Marie, Menschenrechtsschutz durch Deliktsrecht, Tübingen 2020.

Fehse, Marthe-Louise/Markmann, Friedrich, Die Konfliktmineralienverordnung der Europäischen Union – Neue Pflichten für Unionseinführer und nationaler Vollzug, EuZW 2021, 113-119.

Feichtner, Isabel/Krajewski, Markus/Roesch, Ricarda, Introduction, in: dies. (Hrsg.), Human Rights in the Extractive Industries, Cham 2019, 1-8.

Feldt, Heidi, The Extractive Industries Transparency Initiative (EITI) as a Human Rights Instrument: Potentials and Shortcomings, in: Feichtner, Isabel/Krajewski, Markus/Roesch, Ricarda (Hrsg.), Human Rights in the Extractive Industries – Transparency, Participation, Resistance, Cham 2019, 11-25.

Felz, Daniel, Das Alien Tort Statute – Rechtsprechung, dogmatische Entwicklung und deutsche Interessen, Berlin 2017.

Fezer, Karl-Heinz/Büscher, Wolfgang/Obergfell, Eva Inés (Hrsg.), Lauterkeitsrecht – Kommentar zum Gesetz gegen den unlauteren Wettbewerb, Band 2, §§ 3a bis 20 UWG, Anhang zu § 3 Abs. 3 UWG, 3. Aufl., München 2016.
(zitiert als: *Bearbeiter*, in: Fezer/Büscher/Obergfell, Lauterkeitsrecht).

Fikentscher, Wolfgang/Heinemann, Andreas, Schuldrecht Allgemeiner und Besonderer Teil, 12. Aufl., Berlin 2022.

Finke, Katja, Die Auswirkungen der europäischen technischen Normen und des Sicherheitsrechts auf das nationale Haftungsrecht, München 2001.

Fleischer, Holger, Aktienrechtliche Compliance-Pflichten im Praxistest: Das Siemens/Neubürger Urteil des LG München I, NZG 2014, 321-329.

Ders., Aktienrechtliche Legalitätspflicht und „nützliche" Pflichtverletzung von Vorstandsmitgliedern, ZIP 2005, 141-152.

Ders. (Hrsg.), Handbuch des Vorstandsrechts, München 2006.
(zitiert als: *Bearbeiter*, in: Fleischer, Handbuch des Vorstandsrechts).

Ders., Legal Transplants im deutschen Aktienrecht, NZG 2004, 1129-1137.

Ders., Zivilrechtliche Haftung im Halbschatten des Lieferkettensorgfaltspflichtengesetzes, DB 2022, 920-929.

Fleischer, Holger/Hahn, Jakob, Berichtpflichten über menschenrechtliche Standards in der Lieferkette, RIW 2018, 397-405.

Fleischer, Holger/Korch, Stefan, Okpabi v Royal Dutch Shell und das deutsche Deliktsrecht in Konzernlagen, ZIP 2021, 709-718.

Dies., Konzerndeliktsrecht: Entwicklungsstand und Zukunftsperspektiven, DB 2019, 1944-1952.

Gasche, Solveig, Responsible Trading in Raw Materials – Regulatory Challenges of International Trade in Raw Materials, Tübingen 2023.

GBI/Clifford Chance, Business and Human Rights: Navigating a changing legal Landscape, 2019. Online abrufbar unter: https://www.cliffordchance.com/content/dam/cl iffordchance/briefings/2019/03/business-and-human-rights-navigating-a-changing-l egal-landscape.pdf (zuletzt abgerufen: 30.9.2023).

GEDIP, Recommendation to the European Commission concerning the Private international law aspects of the future Instrument of the European Union (Corporate Due Diligence and Corporate Accountability), v. 8.10.2021.

Geenen, Sara, A Dangerous Bet: The Challenges of Formalizing Artisanal Mining in the Democratic Republic of Congo, Resources Policy 37:3 (2012), 322-330.

Gehling, Christian/Ott, Nicolas/Lüneborg, Cäcilie, Das neue Lieferkettensorgfaltspflichtengesetz – Umsetzung in der Unternehmenspraxis, CCZ 2021, 230-240.

Global Witness, „Faced with a Gun, what can you do?" – War and the Militarisation of Mining in eastern Congo, London 2009. Online abrufbar unter: https://www.global witness.org/en/campaigns/democratic-republic-congo/faced-gun-what-can-you-do/ (zuletzt abgerufen: 30.9.2023).

Görgen, Theresa, Unternehmerische Haftung in transnationalen Menschenrechtsfällen – Eine Untersuchung der zivilrechtlichen Haftung unter besonderer Berücksichtigung der UN-Leitprinzipien für Wirtschaft und Menschenrechte, Baden-Baden 2019.

Grabitz, Eberhard (Begr.)/*Hilf, Meinhard/Nettesheim, Martin* (Hrsg.), Das Recht der Europäischen Union, EUV/AEUV, 79. EL, München 2023.
(zitiert als: *Bearbeiter*, in: Grabitz/Hilf/Nettesheim, Das Recht der Europäischen Union).

Grabosch, Robert (Hrsg.), Das neue Lieferkettensorgfaltspflichtengesetz, Baden-Baden 2021.
(zitiert als: *Bearbeiter*, in: Grabosch, Das neue Lieferkettensorgfaltspflichtengesetz).

Ders., Unternehmen und Menschenrechte – Gesetzliche Verpflichtungen zur Sorgfalt im weltweiten Vergleich, Studie im Auftrag der Friedrich-Ebert-Stiftung, 2019. Online abrufbar unter: https://library.fes.de/pdf-files/iez/15675.pdf (zuletzt abgerufen: 30.9.2023).

Grabosch, Robert/Schleper, Christian, Die menschenrechtliche Sorgfaltspflicht von Unternehmen – Politische und rechtliche Gestaltungsansätze, Studie im Auftrag der Friedrich-Ebert-Stiftung, 2015. Online abrufbar unter: https://library.fes.de/pdf-files /iez/11623-20150925.pdf (zuletzt abgerufen: 30.9.2023).

Grado, Valentina, The EU „Conflict Minerals Regulation": Potentialities and Limits in the Light of the International Standards on Responsible Sourcing, The Italian Yearbook of International Law 27 (2018), 235-257.

Graetschel, Johannes/Eschweiler, Jana/Freese, Lennart, Die EU-Verordnung über entwaldungsfreie Lieferketten, KlimR 2023, 205-210.

Graziadei, Michele, Comparative Law, Transplants, and Receptions, in: Reimann, Matthias/Zimmermann, Reinhard (Hrsg.), The Oxford Handbook of Comparative Law, 2. Aufl., New York 2019, 442-473.

Grigoleit, Hans Christoph (Hrsg.), Aktiengesetz Kommentar, 2. Aufl., München 2020. (zitiert als: *Bearbeiter*, in: Grigoleit, AktG).

Großkommentar Aktiengesetz, Hirte, Heribert/Mülbert, Peter O./Roth, Markus (Hrsg.), Vierter Band, Teilband 2, §§ 92-94, 5. Aufl., Berlin 2015. (zitiert als: *Bearbeiter*, in: Großkommentar AktG).

Grüneberg, Bürgerliches Gesetzbuch mit Nebengesetzen, Beck'sche Kurz Kommentare, 82. Aufl., München 2023. (zitiert als: *Bearbeiter*, in: Grüneberg).

Grunewald, Barbara, Kaufrecht, Tübingen 2006.

Dies., Verkäuferhaftung für unrichtige CSR-Berichte des Herstellers, NJW 2021, 1777-1780.

Güngör, Volkan, Sorgfaltspflichten für Unternehmen in transnationalen Menschenrechtsfällen, Hamburg 2016.

Habersack, Matthias, Die Legalitätspflicht des Vorstands der AG, in: Burgard, Ulrich/Hadding, Walther/Mülbert, Peter O./Nietsch, Michael/Welter, Reinhard, Festschrift für Uwe H. Schneider zum 70. Geburtstag, Köln 2011, 429-441.

Habersack, Matthias/Ehrl, Max, Verantwortlichkeit inländischer Unternehmen für Menschenrechtsverletzungen durch ausländische Zulieferer – *de lege lata* und *de lege ferenda*, AcP 219 (2019), 155-210.

Habersack, Matthias/Zickgraf, Peter, Deliktsrechtliche Verkehrs- und Organisationspflichten im Konzern, ZHR 182 (2018), 252-295.

Hachmeister, Dirk/Kahle, Holger/Mock, Sebastian/Schüppen, Matthias (Hrsg.), Bilanzrecht, 3. Aufl., Köln 2022. (zitiert als: *Bearbeiter*, in: Hachmeister et al., Bilanzrecht).

Hagemann, Katharina, Menschenrechtsverletzungen im internationalen Wirtschaftsrecht – Eine Untersuchung anhand der Wertschöpfungskette von Mobiltelefonen, Wiesbaden 2017.

Haider, Katharina, Haftung von transnationalen Unternehmen und Staaten für Menschenrechtsverletzungen – Eine Untersuchung der Rechtsschutzmöglichkeiten am Maßstab des Völkerrechts, des Internationalen Zivilverfahrensrechts, des (Internationalen) Privatrechts, des Staatshaftungsrechts und des Strafrechts, Baden-Baden 2019.

Halfmeier, Axel, Zur Rolle des Kollisionsrechts bei der zivilrechtlichen Haftung für Menschenrechtsverletzungen, in: Krajewski, Markus/Oehm, Franziska/Saage-Maaß, Miriam (Hrsg.), Zivil- und strafrechtliche Unternehmensverantwortung für Menschenrechtsverletzungen, Heidelberg 2018, 33-50.

Hamburg Group for Private International Law, Comments on the European Commission's Draft Proposal for a Council Regulation on the Law Applicable to Non-Contractual Obligations, RabelsZ 67 (2003), 1-56.

Harbarth, Stephan, Anforderungen an die Compliance-Organisation in börsennotierten Unternehmen, ZHR 179 (2015), 136-172.

Harms, Charlotte, Neuauflage der Datumtheorie im Internationalen Privatrecht, Tübingen 2019.

Harnos, Rafael, Gerichtliche Kontrolldichte im Gesellschaftsrecht, Köln 2021.

Ders., Geschäftsleiterhaftung bei unklarer Rechtslage – Eine Untersuchung am Beispiel des Kartellrechts, Berlin 2013.

Harte-Bavendamm, Henning/Henning-Bodewig, Frauke/Goldmann, Michael/Tolkmitt, Jan (Hrsg.), Gesetz gegen den unlauteren Wettbewerb (UWG) – Mit Preisangabenverordnung und Geschäftsgeheimnisgesetz – Kommentar, 5. Aufl., München 2021. (zitiert als: *Bearbeiter*, in: Harte-Bavendamm, UWG).

Hartmann, Constantin, Haftung von Unternehmen für Menschenrechtsverletzungen im Ausland aus Sicht des Internationalen Privat- und Zivilverfahrensrechts, in: Krajewski, Markus/Saage-Maaß, Miriam (Hrsg.), Die Durchsetzung menschenrechtlicher Sorgfaltspflichten von Unternehmen – Zivilrechtliche Haftung und Berichterstattung als Steuerungsinstrumente, 2018, 281-310.

Hauschka, Christoph E./Moosmayer, Klaus/Lösler, Thomas (Hrsg.), Corporate Compliance – Handbuch der Haftungsvermeidung im Unternehmen, 3. Aufl., München 2016. (zitiert als: *Bearbeiter*, in: Hauschka/Moosmayer/Löser, Corporate Compliance).

Heidel, Thomas (Hrsg.), Aktienrecht und Kapitalmarktrecht, 5. Aufl., Baden-Baden 2020. (zitiert als: *Bearbeiter*, in: Heidel, Aktienrecht).

v. Hein, Jan, Back to the Future – (Re-)Introducing the Principle of Ubiquity for Business-related Human Rights Claims, Conflict of Laws v. 12.10.2020. Online abrufbar unter: https://conflictoflaws.net/2020/back-to-the-future-re-introducing-the-principle-of-ubiquity-for-business-related-human-rights-claims/ (zuletzt abgerufen: 30.9.2023).

Ders., Die Behandlung von Sicherheits- und Verhaltensregeln nach Art. 17 der Rom II-Verordnung, in: Kronke, Herbert/Thorn, Karsten (Hrsg.), Grenzen überwinden – Prinzipien bewahren – Festschrift für Bernd v. Hoffmann zum 70. Geburtstag am 28. Dezember 2011, Bielefeld 2011.

Ders., Die Ausweichklausel im europäischen Internationalen Deliktsrecht, in: Baetge, Dietmar/v. Hein, Jan/v. Hinden, Michael (Hrsg.), Die richtige Ordnung – Festschrift für Jan Kropholler zum 70. Geburtstag, Tübingen 2008, 553-571.

Ders., Die Rezeption US-amerikanischen Gesellschaftsrechts in Deutschland, Tübingen 2008.

Ders., Europäisches Internationales Deliktsrecht nach der Rom II-Verordnung, ZEuP 2009, 6-33.

Heinen, Anna, Deliktische Sorgfaltspflichten in transnationalen Lieferketten – Ansätze einer Haftung für Menschenrechtsbeeinträchtigungen durch Unternehmen, Baden-Baden 2022.

Hellgardt, Alexander, Europarechtliche Vorgaben für die Kapitalmarktinformationshaftung - de lege lata und nach Inkrafttreten der Marktmissbrauchsverordnung, AG 2012, 154-168.

Ders., Regulierung und Privatrecht – Staatliche Verhaltenssteuerung mittels Privatrecht und ihre Bedeutung für Rechtswissenschaft, Gesetzgebung und Rechtsanwendung, Tübingen 2016.

Hemler, Adrian, Die Methodik der „Eingriffsnorm" im modernen Kollisionsrecht, Tübingen 2019.

Henn, Elisabeth V., Rechtliche Pfade zum Schutz der Wälder jenseits der EU-Grenzen: Status Quo und Herausforderungen, ZUR 2021, 413-422.

Henning-Bodewig, Frauke, UWG und Geschäftsethik, WRP 2010, 1094-1105.

Henssler, Martin/Strohn, Lutz (Hrsg.), Gesellschaftsrecht, 5. Aufl., München 2021. (zitiert als: *Bearbeiter*, in: Henssler/Strohn, Gesellschaftsrecht).

Hentschel, Thomas/Hruschka, Felix/Priester, Michael, Global Report on Artisanal and Small-Scale Mining, Mining Minerals and Sustainable Development Working Paper 70 (2002). Online abrufbar unter: https://pubs.iied.org/sites/default/files/pdfs/migr ate/G00723.pdf (zuletzt abgerufen: 30.9.2023).

Heße, Dustin/Klimke, Romy, Die EU Verordnung zu Konfliktmineralien: Ein stumpfes Schwert?, EuZW 2017, 446-450.

Hobe, Stephan, Einführung in das Völkerrecht, 11. Aufl., Tübingen 2020.

Hobe, Stephan/Fremuth, Lysander, Europarecht, 11. Aufl., München 2023.

v. Hoffmann, Bernd, Sonderanknüpfung zwingender Normen im Internationalen Deliktsrecht – Eine kollisionsrechtliche Skizze, in: Gottwald, Peter/Jayme, Erik/ Schwab, Dieter (Hrsg.), Festschrift für Dieter Heinrich zum 70. Geburtstag 1. Dezember 2000, Bielefeld 2000, 283-296.

Hofmann, Hannes/Schleper, Martin C./Blome, Constantin, Conflict Minerals and Supply Chain Due Diligence: An Exploratory Study on Multi-tier Supply Chains, Journal of Business Ethics 2018, 115-141.

Holle, Phillip Maximilian, Legalitätskontrolle im Kapitalgesellschafts- und Konzernrecht, Tübingen 2014.

Ders., Rechtsbindung und Business Judgement Rule, AG 2011, 778-786.

Hölters, Wolfgang/Weber, Markus (Hrsg.), Aktiengesetz Kommentar, 4. Aufl., München 2022. (zitiert als: *Bearbeiter*, in: W. Hölters/Weber, AktG).

Hommelhoff, Peter, Aktuelle Impulse aus dem europäischen Unternehmensrecht: Eine Herausforderung für Deutschland, NZG 2015, 1329-1336.

Ders., Die Konzernleitungspflicht, Köln 1982.

Hopt, Klaus J., Handelsgesetzbuch, 42. Aufl., München 2023. (zitiert als: *Bearbeiter*, in: Hopt, HGB).

Hruschka, Joachim, Pflichtenkollisionen und Pflichtenkonkurrenzen, in: Canaris, Claus-Wilhelm/Diedrichsen, Uwe (Hrsg.), Festschrift für Karl Larenz zum 80. Geburtstag, München 1983, 257-289.

Huber, Peter (Hrsg.), Rome II Regulation Pocket Commentary, München 2011. (zitiert als: *Bearbeiter*, in: Huber, Rome II).

Hübner, Leonhard, Unternehmenshaftung für Menschenrechtsverletzungen, Tübingen 2022.

Hübner, Leonhard/Habrich, Victor/Weller, Marc-Philippe, Corporate Sustainability Due Diligence – Der EU-Richtlinienentwurf für eine Lieferkettenregulierung, NZG 14 (2022), 644-651.

Huck, Winfried, Die Integration der Sustainable Development Goals (SDGs) in den Rohstoffsektor, EuZW 2018, 266-271.

Human Rights Watch, The Curse of Gold, USA 2005. Online abrufbar unter: https://www.hrw.org/sites/default/files/reports/drc0505_0.pdf (zuletzt abgerufen: 30.9.2023).

ILO, Action against Child Labour in Small-Scale Mining & Quarrying – A Thematic Evaluation, Genf 2004. Online abrufbar unter: https://www.projekt-consult.de/news letter/downloads/633559/3_Action_Against_Child_Labour_in_Small-Scale_Mining _and_Quarrying_A_thematic_evaluation_.pdf (zuletzt abgerufen: 30.9.2023).

Jauernig, Bürgerliches Gesetzbuch Kommentar, Stürner, Rolf (Hrsg.), 18. Aufl., München 2021.

Jauernig, Bürgerliches Gesetzbuch Kommentar, Stürner, Rolf (Hrsg.), 19. Aufl., München 2023.

(jeweils zitiert als: *Bearbeiter*, in: Jauernig, BGB).

Jayme, Erik/Kohler, Christian, Europäisches Kollisionsrecht 2002: Zur Wiederkehr des Internationalen Privatrechts, IPRax 2002, 461-471.

Johnson, David, Anm. zu LG Dortmund, Urt. v. 10.1.2019 – 7 O 95/15 – Verhaltenskodex mit Lieferanten ist regelmäßig kein Vertrag zugunsten Dritter mit Schutzwirkung für Dritte, CCZ 2020, 103-106.

Junker, Abbo, Internationales Privatrecht, 5. Aufl., München 2022.

Kaltenborn, Markus/Krajewski, Markus/Rühl, Gisela/Saage-Maaß, Miriam (Hrsg.), Beck'sche kurz Kommentare Lieferkettensorgfaltspflichtenrecht, München 2023. (zitiert als: *Bearbeiter*, in: Kaltenborn et al., Lieferkettensorgfaltspflichtenrecht).

Karollus, Martin, Funktion und Dogmatik der Haftung aus Schutzgesetzverletzung – Zugleich ein Beitrag zum Deliktssystem des AGBGB und zur Haftung für casus mixtus, Wien 1992.

Kasper, Tim, Die Sachmangelhaftung des Verkäufers für Werbeaussagen, ZGS 2007, 172-181.

Keenen, Patrick J., United States Law and Conflict Minerals, in: Feichtner, Isabel/Krajewski, Markus/Roesch, Ricarda (Hrsg.), Human Rights in the Extractive Industries, Cham 2019, 27-49.

Keller, Bernd/Schmid, Andreas, Country-by-Country-Reporting: neue Anforderungen für das Rechnungswesen durch BilRUG-RefE und EITI, BB 2014, 2283-2287.

Kieninger, Eva-Maria, Englisches Deliktsrecht, internationale Unternehmensverantwortung und deutsches Sorgfaltspflichtengesetz – Zur Rechtsprechung in den Sachen Vedanta, Okpabi und Hamida Begum, RIW 2021, 331-339.

Dies., Miniatur: Lieferkettengesetz – dem deutschen Papiertiger fehlen die Zähne, ZfPW 2021, 252-256.

Dies., Vedanta v Lungowe: Ein Meilenstein für Klagen gegen europäische Konzernmütter für Umweltschäden und Menschenrechtsverletzungen durch drittstaatliche Tochtergesellschaften (zu UK Supreme Court, 10.4.2019 – [2019] UKSC 20), IPRax 2020, 60-67.

Kindler, Peter, Unternehmerisches Ermessen und Pflichtenbindung – Voraussetzungen und Geltendmachung der Vorstandshaftung in der Aktiengesellschaft, ZHR 162 (1998), 101-119.

Kirchhoff, Petra, Klage gegen Wäschefilialisten Hunkemöller, FAZ v. 5.4.2022. Online abrufbar unter: https://www.faz.net/aktuell/rhein-main/wirtschaft/verbrauche rzentrale-mainz-verklagt-hunkemoeller-wegen-werbung-17936373.html (zuletzt abgerufen: 30.9.2023).

Kischel, Uwe, Rechtsvergleichung, München 2015.

Klöhn, Lars/Schmolke, Klaus Ulrich, Unternehmensreputation (Corporate Reputation) Ökonomische Erkenntnisse und ihre Bedeutung im Gesellschaft- und Kapitalmarktrecht, NZG 2015, 689-697.

Knöpfle, Robert, Zur Problematik der Beurteilung einer Norm als Schutzgesetz im Sinne des § 823 Abs. 2 BGB, NJW 1967, 697-702.

Koch, Dirk-Jan/Kinsbergen, Sara, Exaggerating unintended effects? Competing narratives on the impact of conflict minerals regulation, Resources Policy 57 (2018), 255-263.

Koch, Jens, Beck'sche kurz Kommentare, Aktiengesetz, 17. Aufl., München 2023.
(zitiert als: *J. Koch,* AktG).

Koch, Raphael, Das Lieferkettensorgfaltspflichtengesetz – Compliance, Sorgfaltspflichten und zivilrechtliche Haftung, MDR 2022, 1-7.

Köhler, Helmut, Mitteilungen über Corporate Social Responsibility – eine geschäftliche Handlung?, in: Hilty, Reto M./Henning-Bodewig, Frauke (Hrsg.), Corporate Social Responsibility Verbindliche Standards des Wettbewerbsrechts?, Heidelberg 2014, 161-167.

Köhler, Helmut/Bornkamm, Joachim/Feddersen, Jörn/Alexander, Christian, Beck'sche kurz Kommentare – Gesetz gegen den unlauteren Wettbewerb, 41. Aufl., München 2023.
(zitiert als: *Bearbeiter,* in: Köhler/Bornkamm/Feddersen, UWG).

Krajewski, Markus, Wirtschaftsvölkerrecht, 5. Aufl., Heidelberg 2021.

Krenzler, Horst Günter (Begr.)/*Herrmann, Christoph/Niestedt, Marian* (Hrsg.), EU-Außenwirtschafts- und Zollrecht, Band I, 21. EL, München 2023.
(zitiert als: *Bearbeiter,* in: Krenzler/Herrmann/Niestedt, EU-Außenwirtschaft- und Zollrecht).

Kreuzer, Karl, Clash of civilizations und Internationales Privatrecht, RW 2010, 143-183.

Kröger, Jens, Korruptionsschäden, Unternehmensgeldbußen und Imageschäden – Haftungs- und schadensrechtliche Fragen der Organmitgliederhaftung, Baden-Baden 2013.

Küblböck, Karin, Die EU-Konfliktmineralienverordnung – ein Probelauf für verantwortungsvolle Beschaffung im Rohstoffsektor, OFSE Policy Note 36 (2021).

Landau, Ingrid/Marshall, Shelley, Should Australia be Embracing the Modern Slavery Model of Regulation?, Federal Law Review 46:2 (2018), 313-339.

Larenz, Karl, Lehrbuch des Schuldrechts Band I – Allgemeiner Teil, 14. Aufl., München 1987.

Larenz, Karl/Canaris, Claus-Wilhelm, Lehrbuch des Schuldrechts Band II – Halbband 2 – Besonderer Teil, 13. Aufl., München 1994.

Dies., Methodenlehre der Rechtswissenschaft, 3. Aufl., Berlin 1995.

Lettl, Tobias, Lauterkeitsrecht, 5. Aufl., München 2023.

Lieberknecht, Markus, Die international Legalitätspflicht – Aktienrechtliche Organhaftung als Instrument globaler Rechtsdurchsetzung, Hürth 2021.

Lorenz, Stephan, Die Umsetzung der EU-Warenkaufrichtlinie in deutsches Recht, NJW 2021, 2065-2073.

Ders., Grundwissen – Zivilrecht: Deliktsrecht – Haftung aus § 823 II BGB, JuS 2020, 12-14.

Loyal, Florian, Anmerkung zu BGH, Urt. v. 14.5.2013 – VI ZR 255/11, JZ 2014, 306-309.

Lücke, Wolfgang, Zivilprozessrecht I – Erkenntnisverfahren und Europäisches Zivilverfahrensrecht, 11. Aufl., München 2020.

Lüttringhausen, Jan, Kaufrechtliche Gewährleistungsansprüche bei „ethischen" Produkten und öffentlichen Aussagen zur Corporate Social Responsibility – Zugleich ein Beitrag zur Weite des Beschaffenheitsbegriffs des § 434 BGB, AcP 219 (2019), 29-62.

Lynn, David M., The Dodd-Frank Act's Specialized Corporate Disclosures: Using the Securities Laws to Address Public Policy Issues, Journal of Business and Technology Law 6:2 (2011), 327-356.

Macchi, Chiara, A Glass Half Full: Critical Assessment of EU Regulation 2017/821 on Conflict Minerals, Journal of Human Rights Practice 2021, 270-290.

Macchi, Chiara/Bright, Claire, Hardening Soft Law: the Implementation of Human Rights Due Diligence Requirements in Domestic Legislation, in: Buscemi, Martina/Lazzerini, Nicole/Magi, Laura/Russo, Deborah (Hrsg.), Legal Sources in Business and Human Rights – Evolving Dynamics in International and European Law, 2020, 218-247.

Magallón Elósegui, Nerea, Trade in minerals and human rights: towards responsible sourcing of minerals from conflict areas in Europe (Regulation (EU) 2017/821), The Spanish Yearbook of International Law 24 (2020), 155-179.

Magnus, Ulrich/Mankowski, Peter (Hrsg.), European Commentaries on Private International Law (ECPIL) – Volume III Rome II Regulation, 2019. (zitiert als: *Bearbeiter*, in: Magnus/Mankowski, ECPIL Rome II).

Mansel, Heinz-Peter, Internationales Privatrecht de lege lata wie de lege ferenda und Menschenrechtsverantwortlichkeit deutscher Unternehmen, ZGR 2018, 439-478.

Mansel, Heinz-Peter/Kuhl, Robin, Delikts- und Gesellschaftsstatut: Qualifikation der Unternehmensverantwortlichkeit in Lieferketten und bei einer Klimahaftung, in: Grothe, Helmut/Mankowski, Peter (Hrsg.), Europäisches und Internationales Privatrecht – Festschrift für Christian von Bar zum 70. Geburtstag, München 2022, 251-272.

Marburger, Peter, Die Regeln der Technik im Recht, 1979 Köln.

Van Marter, Katherine D., Between a Rock and a Hard Place: The Unintended Consequences of the Conflict Mineral Rule, Tulane Journal of International and Comparative Law 24:1 (2015), 291-314.

Massoud, Sofia, Menschenrechtsverletzungen im Zusammenhang mit wirtschaftlichen Aktivitäten von transnationalen Unternehmen, Berlin 2018.

Meder, Paul, Unternehmerische Haftung in grenzüberschreitenden Wertschöpfungsketten – Eine international-privatrechtliche und international-prozessrechtliche Untersuchung rechtsträgerübergreifender Verkehrspflichten, Berlin 2022.

Medicus, Dieter/Lorenz, Stephan, Schuldrecht II Besonderer Teil, 18. Aufl., München 2018.

Meier, Dominik, Private Enforcement der Rechnungslegung durch das Lauterkeitsrecht, GRUR 2019, 581-589.

Michaels, Ralf/Sommerfeld, Antonia, The EU Sustainability Directive and Jurisdiction, Conflict of Laws v. 3.8.2023. Online abrufbar unter: https://conflictoflaws.net/2023/40963/ (zuletzt abgerufen: 30.9.2023).

Mildner, Stormy/Regier, Thomas, Kritische Metalle für die deutsche Industrie – Strategien zur Verbesserung der Versorgungssicherheit, in: Ehlers, Dirk/Herrmann, Christoph/Wolffgang, Hans-Michael/Schröder, Ulrich Jan (Hrsg.), Rechtsfragen des internationalen Rohstoffhandels – Tagungsband zum 16. Münsteraner Außenwirtschaftsrechtstag 2011, Frankfurt a.M. 2012, 9-27.

Miller, Kurt T., The Effects of Section 1504 of the Dodd-Frank Act: Disclosure of Payments by Resource Extraction Issuers, Law and Business Review of the Americas 21:4 (2015), 371-394.

Mittwoch, Anne-Christin/Bremenkamp, Fernanda Luisa, Das Lieferkettensorgfaltspflichtengesetz – Ein nachhaltiger Ordnungsrahmen für international tätige Marktakteure?, KritV 2021, 207-236.

Mock, Sebastian, Berichterstattung über Corporate Social Responsibility nach dem CSR-Richtlinie-Umsetzungsgesetz, ZIP 2017, 1195-1203.

Möllers, Thomas M.J., Juristische Methodenlehre, 5. Aufl., München 2023.

Momsen, Carsten/Schwarze, Mathias, The Changing Face of Corporate Liability – New Hard Law and the Increasing Influence of Soft Law, Criminal Law Forum 29 (2018), 567-593.

Mörsdorf, Oliver, Private enforcement im sekundären Unionsrecht: (k)eine klare Sache?, RabelsZ 83 (2019), 797-840.

Motive zu dem Entwurfe des Bürgerlichen Gesetzbuches für das Deutsche Reich, Band II – Recht der Schuldverhältnisse, 2. Aufl., Berlin 1896.

Mugdan, R., Die gesamten Materialien zum Bürgerlichen Gesetzbuch für das Deutsche Reich, II. Band, Recht der Schuldverhältnisse, Berlin 1899.

Münchner Handbuch des Gesellschaftsrechts, Hoffmann-Becking, Michael (Hrsg.), Band 4, Aktiengesellschaft, 5. Aufl. München 2020.
(zitiert als: *Bearbeiter*, in: Münchner Handbuch des Gesellschaftsrechts Band 4).

Münchner Kommentar zum Aktiengesetz, Goette, Wulf/Habersack, Mathias/Klass, Susanne (Hrsg.),
-Band 2, §§ 76-117, MitbestG, DrittelbG, 6. Aufl., München 2023.
(zitiert als: *Bearbeiter*, in: MüKo AktG).

Münchner Kommentar zum Bürgerlichen Gesetzbuch, Säcker, Franz Jürgen/Rixecker, Roland/Oetker, Hartmut/Limperg, Bettina (Hrsg.),
-Band 2, Schuldrecht – Allgemeiner Teil I, 9. Aufl., München 2022.
-Band 4, Schuldrecht – Besonderer Teil I, §§ 433-534, Finanzierungsleasing, CISG, 8. Aufl., München 2019.
-Band 7, Schuldrecht – Besonderer Teil IV, §§ 705-853, Partnerschaftsgesellschaftsgesetz, Produkthaftungsgesetz, 8. Aufl., München 2020.
-Band 12, Internationales Privatrecht I, Europäisches Kollisionsrecht, Einführungsgesetz zum Bürgerlichen Gesetzbuche (Art. 1-26), 8. Aufl., München 2020.
-Band 13, Internationales Privatrecht II, Internationales Wirtschaftsrecht, Einführungsgesetz zum Bürgerlichen Gesetzbuche (Art. 50-253), 8. Aufl., München 2021.
(zitiert als: *Bearbeiter*, in: MüKo BGB).

Münchner Kommentar zum Gesetz betreffend die Gesellschaften mit beschränkter Haftung, Fleischer, Holger/Goette, Wulf (Hrsg.),
-Band 1, §§ 1-34, 4. Aufl., München 2022.
-Band 2, §§ 35-52, 4. Aufl., München 2023.
(zitiert als: *Bearbeiter*, in: MüKo GmbHG).

Münchner Kommentar zum Handelsgesetzbuch, Drescher, Ingo/Fleischer, Holger/Schmidt, Karsten (Hrsg.), Band 4 Drittes Buch, Handelsbücher §§ 238-342e HGB, 4. Aufl., München 2020.
(zitiert als: *Bearbeiter*, in: MüKo HGB).

Münchner Kommentar zum Lauterkeitsrecht, Heermann, Peter W./Schlingloff, Jochen (Hrsg.), Band 1, 3. Aufl., München 2020.
(zitiert als: *Bearbeiter*, in: MüKo UWG).

Münchner Kommentar zur Zivilprozessordnung mit Gerichtsverfassungsgesetz und Nebengesetzen, Rauscher, Thomas/Krüger, Wolfgang (Hrsg.),
-Band 1, §§ 1-354, 6. Aufl., München 2020.
-Band 3, §§ 946-1120, EGZPO, GVG, EGGVG, UKlaG, Internationales und Europäisches Zivilprozessrecht, 6. Aufl., München 2022.
(zitiert als: *Bearbeiter*, in: MüKo ZPO).

Musielak, Hans-Joachim/Voit, Wolfgang (Hrsg.), Zivilprozessordnung mit Gerichtsverfassungsgesetz Kommentar, 20. Aufl., München 2023.
(zitiert als: *Bearbeiter*, in: Musielak/Voit, ZPO).

Nalule, Victoria R., Mining and the Law in Africa – Exploring the social and environmental impacts, Cham 2020.

Narine, Marcia, From Kansas to the Congo: Why Naming and Shaming Corporations through the Dodd-Frank Act's Corporate Governance Disclosure Won't Solve a Human Rights Crisis, Regent University Law Review 25:2 (2012), 351-402.

Nasse, Laura, Das neue Lieferkettensorgfaltspflichtengesetz - Pflicht zur Entkopplung der deutschen Wirtschaft vom chinesischen Markt?, RAW 2022, 3-12.

Dies., Devoir de vigilance – Die neue Sorgfaltspflicht zur Menschenrechtsverantwortung für Großunternehmen in Frankreich, ZEuP 2019, 774-802.

Dies., Loi de vigilance: Das französische Lieferkettengesetz, Tübingen 2022.

Ndikumana, Léonce/Emizet, Kisangani F., The Economics of Civil War: The Case of the Democratic Republic of Congo, in: Collier, Paul/Sambanis, Nicholas (Hrsg.), Understanding Civil War - Evidence and Analysis Volume 1: Africa, Washington DC 2005, 63-87.

Nedelcu, Philip/Schäferling, Stefan, Lessons for the EU Directive on Corporate Sustainability Due Diligence from the German Supply Chain Act, Völkerrechtsblog v. 28.3.2022. Online abrufbar unter: https://voelkerrechtsblog.org/lessons-for-the-eu-directive-on-corporate-sustainability/ (zuletzt abgerufen: 30.9.2023).

Nelson, Alexandrea L., The Materiality of Morality: Conflict Minerals, Utah Law Review 2014, 219-241.

Nietsch, Michael (Hrsg.), Corporate Social Responsibility Compliance, München 2021. (zitiert als: *Bearbeiter*, in: Nietsch, Corporate Social Responsibility Compliance).

Nietsch, Michael, Geschäftsleiterermessen und Unternehmensorganisation bei der AG, ZGR 2015, 631-666.

Nietsch, Michael/Wiedmann, Michael, Adressatenkreis und sachlicher Anwendungsbereich des neuen Lieferkettensorgfaltspflichtengesetz, NJW 2022, 1-7.

Dies., Der Vorschlag zu einer europäischen Sorgfaltspflichten-Richtlinie im Unternehmensbereich (Corporate Sustainability Due Diligence Directive), CCZ 2022, 125-137.

Nordhues, Sophie, Die Haftung der Muttergesellschaft und ihres Vorstands für Menschenrechtsverletzungen im Konzern – Eine Untersuchung de lege lata und de lege ferenda, Baden-Baden 2019.

Nowrot, Karsten, Good Raw Materials Governance: Towards a European Approach Contributing to a Constitutionalised International Economic Law, in: Bungenberg, Marc/Krajewski, Markus/Tams, Christian/Terhechte, Jörg Philipp/Ziegler, Andreas R. (Hrsg.), European Yearbook of International Economic Law, Cham 2017, 381-407.

Ders., Rohstoffhandel und Good Governance, in: Bungenberg, Marc/Herrmann, Christoph (Hrsg.), Die gemeinsame Handelspolitik der Europäischen Union – Fünf Jahre nach Lissabon – Quo Vadis?, Baden-Baden 2016, 217-253.

Ders., The 2017 EU Conflict Minerals Regulation: An effective European Instrument to Globally Promote Good Raw Materials Governance?, Rechtswissenschaftliche Beiträge der Hamburger Sozialökonomie Heft 20, Hamburg 2018.

Ders., The 2017 EU Conflict Minerals Regulation: A Promising European Rite to Remove the Natural Resource Curse?, in: Feichtner, Isabel/Krajewski, Markus/Roesch, Ricarda, Human Rights in the Extractive Industries, Cham 2019, 51-75.

Ohly, Ansgar/Sosnitza, Olaf (Hrsg.), Gesetz gegen den unlauteren Wettbewerb mit Preisangabenverordnung Kommentar, 8. Aufl., München 2023. (zitiert als: *Bearbeiter*, in: Ohly/Sosnitza, UWG).

Okowa, Phoebe, The Pitfalls of Unilateral Legislation in International Law: Lessons from Conflict Minerals Legislation, International and Comparative Law Quarterly 69 (2020), 685-717.

Osieka, Gesine, Zivilrechtliche Haftung deutscher Unternehmen für menschenrechtsbeeinträchtigende Handlungen ihrer Zulieferer, Frankfurt a.M. 2014.

Ott, Nicolas, Anwendungsbereich der Business Judgement Rule aus Sicht der Praxis – Unternehmerische Entscheidungen und Organisationsermessen des Vorstands, ZGR 2017, 149-173.

Ott, Nicolas/Klein, Karen, Hindsight Bias bei der Vorstandshaftung wegen Compliance-Verstößen, AG 2017, 209-221.

Paefgen, Walter G., Corporate Social Responsibility (CSR) als aktienrechtliche Legalitätspflicht und Geschäftsleiterermessen, in: Boele-Woelki, Katharina/Faust, Florian/Jacobs, Matthias/Kuntz, Thilo/Röthel, Anne/Thorn, Karsten/Weitemeyer, Birgit (Hrsg.), FS. Karsten Schmidt zum 80. Geburtstag, Band II, München 2019, 105-118.

Ders., Haftung für die Verletzung von Pflichten nach dem neuen Lieferkettensorgfaltspflichtengesetz, ZIP 2021, 2006-2016.

Ders., Dogmatische Grundlagen, Anwendungsbereich und Formulierung einer Business Judgement Rule im künftigen UMAG, AG 2004, 245-261.

Ders., Organhaftung: Bestandsaufnahme und Zukunftsperspektiven – Ein kritischer Werkstattbericht vor dem Hintergrund der Beratungen des 70. Deutschen Juristentages 2014, AG 2014, 554-584.

Parker, Dominic P./Vadheim, Bryan, Resource Cursed or Policy Cursed? US Regulation of Conflict Minerals and Violence in the Congo, Journal of the Association of Environmental and Resource Economists 4:1 (2017), 1-49.

Partiti, Enrico/van der Velde, Steffen, Curbing Supply-Chain Human Rights Violations Through Trade and Due Diligence. Possible WTO Concerns Raised by the EU Conflict Minerals Regulation, Journal of World Trade 51:6 (2017), 1043-1068.

Patz, Christopher, The EUs Draft Corporate Sustainability Due Diligence Directive: A First Assessment, Business and Human Rights Journal 2022, 291-297.

Pendergast, John, Can You Hear Congo Now? Cell Phones, Conflict Minerals, and the Worst Sexual Violence in the World, The Enough Project, 2009. Online abrufbar unter: http://enoughproject.org/files/Can%20Your%20Hear%20Congo%20Now.pdf (zuletzt abgerufen: 30.9.2023).

Peters, Anne, Jenseits der Menschenrechte – Die Rechtsstellung des Individuums im Völkerrecht, Tübingen 2014.

Peters, Anne/Gless, Sabine/Thomale, Chris/Weller, Marc-Philippe, Business and Human Rights: Making the Legally Binding Instrument work in Public, Private and Criminal Law, MPIL Research Paper Series No. 2020-6.

Pförtner, Friederike, Internationales Privatrecht und Menschenrechte, in: Gössl, Susanne Lillian (Hrsg.), Politik und Internationales Privatrecht, Tübingen 2017, 93-109.

Dies., Menschenrechtliche Sorgfaltspflichten für Unternehmen – eine Betrachtung aus kollisionsrechtlicher Perspektive, in: Krajewski, Markus/Saage-Maaß, Miriam (Hrsg.), Die Durchsetzung menschenrechtlicher Sorgfaltspflichten von Unternehmen – Zivilrechtliche Haftung und Berichterstattung als Steuerungsinstrumente, Baden-Baden 2018, 311-332.

Piron, Andre/Finsterbusch, Stephan, Das Gold im Smartphone, FAZ v. 22.3.2022. Online abrufbar unter: https://www.faz.net/aktuell/wirtschaft/unternehmen/das-gold-im-smartphone-17903858.html (zuletzt abgerufen am: 30.9.2023).

Poelzig, Dörte, Normdurchsetzung durch Privatrecht, Tübingen 2012.

Dies., Private enforcement im deutschen und europäischen Kapitalmarktrecht – Eine Untersuchung anhand des Marktmanipulationsverbots unter Berücksichtigung der Entwicklungen im europäischen Kartellrecht, ZGR 2015, 801-848.

Pordzik, Philipp Christian, Transsubjektive Deliktsverantwortlichkeit, Tübingen 2022.

Poulsen, Frank Piasecki, Blood in the Mobile, Dänemark 2010.

Proelß, Alexander, Die Kompetenzen der Europäischen Union für die Rohstoffversorgung, in: Ehlers, Dirk/Herrmann, Christoph/Wolffgang, Hans-Michael/Schröder, Ulrich Jan (Hrsg.), Rechtsfragen des internationalen Rohstoffhandels – Tagungsband zum 16. Münsteraner Außenwirtschaftsrechtstag 2011, Frankfurt a.M. 2012, 161-184.

Raiser, Thomas/Veil, Rüdiger, Recht der Kapitalgesellschaften – Ein Handbuch für Praxis und Wissenschaft, 6. Aufl., München 2015.

Rau, Annabelle, Private Enforcement bei Referenzwertmanipulationen vor dem Hintergrund des neuen Marktmissbrauchsregimes, BKR 2017, 57-62.

Rausch, Anne, EU-Verordnung zu Konfliktmineralien – Weitere Sorgfaltspflichten in der Lieferkette, CCZ 2020, 355-359.

Redeker, Philipp, Beschaffenheitsbegriff und Beschaffenheitsvereinbarung beim Kauf – der Anwendungsbereich des Gewährleistungsrechts und die Auslegung der Beschaffenheitsvereinbarung, München 2012.

Reichert, Jochem, Corporate Compliance und der Grundsatz der Verhältnismäßigkeit, in: Krieger, Gerd/Lutter, Marcus/Schmidt, Karsten, Festschrift für Michael Hoffmann-Becking zum 70. Geburtstag, München 2013, 943-963.

Reimann, Mathias, Rückzug der „Rechtsweltmacht?" – Neo-Territorialismus im US-Supreme Court, in: Bruns, Alexander/Kern, Christoph/Münch, Joachim/Piekenbrock, Andreas/Stadler, Astrid/Tsikrikas, Dimitrios, Festschrift für Rolf Stürner zum 70. Geburtstag, 2. Teilband – Internationales Europäisches und ausländisches Recht, Tübingen 2013, 1779-1800.

Reinicke, Dietrich/Tiedtke, Klaus, Kaufrecht, 8. Aufl., Köln/München 2009.

Renner, Moritz, Menschenrechts- und umweltbezogene Unternehmensverantwortung zwischen Kapitalmarkt und Lieferkette, ZEuP 2022, 782-819.

Riesenhuber, Karl (Hrsg.), Europäische Methodenlehre, 4. Aufl., Berlin 2021. (zitiert als: *Bearbeiter*, in: Riesenhuber, Europäische Methodenlehre).

Rödig, Jürgen, Erfüllung des Tatbestandes des § 823 Abs. 1 BGB durch Schutzgesetzverstoß – Zugleich ein Beitrag zum Deliktsschutz verkörperter relativer Rechte, Bielefeld 1973.

Rose, Amanda M., Reforming Securities Litigation Reform: Restructuring the Relationship between Public and Private Enforcement of Rule 10B-5, Columbia Law Review 108:6 (2008), 1301-1364.

Rudowski, Lena, Nachhaltigkeit in den internationalen Lieferketten als Haftungsrisiko für deutsche Unternehmen, CCZ 2020, 352-355.

Rühl, Gisela, Die Haftung von Unternehmen für Menschenrechtsverletzungen: Die französische *Loi de vigilance* als Vorbild für ein deutsches Wertschöpfungskettengesetz? in: Bachmann, Gregor/Grundmann, Stefan/Mengel, Anja/Krolop, Kaspar (Hrsg.), Festschrift für Christine Windbichler zum 70. Geburtstag am 8. Dezember 2020, Berlin 2020, 1413-1434.

Dies., Human Rights in global supply chains: Do we need to amend Rome-II-Regulation?, Conflict of Laws v. 9.10.2020. Online abrufbar unter: https://conflictoflaws.n et/2020/human-rights-in-global-supply-chains-do-we-need-to-amend-the-rome-ii-r egulation/ (zuletzt abgerufen: 30.9.2023).

Dies., Unternehmensverantwortung und (Internationales) Privatrecht, in: Reinisch, August/Hobe, Stephan/Kieninger, Eva-Maria/Peters, Anne (Hrsg.), Unternehmensverantwortung und Internationales Recht, Heidelberg 2020, 89-130.

Rühl, Gisela/Knauer, Constantin, Zivilrechtlicher Menschenrechtsschutz? Das deutsche Lieferkettengesetz und die Hoffnung auf den europäischen Gesetzgeber, JZ 2022, 105-114.

Rühmkopf, Andreas, Corporate Social Responsibility in der Lieferkette; Governance und Verantwortlichkeiten, ZGR 2018, 410-432.

Rüthers, Bernd/Fischer, Christian/Birk, Axel, Rechtstheorie und Juristische Methodenlehre, 12. Aufl., München 2022.

Rüttinger, Lukas/Griestop, Laura, Dodd-Frank Act – UmSoRess Steckbrief, Berlin 2015. Online abrufbar unter: https://www.umweltbundesamt.de/sites/default/files/me dien/378/dokumente/umsoress_kurzsteckbrief_dfa_final.pdf (zuletzt abgerufen: 30.9.2023).

Ruttloff, Marc/Wehlau, Andreas/Wagner, Eric/Skoupil, Christoph, Greenwashing – aus materiell-rechtlicher und prozessualer Sicht, CCZ 2023, 201-210.

Saage-Maaß, Miriam, Arbeitsbedingungen in globalen Lieferketten – Wie weit reicht die Verantwortung deutscher Unternehmen?, Friedrich-Ebert-Stiftung 2011. Online abrufbar unter: https://library.fes.de/pdf-files/iez/08651.pdf (zuletzt abgerufen: 30.9.2023).

Saage-Maaß, Miriam/Leifker, Maren, Haftungsrisiken deutscher Unternehmen und ihres Managements für Menschenrechtsverletzungen im Ausland, BB 2015, 2499-2504.

Saenger, Ingo (Hrsg.), Zivilprozessordnung Handkommentar, 10. Aufl., Baden-Baden 2023.
(zitiert als: *Bearbeiter*, in: Saenger, ZPO).

Sarfaty, Galit A., Human Rights Meets Security Regulation, Virginia Journal of International Law 54:1 (2013), 97-126.

Dies., Shining Lights on Global Supply Chains, Harvard International Law Journal 56:2 (2015), 419-463.

Schall, Alexander., Die Mutter-Verantwortlichkeit für Menschenrechtsverletzungen ihrer Auslandstöchter, ZGR 2018, 479-512.

Scheele, Fleur/ten Kate, Gisela, There is more than 3TG – The need for the inclusion of all minerals in EU regulation for conflict due diligence, SOMO Paper, Amsterdam 2015. Online abrufbar unter: https://www.somo.nl/there-is-more-than-3tg/ (zuletzt abgerufen: 30.9.2023).

Scherf, Cara-Sophie/Gailhofer, Peter/Hilbert, Inga/Kampffmeyer, Nele/Schleicher, Tobias (*Umweltbundesamt*), Umweltbezogene und menschenrechtliche Sorgfaltspflichten als Ansatz zur Stärkung einer nachhaltigen Unternehmensführung – Abschlussbericht, Dessau-Roßlau 2020. Online abrufbar unter: https://www.umweltbundesamt .de/publikationen/sorgfaltspflichten-nachhaltige-unternehmensfuehrung (zuletzt abgerufen: 30.9.2023).

Schilling, Theodor, Internationaler Menschenrechtsschutz – Das Recht der EMRK und des IPbpR, 4. Aufl., Tübingen 2022.

Schirmer, Jan-Erik, Das Körperschaftsdelikt, Tübingen 2015.

Ders., Nachhaltigkeit in den Privatrechten Europas, ZEuP 2021, 35-63.

Schlosser, Hans, Deliktischer Schadensersatzanspruch aus § 823 II BGB und eigenständiger Interessensschutz des Verkehrsopfers – BGH, NJW 1980, 1792, JuS 1982, 657-660.

Schmidt-Räntsch, Annette, Sorgfaltspflichten der Unternehmen – Von der Idee über den politischen Prozess zum Regelwerk, ZUR 2021, 387-394.

Schmiedel, Burkhard, Deliktsobligationen nach deutschem Kartellrecht – Erster Teil – Zivilrechtsdogmatische Grundlegung: Untersuchung zu § 823 Abs. 2 BGB, Tübingen 1974.

Schneider, Björn, Deliktische „Lieferkettenhaftung" unter Geltung des Lieferkettensorgfaltspflichtengesetzes (LkSG) - Zur genauen Bedeutung des missglückten § 3 Abs. 3 LkSG, ZIP 2022, 407-418.

Ders., Schutzgesetzhaftung für fehlerhafte Rechnungslegung – Ansprüche Dritter gegenüber Kapitalgesellschaften und ihren Geschäftsleitern gem. § 823 Abs. 2 BGB bei Verstößen gegen Handelsbilanzrecht, Tübingen 2022.

Scholl, Bernd, Vorstandshaftung und Vorstandsermessen – Rechtliche und ökonomische Grundlagen, ihre Anwendung in der Finanzkrise sowie der Selbstbehalt bei der D&O Versicherung, Baden-Baden 2015.

Schorkopf, Frank, Internationale Rohstoffverwaltung zwischen Lenkung und Markt, AVR 46 (2008), 233-258.

Schramm, Alexander, Privatrechtliche Wirkungen unternehmerischer Selbstverpflichtungen zur Einhaltung der Menschenrechte, Baden-Baden 2020.

Schrijver, Nico J., Permanent Sovereignty over Natural Resources, in: Peters, Anne / Wolfrum, Rüdiger (Hrsg.), Max Planck Encyclopedia of Public International Law, Oxford 2008.

Schuele, Christopher, Healing the Congo's Colonial Scars: Advocating for a Hybrid Approach to Conflict Minerals Reporting Approach in the European Union, Wisconsin International Law Journal 33:4 (2015), 755-786.

Schulze, Reiner/Janssen, André/Kadelbach, Stefan (Hrsg.), Europarecht – Handbuch für deutsche Rechtspraxis, 4. Aufl., Baden-Baden 2020.
(zitiert als: *Bearbeiter*, in: Schulze/Janssen/Kadelbach).

Schulze, Reiner, Bürgerliches Gesetzbuch Handkommentar, 11. Aufl., Baden-Baden 2021.
(zitiert als: *Bearbeiter*, in: Schulze, BGB).

Schütt, Jan-Sebastian, Europäische Marktmissbrauchsverordnung und Individualschutz, Berlin 2019.

Schwartz, Jeff, The Conflict Minerals Experiment, Harvard Business Law Review 6:1 (2016), 129-183.

Schwartz, Jeff/Nelson, Alexandrea, Cost-Benefit Analysis and the Conflict Minerals Rule, Administrative Law Review 68:2 (2016), 287-358.

Segger, Sören, Europäisches Haftungsmodell für Menschenrechtsverletzungen von Unternehmen?, in: Krajewski, Markus/Saage-Maaß, Miriam, Die Durchsetzung menschenrechtlicher Sorgfaltspflichten von Unternehmen, Baden-Baden 2018, 21-59.

Seibt, Christoph/Cziupka, Johannes, 20 Thesen zur Compliance-Verantwortung im System der Organhaftung aus Anlass des Siemens/Neubürger-Urteils, LG München I vom 10.12.2013 – 5 HK O 1387/10, DB 2014 S. 766, DB 2014, 1598-1602.

Sharaf, Samy G., Der unsichtbare Dritte – Die Rolle von Zertifizierern in der Corporate Sustainability Due Diligence Richtlinie, Verfassungsblog v. 2.3.2022. Online abrufbar unter: https://verfassungsblog.de/der-unsichtbare-dritte/ (zuletzt abgerufen: 30.9.2023).

Sievers, Henrike, Kritische Rohstoffe – Langfristig betrachtet, in: Ehlers, Dirk/Herrmann, Christoph/Wolffgang, Hans-Michael/Schröder, Ulrich Jan (Hrsg.), Rechtsfragen des internationalen Rohstoffhandels – Tagungsband zum 16. Münsteraner Außenwirtschaftsrechtstag 2011, Frankfurt a.M. 2012, 195-211.

Simons, Penelope/Macklin, Audry, The Governance Gap – Extractive industries, human rights, and the home state advantage, Abingdon 2014.
(zitiert als: *Bearbeiter*, in: Simons/Macklin, The Governance Gap).

Smit, Lise/Bright, Claire/McCorquodale, Robert/Bauer, Matthias/Deringer, Hanna/Baeza-Breinbauer, Daniela/Torres-Cortés, Francisca/Alleweldt, Fank/Kara, Sena/Salinier, Camille/Tejero Tobed, Héctor (Europäische Kommission), Study on due diligence requirements through the supply chain – Final Report, Luxembourg 2020. Online abrufbar unter: https://op.europa.eu/en/publication-detail/-/publication/8ba0a8fd-4c83-11ea-b8b7-01aa75ed71a1/language-en (zuletzt abgerufen: 30.9.2023).

Soergel, Kommentar zum Bürgerlichen Gesetzbuch mit Einführungsgesetz und Nebengesetzen, Band 12, Schuldrecht 10, §§ 823-853, ProdHG, UmweltHG, 13. Aufl. Stuttgart 2005.
(zitiert als: *Bearbeiter*, in: Soergel, BGB).

Späth, Patrick/Werner, Felix, Die Okpabi-Entscheidung des Supreme Court of the United Kingdom zur Internationalen Konzernhaftung aus rechtsvergleichender Sicht, CCZ 2021, 241-251.

Spickhoff, Andreas, Gesetzesverstoß und Haftung, Berlin 1998.

Spießhofer, Birgit, Unternehmerische Verantwortung - Zur Entstehung einer globalen Wirtschaftsordnung, Baden-Baden 2017.

Spindler, Gerald, Die Haftung von Vorstand und Aufsichtsrat für fehlerhafte Auslegung von Rechtsbegriffen, in: Heldrich, Andreas/Prölss, Jürgen/Koller, Ingo (Hrsg.), Festschrift für Claus-Wilhelm Canaris zum 70. Geburtstag, Band II, München 2007.

Ders., Verantwortlichkeit und Haftung in Lieferantenketten – das Lieferkettensorgfaltspflichtengesetz aus nationaler und europäischer Perspektive, ZHR 186 (2022), 67-124.

Spohr, Maximilian, Human Rights Risks in Mining – A Baseline Study, 2016. Online abrufbar unter: https://www.bgr.bund.de/DE/Themen/Zusammenarbeit/TechnZus ammenarbeit/Downloads/human_rights_risks_in_mining.pdf?__blob=publicationF ile&v=2 (zuletzt abgerufen: 30.9.2023).

Staudinger, Kommentar zum Bürgerlichen Gesetzbuch mit Einführungsgesetz und Nebengesetzen,
-Buch 2: Recht der Schuldverhältnisse, §§ 433-448 (Kauf, Tausch), Berlin 2023.
-Buch 2: Recht der Schuldverhältnisse, § 823 A-D (Unerlaubte Handlung 1, Rechtsgüter und Rechte, Persönlichkeitsrecht, Gewerbebetrieb), Berlin 2017.
-Buch 2: Recht der Schuldverhältnisse, §§ 823 E-I, 824, 825 (Verkehrspflichten, deliktische Produkthaftung, Verletzung eines Schutzgesetzes, Arzthaftungsrecht), Berlin 2021.
-EGBGB/Internationales Privatrecht, Art. 1-10 Rom I-VO (Internationales Vertragsrecht 1 – Internationales Devisenrecht), Berlin 2021.
(zitiert als: *Bearbeiter*, in: Staudinger).

Stöbener de Mora, Patricia Sarah, Handelsrecht: Studie zu Regelungsoptionen für Anforderungen unternehmerischer Sorgfalt in Lieferketten, EuZW 2020, 211-212.

Stöbener de Mora, Patricia Sarah/Noll, Paul, Grenzenlose Sorgfalt? – Das Lieferkettensorgfaltspflichtengesetz, NZG 2021, 1285-1292.

Dies., Noch grenzenlosere Sorgfalt? – Der Richtlinienvorschlag zu Sorgfaltspflichten von Unternehmen im Hinblick auf Nachhaltigkeit, EuZW 2023, 14-25.

Stoll, Hans, Kausalzusammenhang und Normzweck im Deliktsrecht, Tübingen 1968.

Stoop, Nik/Verpoorten, Marijke/van der Windt, Peter, Artisanal or industrial conflict minerals? Evidence from Eastern Congo, World Development 122 (2019), 660-674.

Dies., More legislation, more violence? The impact of Dodd-Frank in the DRC, PLoS ONE 13:8 (2018).

Dies., Trump threatened to suspend the 'conflict minerals' provision of Dodd-Frank. That might actually be good for Congo. The Washington Post, v. 27.9.2018. Online abrufbar unter: https://www.washingtonpost.com/news/monkey-cage/wp/2018/09/ 27/trump-canceled-the-conflict-minerals-provision-of-dodd-frank-thats-probably-g ood-for-the-congo/ (zuletzt abgerufen: 30.9.2023).

Stork, Victoria, Conflict Minerals, Ineffective Regulations: Comparing International Guidelines to Remedy Dodd-Frank's Inefficiencies, New York Law School Law Review 61:3-4 (2016), 429-448.

Streinz, Rudolf, Europarecht, 12. Aufl., Heidelberg 2023.

Streinz, Rudolf (Hrsg.), EUV/AEUV (Beck'sche kurz Kommentare), 3. Aufl., München 2018. (zitiert als: *Bearbeiter*, in: Streinz, EUV/AEUV).

Stürner, Michael, Die Rolle des Kollisionsrechts bei der Durchsetzung von Menschenrechten, in: Hilbig-Lugani, Katharine/Jakob, Dominique/Mäsch, Gerald/Reuß, Philipp M./Schmid, Christoph (Hrsg.), Zwischenbilanz – Festschrift für Dagmar Coester-Waltjen, Bielefeld 2015.

Ders., Zivilprozessuale Voraussetzungen für Klagen gegen transnationale Unternehmen wegen Menschenrechtsverletzungen, in: Krajewski, Markus/Oehm, Franziska/Saage-Maaß, Miriam (Hrsg.), Zivil- und strafrechtliche Unternehmensverantwortung für Menschenrechtsverletzungen, Heidelberg 2018, 73-98.

Sydow, Johanna/Ángel, Andreas/Aquino, Pavel/Vargas, Fabiola/Espinosa, Juan, Environmental Responsibility through Supply Chains – Insights from Latin America, 2021. Online abrufbar unter: https://eu.boell.org/sites/default/files/2022-03/Enviro nmental%20responsibility%20through%20supply%20chains.pdf (zuletzt abgerufen: 30.9.2023).

Szasz, Paul C., The Security Council Starts Legislating, American Journal of International Law 96:4 (2002), 901-904.

Taylor, Celia R., Conflict Minerals and SEC Disclosure Regulation, Harvard Business Law Review Online 2 (2012), 105-120.

Teicke, Tobias/ Rust, Maximilian, Gesetzliche Vorgaben für Supply Chain Compliance – Die neue Konfliktmineralienverordnung, CCZ 2018, 39-43.

Thole, Christoph, Managerhaftung für Gesetzesverstöße – Die Legalitätspflicht des Vorstandes gegenüber seiner Aktiengesellschaft, ZHR 173 (2009), 504-535.

Thomale, Chris/Hübner, Leonhard, Zivilrechtliche Durchsetzung völkerrechtlicher Unternehmensverantwortung, JZ 2017, 385-397.

Thomale, Chris/Murko, Marina, Unternehmerische Haftung für Menschenrechtsverletzungen in transnationalen Lieferketten, EuZA 2021, 40-60.

Thomas, Dynda A., New Day for the US Conflict Minerals Rule, The National Law Review, XI:21 (2021), v. 21.1.2021. Online abrufbar unter: https://www.natlawreview.c om/article/new-day-us-conflict-minerals-rule (zuletzt abgerufen: 30.9.2023).

Thorn, Karsten, Der Unternehmer im Kollisionsrecht, in: Bitter, Georg/Lutter, Marcus/Priester, Hans-Joachim/Schön, Wolfgang/Ulmer, Peter (Hrsg.), Festschrift für Karsten Schmidt zum 70. Geburtstag, Köln 2009, 1561-1580.

Tietje, Christian/Nowrot, Karsten, Internationales Wirtschaftsrecht, 3. Aufl. Berlin 2021.

Uhlmann, Christian, Individualschutz im Kapitalmarkt- und Bankenaufsichtsrecht – Eine vergleichende Analyse im Hinblick auf die Durchsetzung aufsichtsrechtlicher Pflichten mittels privatrechtlicher Rechtsinstitute, Tübingen 2021.

Ulmer, Peter, Die deliktische Haftung aus der Übernahme von Handlungspflichten – Zugleich ein Beitrag zum Verhältnis von Vertragsverletzung und unerlaubter Handlung, JZ 1969, 163-174.

Veale, Emily, Is there Blood on your Hands-Free Device?: Examining Legislative Approaches to the Conflict Minerals Problem in the Democratic Republic of Congo, Cardozo Journal of International and Comparative Law 21:2 (2013), 503-544.

Verse, Dirk, Compliance im Konzern – Zur Legalitätskontrollpflicht der Geschäftsleiter einer Konzernobergesellschaft, ZHR 175 (2011), 401-424.

Ders., Organwalterhaftung und Gesetzesverstoß – Überlegungen zur Außenhaftung der Organwalter bei Verletzung von Schutzgesetzen (§ 823 Abs. 2 BGB), ZHR 170 (2006), 398-421.

Verse, Dirk/Wiersch, René, Die Entwicklung des europäischen Gesellschaftsrechts im Jahr 2013, EuZW 2014, 375-382.

Vioque, Luis Miguel, A Proposal for Criminal Liability for Breach of Due Diligence Obligations: the European Conflict Minerals Regulation as an Example, Eu-CLR 2021, 73-87.

Voland, Thomas, Unternehmen und Menschenrechte – vom Soft Law zur Rechtspflicht, BB 2015, 67-75.

Vytopil, Louise, The Conflict Minerals Rule – Private Alternatives?, Dovenschmidt Quarterly 2013:3, 152-159.

Wagner, Eric/Rutloff, Marc, Das Lieferkettensorgfaltspflichtengesetz – Eine erste Einordnung, NJW 2021, 2145-2152.

Wagner, Gerhard, Deliktsrecht, 14. Aufl. 2021.

Ders., Die neue Rom II-Verordnung, IPRax 2008, 1-17.

Ders., Haftung für Menschenrechtsverletzungen, RabelsZ 80 (2016), 717-782.

Ders., Haftung für Menschenrechtsverletzungen in der Lieferkette, ZIP 2021, 1095-1105.

Ders., Das Lieferkettengesetz: Viele Pflichten, keine Haftung, in: Tölle, Antje G.I./ Benedict, Jörg/Koch, Harald/Klawitter, Stephan/Paulus, Christoph G./Preetz, Friedrich, Selbstbestimmung: Freiheit und Grenzen, Festschrift für Reinhard Singer zum 70. Geburtstag, 2021, 693-711.

Ders., Lieferkettenverantwortlichkeit – alles eine Frage der Durchsetzung, ZEuP 2023, 517-528.

Ders., Prävention und Verhaltenssteuerung durch Privatrecht, AcP (206) 2006, 352-467.

Walden, Daniel, Corporate Social Responsibility: Rechte, Pflichten und Haftung von Vorstand und Aufsichtsrat, NZG 2020, 50-60.

Watson, Alan, Legal Transplants – An Approach to Comparative Law, 2. Aufl., Athens 1993.

Weidmann, Karen, Der Beitrag der OECD-Leitsätze für multinationale Unternehmen zum Schutz der Menschenrechte, Berlin 2014.

Weiler, Frank, Haftung für Werbeangaben nach neuem Kaufrecht, WM 2002, 1784-1794.

Weller, Marc-Philippe, Vom Staat zum Menschen: Die Methodentrias des Internationalen Privatrechts unserer Zeit, RabelsZ 81 (2017), 747-780.

Weller, Marc-Philippe/Benz, Nina, Klimaschutz und Corporate Governance, ZGR 2022, 563-601.

Weller, Marc-Philippe/Fischer, Tim, ESG-Geschäftsleitungspflichten – Unternehmenstransformation zur Klimaneutralität, ZIP 2022, 2253-2265.

Weller, Marc-Philippe/Kaller, Luca/Schulz, Alix, Haftung deutscher Unternehmen für Menschenrechtsverletzungen im Ausland, AcP 216 (2016), 387-420.

Weller, Marc-Philippe/Nasse, Laura, Menschenrechtsarbitrage als Gefahrenquelle – Systemkohärenz einer Verkehrspflicht zur Menschenrechtssicherung in Lieferketten?, ZGR Sonderheft 22 (2020), 107-136.

Dies., Unternehmensorganisation zum Schutz der Menschenrechte: Eine neue Verkehrspflicht in § 823 Abs. 1 BGB, in: Paal, Boris P./Poelzig, Dörte/Fehrenbacher, Oliver, Deutsches, Europäisches und vergleichendes Wirtschaftsrecht, Festschrift für Werner Ebke zum 70. Geburtstag, 2021, 1071-1082.

Weller, Marc-Philippe/Nasse, Jan-Markus /Nasse, Laura, Climate Change Litigation in Germany, in: Kahl, Wolfgang/Weller, Marc-Philippe (Hrsg.), Climate Change Litigation, Oxford/Baden-Baden 2021, 378-404.

Dies., Klimaklagen gegen Unternehmen im Lichte des IPR, in: Benicke, Christoph/Huber, Stefan (Hrsg.), National, International, Transnational: Harmonischer Dreiklang im Recht – Festschrift für Herbert Kronke zum 70. Geburtstag, 2020, 601-620.

Weller, Marc-Philippe/Thomale, Chris, Menschenrechtsklagen gegen deutsche Unternehmen, ZGR 2017, 509-536.

Weller, Marc-Philippe/Tran, Mai-Lan, Milieudefensie et al. versus Shell: Klimaklagen gegen deutsche Unternehmen, EurUP 2021, 342-356.

Wendelstein, Christoph, „Menschenrechtliche" Verhaltenspflichten im System des Internationalen Privatrechts, RabelsZ 83 (2019), 111-153.

Worldbank, Commodity Markets Outlook – Urbanization and Commodity Demand, Washington DC 2021. Online abrufbar unter: https://openknowledge.worldbank.org/bitstream/handle/10986/36350/CMO-October-2021.pdf (zuletzt abgerufen: 30.9.2023).

Graf v. Westphalen, Friedrich, Lieferkettengesetz à l'Europe, IWRZ 2022, 97-98.

Wilke, Felix, Das neue Kaufrecht nach Umsetzung der Warenkauf-Richtlinie, VuR 2021, 283-293.

Witte, Peter, Zollkodex der Union (UZK) – mit Durchführungsrechtsakten, Delegierten Rechtsakten und Zollbefreiungsverordnung, 8. Aufl., München 2022. (zitiert als: *Bearbeiter*, in: Witte, Zollkodex der Union).

Woody, Karen E., Can Bad Law Do Good? A Retrospective on Conflict Minerals Regulation, Maryland Law Review 78:2 (2019), 291-322.

Dies., Conflict Minerals Legislation: The SEC's new Role as a diplomatic and humanitarian Watchdog, Fordham Law Review Vol. 81:3 (2013), 1315-1351.

Dies., Securities Laws as Foreign Policy, Nevada Law Journal 15:1 (2014), 297-325.

Zeisberg, Marie-Christine, Ein Rohstoffvölkerrecht für das 21. Jahrhundert, Baden-Baden 2021.

Zimmermann, Anton, Menschenrechtsverletzungen, Internationales Deliktsrecht und Beweislast, Verfassungsblog v. 9.6.2020. Online abrufbar unter: https://verfassungsblog.de/menschenrechtsverletzungen-internationales-deliktsrecht-und-beweislast/ (zuletzt abgerufen am: 30.9.2023).

Zimmermann, Anton/Habrich, Victor/Korn, Laura/Weller, Marc-Philippe, Das „Unternehmen" im Unionsrecht: Rechtsträger oder wirtschaftliche Einheit?, ZGR 2023, 399-429.

Zweigert, Konrad/Kötz, Hein, Einführung in die Rechtsvergleichung auf dem Gebiete des Privatrechts, 3. Aufl., Tübingen 1996.